Profit durch Power Pricing

Robert J. Dolan ist Professor für Betriebswirtschaftslehre an der Harvard Business School.

Hermann Simon ist Vorsitzender der Geschäftsleitung von Simon, Kucher & Partners, Strategy & Marketing Consultants in Bonn und Cambridge/Massachusetts, sowie Gastprofessor an der London Business School. Er ist Autor des Bestsellers *Die heimlichen Gewinner.*

Hermann Simon, Robert J. Dolan

Profit durch Power Pricing

Strategien aktiver Preispolitik

Campus Verlag
Frankfurt/New York

Die Originalausgabe erschien 1997 unter dem Titel *Power Pricing*.

Published by arrangement with the original publisher The Free Press,
a division of Simon & Schuster Inc.

Aus dem Englischen von Jürgen Ulrich Lorenz

Die Deutsche Bibliothek – CIP-Einheitsaufnahme

Simon, Hermann:
Profit durch power pricing : Strategien aktiver Preispolitik / Robert J.
Dolan ; Hermann Simon. Aus dem Engl. von Jürgen Ulrich Lorenz. –
Frankfurt/Main ; New York : Campus Verlag, 1997
Einheitssacht.: Power pricing ⟨dt.⟩
ISBN 3-593-35802-6

Umschlaggestaltung: Atelier Warminski, Büdingen
Satz: Typo Forum Gröger, Singhofen
Druck und Bindung: Media-Print-Informationstechnologie, Paderborn
Gedruckt auf säurefreiem und chlorfrei gebleichtem Papier.
Printed in Germany

Inhalt

Vorwort

Pricing ist ein Gebiet, über das Manager selten mit großer Begeisterung sprechen. Der Preis ist häufig die Ursache gespannter Beziehungen zu guten Kunden; die Waffe, die Konkurrenten einsetzen, um Marktanteile zu gewinnen, und die Ursache für Konflikte innerhalb des Unternehmens, da die Führungskräfte, die für die Kalkulation zuständig sind und die Kostenstruktur kennen, andere Vorstellungen über die Preise haben als die für Marketing und Vertrieb Verantwortlichen.

In unseren Diskussionen mit Unternehmensleitern und Führungskräften in den verschiedenen Funktionsbereichen der Unternehmen hören wir ständig, daß die Preisfindung viel Kopfzerbrechen bereitet und daß diese Schwierigkeiten infolge der Globalisierung der Märkte immer größer werden. Viele Firmen haben das alte Prinzip aufgegeben, das wie folgt lautete: »Wir ermitteln unsere Kosten und addieren den branchenüblichen Aufschlag«, oder »Der Markt bestimmt den Preis und wir müssen einen Weg finden, wie wir damit leben können«. Progressive Unternehmen vertreten eine andere Auffassung und setzen den Preis aktiv als Hauptinstrument ein, um ihre Ziele zu erreichen. Diese Anhänger des »Power Pricing« haben die Bedeutung des Preises als Bestimmungsfaktor für den Gewinn erkannt und entwickeln daher die Pricing-Kompetenz, die nachhaltig den Gewinn verbessert.

Die Vertreter des »Power Pricing« denken und handeln anders. Als Entwickler von Fallstudien, als Unternehmensberater sowie als Forscher und als Dozenten hatten wir die Gelegenheit, mit »Power Pricern« überall auf der Welt in Branchen zusammenzuarbeiten, die von Automobilen über Maschinenbau und Pharmazeutika bis zu Genuß- und Lebensmitteln reichen. Wir wissen, warum diese Firmen so erfolgreich sind: Ihre Einstellung, ihr Denken und ihre Maßnahmen unterscheiden sich von der üblichen Praxis. Und wir haben ihre Erfolge analysiert – keine marginalen Verbesserungen, sondern enorme Gewinnsteigerungen. In diesem Buch zeigen wir auf, was »Power Pricing« ist und wie man es anwenden kann.

Dieses Buch haben wir als internationales Team geschrieben, um die Praktiken der weltweit führenden Unternehmen umfassend darstellen zu können. Wir beziehen uns ständig auf diese Firmen, um unsere Konzepte zu entwickeln und Praktiken durch Fallstudien zu erläutern, die es wert sind, ihnen nachzueifern. Unsere Methode ist nicht, einfach interessante Preisstrategien zu beschreiben, sondern vielmehr stellen wir diese Beispiele erfolgreicher Praktiken in einen wirtschaftlichen Zusammenhang, damit Sie Ihre eigene Preisfindung verbessern können.

Gleich am Anfang möchten wir darauf hinweisen, daß es Kosten verursacht, die Methoden des »Power Pricing« anzuwenden. Es sind Investitionen für Systeme erforderlich, um die notwendigen Fakten zu sammeln, und es ist zu überdenken, was Preisfindung bedeutet. Wir beschreiben diese Prozesse. Unser Ziel ist, Ihnen durch Beschreibung von Preisfindungskonzepten, die sich bewährt haben und die praktisch angewendet werden können, konkrete Empfehlungen zu geben.

Unsere Forschungsergebnisse zeigen, daß verschiedene Aspekte der Preisverantwortung typischerweise bei unterschiedlichen Stellen in einem Unternehmen angesiedelt sind. Daher wollen wir hier Ideen zur Preisfindung präsentieren, die in gleicher Weise für Unternehmensleiter sowie Führungskräfte in Finanz- und Rechnungswesen, Marketing und Verkauf nützlich sind.

Viele Geschäftspartner, Kollegen und Freunde haben unsere Ideen beeinflußt. Wir beide haben viel Zeit »im Feld« verbracht, mit Managern in zahlreichen Unternehmen zusammengearbeitet und von ihnen gelernt. Wir sind diesen Managern zu großem Dank verpflichtet, daß wir ihre Probleme kennenlernen konnten, daß wir Lösungen entwickeln und Beurteilungen für Erfolg oder Mißerfolg vornehmen konnten. Wenn wir nicht »im Feld« sind, arbeiten wir beide in einer anregenden Umgebung: Dolan an der Harvard Business School in Boston und Simon bei Simon, Kucher & Partners in Bonn und Cambridge, Massachusetts. Im Rahmen der Entwicklung haben wir viele der hier veröffentlichten Ideen mit unseren Kollegen diskutiert – und auch einige nicht veröffentlichte Ideen, weil sie uns auf die Schwäche dieser Ideen hinwiesen. Wir danken ihnen, daß sie uns geholfen haben, die Konzepte auszuwählen, die es wert waren, weiterentwickelt zu werden, und diese zu formulieren.

Die Zusammenarbeit zweier Autoren, die in unterschiedlichen Umgebungen arbeiten, wurde zwar durch die moderne Kommunikationstechnologie erleichtert. Dennoch brachten unsere Assistentinnen in dieses Projekt ein ungewöhnliches Organisationstalent und unermüdliche Einsatzbereitschaft ein. Obwohl wir als Autoren viele Fragen hatten, wurden sie stets von Sheila Linehan an der Harvard Business School und Ingrun Rodewald sowie Christine Künkel bei Simon, Kucher & Partners kompetent gelöst. Unser Dank gilt auch Robert Wallace von The Free Press für seine Begeisterung für dieses Buch, als es noch nicht mehr als eine Idee war, und den übrigen Mitarbeitern des Teams von The Free Press für ihre Unterstützung.

Wir widmen dieses Buch unseren Frauen Kathleen Splaine-Dolan und Cäcilia Simon, die beide regelmäßig darauf bestanden: »Ein Buch von Euch beiden zusammen ist besser als ein Einzelwerk – außerdem wird es Euch mehr Spaß machen, es gemeinsam zu schreiben«. Sie hatten recht. Die gemeinsame Anstrengung führte zu vielen Ideen, die nicht entwickelt worden wären, wenn jeder von uns allein dieses Projekt eingegangen wäre. Darum danken wir ihnen für ihre Einsicht und Unterstützung während dieser Zusammenarbeit.

Robert J. Dolan
Boston

Hermann Simon
Bonn

Teil I
Grundlagen

Kapitel 1

Einleitung

»Wir müssen unsere Preise erhöhen.« Dies ist heutzutage in vielen Unternehmen überall auf der Welt eine häufig gebrauchte Formulierung, weil der Wettbewerbsdruck die Deckungsbeiträge geschmälert hat. Doch häufig sind die sich anschließenden Schlußfolgerungen unrealistisch – wie zum Beispiel: »Erhöht die Preise, Absatzmenge und Rendite nächstes Jahr um 10 Prozent!« Die Chancen, daß so etwas durchgesetzt werden kann, sind gering. Doch Gelegenheiten, den Gewinn durch bessere Preisfindung nachhaltig zu erhöhen, sind die Regel.

Lassen Sie uns den Vorstandsvorsitzenden eines Unternehmens mit einem Jahresumsatz von 10 Milliarden Dollar betrachten, der sich mit den Marketing-Managern seiner verschiedenen Geschäftsbereiche trifft und sie auffordert: »Erhöhen Sie die Preise um fünf oder zehn Cents – jeden Tag. Finden Sie einen Weg, um die Kunden zu überzeugen, daß unsere Produkte es wert sind. Nehmen Sie diese fünf und zehn Cents überall auf der Welt mit – jeden Tag –, sie verbessern direkt unseren Gewinn – und bald haben wir unsere Profitabilität nachhaltig gesteigert.« Was bedeutet das? Heißt das wirklich, daß der Nettogewinn nachhaltig erhöht werden kann? Nehmen wir an, Ihr Durchschnittspreis pro Stück beträgt zehn Dollar. Wenn Sie den Preis um zehn Cents auf 10,10 Dollar erhöhen, ist das lediglich eine Preiserhöhung um 1 Prozent. Dafür müssen Sie nicht unbedingt den Preis bei jedem Auftrag um 1 Prozent erhöhen, sondern es bedeutet, daß Sie bei manchen Aufträgen die Preise um 2 Prozent, bei anderen um 5 Prozent anheben, so daß die Preiserhöhung im Durchschnitt 1 Prozent beträgt und Sie die gleiche Absatzmenge erzielen.

Was würde das für Sie bedeuten? Wie stark würde das Ihren Nettogewinn erhöhen?

Bei Coca-Cola würde eine Erhöhung des Durchschnittspreises um 1 Prozent den Nettogewinn um 6,4 Prozent steigern, bei Fuji-Photo um 16,7 Prozent, bei Nestlé um 17,5 Prozent, bei Ford um 26 Prozent und bei Philips um

28,7 Prozent. Einige Unternehmen würden anstelle eines beträchtlichen Verlustes einen Gewinn erzielen. Wenn man die typische Kostenstruktur von Großunternehmen zugrunde legt, erhöht eine Steigerung der Nettoerlöse um 1 Prozent den Nettogewinn um 12 Prozent[1]. Mit anderen Worten, es lohnt sich also, herauszufinden, wie man das erreichen kann. Es hat sich in der Tat bestätigt, daß sich Datenerhebungen, Analysen, kreatives Denken und Bereitschaft zu Experimenten im Pricing enorm auszahlen. Doch genau das machen die meisten Firmen nicht. In einer 1994 durchgeführten Erhebung wurde festgestellt, daß nur 12 Prozent der befragten Unternehmen nennenswerte Analysen zur Ermittlung des Preises durchführen und daß zwei Drittel von diesen keine Strategie hatten, die Analyseergebnisse umzusetzen.[2] Unsere allgemeine Erfahrung deckt sich mit den Ergebnissen dieser Erhebung. Viele Firmen schaffen es einfach nicht, eigenständig Preise zu setzen, sondern reagieren mit Ausflüchten wie: »Der Markt bestimmt die Preise« oder »Wir müssen uns dem Wettbewerb anpassen«. Andere verwenden unintelligente Faustregeln, wie zum Beispiel einen Standardaufschlag auf die Kosten. Diese Firmen verzichten auf Mehrerlöse, weil sie nicht verstehen und ausnutzen, welchen Nutzen sie einzelnen Kunden bieten.

Die Kosten einer unprofessionellen Preisfindung wachsen von Tag zu Tag. In einer komplexeren Marketingumgebung mit weltweit operierenden Kunden und Wettbewerbern wird die Preisfindung immer wichtiger. Die Manager fühlen diesen Druck. In Abbildung 1.1 werden die Ergebnisse einer Erhebung dargestellt, in der wir 186 Führungskräfte (57 in den USA und 129 in Europa) in den verschiedensten Branchen gebeten haben, 13 Marketingprobleme auf einer Skala zu bewerten, die von »1 = geringer Problemdruck« bis »5 = hoher Problemdruck« reichte. Mit einer Bewertung von 4,3 wurde die Preisfindung als das drückendste Problem bezeichnet. Die Gründe dafür, daß die Preisfindung immer schwieriger wird, lassen sich mit zwei Begriffen zusammenfassen: gegenseitige Abhängigkeit und Information.

Gegenseitige Abhängigkeit tritt in zwei Formen auf: Produkte und Märkte. Die Zeiten, in denen Coca-Cola ein einziges Produkt war, das – wie die Werbung behauptete – »jederzeit, überall« und für jeden zu haben war (die Werbung zeigte, wie Kinder, Eltern und Großeltern Coca-Cola tranken), sind vorbei. Jetzt gibt es Classic Coke, Coke, Coca-Cola Light, Kirsch-Coke, koffeinfreie Coke usw. Das Einzelprodukt hat sich in eine Produktgruppe mit Varianten für verschiedene Geschmacksrichtungen entwickelt. Dies ist eine Art der Sortimentserweiterung – »horizontal« in dem Sinn, daß alle Coke-Produkte die gleiche Qualität haben, das heißt, ob Coca-Cola besser ist als Coca-Cola Light, entscheidet der einzelne Verbraucher.

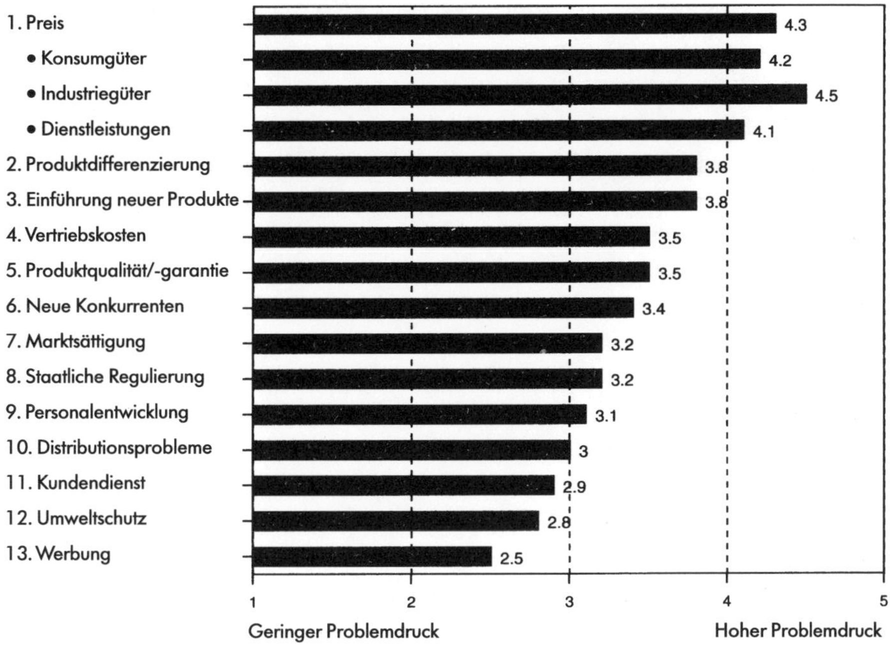

Abbildung 1.1: Bewertung von Marketingproblemen aus Managementsicht

Eine andere Variante ist die »vertikale« Sortimentserweiterung in Form der Strategien »gut, besser, am besten«, das heißt, das Sortiment wird um Produkte mit höherer oder niedrigerer Qualität erweitert. Allied Signal bietet Autolite-Zündkerzen in drei Qualitäten an: Kohlenstoff, Platin und Doppelplatin. Kodak vertreibt drei Filmqualitäten: Funtime-Film »für gelegentliche Aufnahmen«, das Hauptprodukt Gold-Film und ein Hochleistungsprodukt Royal Gold-Film, der in der Werbung als »extra präzise für besondere Augenblicke« angekündigt wird. Entsprechend bieten manche Firmen komplementäre Produkte an. Intuit verkauft nicht nur die Finanz-Software Quicken, sondern auch die Schecks, die mit dem System ausgestellt werden können, sowie eine Kreditkarte und Dienstleistungen zur elektronischen Überweisung. Bekannte Beispiele für Komplementärprodukte sind Rasierapparate und Rasierklingen, Kameras und Filme, Hard- und Software, Produkte und technischer Kundendienst.

Dieser Trend, verbundene Produkte anzubieten, macht die Preisfindung schwieriger, weil der Preis der Einzelprodukte nicht unabhängig festgelegt werden kann. Vielmehr muß die Funktion eines Produktes im Rahmen des

Gesamtsortiments ermittelt werden. Das Pricing muß eher auf der Ebene der Produktgruppe als der des Einzelproduktes erfolgen.

Die Preisfindung wird auch durch Abhängigkeiten zwischen Märkten beeinflußt. Die Preisfindung ist relativ einfach, wenn die Märkte separiert werden können und für jeden Markt ein Preis individuell festgelegt werden kann. In der Vergangenheit war die internationale Preisfindung überwiegend dezentralisiert. Im Rahmen der Verfolgung seiner eigenen Ziele legte jeder Ländermanager die Preise fest. Doch heute, wo die Produkte weltweit standardisiert und globale Marken verbreitet sind, besteht bei individueller Behandlung der Märkte das Risiko, daß die weltweite Rendite sinkt, weil sich graue Märkte entwickeln, wenn außenstehende Unternehmen Produkte weltweit kaufen, transportieren und verkaufen, um die Preisunterschiede auszunutzen. Zweitens sind einzelne Kunden zu einem weltweiten Einkauf übergegangen. Damit schränken sie die Möglichkeiten ein, länderspezifische Preise festzusetzen.

Der zweite Grund für die Komplexität sind Informationen: Infolge besserer Informationen werden die Kunden schlauer und souveräner. In Branchen wie der Automobilindustrie entwickeln sich Einkaufsdienste, die zu den erforderlichen Daten Zugang haben. Die Informationstechnologie erlaubt es, Preisinformationen international zu erheben und zu übertragen. Daraus ergibt sich die Notwendigkeit, die Preise weltweit zu harmonisieren. Es haben sich die unterschiedlichsten Einkaufszusammenschlüsse entwickelt, von unabhängigen Bestattungsunternehmen, die Informationen gemeinsam nutzen und Särge gemeinsam einkaufen, bis zu Großunternehmen, die sich zusammenschließen, um von den Fluggesellschaften größere Rabatte zu erhalten. Für viele Unternehmen ist der Einkauf eine strategische Funktion geworden. Die seit Mitte der neunziger Jahre erbittert geführte Auseinandersetzung zwischen General Motors in den USA und Volkswagen in Deutschland entzündete sich daran, daß Volkswagen Ignacio López, den Vizepräsidenten von GM für weltweiten Einkauf, abwarb und GM behauptete, daß López Informationen über Einkaufspreise mitgenommen habe.

Infolge der komplexen Zusammenhänge und verbesserten Informationen sind die Preis- und Konditionssysteme immer komplizierter geworden. Weil es nicht mehr möglich ist, nur wegen geographischer Unterschiede den Kunden unterschiedliche Preise abzuverlangen, sind viele Firmen zur Preisdifferenzierung übergegangen. Sie legen zwar für alle Kunden die gleichen Listenpreise zugrunde, doch infolge kundenspezifischer Lieferbedingungen und Verkaufskonditionen unterscheiden sich die Preise letzten Endes doch.

Dies geschieht unter den Bedingungen eines verschärften Wettbewerbs. Coca-Cola ist jetzt nicht nur mit Pepsi konfrontiert, sondern auch mit President's Choice, einer Handelsmarke von Loblaw, einem kanadischen Supermarkt-Filialisten. Kodak-Filme konkurrieren nicht nur mit Fuji und Agfa, sondern auch mit Qualitätsprodukten, die von 3M hergestellt und als Handelsmarken vertrieben werden. Führende High-Tech-Unternehmen setzen weiterhin Innovationen im Wettbewerb ein, doch sie sind jetzt auch mit Firmen konfrontiert, die eher »schnelle Nachahmungs«-Strategien als echte Innovation betreiben. In Deutschland konkurrieren 800 verschiedene Automodelle um die Aufmerksamkeit des Käufers, weil das Angebot der traditionellen Lieferanten aus Europa, den USA und Japan erweitert wurde um Lieferanten aus Korea, Malaysia und Mexiko.

Das Endergebnis dieser Entwicklung ist, daß es sehr kostspielig wird, in der Preisfindung nur einfach »gut« zu sein. Übliche Faustregeln reichen unter diesen veränderten Rahmenbedingungen nicht mehr aus. Es zahlt sich aus, die Methoden der Preisfindung zu verbessern. Das Ziel dieses Buches ist, dazu beizutragen, daß der Gewinn Ihres Unternehmens durch eine Verbesserung der Preisfindung maximiert wird. Wir werden aufzeigen, wie sich ein verändertes Denken in höheren Nettoerlösen niederschlägt. Wir geben keine allgemeinen Empfehlungen zur Preisfindung, sondern wir beschreiben die Praktiken der Anhänger des »Power Pricing«, die höhere Preise erfolgreich durchgesetzt und damit ihre Gewinne nachhaltig verbessert haben. In diesem Kapitel stellen wir einige Beispiele von »Power Pricing« vor, bevor wir erläutern, wie Sie sich mit den Techniken der Preisfindung und Gewinnverbesserung vertraut machen können.

Dimensionen des »Power Pricing«

Vier Dimensionen charakterisieren das »Power Pricing«:

1. Sicht der Funktion des Preises,
2. Datenbasis für die Preisfindung,
3. Instrumente und Umfang der Analyse,
4. Entscheidungsfindung und Umsetzung.

Sicht der Funktion des Preises

Es gibt nur drei Faktoren, die den Gewinn bestimmen. Diese sind Absatzmenge, Preis und Kosten:

$$\text{Gewinn} = \text{Absatzmenge} \times \text{Preis} - \text{Kosten}$$

Große Aufmerksamkeit richtet sich in den Unternehmen auf die Absatzmenge. Welche Maßnahmen müssen ergriffen werden, um den Absatz zu steigern? Welche Investitionen in den Außendienst, die Werbung und die Produktionskapazität sind notwendig? Die Absatzmenge wird als kontrollierbares Ergebnis der Maßnahmen des Unternehmens verstanden. Neuerdings steht in vielen Unternehmen der »Kosten«-Teil der oben aufgeführten Gleichung im Scheinwerferlicht, da Unternehmen wie AT&T oder die Deutsche Telekom auf ihre »richtige Größe reduziert werden« und ein Prozeß-»Reengineering« durchgeführt wird, um »die Kosten zu senken«. Es wird die Auffassung vertreten, daß Absatzmenge und Kosten energisch beeinflußt werden können und sollen. Die Preisfindung bleibt jedoch im Rahmen der Bemühungen zur Renditeverbesserung häufig unberücksichtigt, da Zeit, Energie und Vorstellung des Managements ganz von den Aspekten Absatzmenge und Kosten in Anspruch genommen werden. Die Anhänger des »Power Pricing« hingegen behandeln den Preis nicht wie einen nachgeordneten Aspekt. Sie glauben vielmehr, daß der Preis genauso wirksam eingesetzt werden kann wie die beiden anderen Gewinndeterminanten. Sie haben erkannt, daß der Preis den Gewinn nachhaltig beeinflussen kann, und handeln danach. In diesen Unternehmen (wie z.B. Daimler-Benz, Bayer oder Lufthansa) kümmert sich auch das Top-Management um die Preise.

Der Anhänger des »Power Pricing« läßt nicht zu, daß »der Markt« oder »der Wettbewerb« die Preise bestimmt. Er ist der Auffassung, daß in bezug auf die Wünsche eines Kunden sein Angebot und seine Präsentation in Verbindung mit Wettbewerbsprodukten und -preisen einen Wert für sein Produkt schaffen. Er beeinflußt diese »Wertschöpfung« durch seine Preispolitik – seine »Wertabschöpfungs«-Maßnahme – und versteht den Systemzusammenhang zwischen seinen Gewinndeterminanten. Der Preis ist ein Kernelement seines Systems zur Gewinnerzielung und die Kontrolle darüber tritt er nicht an andere ab. Seiner Auffassung nach ist der Preis genauso nachdrücklich zu beeinflussen wie die anderen Gewinndeterminanten.

Datenbasis für die Preisfindung

Die Anhänger des »Power Pricing« haben Daten, die genauer, aktueller, aussagefähiger und detaillierter sind als im Normalfall. Sie arbeiten sehr genau. Sie wissen, was jetzt passiert – nicht was vor zwei Monaten passierte. Sie kennen den Wert des Produktes für den Kunden – nicht nur die Kosten. Sie wissen, was bei einem einzelnen Kunden oder in einem wichtigen Marktsegment los ist – nicht nur in einem aggregierten Gesamtmarkt.

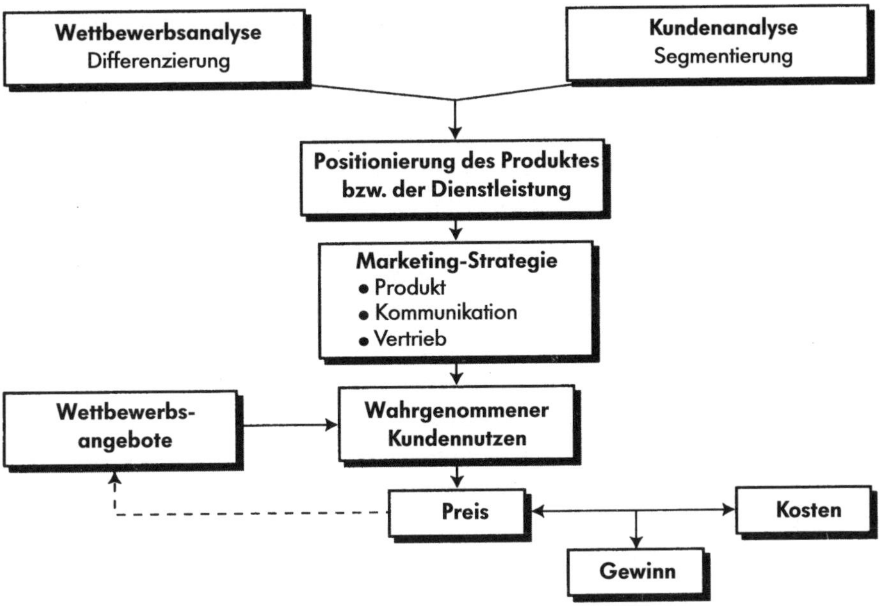

Abbildung 1.2: Systemzusammenhang zwischen Kundenwert und Preis

Abbildung 1.2 zeigt die zentrale Bedeutung des wahrgenommenen Kundennutzens für die Preisbildung. Die Analyse beginnt mit zwei Schritten: *Wettbewerbsanalyse* zur Identifizierung von Differenzierungsmöglichkeiten und *Kundenanalyse* zur Identifizierung der Kundenwünsche und zur Marktsegmentierung. Auf dieser Grundlage werden Entscheidungen getroffen, die den wahrgenommenen Kundennutzen des Firmenangebots im Markt bestimmen: Zuerst wird die Zielgruppe ausgewählt und dann werden die wertschaffenden Elemente des Marketing-Mix festgelegt, das heißt, das Produkt, die Kommunikationsmaßnahmen und der Vertrieb.

In Verbindung mit den Angeboten von Konkurrenten bestimmen diese Maßnahmen den *Nutzen* des Produktes für den Kunden. Dieser wahrgenommene Nutzen ist der Maximalpreis, den der Kunde bereit ist zu zahlen. Wenn dem Anhänger des »Power Pricing« diese Werte für seine Zielgruppe vorliegen, kann er den Zusammenhang zwischen Preis und Absatzmenge ableiten. Diese Werte unterscheiden sich nach einzelnen Kunden. Der Anhänger des »Power Pricing« versteht diese Schwankungen und die Gründe dafür. Dies erfordert Daten über die Anforderungen der Kunden sowie Qualitäten und Preise von Wettbewerbsprodukten.

Die gestrichelte Linie in Abbildung 1.2 zeigt, daß der Preis des Unternehmens die Wettbewerbsangebote beeinflussen kann – entweder ihre Preise oder ihre Wertschöpfungsaktivitäten. Die Anhänger des »Power Pricing« kennen die Kostenstruktur, die Fähigkeiten und die Unternehmenskonzepte ihrer Konkurrenten und analysieren systematisch deren Maßnahmen und Reaktionen. Sie nutzen ihre Markterfahrung, indem sie durch sorgfältige Beobachtung und Schlußfolgerung aus Marktaktivitäten ein gutes Verständnis dafür entwikkeln, wie die Konkurrenz arbeitet.

Ihre Datenbasis enthält auch relevante interne Daten, wie zum Beispiel Produktion, Marketingaufwendungen und Servicekosten – sowohl als aktuelle Befunde wie auch als Trend. Neuere Untersuchungen zur Prozeßkostenrechnung (Activity-based Costing) haben die kritische Bedeutung dieser Informationen bestätigt. Es hat sich gezeigt, daß in vielen Fällen eine Preiserhöhung gerechtfertigt ist, wenn man die tatsächlichen Kosten für die Betreuung eines Kunden kennt.[3] Selbst wenn die Preiserhöhung zu einem Absatzrückgang führt, kann das Ergebnis günstiger sein, weil der Kundenumsatz nicht die Kosten der aufwendigen Kundenbetreuung deckt.

Kurzum, für die Preisfindung benötigen wir detaillierteste Daten über die Kostenstruktur, die Bewertungsprozesse der Kunden und über Wettbewerbsaktivitäten.

Instrumente und Umfang der Analyse

Auf der Grundlage dieser Daten analysieren die Anhänger des »Power Pricing« systematisch ihre Kunden und Wettbewerber, um alternative Preisszenarien zu bewerten. Die erste Frage ist, welcher Absatz bei einem bestimmten Preis erzielt wird. Dann wird die Wirkung auf den Gewinn ermittelt. Instrumente wie Break-even-Analyse und Marktsimulation werden eingesetzt, um zu beurteilen, ob eine Preiserhöhung oder -senkung empfehlenswert ist. Der Umfang der Analyse bezieht sich nicht nur auf den Marktanteil, sondern umfaßt auch die Reaktion der Kunden auf Reaktionen der Wettbewerber und die Auswirkung des Preises auf die Branchenrendite.

Die Anhänger des »Power Pricing« nehmen eine Einschätzung der voraussichtlichen Branchenentwicklung vor und erarbeiten sich ein Verständnis dafür, wie die gegenwärtige Preispolitik das zukünftige Preisniveau beeinflußt. Sie verstehen zum Beispiel, daß ein niedriger Preis zur Erhöhung des Marktanteils die zukünftige Rendite der Branche aushöhlen kann, weil sich Preiserhöhungen später schwerer durchsetzen lassen. Kurzum, sie definieren das Problem der Preisfindung richtig – Konzentration auf den langfristigen Gewinn, nicht auf den kurzfristigen Marktanteil.

Entscheidungsfindung und Umsetzung

Die Preisermittlung ist keine leichte Aufgabe. Die Anhänger des »Power Pricing« bilden dafür ein Team, dessen Mitglieder aus allen Funktionen des Unternehmens kommen. Wenn für die Preisermittlung bei einem Großkunden die Beteiligung des Unternehmensleiters erforderlich ist, wird der Unternehmensleiter eben Teil des Preisfindungsteams. Die Datenbasis wird unter breiter Beteiligung von Spezialisten aus den einzelnen Funktionsbereichen, die über die richtigen Daten verfügen, entwickelt. Techniker, Vertriebsmitarbeiter, Marktforscher, Produktionsmanager sowie Experten aus dem Finanz- und Rechnungswesen verfügen über Daten, die abgestimmt zusammengeführt werden müssen. Die Ermittlung des optimalen Preises hat absolute Priorität und das Unternehmen ist entschlossen, diesen Preis zu finden und durchzusetzen.

Die Ziele der Preispolitik werden eindeutig verstanden, und die Verantwortlichen für die Preisfestlegung erhalten Leistungsanreize, die auf diese Ziele abgestimmt sind. Die Anhänger des »Power Pricing«, die zum Beispiel das Ziel einer Renditeverbesserung verfolgen, delegieren die Kompetenz zur Preisfestlegung nicht an einen Außendienst, der nach dem Umsatz oder der Absatzmenge bezahlt wird.

Vermeidung von Fehlern

Die folgenden Eigenschaften ermöglichen es den Anhängern des »Power Pricing«, kostspielige Irrtümer zu verhindern:

1. Ein Unternehmen, das den Kundennutzen in den Mittelpunkt stellt, vermeidet den Fehler, die Preispolitik von den übrigen Faktoren des Marketing-Mix zu trennen. Für die Anhänger des »Power Pricing« geht die Schaffung von Kundennutzen durch Angebots-, Kommunikations- und Distributionspolitik einher mit der Abschöpfung des Wertes durch eine angemessene Preispolitik. Häufig glauben Unternehmen, sie hätten ein »Preisproblem«, während das eigentliche Problem darin besteht, daß sie die notwendigen Grundlagen für die Wertschöpfung nie exakt festgelegt haben.
2. Eine disaggregierte Datenbasis trägt dazu bei, die Tendenz zu einer zu starken Uniformität hinsichtlich

- kundenspezifischen Preisen
- langfristiger Preispolitik
- produktspezifischen Deckungsbeiträgen

zu überwinden.

Der Nutzen, den Kunden einem Produkt zumessen, kann beträchtlich variieren. Wenn das in der Preisfestlegung keine Berücksichtigung findet, wird in beachtlichem Umfang »Geld verschenkt«. Obwohl es nicht immer leicht ist, ein Preissystem zu entwickeln, das die unterschiedliche Wertschätzung der Kunden vollständig berücksichtigt, werden häufig große Gewinnchancen verschenkt, weil man die unterschiedliche Wertschätzung der Kunden nicht versteht oder nicht weiß, wie man damit umgehen soll. Häufig ist die »Ermittlung des optimalen Preises« der falsche Weg, um das Problem zu definieren. Doch wenn die Aufgabe anders verstanden wird, nämlich »die optimale Preisstruktur zu definieren«, bieten sich gute Gewinnaussichten.
Obwohl es im allgemeinen keine gute Idee ist, die Preise ständig zu ändern, haben wir die Erfahrung gemacht, daß Preise im Durchschnitt zu wenig flexibel sind. Die Kundenwünsche und die Wettbewerbsangebote ändern sich ständig. Auch die Kosten sind dynamisch. Deshalb sollte in regelmäßigen Abständen überprüft werden, ob die Preise unter Berücksichtigung dieser Veränderungen anzupassen sind, um starke Abweichungen von der Gleichung Preis = Kundennutzen in beiden Richtungen zu vermeiden.
Einheitliche prozentuale Deckungsbeiträge pro Produkt sind weit verbreitet und auf kostenorientierte Verfahren der Preisermittlung zurückzuführen – dabei bleibt der Aspekt des unterschiedlichen Kundennutzens unberücksichtigt. Wenn Kundennutzen und Kosten auf der Grundlage hinreichend detaillierter Daten analysiert werden, läßt sich der angemessene Preis genauer ermitteln.

3. Die Anhänger des »Power Pricing« lernen aus der Veränderung des Marktes. Im Gegensatz dazu sind andere der Auffassung, daß sich der Markt ständig verändert und Vergangenheitsdaten daher irrelevant sind. Das Verständnis der Anhänger des »Power Pricing« ist tiefergehend. Sie wissen, daß sich in dem zu beobachtenden Verhalten andere Faktoren ausdrücken, und versuchen, die zugrundeliegende Wirklichkeit und die Faktoren zu verstehen, die den Wandel verursachen. Ein kontinuierlicher Lernprozeß ist daher ein Nebenprodukt der sorgfältigen Preisanalyse.

Beispiele für »Power Pricing«-Strategien

In diesem Buch werden wir in jedem Kapitel Beispiele des »Power Pricing« detailliert darstellen. An dieser Stelle wollen wir kurz einige exemplarische Fälle von Strategien des »Power Pricing« beschreiben.

Preispolitik und Marketingstrategie: Swatch

Die Preispolitik für die Swatch-Uhr ist ein gutes Beispiel für die Integration der Preispolitik in die gesamte Marketingstrategie. Das Konzept der Swatch, als einer in der Schweiz hergestellten Armbanduhr, die einen Teil des Niedrigpreissegments abdecken soll, basiert darauf, eine Armbanduhr nicht nur zur Zeitmessung zu nutzen – das können schließlich alle Armbanduhren –, sondern als eine Möglichkeit, »Freude am Leben« zu empfinden und zum Ausdruck zu bringen.

Wie der verantwortliche Designer von Swatch bemerkte[4], sollte der glatte Preis von 40 Dollar für das Grundmodell »ein einfacher, überzeugender Preis sein. Der Preis wurde ein Spiegel der anderen Eigenschaften, die wir mitteilen wollen. Er trägt dazu bei, daß wir uns vom übrigen Uhrenangebot abheben. Eine Swatch kann man sich nicht nur leisten, sondern sie ist wünschenswert. Für den Kauf einer Swatch kann man sich leicht entscheiden und gut damit leben.« Die Botschaft eines Preises von 40 Dollar ist eine andere als bei einem Preis von 37,50 Dollar oder wenn die Uhr bei einem Listenpreis von 50 Dollar ständig mit einem Rabatt von 20 Prozent angeboten wird. Der glatte Preis von 40 Dollar signalisiert: »Sie können keinen Fehler machen, machen Sie sich keine Gedanken, haben Sie etwas Freude«. Die Botschaft, die im Design der Uhr und in der Werbung enthalten ist, wird durch die Preispolitik verstärkt. Die Preispolitik steht nicht im Widerspruch zur Botschaft der übrigen Faktoren des Marketing-Mix; die Wertextraktion durch diesen Preis ergänzt vielmehr die Wertschöpfungsmaßnahmen.

Premium-Preis: Glaxo

Glaxo führte Zantac als Präparat gegen Magen- und Darmgeschwüre zeitlich nach Tagamet ein, das dieses Marktsegment begründet hatte. Gemäß konventioneller Auffassung hätte der Preis von Glaxo als zweitem Anbieter 10 Prozent unter dem etablierten Anbieter liegen müssen. Der Glaxo-Vorstandsvorsitzende Paul Girolami ging jedoch davon aus, daß Zantac im Vergleich zu Tagamet infolge geringerer Wechselwirkungen zu anderen Arzneimitteln und geringeren Nebenwirkungen sowie günstigerer Dosierung das bessere Präparat war. Wenn dies in angemessener Form in der Ärztewerbung herausgestellt würde, könnte die bessere Leistung die Grundlage für einen höheren Preis im Vergleich zu Tagamet bilden. Daher führte Glaxo das Präparat Zantac zu einem wesentlich höheren Preis ein und erreichte dennoch die Marktführerschaft. Als das Produkt sich im Markt etabliert und bewährt hatte, wurde darüber hinaus der Preis entsprechend dem gestiegenen Kundennutzen erhöht. Zantac wurde auf diesem Weg das umsatzstärkste Medikament der Welt.[5]

Preis und Dienstleistung abgestimmt auf den Nutzen des Marktsegments: Bugs Burger

Der Preis von Bugs Burger für die Schädlingsbekämpfung in gewerblichen Gebäuden war zehnmal höher als der Preis der Konkurrenz. Bugs konnte diesen Premium-Preis durchsetzen, weil sich das Unternehmen auf ein Marktsegment konzentrierte, das sehr stark auf Qualität setzte (Hotels und Restaurants), und weil es das anbot, was für die Kunden am wichtigsten war: garantierte Schädlingsbeseitigung anstelle von Schädlingsbekämpfung. Die Preispolitik trug der Tatsache voll Rechnung, daß das Unternehmen in diesem Marktsegment den besseren Kundennutzen bot. Das wiederum ermöglichte, Servicetechniker so auszubilden und zu bezahlen, daß eine zu 100 Prozent effektive Schädlingsbeseitigung durchgeführt werden konnte. Der Kundennutzen beeinflußte den Preis, der wiederum die Kosten für die Aktivitäten deckte, die für die Wertschöpfung erforderlich waren.

Preisfindung auf der Grundlage der Kosten für das Marktsegment und der Wettbewerbssituation: Progressive Insurance

Von der Zeitschrift *Fortune* wurde Progressive Insurance als Vorbild für eine kluge Preispolitik gelobt.[6] In der Autohaftpflichtversicherung war Progressive Insurance führend, weil dieses Unternehmen Daten über Schadensfälle besser als jeder andere sammelte und analysierte. Weil Progressive die Schadensbelastung für die verschiedenen Kundengruppen genau kannte, konnte man selbst Kunden mit dem größten Risiko eine Versicherung anbieten. Für Progressive

Insurance sind dies die besten Kunden, weil keine andere Versicherung diese Kundengruppe versichern will. Ohne direkten Wettbewerber und ausgestattet mit einer genauen Kenntnis der Kostenstruktur erzielt Progressive Insurance gute Gewinne, denn die Preise entsprechen dem Nutzen der Kunden, die von anderen Versicherungen nicht angenommen werden.

Richtige Definition des Problems: Deutsche Bahn AG

Bahnreisende in Deutschland zahlten früher nach der Reiseentfernung. Man zahlte den Kilometerpreis für die erste oder zweite Klasse – was fast immer teurer war als mit dem Auto zu fahren, wenn man nur – was viele Reisende tun – die Treibstoffkosten zugrundelegt. 1993 wurde die BahnCard eingeführt, für die man eine einmalige Jahresgebühr zahlt und mit der man einen Rabatt von 50 Prozent auf jede Fahrkarte erhält. Damit wurden Bahnreisen im variablen Preis billiger als Fahrten mit dem eigenen Pkw. Jetzt werden jedes Jahr drei Millionen BahnCards verkauft. Weil die Bahn das Grundproblem verstand und dann kreativ über die Optimierung der Preisstruktur nachdachte – nicht nur über den Preis pro Kilometer –, war sie in der Lage, den Umsatz und Gewinn nachhaltig zu erhöhen und Kunden wirksam zu binden. (Dieses Beispiel wird in Kapitel 7 eingehend behandelt.)

Durchsetzungskraft: Ein deutsches multinationales Unternehmen

Ein großer Geschäftsbereich eines deutschen multinationalen Unternehmens mit einem Jahresumsatz von 20 Milliarden DM war der Auffassung, daß eine Preiserhöhung nötig sei. Dies sei sowohl aus Kostengründen als auch durch den Kundennutzen gerechtfertigt. Das Produkt bildete jedoch in der Kostenstruktur der Kunden eine wichtige Position. Daher befürchtete das Unternehmen, daß Großkunden negativ reagieren und abspringen könnten. Der Vorstandsvorsitzende des Unternehmens besuchte selbst Kunden, um über die Preiserhöhung zu verhandeln. Dies trug dazu bei, die Preiserhöhung durchzusetzen, und war ein deutliches Signal an die eigene Mannschaft, welche Anstrengungen notwendig seien, um den Kundennutzen so zu verbessern, daß die höheren Preise akzeptiert wurden.

Diese Beispiele zur Preispolitik beschreiben nur einige Möglichkeiten zur Gewinnsteigerung durch besseres Pricing. In diesem Buch wollen wir darstellen, wie man »Power Pricing« anwenden kann.

In den nächsten Kapiteln von Teil I wollen wir die Grundlagen für die Preisfindung behandeln.

Kapitel 2: »Preise, Kosten und Gewinne: Wirtschaftliche Grundlagen des Pricing« erweitert die Diskussion über die Faktoren zur Gewinnbeeinflussung und stellt die wirtschaftlichen Zusammenhänge dar.
Kapitel 3: »Ermittlung der Preisabsatzbeziehung« stellt verschiedene Methoden zur Bestimmung der Preisabsatzkurve vor – ein unverzichtbarer Teil der Datenbasis für »Power Pricing«.
Kapitel 4: »Pricing und Wettbewerbsstrategie« ergänzt die Überlegungen von Kapitel 3 dadurch, daß die erforderliche Wettbewerbsanalyse in den Mittelpunkt gestellt wird. Hier werden Wettbewerbspositionierung, Wettbewerbsreaktion und Branchenrendite behandelt.

Teil II »Bahnbrechende Konzepte des Pricing« beschreibt in sieben Kapiteln innovative Verfahren des »Power Pricing«.

Kapitel 5: »Preisdifferenzierung« erläutert die Prinzipien und Vorteile einer Preisdifferenzierung nach dem Kundennutzen. In den Kapiteln 6–11 werden praktisch anwendbare, raffinierte Methoden der Preisdifferenzierung vorgestellt.
Kapitel 6: »Pricing für internationale Märkte« behandelt die Preisfindung unter Berücksichtigung von Parallelimporten und freiem Informationsfluß.
Kapitel 7: »Nichtlineares Pricing« behandelt Preiskonzepte, wie wir sie mit dem Beispiel Deutsche Bahn AG andiskutiert haben, und in denen der Durchschnittspreis von der gesamten Kaufmenge abhängt. Wir stellen verschiedene Methoden zur Umsetzung solcher Konzepte vor.
Kapitel 8: »Pricing für Produktgruppen« zeigt, wie man ein Verständnis für den Zusammenhang zwischen den Produkten eines Unternehmens und den zugehörigen Preisen entwickeln kann, um den Gesamtgewinn zu maximieren.
Kapitel 9: Das Thema »Preisbündelung« stellt dar, wann und wie man Bündel oder Pakete von einzelnen Produkten und/oder Dienstleistungen entwikkeln kann und die angemessenen Bündel- oder Paketpreise bestimmt.
Kapitel 10: »Kurzfristige Preisaktionen« zeigt, wie man Preise und Konditionen kurzfristig anpassen sollte.
Kapitel 11: »Langfristige Preisstrategien« stellt einen Rahmen vor, wie man sich auf gesättigten Märkten verhalten soll, und beschreibt die Preispolitik im Produktlebenszyklus.

Teil III: Umsetzung im Unternehmen

Kapitel 12: »Anpassung der Organisation an die Erfordernisse des ›Power Pricing‹« behandelt organisatorische Aspekte der Preisfindung, insbesondere die Frage der angemessenen Zuordnung der Kompetenz für die Preisfestlegung.

Kapitel 13: »Einführung des Power Pricing: Prüfen Sie Ihre Preisfindungsintelligenz« stellt ein Verfahren vor, mit dem Sie die Preiskompetenz Ihres Unternehmens beurteilen können. Dieses System zur Bewertung des Know-hows für die Preisermittlung liefert auch Hinweise, in welchen Bereichen Verbesserungen notwendig sind.

Insgesamt stützen wir uns auf Praxisbeispiele, um die neuen Methoden verständlich darzustellen. Im Mittelpunkt unserer Ausführungen stehen jene Techniken und Konzepte, die sich in der Praxis erfolgreich bewährt haben, das heißt Techniken, die Anhänger des »Power Pricing« heute überall auf der Welt einsetzen, um ihre Gewinne zu verbessern. Zur Wahrung der notwendigen Vertraulichkeit verwenden wir in einigen Fällen anonymisierte Bezeichnungen für Unternehmen oder Produkte und haben die Daten verändert, ohne daß dies die Beweisführung einschränkt. Um den Leser auf Tarnnamen hinzuweisen, werden solche Unternehmens- und Produktbezeichnungen in Großbuchstaben angegeben.

Anmerkungen

1 Die Zahlen können für ein Unternehmen wie folgt berechnet werden: 1 Prozent des Nettojahresumsatzes dividiert durch den Nettojahresgewinn. McKinsey hat diese Kennzahl berechnet und veröffentlicht; siehe Garda, R. und Marn, M.: »Price Wars«, *The McKinsey Quarterly*, 3 (1993), S. 87–100.

2 Clancy, K. und Shulman, R.: *Marketing Myths that Are Killing Businesses. The Cure for Death Wish Marketing*, New York 1994.

3 Cooper, R. und Kaplan, R.: »Measure Costs Right. Make the Right Decision«, *Harvard Business Review*, September-Oktober 1988, S. 96–103. »Profit Priorities from Activity-Based Costing«, *Harvard Business Review*, Mai-Juni 1991, S. 1–13.

4 Taylor, W.: »Message and Muscle. An Interview with Swatch Titan Nicholas Hayek«, *Harvard Business Review*, März-April 1993, S. 98–110.

5 Berndt, E., Bui, L., Reily, D. und Urban, G.: »The Roles of Marketing, Product Quality and Price Competition in the Growth and Composition of the U.S. Anti-ulcer Drug Industry«, Arbeitspapier, Sloan School of Management, Massachusetts Institute of Technology, Mai 1994.

6 Mendes, J.: »The Prince of Smart Pricing«, *Fortune*, 23. Mai 1992, S. 107f.

Kapitel 2

Preise, Kosten und Gewinne:
Wirtschaftliche Grundlagen des Pricing

In diesem Kapitel zeigen wir auf, wie der Preis den Gewinn beeinflußt, und wir beschreiben wichtige Bestimmungsfaktoren für den Preis. Im Prinzip und in der Theorie sind die wirtschaftlichen Grundlagen für den Preis einfach, doch in der Praxis sieht es etwas anders aus, weil der Preis den Gewinn auf mehreren Wegen mitbestimmt.

Es ist klar, daß der Preis den Deckungsbeitrag pro Stück direkt beeinflußt. Ein höherer Preis bedeutet einen höheren Deckungsbeitrag pro verkaufter Einheit und erhöht damit den Gewinn für eine gegebene Absatzmenge. Ein höherer Preis hat jedoch normalerweise eine geringere Absatzmenge zur Folge und damit eine negative Wirkung auf den Gewinn. Der Preis kann auch die Kosten beeinflussen, das heißt, eine größere Absatzmenge infolge einer Preissenkung kann als Folge der Größendegression oder von Lerneffekten die Stückkosten verringern. Oder ein niedrigerer Preis kann neue Käufer anziehen, die in Zukunft Stammkäufer werden, und kann auf diese Weise die zukünftigen Gewinne steigern. Eine Preissenkung vermag eine Preisspirale nach unten auszulösen, mit langfristigen Folgen für die Profitabilität einer Branche. Diese weiterführenden Wirkungen werden in den nachfolgenden Kapiteln behandelt. Zunächst beschäftigen wir uns mit direkten und kurzfristigen Wirkungen des Preises auf den Gewinn.

Abbildung 2.1 zeigt die Bestimmungsfaktoren für den Gewinn in einer einfachen hierarchischen Form. Die Bestimmungsfaktoren auf der ersten Ebene sind Umsatz und Kosten. Der Umsatz wiederum ist das Produkt aus Preis und Absatzmenge. Die Kosten bestehen aus variablen und fixen Elementen. Variable Kosten variieren in Abhängigkeit von der Absatzmenge, die fixen Kosten nicht. Die Kosten einer zusätzlichen Einheit werden als Grenzkosten bezeichnet.

In diesem Kapitel werden die folgenden Fragen behandelt:

1. Wie beeinflussen Preisänderungen den Gewinn?
2. Wie reagieren Kunden auf Preisänderungen?
3. Welche Faktoren beeinflussen die Entscheidung über den Preis und wie?
4. Wie können gegensätzliche Ziele wie Gewinn und Absatzmenge im Rahmen der Preisentscheidung in Einklang gebracht werden?
5. Welche Rolle spielen variable und fixe Kosten bei der Preisfindung?

Die Beantwortung dieser Fragen soll dem Manager helfen,

- die Wirkungen des Preises tiefgründig zu verstehen und korrekt zu beurteilen;
- die richtigen Faktoren bei der Preisfindung zu berücksichtigen;
- den Preis auf der Grundlage des wahrgenommenen Kundennutzens anstatt auf Basis der Kosten zu ermitteln;
- mit praktischen Schwierigkeiten bei der Preisfindung fertig zu werden.

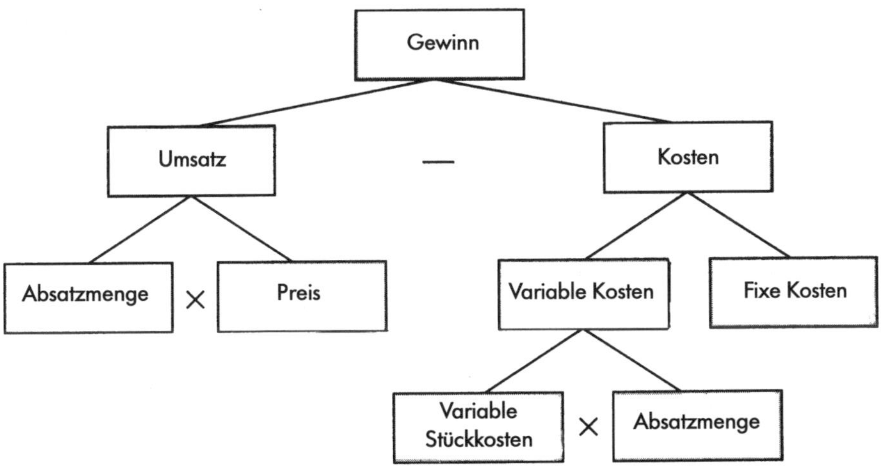

Abbildung 2.1: Die Bestimmungsfaktoren für den Gewinn

Die Wirkung von Preisänderungen

Um die Wirkung eines bestimmten Preises und möglicher Preisänderungen auf den Gewinn zu beschreiben, wollen wir ein Elektrowerkzeug betrachten, das wir POWERSTAR nennen. Der Hersteller verkauft das Produkt zum Preis von 100 Dollar direkt an gewerbliche Abnehmer. Der weltweite Jahresabsatz beträgt ungefähr 1 Million Stück. Die variablen Stückkosten oder Grenzkosten betragen 60 Dollar, so daß der Deckungsbeitrag pro Stück – die Differenz zwischen Preis und variablen Stückkosten – 40 Dollar ist. Jedes verkaufte Stück trägt also 40 Dollar zur Deckung der fixen Kosten und zum Gewinn bei.

Der obere Teil von Abbildung 2.2 beschreibt diese Situation, in der das Unternehmen einen Umsatz von 100 Millionen Dollar erzielt (Stückpreis 100 Dollar × 1 Million Stück). Das schattierte Rechteck stellt den gesamten Deckungsbeitrag von 40 Millionen Dollar dar, der sich aus der Absatzmenge von 1 Million Stück ergibt, von denen jedes einen Deckungsbeitrag von 40 Dollar hat. Der Gesamtdeckungsbeitrag kann immer als Rechteck dargestellt werden, da er sich aus dem Produkt von Deckungsbeitrag pro Stück und Absatzmenge ergibt.

Die Fixkosten (z. B. Vertrieb und Verwaltung) betragen für POWERSTAR 30 Millionen Dollar. Ziehen wir diese Fixkosten vom Gesamtdeckungsbeitrag in Höhe von 40 Millionen Dollar ab, ergibt das einen Gewinn von 10 Millionen Dollar oder 10 Prozent vom Umsatz. Alternativ kann der Gewinn ermittelt werden, indem man die Gesamtkosten in Höhe von 90 Millionen Dollar (variable Kosten in Höhe von 60 Millionen Dollar zuzüglich Fixkosten in Höhe von 30 Millionen Dollar) vom Umsatz in Höhe von 100 Millionen Dollar abzieht. Die Gesamtkosten pro Stück betragen 90 Dollar und der Stückgewinn (der vom Deckungsbeitrag pro Stück zu unterscheiden ist) beträgt 10 Dollar. Eine Umsatzrendite von 10 Prozent ist für Industriegüter dieser Art relativ typisch.

Die Unternehmensleitung von POWERSTAR bezweifelte, ob bei dem gegenwärtigen Preis von 100 Dollar der größtmögliche Gewinn erzielt würde, und veranlaßte daher, die Auswirkungen von Preisänderungen in einem Intervall von ± 20 Prozent des gegenwärtigen Preises zu prüfen. Im ersten Schritt wollte die Unternehmensleitung wissen, welche Absatzmenge bei alternativen Preisen erforderlich ist, um den gleichen Gewinn in Höhe von 10 Millionen Dollar zu erzielen.

Zuerst betrachten wir die Alternative einer Preissenkung von 20 Prozent (siehe Abbildung 2.2). Bei einem Preis von 80 Dollar und unveränderten variablen Stückkosten in Höhe von 60 Dollar reduziert sich der Deckungsbeitrag von 40 Dollar auf 20 Dollar, also um die Hälfte. Daher muß jetzt von POWERSTAR die doppelte Stückzahl verkauft werden, um den gleichen Gesamtdeckungsbeitrag und Gewinn zu erzielen. Bei einer Absatzmenge von 2 Millionen Stück und einem Preis von 80 Dollar steigt der Umsatz auf 160 Millionen Dollar. Da der Gewinn unverändert ist, hat das schraffierte Rechteck in der Mitte der Abbildung 2.2 die gleiche Größe wie das obere Rechteck in Abbildung 2.2.

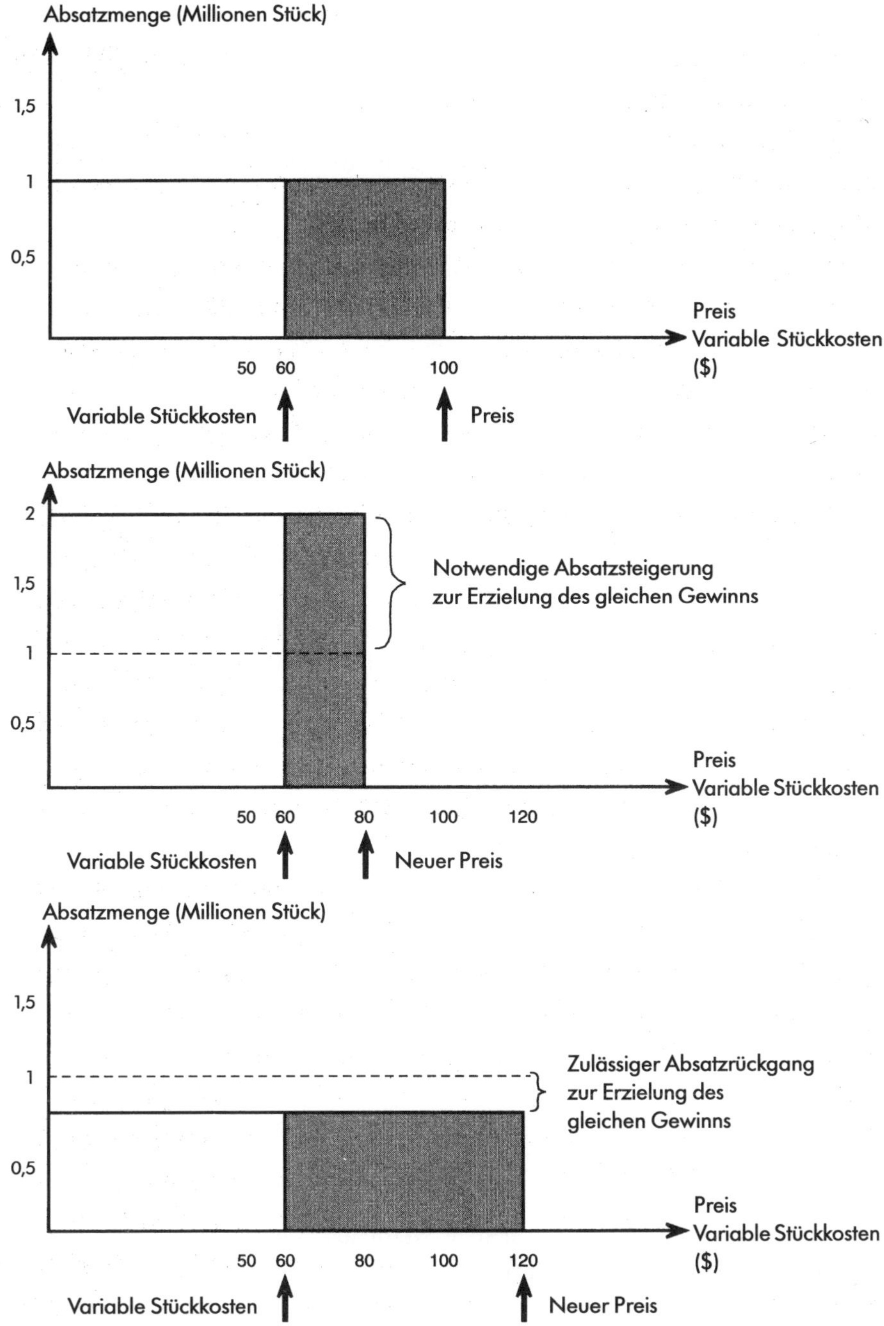

Abbildung 2.2: Die Wirkung des Preises auf den Gewinn von POWERSTAR

Obgleich die Preissenkung nur 20 Prozent beträgt, sinkt der Deckungsbeitrag um 50 Prozent. Die zum Ausgleich des geringeren Deckungsbeitrags erforderliche Absatzsteigerung beträgt 100 Prozent. Eine Absatzsteigerung von 100 Prozent bei einer Preissenkung von 20 Prozent erschien der Unternehmensleitung unrealistisch. Außerdem reichte die Kapazität nicht aus, um die größere Stückzahl zu produzieren. Eine Kapazitätserweiterung hätte jedoch zu höheren Fixkosten geführt.

Das Szenario für eine Preiserhöhung von 20 Prozent auf 120 Dollar ist in Abbildung 2.2 unten dargestellt. Der Deckungsbeitrag pro Stück erhöht sich auf 60 Dollar, daher müssen nur noch 667 000 Stück – ein Mengenrückgang um 33,3 Prozent – verkauft werden, um einen Gewinn von 10 Millionen Dollar zu erzielen. Wenn die Absatzmenge um weniger als 33,3 Prozent zurückgeht, würde als Folge der Preiserhöhung der Gewinn steigen. Wenn zum Beispiel 750 000 Stück zu einem Preis von 120 Dollar verkauft würden, stiege der Gewinn von 10 auf 15 Millionen Dollar. Daher wollte die Unternehmensleitung von POWERSTAR das Preiserhöhungsszenario eingehender analysieren lassen.

Preisänderungen haben eine große Wirkung, wie wir gesehen haben. Eine scheinbar geringfügige Preissenkung kann einen starken negativen Effekt auf den Deckungsbeitrag pro Stück haben und daher eine gewaltige Steigerung der Absatzmenge erforderlich machen, um den gleichen Gewinn zu erzielen. Eine kleine prozentuale Preiserhöhung kann eine starke positive Wirkung auf den Deckungsbeitrag pro Stück haben und läßt es daher zu, zur Erzielung des gleichen Gewinns einen Absatzrückgang in Kauf zu nehmen.

Der Fall POWERSTAR ist in gewisser Weise typisch für Industriegüter, deren variable Kosten häufig über 50 Prozent des Preises betragen und im Vergleich zu den Fixkosten relativ hoch sind. Dienstleistungsbranchen wie Hotels, Fluggesellschaften und Telekommunikation haben im Gegensatz dazu relativ niedrige variable Kosten und hohe Fixkosten. Ähnliche Kostenstrukturen findet man in Branchen wie Software und Arzneimittel, deren Hauptkostenfaktor Aufwendungen für F&E sind und deren variable Stückkosten im allgemeinen sehr niedrig ausfallen.

Die Kostenstruktur hat eine starke Wirkung auf die Beziehung zwischen Preis und Gewinn. In diesem Zusammenhang wollen wir die Firma SUPRACOM betrachten, einen neuen Anbieter im Telekom-Markt in einem europäischen Land. In seinem Heimatland betreibt das Unternehmen sein eigenes Netz, für internationale Verbindungen muß es jedoch Kapazität von anderen Unternehmen kaufen. Die variablen Kosten für Inlandsgespräche betragen 5 Cents pro Minute; für internationale Gespräche muß SUPRACOM an die ausländischen Anbieter 40 Cents pro Minute zahlen.

Die Preise von SUPRACOM betragen 40 Cents pro Minute für Inlandsgespräche und 60 Cents pro Minute für Auslandsgespräche, das entspricht Deckungsbeiträgen von 35 Cents pro Minute für Inlandsgespräche und 20 Cents pro Minute für Auslandsgespräche. Um dem zunehmenden Wettbewerbsdruck gewachsen zu sein, zog das Unternehmen in Erwägung, die Preise für Inlands- und Auslandsgespräche um jeweils 10 Cents pro Minute zu senken. Welche Mengensteigerungen wären in jedem Servicebereich erforderlich, um den gleichen Gewinn zu erzielen? Entsprechend der oben durchgeführten Analyse lassen sich die erforderlichen Mengensteigerungen für Auslandsgespräche mit 100 Prozent und für Inlandsgespräche mit 40 Prozent ermitteln.

Die Preissenkung von 10 Cents erfordert für Auslandsgespräche eine viel stärkere Absatzsteigerung, weil der Deckungsbeitrag für Auslandsgespräche um 50 Prozent sinkt, während er bei Inlandsgesprächen nur um 28,5 Prozent zurückgeht. Wenn die variablen Kosten hoch sind, ist generell eine größere Steigerung der Absatzmenge erforderlich, um die negative Wirkung einer Preissenkung auszugleichen.

Wenn man beurteilen will, ob eine Preissenkung empfehlenswert ist, muß man die verfügbare Kapazität berücksichtigen. Auf Inlandsflügen bot die Lufthansa 1994 Flüge für 99 DM an. Trotz strenger Restriktionen für diese Tickets explodierte die Nachfrage und die zugeteilten Kapazitäten waren bis zu fünf Monate im voraus ausverkauft. Angesichts begrenzter Kapazität war der neue Preis zu niedrig, und es wurden Gewinnchancen verschenkt. Unseres Erachtens geschieht dies häufig bei Fluggesellschaften und ähnlichen Dienstleistungsbranchen, wenn die Preise um 50 Prozent oder mehr gesenkt werden. Die zum Ausgleich des reduzierten Deckungsbeitrags erforderliche Steigerung der Absatzmenge kann mit den verfügbaren Kapazitäten nicht erreicht werden.

In Abbildung 2.3 betrachten wir Preisänderungen und die erforderlichen Änderungen der Absatzmenge in einem allgemeineren Zusammenhang. Auf der horizontalen Achse werden die variablen Stückkosten als Prozentsatz des gegenwärtigen Preises dargestellt. Die vertikale Achse zeigt die erforderliche Steigerung der Absatzmenge (oben) und den zulässigen Rückgang der Absatzmenge (unten), um den gleichen Gewinn zu erzielen. Wir analysieren Preisänderungen von 10 und 20 Prozent.

Zunächst betrachten wir die Preissenkungskurven im oberen Teil der Abbildung. Die Kurve für Preissenkungen von 20 Prozent zeigt, daß bei einem Anteil der variablen Stückkosten von 60 Prozent eine Steigerung der Absatzmenge um 100 Prozent erforderlich ist (Punkt A). Dies ist mit dem Fall POWERSTAR vergleichbar. Wenn die Preissenkung nur 10 Prozent beträgt,

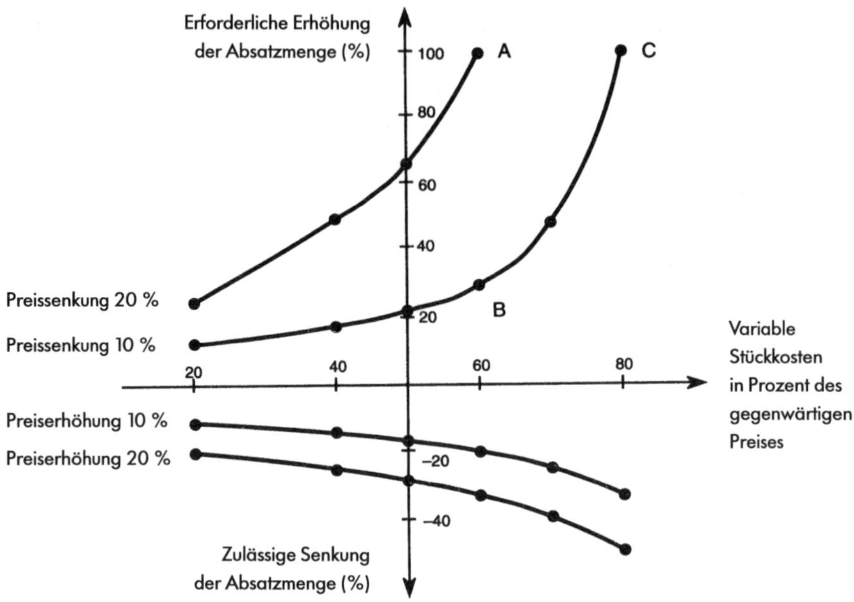

Leseprobe: Bei variablen Kosten von 60 Prozent erfordert eine Preissenkung von 20 Prozent eine Erhöhung der Absatzmenge um 100 Prozent (Punkt A); eine Preissenkung von 10 Prozent erfordert dagegen nur eine Erhöhung der Absatzmenge um 33 Prozent (Punkt B).

Abbildung 2.3: Kurven gleichen Gewinns

sinkt die erforderliche Steigerung der Absatzmenge auf 33 Prozent (Punkt B). Dieser Vergleich macht deutlich, wie stark der Gewinn auf Preisänderungen reagiert, wenn die variablen Stückkosten relativ hoch sind. Je höher die variablen Stückkosten sind, desto steiler werden die Kurven. Wenn die variablen Kosten 80 Prozent des gegenwärtigen Preises betragen, ist eine Steigerung der Absatzmenge um 100 Prozent erforderlich, um eine Preissenkung von nur 10 Prozent auszugleichen (Punkt C).

Im Gegensatz dazu sind die Kurven für Preiserhöhungen von 10 und 20 Prozent im unteren Teil der Abbildung 2.3 viel flacher und liegen enger zusammen. Dies zeigt, daß der zulässige Rückgang der Absatzmenge weniger elastisch auf die Veränderung des Prozentsatzes der variablen Stückkosten reagiert.

Abbildung 2.3, die auch auf andere Preisänderungen erweitert werden kann, läßt sich als eine einfache Entscheidungshilfe zur Beurteilung von Preisänderungen nutzen. Obgleich »Reaktionen« der Kunden auf Preisänderungen hier nicht berücksichtigt sind, zeigt diese Entscheidungshilfe, welche Änderung der Absatzmenge erforderlich ist, um den gleichen Gewinn zu erzielen. Nach unseren Erfahrungen sind solche Darstellungen eine wertvolle Managementhilfe, insbesondere wenn es um die Beurteilung von Preissenkungen geht. Die Kurven machen die Auswirkungen einer Preisänderung transparent und zeigen erforderliche Absatzsteigerungen auf, die in der Praxis oft nicht zu erreichen sind.

Die Break-even-Analyse ist ein anderes einfaches Instrument, um den Zusammenhang zwischen Preis, Kosten und Gewinn zu analysieren. Bei einem gegebenen Preis bestimmt die Break-even-Analyse die Absatzmenge, bei der der Gewinn Null ist, oder, mit anderen Worten, bei der der Gesamtdeckungsbeitrag genau die Fixkosten abdeckt. Diese einfache Analyse zeigt, wie elastisch die Break-even-Menge auf Preisänderungen reagiert. Da sie jedoch den Manager nur darüber informiert, welche Kombination von Preis und Absatzmenge für die Erreichung des Break-even-Punktes erforderlich ist, und nicht berücksichtigt, bei welcher Preishöhe der höchste Gewinn erzielt wird, ist ihr Nutzen für die Preisentscheidung begrenzt.

Vergleich der Gewinntreiber

Wie wir bereits am Anfang von Kapitel 1 dargestellt haben, ist der Preis der Faktor, der den Gewinn am stärksten bestimmt. In Anlehnung an das Verfahren von Marn und Rosiello[1] zeigt Abbildung 2.4 für das Produkt POWERSTAR, wie eine Verbesserung jedes Gewinntreibers aus Abbildung 2.1 um 10 Prozent – bei Konstanz aller anderen Faktoren – den Gewinn beeinflußt. Eine Preiserhöhung um 10 Prozent verbessert bei Konstanz aller anderen Faktoren den Gewinn um 100 Prozent. Dies ist unter den betrachteten Determinanten bei weitem die größte Wirkung auf den Gewinn.

Marn und Rosiello[2] vertreten die Auffassung, daß »Preisverbesserungen im allgemeinen den Gewinn drei- bis viermal stärker beeinflussen als entsprechende Mengensteigerungen«. In unseren Analysen hat sich das häufig bestätigt.

Diese Daten zeigen, daß es häufig besser ist, die Anstrengungen auf Preiserhöhungen oder eine Verteidigung des Preisniveaus als auf eine Steigerung der Absatzmenge zu konzentrieren. Dies trifft vor allem zu, wenn die Deckungsbeiträge gering sind. Bei geringen Deckungsbeiträgen steigert eine größere

Absatzmenge den Gewinn nicht spürbar. Daher sollten in einer solchen Situation die Anstrengungen hauptsächlich darauf gerichtet sein, die Deckungsbeiträge zu verbessern. Dies kann durch Kostensenkungen und/oder Preiserhöhungen erreicht werden.

Eine 10prozentige Verbesserung von ... ... erhöht den Gewinn um ...

	Gewinntreiber		Gewinn	
	Alt	Neu	Alt Mio $	Neu Mio $
Preis	100	110	10	10
Variable Stückkosten	60	54	10	16
Absatzmenge	1 Mio.	1,1 Mio.	10	14
Fixkosten	30 Mio.	27 Mio.	10	13

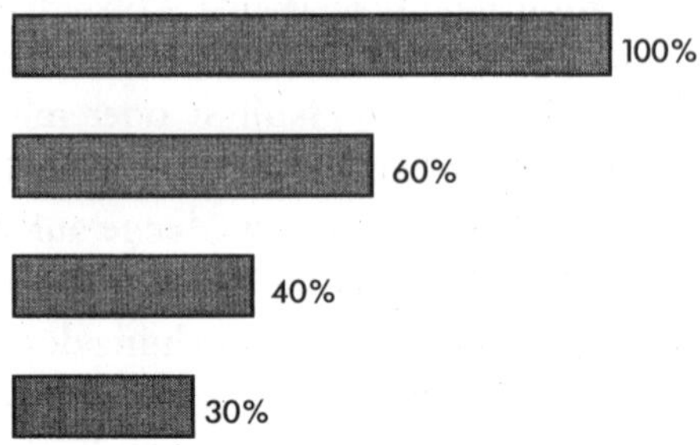

Leseprobe: Eine 10prozentige Verbesserung des Preises erhöht den Preis auf 110 Dollar; bei Konstanz aller anderen Faktoren führt dies zu einer Gewinnsteigerung um 100 Prozent auf 20 Millionen Dollar.

Abbildung 2.4: Vergleich der Gewinntreiber

Im allgemeinen reduziert eine Preissteigerung die Absatzmenge, dies trifft jedoch nicht immer zu. Ein führender Hersteller von Pflanzenschutzmitteln hatte zum Beispiel seine Preise niedrig angesetzt, um sich dem Preisniveau der Wettbewerber anzupassen. Als das Unternehmen mit den geringeren Deckungsbeiträgen nicht zufrieden war, überlegte man, die Preise zu erhöhen. Dazu führte man eine eingehende Analyse durch, die ergab, daß die Bauern die Schädlingsbekämpfungsmittel dieses Herstellers um 20 Prozent höher bewerteten als die der Konkurrenz. Diese Analyse wurde als richtig bestätigt, als eine Preiserhöhung um 20 Prozent durchgeführt wurde, ohne daß die Absatzmenge zurückging. Diese Maßnahme erhöhte den Gewinn um das Fünffache! In einem anderen Fall schaffte ein Hersteller von Büromaterial seine Rabatte ab und erhöhte dadurch seinen Durchschnittspreis um 5 Prozent. Der Gewinn wurde auf diese Weise verdoppelt, weil der Rückgang der Absatzmenge nur minimal war.

Preise und Kundenverhalten

Der Preis ist das wirtschaftliche Opfer, das ein Kunde bringt, um ein Produkt oder eine Dienstleistung zu erwerben. Der Kunde vergleicht dieses Opfer immer mit seiner Vorstellung über den Nutzen des Produktes. Preis und Nutzen sind die Grundlagen jeder wirtschaftlichen Transaktion.

Im wesentlichen kauft ein Kunde ein Produkt oder eine Dienstleistung nur, wenn der wahrgenommene Nutzen – bewertet in Geldeinheiten – größer ist als der Preis. Wenn er unter verschiedenen Alternativen wählen kann, bevorzugt der Kunde das Produkt, das ihm den größten Nettonutzen bietet, das heißt die größte Differenz zwischen wahrgenommenem Nutzen und Preis aufweist. Diese einfache Betrachtung von Preis und Nutzen hilft uns, zu verstehen, wie der Kunde auf einen bestimmten Preis und auf Preisänderungen reagiert.

Abbildung 2.5 beschreibt die Situation eines Kunden. Wir nehmen an, daß sein wahrgenommener Nutzen und seine Zahlungsbereitschaft für eine Dose eines Erfrischungsgetränks 1 Dollar beträgt, hier als »Maximalpreis« bezeichnet.

Wenn der Preis geringer als 1 Dollar ist, beträgt die Absatzmenge für diesen Kunden 1; wenn der Preis höher als 1 Dollar ist, ist die Absatzmenge 0. Alle Preisentscheidungen lassen sich im wesentlichen auf dieses einfache Modell

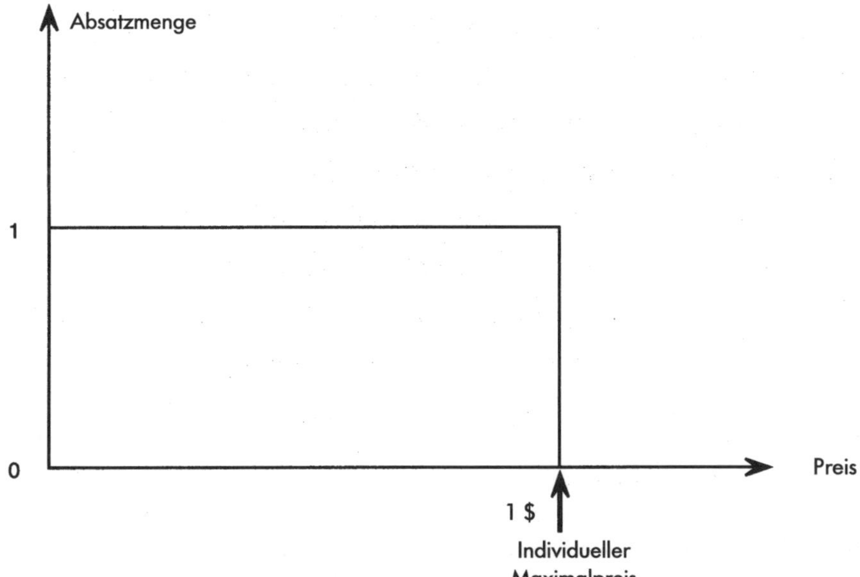

Abbildung 2.5: Der »atomare Baustein« der Preisfindung

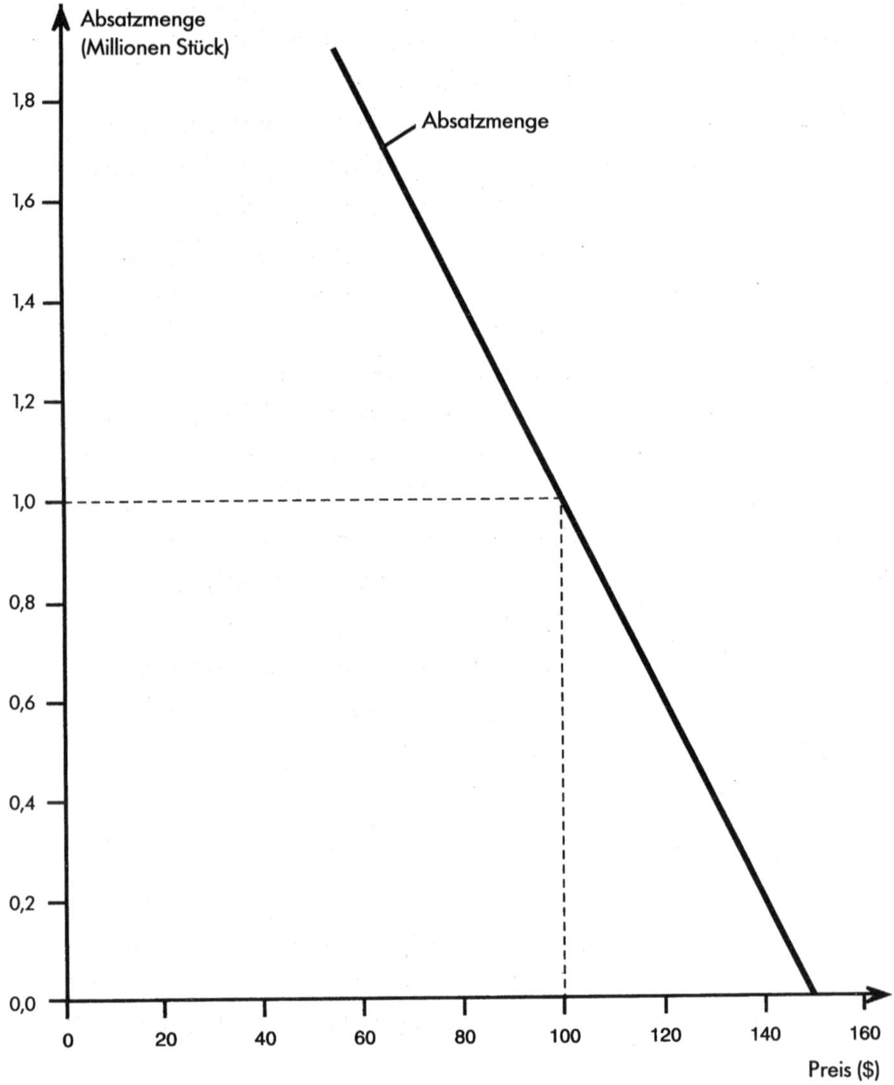

Abbildung 2.6: Die Preisabsatzkurve von POWERSTAR (Elektrowerkzeug)

zurückführen – den »atomaren Baustein« der Preisfindung. Dieses einfache Modell kann verschiedene Situationen abbilden. Für eine zweite Dose dieses Getränks wird der Maximalpreis wahrscheinlich unter 1 Dollar liegen. Der Maximalpreis kann im Zeitablauf oder bei verschiedenen Kunden schwanken. Solche Variationen führen zu den Problemen dynamische Preispolitik, Marktsegmentierung und Preisdifferenzierung. Sie legen nahe, daß zu verschiedenen Zeitpunkten oder bei Kunden, deren Maximalpreise sich unterscheiden, unterschiedliche Preise verlangt werden sollten.

Es ist zweckmäßig, zwischen zwei Situationen zu unterscheiden: »Ja : Nein« und »variable Menge«. In der »Ja:Nein«-Situation kauft der Kunde in Abhängigkeit vom Preis eine Einheit des Gutes, oder er kauft gar nicht. »Ja:Nein« beschreibt Kaufsituationen, wie zum Beispiel für Videorecorder, PCs, Mobiltelefone oder Autos. Wenn der Kunde eine Einheit gekauft hat, braucht er keine weitere Einheit. Im Gegensatz dazu kauft der Kunde im Fall der »variablen Menge« in Abhängigkeit vom Preis eine oder mehrere Einheiten des Produktes. Damit werden Kaufsituationen beschrieben wie zum Beispiel Benutzungsdauer eines Mobiltelefons, Krawattenkäufe oder Konsumgüter wie Erfrischungsgetränke. Normalerweise haben zusätzliche Einheiten eines Gutes für den Kunden einen abnehmenden Grenznutzen.

Im Rahmen der Preisfindung sollte man herausfinden, welches Verhalten die Kunden am besten beschreibt. Beide Situationen sind jedoch ziemlich ähnlich, wenn man alle Kunden berücksichtigt, da deren Zahlungsbereitschaft sich typischerweise unterscheidet. Dies führt uns auf eine aggregierte Preisabsatzkurve mit einer negativen Steigung – je höher der Preis, desto geringer ist die Absatzmenge. Die Preisabsatzkurve für das Elektrowerkzeug POWERSTAR ist in Abbildung 2.6 dargestellt. Die Methoden zur Ermittlung dieser Kurve behandeln wir in Kapitel 3. Für POWERSTAR wurde diese Kurve mittels einer Marktstudie ermittelt, die ergab, daß bei einer Preiserhöhung von 10 Prozent die Absatzmenge um 20 Prozent zurückgeht. Dieses Verhältnis war im wesentlichen linear. Bei einem Preis von 80 Dollar würden 1,4 Millionen Stück verkauft, ungefähr 40 Prozent mehr als die gegenwärtige Absatzmenge.

Der optimale Preis

Wenn wir die in Abbildung 2.6 abgebildete Preisabsatzkurve kennen, läßt sich der optimale Preis einfach bestimmen. Für POWERSTAR mit variablen Stückkosten von 60 Dollar liegt die mögliche Preisbandbreite zwischen 60 und 150 Dollar. Wenn sich der Preis 60 Dollar annähert, steigt die Absatzmenge auf 1,8 Millionen Stück, doch der Deckungsbeitrag sinkt auf Null.

Wenn sich der Preis 150 Dollar nähert, wird der Stückdeckungsbeitrag sehr groß, doch die Absatzmenge geht gegen Null. Wo liegt dann das optimale Verhältnis zwischen Absatzmenge und Deckungsbeitrag? Wie wir aus Abbildung

2.2 wissen, ergibt sich der Gesamtdeckungsbeitrag als Rechteck mit dem Preis auf der einen Achse und der Absatzmenge auf der anderen Achse. Der Gesamtdeckungsbeitrag ist das Produkt aus Absatzmenge und Deckungsbeitrag pro Stück. Dann lautet unsere Aufgabe, bildlich gesprochen, dieses Rechteck innerhalb der Begrenzung durch die Preisabsatzkurve zu maximieren, das heißt, wir wollen das größte Rechteck finden, das in das Dreieck ABC in Abbildung 2.7 paßt. Dieses größtmögliche Rechteck wird bei einem Preis von 105 Dollar[3] erreicht. Bei diesem Preis ist die Absatzmenge 0,9 Millionen Stück, und der Gesamtdeckungsbeitrag beträgt 40,5 Millionen Dollar. Wenn wir von diesem Betrag die Fixkosten von 30 Millionen Dollar abziehen, erhalten wir einen Gewinn von 10,5 Millionen Dollar, der 5 Prozent höher ist als der Gewinn bei dem gegenwärtigen Preis von POWERSTAR in Höhe von 100 Dollar.

Die Gewinnkurve in Abbildung 2.7 beschreibt die Größe des Rechtecks, das heißt den Gewinn für jeden Preis, der zu einem positiven Gewinn führt. Die Gewinnkurve zeigt folgendes:

- Es gibt immer einen Preis, der den Gewinn maximiert.
- Je mehr man vom optimalen Preis abweicht, desto steiler wird die Gewinnkurve. Das bedeutet praktisch, wenn wir bereits stark danebenliegen, dann ist eine weitere Preisänderung in der falschen Richtung verheerend. Doch das kommt vor! Wir beobachten, daß Unternehmen, die bereits zu hohe Preise haben, diese Preise noch weiter erhöhen wollen, wie die westlichen Autohersteller in den achtziger Jahren, oder daß solche, deren Preise bereits zu niedrig sind, ihre Preise weiter reduzieren, wie eine typische Fluggesellschaft in einem Preiskrieg.
- Ein Preis, der zu hoch ist (zum Beispiel 120 Dollar für POWERSTAR), erweist sich als genauso schlecht wie ein Preis, der zu niedrig ist (zum Beispiel ein Preis von 90 Dollar). Häufig machen sich Manager etwas vor, indem sie denken, falls man einen Fehler macht, dann sollte man ihn wenigstens auf der hohen Seite machen. Das ist jedoch eine falsche Vorstellung.

Beachten Sie, daß Fixkosten in unserer Diskussion des optimalen Preises bisher nicht berücksichtigt wurden. Abbildung 2.7 macht klar, warum das so ist. Fixkosten werden einfach vom Gesamtdeckungsbeitrag abgezogen. Wenn wir sie in die Zeichnung eintragen wollten, wären sie eine horizontale Linie bei 30 Millionen Dollar; sie wären bei jedem betrachteten Preis gleich und beeinflussen den optimalen Preis daher nicht. Fixkosten von 20 Millionen anstatt 30 Millionen Dollar würden die Form der Gewinnkurve nicht verändern, der optimale Preis bliebe bei 105 Dollar; der Gewinn würde sich jedoch um 10 Millionen Dollar erhöhen.

Das gleiche gilt für sogenannte »versunkene« Kosten wie zum Beispiel F&E-Aufwendungen oder Markteinführungskosten. Sie sollten den optimalen Preis nicht beeinflussen.

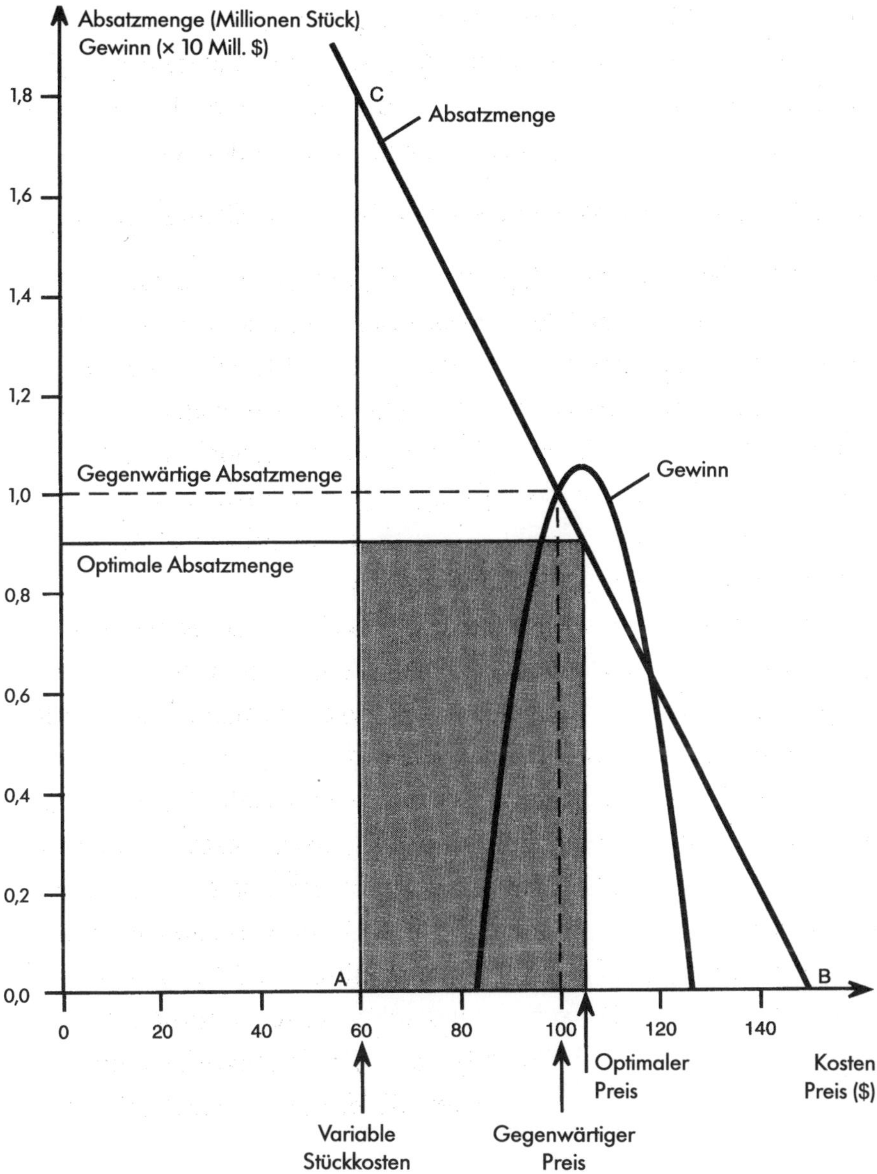

Abbildung 2.7: Der optimale Preis für POWERSTAR (Elektrowerkzeug)

Preiselastizität

Anhand von Abbildung 2.7 können wir das Konzept der Preiselastizität einführen, ein äußerst nützliches Maß für die Wirkung des Preises auf die Absatzmenge. Wie wir gerade gesehen haben, ist die Reaktion der Absatzmenge auf den Preis ein wichtiger Bestimmungsfaktor für den optimalen Preis. Die Preiselastizität ist definiert als Verhältnis der prozentualen Veränderung der Absatzmenge zur sie verursachenden prozentualen Preisänderung, das heißt

$$\text{Preiselastizität} = \frac{\text{Prozentuale Änderung der Absatzmenge}}{\text{Prozentuale Preisänderung}}$$

In dem in Abbildung 2.7 dargestellten Fall POWERSTAR verursacht bei dem gegenwärtigen Preis von 100 Dollar eine Preiserhöhung von 10 Prozent einen Rückgang der Absatzmenge um 20 Prozent. Folglich ist die Preiselastizität in diesem Fall –2 (d.h. – 20 Prozent/10 Prozent). Die relative Veränderung der Absatzmenge ist doppelt so groß wie die relative Preisänderung. Entsprechend der Definition hat die Preiselastizität ein negatives Vorzeichen, weil Mengen- und Preisänderung gegenläufig sind. In geschäftlichen Diskussionen wird das gut verstanden und Manager sprechen meistens einfach über den absoluten Wert der Preiselastizität. Die Werte der Preiselastizität variieren stark nach Produkten, Wettbewerbssituationen und einzelnen Kunden. (Mehr Informationen dazu in Kapitel 3). Die Preiselastizität kann auch in verschiedenen Punkten der Preisabsatzkurve verschieden sein.

Wenn in der Praxis festgestellt wird, daß die Preiselastizität kleiner als 1 ist, kann eine Preiserhöhung sofort empfohlen werden, weil dies bedeutet, daß der prozentuale Rückgang der Absatzmenge kleiner ist als die prozentuale Preiserhöhung. Wenn zum Beispiel eine Preiserhöhung von 10 Prozent die Absatzmenge nur um 5 Prozent reduziert (Preiselastizität = – 0,5), würde eine Preiserhöhung von 10 Prozent den Umsatz um 5 Prozent steigern und der Gewinn würde sich sogar noch stärker erhöhen. Das Gegenteil ist richtig für Preissenkungen; sie zahlen sich nie aus, wenn die Preiselastizität – wie im folgenden Fall aus der amerikanischen Bierindustrie – kleiner als 1 ist: »Nachdem die Brauerei Miller ihren Preis um 20 Prozent gesenkt hatte, stieg der Absatz von Miller High Life um 9 Prozent«[4]. Trotz der Erhöhung der Absatzmenge ging der Umsatz um 12,8 Prozent zurück; da 0,80 Dollar (Preis) × 109 (Menge) = 87,2 Dollar sind, ist das ein Rückgang von 12,8 Prozent.

Sonderfall: Optimierung mit Preisschwellen

In der vorhergehenden Analyse haben wir die Preisabsatzbeziehung ausdrücklich als glatte Kurve zwischen Preis und Absatzmenge betrachtet. In der Praxis stoßen wir manchmal auf die Notwendigkeit, in einer »Ja:Nein«-Situation für individuelle Kunden einen Preis zu ermitteln. Wenn der Preis geringer ist als der Maximalpreis, den dieser Kunde maximal zu zahlen bereit ist, wird er eine Einheit des Produktes kaufen. Wenn der Preis höher ist, wird er nicht kaufen. Die Preisabsatzkurve, wie in Abbildung 2.5 dargestellt, besteht aus zwei horizontalen Abschnitten. Es liegt auf der Hand, daß in diesem Fall der Preis, der den höchsten Gewinn liefert – falls die Grenzkosten geringer sind als der Maximalpreis des Kunden –, gleich dem Maximalpreis ist. Jeder Preis darunter würde einen Gewinnverzicht bedeuten.

Wenn alle Kunden die gleichen Maximalpreise hätten, könnten wir dieses Denken auf den ganzen Markt anwenden. Die aggregierte Preisabsatzkurve hätte dann die gleiche Struktur wie die individuelle Preisabsatzkurve. In diesem Fall wird die Preisreaktion durch einen einzigen Parameter gemessen, den Maximalpreis, anstelle einer ganzen Kurve. Solange die Kosten niedriger sind als der Maximalpreis, ist es genau der Preis, den wir wählen würden. Abbildung 2.8 beschreibt diese Situation.

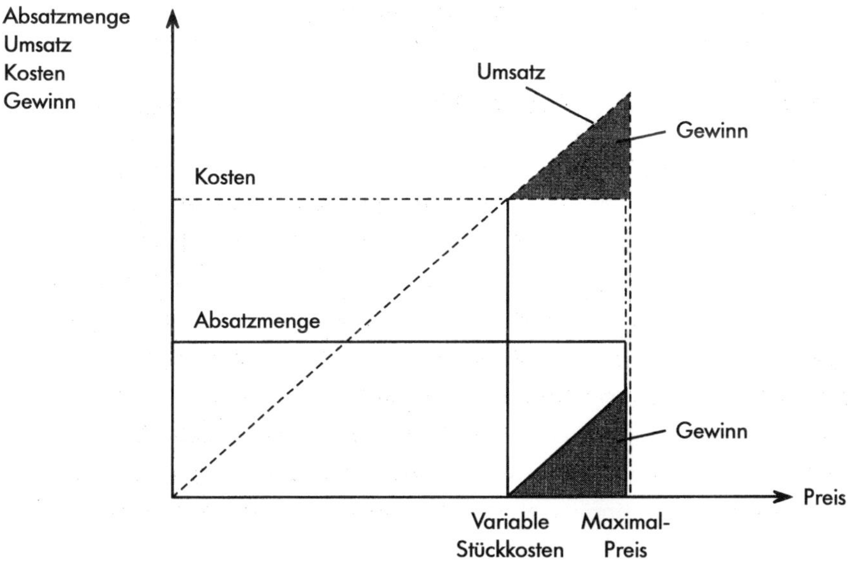

Abbildung 2.8: Preisoptimierung mit Preisschwellen

Für einige Produkte mag die Annahme gleicher Maximalpreise nicht so falsch sein. Lingua Video, ein Unternehmen, das Fremdsprachenvideos verkauft, bestimmt seine Preise danach. Die Geschäftsführerin erklärt: »Wir gehen davon aus, daß unsere Kunden Maximalpreise haben, die sie zu zahlen bereit sind. Wir nehmen an, daß diese Preise im allgemeinen durch runde Zahlen wie 50 DM, 60 DM oder 100 DM definiert sind, je nach dem wahrgenommenen Wert des Films. Um auf der sicheren Seite zu sein, legen wir unsere Preise im allgemeinen so fest, daß sie knapp unter diesen runden Beträgen liegen.« In dem Katalog von Lingua Video enden fast alle Preise mit einer 9: 49 DM, 59 DM oder 99 DM.

Die Preisfestlegung mit Orientierung an Maximalpreisen bietet eine Erklärung dafür, daß »gebrochene Preise«, die genau unter runden Beträgen liegen, weit verbreitet sind. Wenn die Annahme über die Gleichartigkeit der Maximalpreise zutrifft, dann ist dies eine einfache und vernünftige Methode der Preisfindung. Man sollte sich jedoch vergewissern, daß diese kritische Annahme tatsächlich gilt. Dies ist nur möglich, wenn man die Preisschwellen der einzelnen Kunden kennt.

Gewinn, Menge oder beides?

Bisher haben wir vereinfacht angenommen, daß das Unternehmen ausschließlich darauf abzielt, den Gewinn zu maximieren. Empirische Studien haben tatsächlich gezeigt, daß dies das häufigste Ziel ist. Es gibt jedoch auch Theorien, die andere Ziele empfehlen, wie zum Beispiel Umsatzmaximierung, und von japanischen Unternehmen wird behauptet, daß sie häufig um Marktanteile kämpfen anstatt um direkte Gewinnziele.[5]

Tatsächlich sind komplexe und häufig unklare Zielsysteme eher die Regel als die Ausnahme. Ein besonders weitverbreiteter Konflikt besteht zwischen Gewinn- und Absatzzielen. Die meisten Praktiker hätten gerne höhere Preise, aber sie hassen es, Absatzmenge oder Marktanteile zu verlieren. Einem großen Pharmaunternehmen empfahlen wir, in einem kleinen europäischen Land, in dem das Unternehmen niedrige Preise hatte, die Preise zu erhöhen und Marktanteilsverluste in Kauf zu nehmen. Diese Preiserhöhungen würden unerwünschte Lieferungen aus dem Land mit geringen Kosten (Parallelimporte) in den großen deutschen Markt, wo die Preise höher waren, verhindern. Obwohl sie zugab, daß dies zu höheren Unternehmensgewinnen führen würde, wollte die Unternehmensleitung nur ungern Marktanteilseinbußen in dem kleineren Land hinnehmen.

Viele Firmen haben explizite Absatzmengen- oder Marktanteilsziele. In der Automobilindustrie zum Beispiel schreiben Marketingpläne gewöhnlich vor, daß eine gewisse Zahl von Autos verkauft werden soll. In der Computerindustrie wird die Produktionskapazität entsprechend den Mengenzielen festgelegt und es gibt Schwellen für die Kapazitätsauslastung. In Dienstleistungsbranchen ist der Auslastungsgrad ein entscheidender Erfolgsindikator. In Anbetracht dieser Branchen- und Unternehmensnormen wird im Rahmen der Preisfindung kaum jemals der Gewinn als einziges Ziel verfolgt. Für die Geschäftspraxis ist eine Mischung von Gewinn- und Mengenzielen die Regel.

Gewöhnlich vermeiden Manager es gerne, zwischen Absatzmenge und Gewinn abzuwägen. Sie wollen sowohl eine Gewinnsteigerung als auch eine Steigerung der Absatzmenge. Aber was Hudson[6] über Escom, einst die Nr. 3 auf dem europäischen PC-Markt, schreibt, trifft auf die meisten Unternehmen zu: »Escom hat ein grundlegendes Gesetz des Geschäftslebens bewiesen: Man kann den Marktanteil steigern oder man kann den Gewinn erhöhen, doch es ist schwierig, beides gleichzeitig zu tun.« Escom ist an diesem Dilemma gescheitert, denn die Firma ging im Jahre 1996 in Konkurs.

Jürgen Walker, Direktor für Controlling im Pkw-Bereich bei Daimler-Benz, schlägt ein Diagramm (siehe Abbildung 2.9) vor, das diese Situation illustriert. Auf der vertikalen Achse wird das Gewinnwachstum und auf der horizontalen Achse das Absatzwachstum dargestellt. Der Schnittpunkt der beiden Achsen beschreibt den Status quo. Der obere rechte Quadrant (Quadrant I) bezeichnet den »Wunschtraum des Managers«, bei dem sowohl Gewinn als auch Absatzmenge steigen. In Quadrant II steigen die Gewinne, doch die Absatzmenge sinkt, das Gegenteil trifft auf Quadrant IV zu, dort geht der Gewinn zurück, während der Absatz zulegt. In diesen beiden Quadranten muß eine Abwägung zwischen Gewinnsteigerung und Absatzsteigerung vorgenommen werden. Quadrant III, der »Alptraum des Managers«, sollte auf jeden Fall vermieden werden. Nur wenige Manager scheinen jedoch zu verstehen, wie schwierig es ist, vom Ursprung in den Quadranten I zu gelangen. Die gleichzeitige Verfolgung von Mengen- und Gewinnsteigerung ist am ehesten über neue Produkte erreichbar. Mit Preisaktionen allein kann sie unrealistisch und frustrierend sein. Die »Preis-Ziel-Matrix« (siehe Abbildung 2.10) ist hilfreich, um realistische Preisziele anzusetzen bzw. die notwendigen Kompromisse zu finden.

Abbildung 2.10 bringt die vier Quadranten nun mit bestimmten Preissituationen in Zusammenhang. Die Kurven in den vier Quadranten zeigen die Situation, die den jeweiligen Wachstums- und Gewinnmöglichkeiten zugrunde liegt. Der Fall in Quadrant I kann nur eintreten, wenn man eine Preissenkung

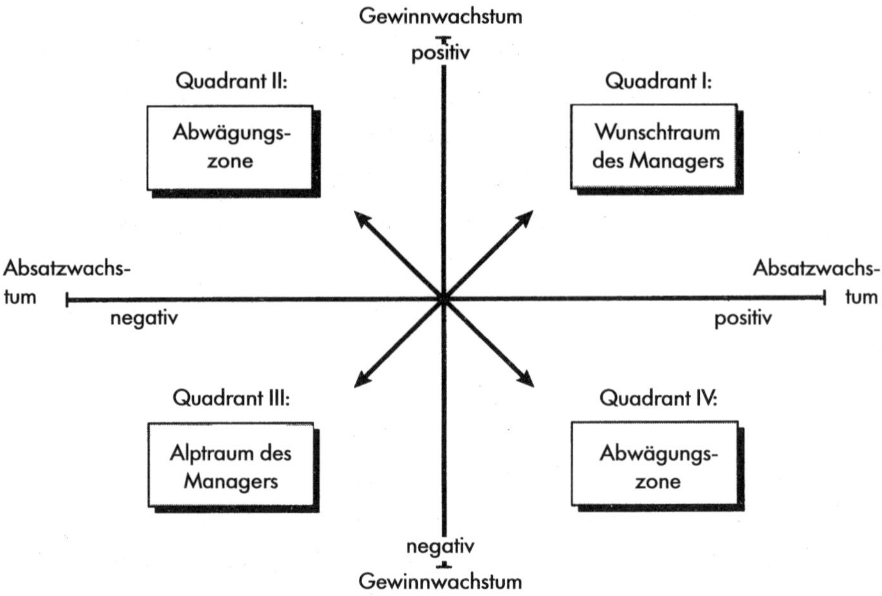

Abbildung 2.9: Gewinnwachstum, Mengenwachstum oder beides?

vornimmt und der gegenwärtige Preis höher ist als der optimale Preis. Das heißt, um in den Quadranten I zu fallen, muß in der Vergangenheit ein Fehler gemacht, nämlich ein zu hoher Preis angesetzt worden sein.

Auf Eurodisney, den Vergnügungspark in der Nähe von Paris, trifft dieser Fall zu. Anfang der neunziger Jahre begann dieser Park mit hohen Preisen, die von den europäischen Kunden nicht gut angenommen wurden. Die Besucherzahl und die Hotelauslastung blieben in den ersten drei Jahren niedrig und das Unternehmen erlitt sehr hohe Verluste, die es an den Rand des Bankrotts brachten. Das *Wall Street Journal Europe* kommentierte, daß Eurodisney »mit der Preisstruktur nicht zurecht kam« und »die Preise häufig als zu hoch kritisiert wurden«. Anfang 1994 wurden die Preise um 30 Prozent gesenkt und – laut Artikel – »bietet Eurodisney jetzt ein gutes Preis-Leistungsverhältnis«[7]. Die Preisrepositionierung funktionierte tatsächlich; die Besucherzahl im Park stieg stark und Ende 1995 kündigte Eurodisney an, daß das Unternehmen zum ersten Mal einen Gewinn erzielte.[8] Ein anderes Beispiel ist Fielmann, der deutsche Marktführer für Brillen und weltweit Nr. 2, dessen niedrige Preise den Marktanteil in Deutschland auf über 30 Prozent steigerten und gleichzeitig die Gewinne erhöhten.

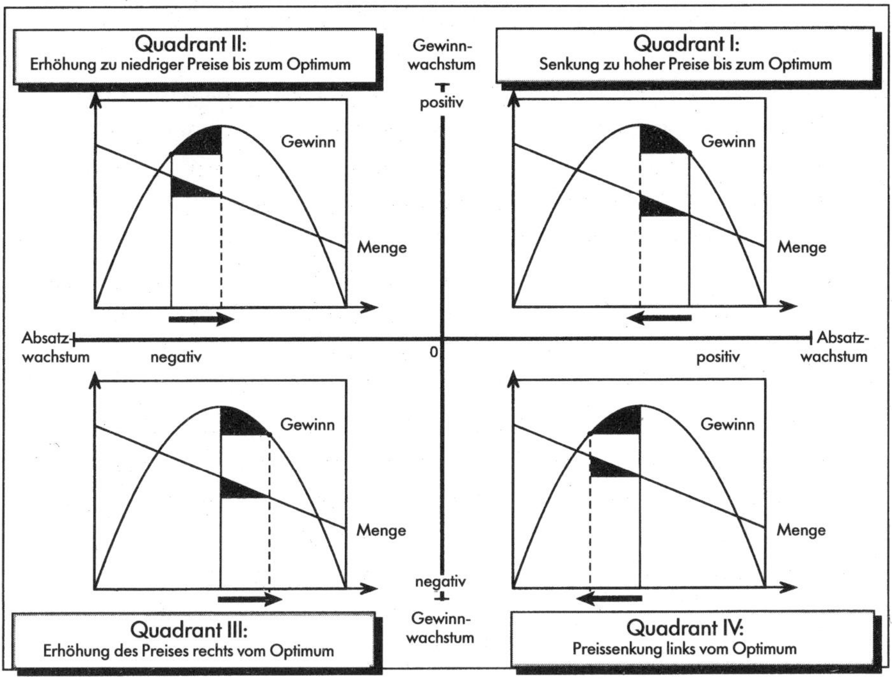

Abbildung 2.10: Preis, Gewinnwachstum, Mengenwachstum: Die Preis-Ziel-Matrix

Quadrant I ist auch die Domäne von Intel und seines Vorstandsvorsitzenden Andrew Grove. 1994 beschrieb die Zeitschrift *Fortune*[9] die Strategie von Intel: »Die Preise schneller zu senken gehört zu Groves Plan. Er weist darauf hin, daß der Verzicht auf Gewinnmarge durch die Steigerung der Absatzmenge mehr als ausgeglichen werden kann.«

Die Quadranten II und IV kommen jedoch in der Praxis häufig vor, das heißt, entweder Gewinn- oder Mengenwachstum, aber nicht beides. In Quadrant II liegt der gegenwärtige Preis unter dem Optimum. Daher steigert eine Preiserhöhung den Gewinn, während die Absatzmenge zurückgeht. Ein Hersteller von Industrielacken erlebte diese Situation, als er eine Preiserhöhung durchführte. Einige Kunden, die entschlossen waren, nur zu sehr niedrigen Preisen zu kaufen, wanderten zu anderen Lieferanten ab. Die Absatzmenge ging um 20 Prozent zurück, doch der Gewinn stieg. Trotz eines Umsatzrückgangs von 8 Millionen Dollar, erhöhte sich der Gewinn infolge besserer Dekkungsbeiträge um 14 Millionen Dollar. Viele Manager haben jedoch mit dieser

Situation große Schwierigkeiten, weil sie eine Schwächung ihrer Marktposition fürchten. Sie sind auf Mengen- oder Marktanteilsziele fixiert und vernachlässigen relativ dazu die Wirkung auf den Gewinn. Aber manchmal ist es vernünftig, die Preise zu erhöhen und auf Menge zu verzichten, um den Gewinn zu steigern.

In Quadrant IV treffen wir auf die entgegengesetzte Situation. Wenn ein Preis gesenkt wird, der am oder unter dem Optimum liegt, erhöht sich die Absatzmenge, doch der Gewinn geht zurück. Diese Situation ist typisch, wenn der Marktanteil gesteigert oder verteidigt werden soll. Ein klassischer Fall ist die Preissenkung, die Philip Morris im April 1993 in den USA für Marlboro vornahm. Diese Situation wird detailliert in Kapitel 4 beschrieben. Nachdem Marlboro einen größeren Marktanteilsrückgang erlebt hatte, weil der Preisabstand zu Handelsmarken immer größer wurde, senkte Philip Morris den Preis pro Packung von 2,25 Dollar auf 1,85 Dollar. Diese Maßnahme verursachte noch am gleichen Tag einen Rückgang des Börsenwertes der Firma um 13,4 Milliarden Dollar. Doch anschließend erholte sich der Marktanteil von Marlboro wieder und die Marke konnte ihre führende Position zurückerobern.

Ein ähnlicher Preiskampf fand zehn Jahre früher auf dem deutschen Zigarettenmarkt statt. Im Januar 1983 senkte Reemtsma den Preis der Marke West von 3,80 DM auf 3,30 DM, die erste Preissenkung eines Markenproduktes im westdeutschen Zigarettenmarkt seit Ende des Zweiten Weltkriegs. Innerhalb von vier Monaten erhöhte sich der Marktanteil von West von 0,6 Prozent auf 10 Prozent, was einer Steigerung des Jahresumsatzes von 150 Millionen DM auf 2,2 Milliarden DM entsprach.[10]

Wie man aus der Gewinnkurve in Quadrant IV ersehen kann, wird die Situation ziemlich gefährlich, wenn die Preissenkungen zu immer größeren Abweichungen vom Optimum führen. Infolge sinkender Deckungsbeiträge wird die Gewinnkurve mit zunehmender Entfernung vom Optimum stetig steiler.

Quadrant III ist die »Alptraum-Situation«, in der sowohl der Gewinn als auch die Absatzmenge zurückgehen, weil ein Preis, der bereits zu hoch ist, noch weiter erhöht wird. Dies passierte einigen deutschen Maschinenbauunternehmen. Ihre Preise waren bereits zu hoch und nicht konkurrenzfähig. Als verschiedene Währungen, wie der US-Dollar und die italienische Lira, 1993 abgewertet wurden, wurden die deutschen Erzeugnisse für Kunden, die in diesen Währungen arbeiten, sogar noch teurer. Die Absatzmenge ging zurück, manchmal bis zu 50 Prozent, und einige Unternehmen mußten Konkurs anmelden. Wieder sollte beachtet werden, daß die Gewinnkurve immer steiler wird, wenn die Preise weit oberhalb des Optimums liegen. Durch Währungsverschiebungen kann eine solche Situation entstehen bzw. verschärft werden.

Die Preis-Ziel-Matrix (siehe Abbildung 2.10) hat sich als wertvolles Instrument für die Analyse der Preissituation unter Berücksichtigung der Gewinn- und Mengenziele erwiesen. Um den richtigen Preis zu ermitteln, müssen wir wissen, wo der Preis gegenwärtig steht und wie die Absätze auf Preisänderungen reagieren. Je nachdem, ob der gegenwärtige Preis über, bei oder unter dem Optimum liegt, sind unterschiedliche Maßnahmen notwendig. Es kann sein, daß sowohl eine Gewinnsteigerung als auch eine Erhöhung der Absatzmenge möglich sind. Doch normalerweise konkurrieren diese Ziele miteinander, und wenn für beide eine Wachstumsstrategie mittels Preisaktionen verfolgt wird, kann das schlecht ausgehen. Die Matrix hilft uns, faktengestützt eine bewußte Abwägung der Ziele einer Mengensteigerung und einer Gewinnsteigerung vorzunehmen.

Zusätzliche Kostenüberlegungen

Wir haben bereits gesehen, daß die variablen Kosten bei der Ermittlung des optimalen Preises eine entscheidende Rolle spielen. Man sollte jedoch vermeiden, daß die umfassende Verfügbarkeit von Kostendaten die Beachtung des Kundennutzens in den Hintergrund drängt.

Cost-plus-Preisbildung

Eines der beliebtesten Preisfindungsverfahren in der Praxis ist die Methode »Cost-plus«, in der die Stückkosten ermittelt werden und ein Aufschlag zur Bestimmung des Preises vorgenommen wird. Die Aufschläge können auf Branchentradition, individueller Erfahrung oder Faustregeln beruhen. Die folgenden Zitate reflektieren diese Art der Preisermittlung: »Produkte müssen zum Zweieinhalbfachen ihrer Herstellkosten verkauft werden« aus einer Elektronikzeitschrift und »In einem Restaurant beträgt der Aufschlag bei Speisen das Dreifache der direkten Kosten, bei Bier das Vierfache und bei Spirituosen das Sechsfache«[11]. Wied-Nebbeling[12] hat festgestellt, daß ungefähr 70 Prozent der Firmen im Rahmen ihrer Erhebung die eine oder andere Version der Cost-plus-Preisfindung anwenden.

Diese Methode hat verschiedene praktische Vorteile. Sie ist einfach und leicht anzuwenden. Sie beruht auf verläßlichen Kostendaten und wird anscheinend mit der Unsicherheit des Marktes fertig. In einigen Fällen denken Mitarbeiter des Finanz- und Rechnungswesens, die häufig an der Preisfindung beteiligt sind, bevorzugt in Cost-plus-Begriffen und werden eher eine Preisempfehlung akzeptieren, die auf diese Weise ermittelt wurde, als sich auf »weiche« Daten über die Reaktion des Marktes zu verlassen. Unter Wettbewerbsaspekten kann die Preisfindung nach der Cost-plus-Methode einem stillschweigenden Einverständnis nahekommen und zur Ermittlung optimaler Preise beitragen, wenn die Wettbewerber ähnliche Kostenstrukturen haben und die gleichen Aufschläge anwenden.

Andererseits sprechen starke Argumente gegen diese Art der Preisfindung. Es ist töricht, die Nachfrageseite bei der Preisfindung nicht explizit zu berücksichtigen. Die Zahlungsbereitschaft der Kunden wird nicht durch die Kosten eines Produktes bestimmt, sondern durch seine Leistung und den daraus resultierenden Wert für den Kunden. Wenn die Preisfindung nach der Methode des Cost-plus auf der Grundlage von Vollkosten erfolgt – was in der Praxis häufig vorkommt – beeinflussen die Fixkosten den Preis, was logisch falsch ist, wie wir im Zusammenhang mit Abbildung 2.7 gesehen haben. Die Fixkosten beeinflussen weder die Form der Gewinnkurve noch den optimalen Preis; daher dürfen sie die Preisfestlegung nicht bestimmen. Dieses Grundprinzip wird bei der Preisfindung nach der Methode des Cost-plus nicht beachtet. Die Methode hat den verhängnisvollen Nachteil, daß ein Absatzrückgang zu höheren Preisen führt – weil die Fixkosten auf eine kleinere Anzahl von Einheiten verteilt werden müssen, so daß sich die Fixkosten pro Einheit erhöhen.

Trotz ihrer Beliebtheit in der Praxis ist die Preisfindung nach der Methode des Cost-plus für die Anhänger des »Power Pricing« keine akzeptable Vorgehensweise, weil sie den zentralen Faktor des vom Kunden wahrgenommenen Nutzens nicht berücksichtigt.

Kostenorientierte Preisuntergrenzen

Wenn Kosten auch nicht ausreichen, um optimale Preise zu bestimmen, so können sie nützlich sein, um Preisuntergrenzen zu ermitteln, unterhalb derer ein Produkt nicht verkauft werden sollte. Es ist zweckmäßig, zwischen lang- und kurzfristigen Preisuntergrenzen zu unterscheiden. Langfristig muß der Preis selbstverständlich die gesamten Stückkosten eines Produktes voll decken. Sonst kann der Anbieter keinen Gewinn erzielen und nicht überleben. Daher wird die langfristige Preisuntergrenze durch die gesamten Stückkosten bestimmt (d. h. fixe und variable Kosten). Wenn jedoch eine größere Absatzmenge erreicht wird, verringert das die Fixkosten pro Einheit und damit die gesamten Stückkosten. Fixkosten beeinflussen nicht den optimalen Preis, aber sie bestimmen die langfristige Preisuntergrenze.

Kurzfristig kann ein Produkt zu einem Preis verkauft werden, der die variablen Stückkosten übersteigt und so einen positiven Beitrag zur Deckung der Fixkosten liefert.

Am Beispiel eines Hotels in Cambridge, Massachusetts, wollen wir den Unterschied zwischen lang- und kurzfristiger Preisuntergrenze beschreiben. Bei einer durchschnittlichen Auslastung von 60 Prozent betragen in diesem Hotel die Vollkosten pro Zimmer 110 Dollar. Darum ist die langfristige Preisuntergrenze für den Durchschnittspreis 110 Dollar. Nur wenn ein höherer Durchschnittspreis als 110 Dollar pro Nacht realisiert wird, kann das Hotel bei der angenommenen Auslastung einen Gewinn erzielen. Die variablen Kosten oder Grenzkosten pro Zimmer betragen pro Nacht ungefähr 20 Dollar (Reinigung, Wäsche, Verwaltung usw.). Die kurzfristige Preisuntergrenze liegt folglich bei 20 Dollar. Jeder Gast, der mehr als 20 Dollar pro Nacht bezahlt, trägt positiv zum Gewinn bei. Daher bietet dieses Hotel am Wochenende Zimmer für 80 Dollar an. Dies ist vernünftig, obwohl das Hotel mit einem Durchschnittspreis von 80 Dollar nicht überleben kann.

Wenn es Kapazitätsengpässe gibt und die vorhandene Kapazität für ein anderes Geschäft genutzt werden kann, bestimmen die Opportunitätskosten die Preisuntergrenze. Opportunitätskosten sind entgangene Gewinne, weil die Kapazität nicht für den alternativen Geschäftszweck genutzt wurde. Wenn unser Hotel eine Vereinbarung mit einem Reisebüro hat, das zusätzliche Gäste kurzfristig für 50 Dollar vermittelt, erhöht sich die kurzfristige Preisuntergrenze für Gelegenheitsgäste von 20 auf 50 Dollar. Wenn das Hotel in dieser Situation einen Gast mit 25 Dollar annehmen würde, würde es auf einen Deckungsbeitrag von 25 Dollar (50 $ – 25 $) verzichten.

Die Überlegungen zu Preisuntergrenzen können wie folgt zusammengefaßt werden:

• Langfristige Preisuntergrenze	Vollkosten
• Kurzfristige Preisuntergrenzen	
▪ mit Einheitspreis	variable Stückkosten
▪ mit Preisdifferenzierung	Grenzkosten
▪ bei begrenzter Kapazität	Opportunitätskosten

Fixe Kosten und Preise

Wir haben die Auffassung vertreten, daß Fixkosten den optimalen Preis normalerweise nicht beeinflussen. Wenn im Zusammenhang mit der Preisentscheidung jedoch eine Veränderung der Fixkosten zu berücksichtigen ist (die sie also faktisch »variabel« werden läßt), müssen sie bei der Preisfindung berücksichtigt werden und können demnach den optimalen Preis doch beeinflussen.

Als Beispiel wollen wir in diesem Zusammenhang wieder das Elektrowerkzeug POWERSTAR zugrunde legen. In Abbildung 2.7 haben wir gesehen, daß der optimale Preis in der gegenwärtigen Situation 105 Dollar ist und die optimale Absatzmenge 900000 Einheiten beträgt. Es wird ein Gewinn von 10,5 Millionen Dollar erzielt. Das Unternehmen erwägt nun eine Investition für neue Maschinen, die zu einer stärkeren Automatisierung und einer Reduzierung des teuren Faktors Arbeit beitragen. Die variablen Stückkosten würden von 60 Dollar um ein Drittel auf 40 Dollar sinken, während die Fixkosten von 30 Millionen Dollar um 60 Prozent auf 48 Millionen Dollar steigen würden. Wir können die Argumentation von Abbildung 2.7 (und Anmerkung 3) verwenden, um den neuen optimalen Preis mit 95 Dollar zu ermitteln. Die Reduzierung der variablen Stückkosten um 20 Dollar (60$ – 40$) wird zu einer Preissenkung von 10 Dollar im Vergleich zum gegenwärtigen Optimum genutzt. Bei einem Preis von 95 Dollar und variablen Stückkosten von 40 Dollar erzielt POWERSTAR einen Deckungsbeitrag von 55 Dollar und erreicht einen Absatz von 1,1 Millionen Stück. Damit wird ein Gesamtdeckungsbeitrag von 60,5 Millionen Dollar erreicht (55$ × 1,1 Millionen). Wenn man die erhöhten Fixkosten von 48 Millionen Dollar abzieht, erhält man einen Gewinn von 12,5 Millionen Dollar. Dieser Gewinn ist 19 Prozent höher als der gegenwärtige optimale Gewinn von 10,5 Millionen Dollar. Unter dem Gesichtspunkt der Gewinnmaximierung ist es daher angezeigt, die Investition durchzuführen und den Preis auf 95 Dollar zu senken. Im Zusammenhang mit der Preis-Ziel-Matrix aus Abbildung 2.10 sind wir in Quadrant I, wo sowohl Absatzmenge als auch Gewinn erhöht werden können. Die Entscheidung beschränkt sich jedoch nicht auf eine Preisänderung, sondern erfordert eine größere Investition für die Produktion. Die neue Situation beinhaltet ein größeres Risiko, verbessert jedoch die Wettbewerbsfähigkeit.

Dieses Beispiel zeigt, daß variable Kosten und Fixkosten nicht isoliert betrachtet werden dürfen. Niedrigere variable Kosten sind häufig mit höheren Fixkosten verbunden (und umgekehrt). Obgleich davon nicht das Prinzip berührt wird, daß die Fixkosten in einer gegebenen Situation den optimalen Preis nicht beeinflussen sollen, zeigt das Beispiel, daß eingehendere Überlegungen im Rahmen der Preisfindung nötig sind, wenn Neuinvestitionen anstehen. Ähnliche Überlegungen müssen für die Entwicklung neuer Produkte angestellt werden, falls die F & E-Kosten, die von der zu treffenden Entscheidung abhängen, noch nicht »versunken« sind.

Zusammenfassung

In diesem Kapitel haben wir die wirtschaftlichen Zusammenhänge zwischen Preis, Kosten und Gewinn behandelt. Preis, Kosten und Absatzmenge sind die Gewinntreiber. Zusammenfassend können wir festhalten:

- Der Preis und Preisänderungen haben eine große Wirkung auf den Gewinn. Um die Auswirkung einer Preisänderung auf den Gewinn zu neutralisieren, muß die prozentuale Veränderung des Deckungsbeitrags durch eine entsprechende prozentuale Änderung der Absatzmenge ausgeglichen werden. Eine Preissenkung von 20 Prozent kann eine Reduzierung des Deckungsbeitrags um 50 Prozent bedeuten, was dann eine Steigerung der Absatzmenge um 100 Prozent erfordert, um einen unveränderten Gewinn zu erzielen.
- Die Wirkung einer Preisänderung auf den Gewinn hängt sehr stark von der Struktur der variablen und fixen Kosten ab. Je höher der Anteil der variablen Stückkosten (oder Grenzkosten) am Preis ist, desto stärker ist die Wirkung einer Preisänderung auf den Gewinn.
- Unter der Annahme, daß alle anderen Variablen konstant gehalten werden, und für eine typische industrielle Kostenstruktur haben Preisänderungen eine stärkere Wirkung auf den Gewinn als Änderungen der anderen Gewinntreiber.
- Die Bereitschaft eines Kunden, für ein Produkt zu zahlen, wird im wesentlichen durch seine Bedürfnisse und seine finanzielle Situation einerseits und durch den von ihm wahrgenommenen Produktnutzen andererseits bestimmt.
- Es ist zweckmäßig, zwischen einer »Ja:Nein«- und einer Nachfragesituation mit »variabler Menge« zu unterscheiden. In jedem Fall kann eine individuelle Preisreaktion gemessen und für mehrere Kunden kumuliert werden, um eine aggregierte Preisabsatzkurve mit negativer Steigung zu erhalten. Die Preiselastizität ist ein geeignetes Maß für die Reaktion der Nachfrage auf den Preis. Sie ist definiert als das Verhältnis der prozentualen Veränderung der Absatzmenge zur prozentualen Veränderung des Preises.
- Um den Preis zu ermitteln, der den höchsten Gewinn erzielt, müssen sowohl die Preisabsatzkurve als auch die Kostenkurve bekannt sein.

- Im Rahmen der praktischen Preisfindung ist es wichtig, sowohl die Gewinn- als auch die Mengenziele zu berücksichtigen. Nur wenn der Entscheider die Preisabsatz- und die Kostenkurve kennt, kann er zwischen diesen beiden häufig inkompatiblen Zielen bewußt abwägen.
- Obwohl in der Praxis beliebt, ist die Preisermittlung nach der Methode des Cost-plus inakzeptabel, weil sie die Nachfragewirkungen des Preises nicht hinreichend berücksichtigt.
- Kosten können verwendet werden, um lang- und kurzfristige Preisuntergrenzen zu ermitteln. Die langfristige Preisuntergrenze wird durch die gesamten Stückkosten bestimmt, während die kurzfristige Preisuntergrenze je nach Situation bei den variablen Stückkosten, Grenzkosten oder Opportunitätskosten liegt.
- Alle Kosten, die von einer Preisentscheidung abhängig sind, müssen in diese Entscheidung einbezogen werden. Alle Kosten, die nicht davon abhängig sind, müssen unberücksichtigt bleiben. Folglich beeinflussen Fixkosten den optimalen Preis nicht.

»Power Pricing« beginnt damit, daß man die wirtschaftlichen Zusammenhänge von Kosten und Kundennutzen besser versteht. In diesem Kapitel haben wir versucht, praxisorientiert den Grundstock für die relevanten Konzepte zu legen, die wir in den folgenden Kapiteln weiter verfolgen und detaillierter analysieren wollen.

Anmerkungen

1 Marn, M. und Rosiello, R.: »Managing Price, Gaining Profit«, *Harvard Business Review*, September-Oktober 1992, S. 84–94.
2 Ibid., S. 84.
3 Wenn die Preisabsatzkurve linear und die Grenzkosten konstant sind, läßt sich der optimale Preis leicht ermitteln. Der optimale Preis liegt genau zwischen dem »Maximalpreis« (150 Dollar) und den Grenzkosten (60 Dollar). Der Preis von 105 Dollar maximiert das Gewinnrechteck.
4 »Attack of the Fighting Brands«, *Business Week*, 2. Mai 1994, S. 20.
5 Siehe zum Beispiel Wied-Nebbeling, S.: *Das Preisverhalten in der Industrie*, Tübingen 1985. Als empirische Studie siehe Baumol, W.: *Business Behavior, Value, and Growth*, New York 1959, der Ziele zur Umsatzmaximierung behandelt, und Simon, H.: *Preismanagement. Analyse – Strategie – Umsetzung*, Wiesbaden 1992, S. 241, bezüglich der Darstellung des japanischen Vorgehens.
6 Hudson, R.: »Escom Pays a Price to Boost European PC Market Share«, *Wall Street Journal Europe*, 8. November 1995, S. 4.

7 *Wall Street Journal Europe*, 12. Januar 1996.
8 Weigel, S.: »Wir bekommen aus Amerika nur das Drehbuch«, Interview mit dem Eurodisney-Präsidenten Philippe Bourguignon, *Frankfurter Allgemeine Zeitung*, 18. Dezember 1995, S. 18.
9 Kirkpatrick, D.: »Intel Goes for Broke«, *Fortune*, 16. Mai 1994, S. 54.
10 Simon, H.: »Pricing Opportunities – And How to Exploit Them«, *Sloan Management Review*, Winter 1992, S. 55–65.
11 Das erste Zitat ist von Nimer, D.: »Nimer on Pricing«, *Industrial Marketing*, März 1971, S. 48–55, hier S. 48; das zweite von Godin, S. und Conley, C.: *Business Rules of Thumb*, New York 1987, S. 58.
12 Wied-Nebbeling, a.a.O., S. 137.

Kapitel 3

Ermittlung der Preisabsatzbeziehung

Die Informationsanforderungen für Preisentscheidungen können ziemlich umfangreich sein. Zum Beispiel plante ein führender Hersteller von Pflanzenschutzmitteln, ein neues Insektenvernichtungsmittel, NETEX, an verschiedene Marktsegmente von Landwirten in verschiedenen Ländern zu verkaufen. Der Prozeß der Preisfindung für NETEX hatte, wie gewöhnlich, mit der Kostenschätzung des Rechnungswesens begonnen. Bald stellte sich heraus, daß die verschiedenen Beteiligten – Finanz- und Rechnungswesen, Produkt-Management, Vertrieb und Unternehmensleitung – über den angemessenen Preis sehr unterschiedliche Auffassungen hatten.

Die einflußreichen Mitarbeiter des Finanz- und Rechnungswesens plädierten dafür, die Cost-plus-Methode und die Deckungsbeitragsrechnung einzusetzen, und bevorzugten eine »gesunde« Spanne. Infolge ihrer Kundenferne hatten sie eine Abneigung gegen die »weichen« Informationen, die die Marketingabteilung lieferte. Andererseits plädierte das Produkt-Management für einen niedrigen Preis, um eine schnelle Marktdurchdringung und eine große Absatzmenge zu erzielen. Der Vertrieb unterstützte diese Position, weil er in einem hohen Preis ein Hindernis sah, um erfolgreich Abschlüsse tätigen zu können. »Es ist schwierig, den Kundennutzen zu kommunizieren«, sagte der Vertriebsleiter. Die Unternehmensleitung neigte dazu, in Übereinstimmung mit der generellen Preispolitik des Unternehmens für diese Produktgruppe den Preis geringfügig über dem Preis der Konkurrenz anzusetzen.

Für NETEX gab es mehrere Anwendungsbereiche mit divergierenden Anforderungen, einer unterschiedlichen Kundenstruktur und verschiedenen Wettbewerbern. Dies machte die Situation noch schwieriger. Und es sah so aus, als ob die Befürworter der divergenten Auffassungen gute Argumente für ihre Position hatten. Die Diskussion warf mehr Fragen auf, als sie Antworten gab. Welche Bedeutung hat für Landwirte und Händler der Preis für ein derartiges Produkt? Und welches Gewicht haben Wirksamkeit, Spektrum, Sicherheit,

Lieferung und Information? Wie ist die Leistung von NETEX bei diesen Eigenschaften im Vergleich zu den Wettbewerbsprodukten? Wie unterscheiden sich die Marktsegmente der Landwirte im Einkaufsvolumen, in der Beurteilung der Wichtigkeit der Eigenschaften, in der Auffassung vom Kundennutzen, hinsichtlich bevorzugter Lieferanten, Präferenzen und Preiselastizitäten? Wie ist die Struktur des Marktes und wo haben sich die Wettbewerber positioniert? Dies waren alles wichtige Fragen, für die das Unternehmen nur unzureichende Informationen hatte.

Daher wurde eine umfassende Studie durchgeführt, um die Aspekte zu untersuchen, die in Abbildung 3.1 zusammengefaßt sind. Primärdaten wurden im Rahmen von Interviews bei Landwirten und Händlern in mehreren Ländern erhoben.

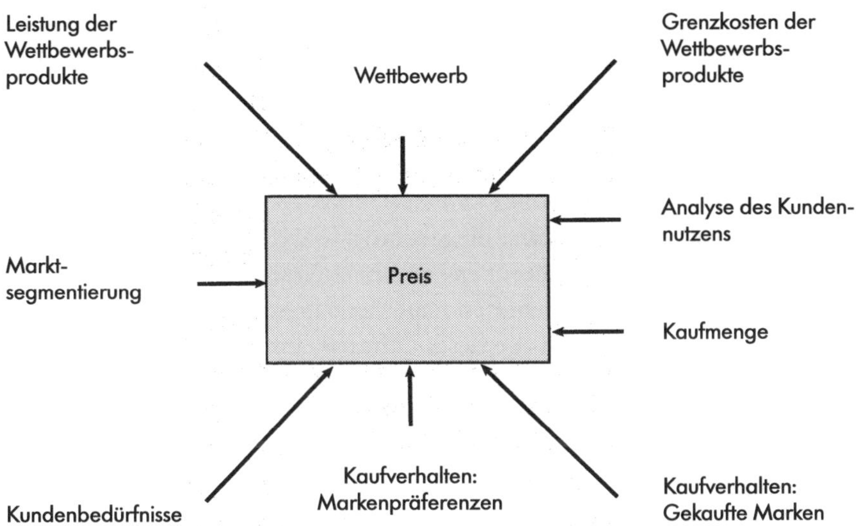

Abbildung 3.1: Untersuchte Aspekte im Rahmen der Preisfindung für NETEX

Es stellte sich heraus, daß die Preisstruktur infolge zahlreicher Sonderkonditionen komplex war. In einem wichtigen Anwendungsbereich lag zum Beispiel der wahrgenommene Nutzen von NETEX über dem Nutzen, den die Kunden Wettbewerbsprodukten zuschrieben. Dies sprach für einen Premium-Preis von NETEX. NETEX wurde jedoch auch in einem Massenmarkt eingesetzt, in dem ein Premium-Preis nicht durchsetzbar war.

Daher entwickelte das Unternehmen mit der Bezeichnung NETEX-

FORTE eine geringfügig modifizierte Version, die auf die Bedürfnisse des Segments mit dem hohen Kundennutzen optimal abgestimmt war, um in diesem Segment mit einem höheren Aufschlag zu verkaufen. In einigen Entwicklungsländern war der wahrgenommene Wert von NETEX relativ niedrig, hauptsächlich deshalb, weil die Landwirte dort für die bessere Sicherheit und die Umwelteigenschaften des Produktes keine Wertschätzung hatten. In diesen Ländern wurde das Produkt nicht eingeführt, weil der dortige Preis über Reimporte den Preis auf anderen wichtigeren Märkten gefährden könnte. In einem anderen Anwendungsbereich mußte NETEX zusammen mit einem zweiten, wesentlich billigeren Produkt verwendet werden. Das Unternehmen kombinierte dessen Wirkstoff mit NETEX im Produkt NETEX-Combi. So ersparte man den Landwirten einen zusätzlichen Sprühvorgang und erhöhte damit den wahrgenommenen Wert des Produktes. Das Unternehmen konnte für das Kombinationspräparat einen lukrativen Preis erzielen. Die Studie beeinflußte auch die gesamte Preisstruktur des Unternehmens. Das Unternehmen fand heraus, daß Gelegenheitsanwender viel weniger preiselastisch waren als Intensivverwender. Daher bot man beachtliche Mengenrabatte an und entwickelte ein Bonussystem. Zudem wurden Saisonpreise eingeführt, die Veränderungen im Bestellverhalten der Landwirte induzieren sollten.

Bis auf wenige Ausnahmen war die Struktur der NETEX-Preisstrategie für die Mitglieder des Projektteams, die direkte Marktkontakte hatten, keine Überraschung, doch selbst die besten Experten hatten die Preis- und Nutzenunterschiede unterschätzt. Das in dieser Differenzierung enthaltene Gewinnpotential hätte ohne die Analysen nicht in vollem Umfang ausgeschöpft werden können. Diese Fallstudie macht deutlich, daß bessere Informationen eine unentbehrliche Grundlage für eine erfolgreiche Preisfindung sind.

Dieses Kapitel beschäftigt sich mit den folgenden Fragen:

1. Wie kann die Reaktion der Kunden auf den Preis in der Kausalkette von Preis und Gewinn berücksichtigt werden?
2. Welche Methoden gibt es für die Ermittlung der Preisabsatzbeziehung und wie kann man sie anwenden?
3. Wie können Messungen des Kundennutzens in Preisentscheidungen transformiert werden?
4. Was wissen wir über empirische Werte der Preiselastizität?

Die Beantwortung dieser Fragen soll dem Manager helfen,

- den Systemzusammenhang und die Informationsanforderungen für die Preisfindung voll zu verstehen;

- bewährte Methoden und die richtigen Experten zur Ermittlung der Preisabsatzfunktion auszuwählen und die Fallstricke dieser Methoden zu vermeiden;
- auf der Grundlage von Fakten eine fundierte Preisentscheidung zu treffen.

Der Systemzusammenhang zur Ermittlung der Preisabsatzbeziehung

Der wesentliche – und manchmal der schwierigste – Teil der Informationen, die benötigt werden, um eine angemessene Entscheidung über den Preis zu treffen, ist die Preisabsatzkurve, die wir in Kapitel 2 behandelt haben. Abbildung 3.2 stellt diese Informationen in einen Systemzusammenhang. Unser eigener Preis beeinflußt in Verbindung mit den Wettbewerbspreisen die Absatzmenge; die Menge wiederum beeinflußt die Kosten. Preis mal Menge ergibt den Umsatz. Umsatz abzüglich Kosten führt zum Gewinn.

Aus Abbildung 3.2 geht hervor, daß es zur quantitativen Schätzung der Preisabsatzbeziehung keine Alternative gibt. Diese Beziehung ist durch die schwarzen Pfeile markiert. Nur wenn wir quantitativ wissen, wie die

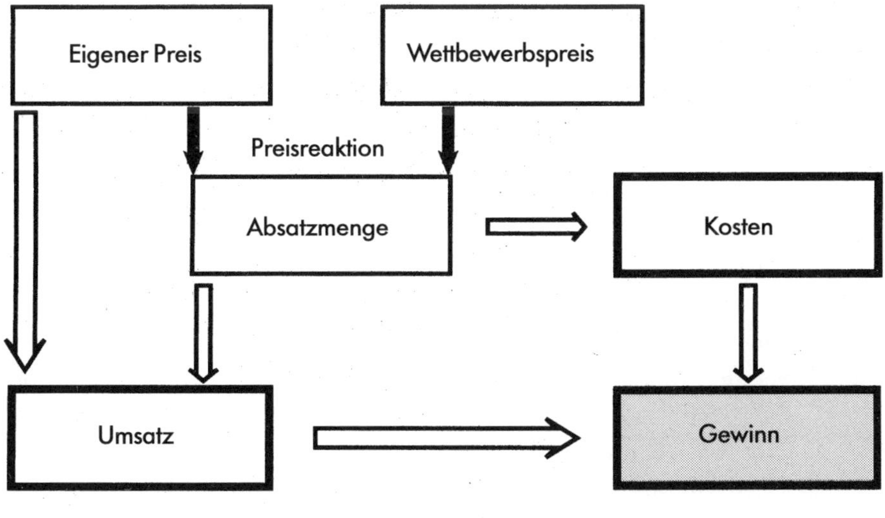

Abbildung 3.2: Der Systemzusammenhang zur Ermittlung der Preisabsatzbeziehung

Kunden auf unseren eigenen Preis und die Wettbewerbspreise reagieren, können wir eine rationale Preisentscheidung treffen.

Abbildung 3.2 unterstreicht auch die Tatsache, daß Preisfindung mit der Methode Cost-plus am falschen Punkt beginnt; sie stellt die Kausalkette auf den Kopf. »Power Pricing« muß beim Kunden beginnen und erfassen, wie er auf die Preise und Preisänderungen möglicher Lieferanten reagiert. Selbst ein hervorragendes Unternehmen wie Boeing mußte diese Lektion lernen. Die Auffassung eines Kunden war: »Boeing hat sich mit einer radikal neuen Strategie wieder gefangen. Anstatt sich an seine eigenen Vorstellungen von einem sogenannten fairen Preis [der unseres Erachtens kosteninduziert ist] zu klammern, begann Boeing, Flugzeuge zu einem Preis anzubieten, den die Fluggesellschaften ihrer Auffassung nach zahlen würden«[1]. Dies ist gleichbedeutend mit einer neuen Methode der Preisfindung auf der Grundlage einer Preisabsatzbeziehung.

Schätzungen der Preisabsatzbeziehung können in verschiedener Form dargestellt werden:

- als Zahlen für bestimmte vorgegebene Preise,
- als Tabelle,
- als mathematische Funktion oder Modell,
- als graphische Kurve.

Die Form der Darstellung ist für die Quantifizierung unerheblich. In diesem Buch verwenden wir hauptsächlich die grafische Darstellung, doch häufig liegt den Kurven ein mathematisches Modell zugrunde. Für die Verwendung dieser Konzepte durch Manager empfehlen wir ebenfalls die grafische Form, weil sie durch die Visualisierung der Strukturen sowohl das individuelle Verständnis fördert als auch Gruppendiskussionen erleichtert.

Wie gut kennen Praktiker die in Abbildung 3.2 aufgeführten Faktoren? Wenn unsere Erfahrung mit einem angesehenen multinationalen Unternehmen ein gutes Beispiel ist, kennen Manager die Kosten ziemlich gut, sind jedoch schlecht über die Reaktionen der Kunden auf den Preis informiert.

Wir interviewten Manager aus verschiedenen Geschäftsbereichen und Funktionen und fragten sie nach ihrer Selbsteinschätzung, ob sie »gut informiert« sind (siehe Abbildung 3.3). Mehr als 80 Prozent der Befragten glauben, daß sie über variable und fixe Kosten gut informiert sind. Ihr Informationsstand über Wettbewerbspreise ist ebenfalls hoch, das heißt, 75 Prozent fühlen sich gut informiert. Doch der Prozentsatz der Befragten, der sich zum Produktnutzen für die Kunden gut informiert fühlte, ist deutlich geringer (61 Prozent). Und bezüglich der Kundenreaktion auf den Preis steigt die »Uninfor-

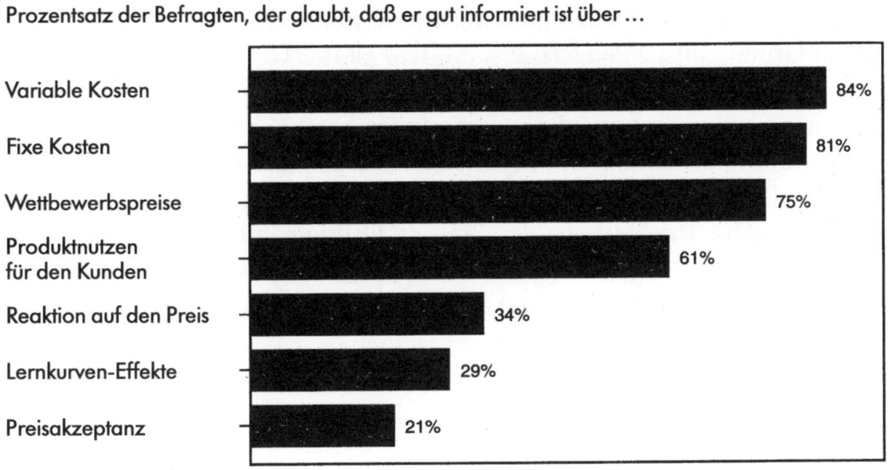

Abbildung 3.3: Informationsstand von Managern über preisrelevante Faktoren (Selbsteinschätzung)

miertheit« beträchtlich. Nur 21 Prozent fühlen sich über die entscheidende Frage bezüglich der Akzeptanz verschiedener Preisstufen durch die Kunden gut informiert.

Solch ein Informationsmangel oder eine falsche Beurteilung der Preiswirkung können verheerend sein. Mercury One-2-One, ein englisches Mobiltelefonunternehmen, führte 1993 eine Kampagne durch, in der die Gesellschaft kostenloses Telefonieren in der verkehrsschwachen Zeit von 19 bis 7 Uhr anbot. Der Erfolg der Kampagne übertraf alle Erwartungen, sie zog in kurzer Zeit über 300 000 neue Kunden an. Doch viele dieser neuen Kunden telefonierten nur nachts und nie tagsüber, wenn sie dafür bezahlen mußten. Der Anstieg der Nachtgespräche war so groß, daß die Nachtstunden zu Hauptstoßzeiten wurden. Das Angebot für kostenloses Telefonieren wurde für Mercury zum wirtschaftlichen Alptraum, insbesondere deshalb, weil der freie Nachtservice den Kunden zeitlich unbegrenzt garantiert war.

In einem anderen Marketingkreuzzug bot Mercury Weihnachten 1994 kostenloses Telefonieren an. Die Zahl der Telefongespräche erreichte das Zehnfache des Tagesdurchschnitts, umfaßte ein Volumen von 33 000 Stunden und blockierte die Leitungen. Die Gespräche hatten im Durchschnitt eine Länge von 90 Minuten, und Indien sowie Pakistan waren die häufigsten Zielorte. *The Wall Street Journal*[2] bemerkte: »Für Mercury hat die Großzügigkeit anläßlich des Feiertags einen lange anhaltenden Kater verursacht«.

Als Mercedes-Benz Anfang der neunziger Jahre sein Sportcoupé SLC mit einem Grundpreis von ungefähr 90000 DM einführte, unterschätzte man die Zahlungsbereitschaft der Käufer ganz beträchtlich und die Firma erhielt mehr Aufträge, als sie in angemessener Zeit erfüllen konnte. Es entwickelte sich ein grauer Markt, auf dem glückliche Besitzer eines Wagens diesen zu wesentlich höheren Preisen als dem offiziellen Neuwagenpreis von Mercedes verkaufen konnten. Später hat Mercedes den Preis nachhaltig erhöht, um die Nachfrage an die begrenzte Kapazität anzupassen. Und heute wendet Mercedes anspruchsvolle Verfahren zur Ermittlung der Preisreaktion der Kunden intensiv an.

Methoden zur Ermittlung der Preisabsatzbeziehung

Obwohl man aus den Erfahrungen mit vergleichbaren Produkten gewisse Empfehlungen ableiten kann, ist es unbedingt notwendig, den Preisabsatz-Zusammenhang produktspezifisch zu analysieren. Es gibt vier wichtige Methoden, deren Anwendung und sorgfältige Durchführung sich in der Praxis als nützlich erwiesen haben:

1. Expertenbefragungen,
2. Kundenbefragungen,
3. Preistests,
4. Analyse von Marktdaten.

Keine Methode ist allen anderen in allen Situationen vorzuziehen. Jede hat Vor- und Nachteile. Darum stellen wir hier alle vier Verfahren vor. Insbesondere beschreiben wir eine Conjoint Measurement genannte Methode der Kundenbefragung, die sich nach unserer Erfahrung in der Praxis besonders bewährt hat.

Expertenbefragungen

Die Idee, das Wissen von Experten systematisch anzuzapfen, um die Reaktion auf Marketingmaßnahmen zu ermitteln, geht auf das Konzept des »Decision Calculus« aus dem Jahre 1970 zurück.[3] In manchen Fällen, wie zum Beispiel Durchbruchsinnovationen oder neuen Wettbewerbssituationen, ist es vielleicht die einzig praktikable Methode zur Ermittlung der Preisabsatzbeziehung. Um zu illustrieren, wie solch ein Prozeß abläuft, betrachten wir das Beispiel eines neuen kurzlebigen Konsumgutes, das in drei europäischen Regionen eingeführt werden sollte. Aus den drei Märkten wurden Manager als die besten Experten zur Schätzung der Preisabsatzbeziehung ausgewählt und aufgefordert, jeweils drei Schätzungen oder Punkte der Preisabsatzkurve zu liefern:

- den niedrigsten realistischen Preis und die bei diesem Preis im ersten Jahr erwartete Absatzmenge,
- den höchsten realistischen Preis und die entsprechende Absatzmenge,
- die erwartete Absatzmenge bei einem »mittleren« Preis.

Der obere Teil von Abbildung 3.4 zeigt die Schätzungen für die einzelnen Regionen. Da ein für alle Regionen einheitlicher Preis verwendet werden sollte, wurden die geschätzten Absatzmengen zur aggregierten Preisabsatzkurve zusammengefaßt, die im unteren Teil der Abbildung dargestellt ist. Die variablen Stückkosten des Produktes betrugen 0,55 Dollar. Mit dieser Information können wir für jeden Preis den erwarteten Gesamtdeckungsbeitrag berechnen. Der höchste Deckungsbeitrag wird bei einem Preis von ungefähr 1,30 – 1,35 Dollar erreicht, was zu einem Deckungsbeitrag von circa 55 Millionen Dollar im ersten Jahr führt. Wenn der Preis statt dessen mit 1,50 Dollar angesetzt würde (wie ursprünglich von der zentralen Unternehmensleitung vor der Erhebung systematischer Beurteilungen, die die Auffassung der Regionen wiedergaben, vorgeschlagen), würde man im ersten Jahr auf einen Gewinn in Höhe von 6 Millionen Dollar verzichten. Ähnlich starke Gewinneinbußen wären zu erwarten, wenn man an den unteren Rand des betrachteten Preisbereichs ginge.

Aus den Erfahrungen von mehreren hundert Anwendungen dieser Methode lassen sich die folgenden Empfehlungen ableiten:

1. Man sollte einen Fragebogen entwickeln, der speziell auf die jeweilige Situation abgestimmt ist.
2. Interviewen Sie, falls möglich, wenigstens zehn Experten, und gehen Sie davon aus, daß es in der Beurteilung der Experten große Unterschiede gibt.
3. Diskutieren Sie die möglicherweise abweichenden Ergebnisse in einem Workshop mit allen Befragten; eine Übereinstimmung sollte erreicht werden. Dies führt zu besseren Ergebnissen als die einfache Berechnung von Durchschnitten aus den einzelnen Schätzungen.
4. Ziehen Sie Experten heran, die verschiedene Funktionen und hierarchische Ebenen des Unternehmens repräsentieren. Es ist wichtig, daß alle Auffas-

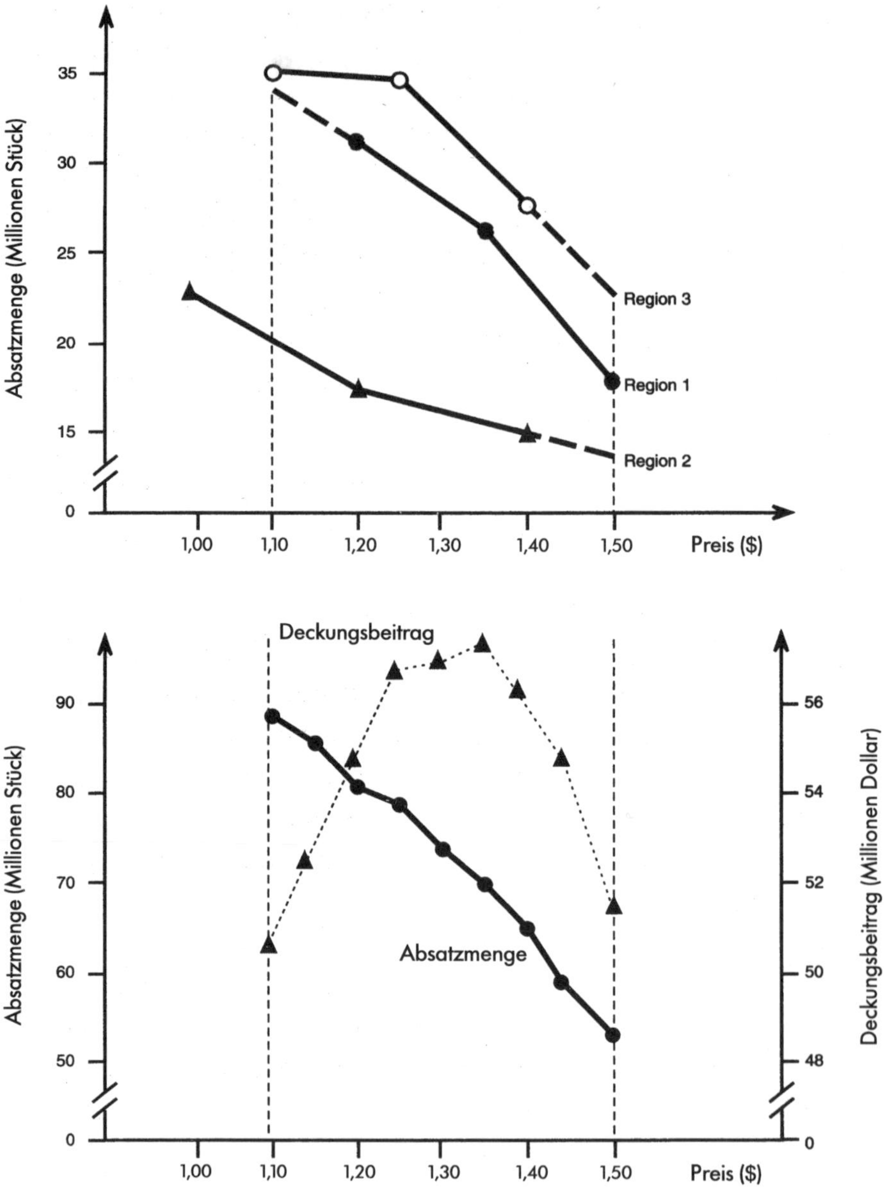

Abbildung 3.4: Preisabsatzkurven ermittelt durch Expertenbefragung

sungen vertreten sind, wie zum Beispiel Außendienst, Marketing, Unternehmensleitung.

5. Ein neutraler Externer sollte die Interviews durchführen, weil es sich um

eine politische Fragestellung handelt. An die Schätzungen können sich z. B. Erwartungen oder Zielvorgaben anknüpfen.
6. Setzen Sie Computer ein, um den Schätzprozeß zu erleichtern.

Expertenbefragungen sind eine einfache und kostengünstige Methode. Sie lassen sich auch in Situationen mit vielen Produkten anwenden, in denen teurere Methoden unerschwinglich wären. Es war zum Beispiel die beste Alternative für einen Hersteller von Produkten auf dem Gebiet Befestigungs- und Montagetechnik, der sieben Produktgruppen mit vielen Varianten vertrieb. Traditionell wurden die Preise nach dem Cost-plus-Verfahren mit einheitlichen Aufschlägen ermittelt. Die Anwendung der Expertenbefragung auf sieben Produktgruppen und drei Kundengruppen deckte auf, daß die Preisreaktion in den verschiedenen Marktsegmenten sehr unterschiedlich war. Ein neues Preissystem berücksichtigte diese Unterschiede und der Gewinn wurde um 15 Prozent gesteigert.

Eine Beschränkung der Expertenbefragung liegt darin, daß sie ausschließlich auf interne Informationsquellen rekurriert. Die Beurteilung durch Manager, Marketingexperten und Vetriebsleute kann, muß aber nicht mit dem übereinstimmen, was Kunden denken und wie sie sich verhalten. In unseren Projekten stellen wir normalerweise fest, daß die Experten ihre Märkte und Kunden relativ gut kennen und daß auf der Grundlage gemeinsamer Daten eine übereinstimmende Auffassung erreicht werden kann. Doch in manchen Fällen erwies sich die Beurteilung durch die Experten auch als völlig unzutreffend. Wenn die Expertenbefragung als einzige Methode angewendet wird, bleibt daher ein beträchtliches Maß an Unsicherheit. Die Expertenbefragung ist auch beschränkt, wenn es um die Schätzung der Preisreaktion einzelner Kunden geht; diese funktioniert nur gut für rein gewerbliche Märkte mit einer geringen Kundenzahl. In solch einem Fall schafft der intensive Kontakt mit jedem einzelnen Kunden eine fundierte Kundenkenntnis. In Märkten mit vielen Kunden denken die Manager gewöhnlich in Begriffen einer aggregierten Nachfrage und können die Preisreaktion einzelner Kunden oder Segmente nicht verläßlich schätzen. Der einzige Weg, diese Informationen zu erhalten, sind Kundenbefragungen.

Kundenbefragungen

Es gibt zwei grundsätzlich verschiedene Methoden, um die Preisreaktion von Kunden zu erheben:

A. Direkte Befragung von Kunden, wie sie auf bestimmte Preise, Preisänderungen oder Preisunterschiede reagieren würden.

B. Ableitung der Preisreaktion aus einer Analyse von Daten über die Präferenzen für alternative Produkt- und Preisangebote.

Direkte Kundenbefragung

Im Rahmen einer direkten Kundenbefragung werden dem Befragten Fragen der folgenden Art gestellt:

- Wie groß ist die Wahrscheinlichkeit, daß Sie dieses Produkt zu einem Preis von 25 Dollar kaufen?
- Zu welchem Preis würden Sie dieses Produkt ganz bestimmt kaufen?
- Wieviel würden Sie für dieses Produkt bezahlen?
- Wieviel würden Sie von diesem Produkt bei einem Preis von 0,99 Dollar kaufen?
- Bei welchem Preisunterschied würden Sie von Produkt A zu Produkt B wechseln?

Die Anwendung dieser Methode wollen wir für einen PC-Kauf demonstrieren. Kunden in einem Vobis-Laden (Vobis ist der größte PC-Einzelhändler in Europa) wurde ein bestimmter PC gezeigt und sie wurden gefragt: »Welchen

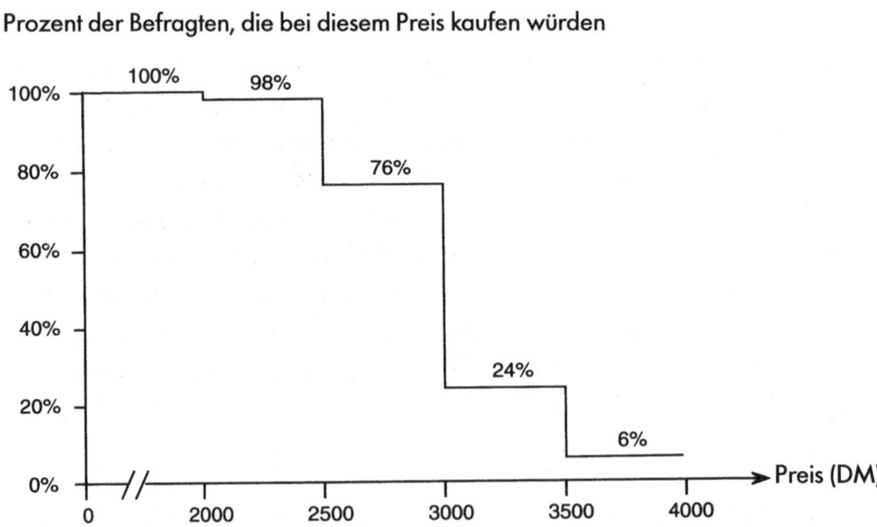

Abbildung 3.5: Preisabsatzkurve für einen PC, ermittelt durch direkte Kundenbefragung

Preis würden Sie höchstens für diesen PC bezahlen?« Der Befragte brauchte nur seinen Maximalpreis anzugeben. Abbildung 3.5 zeigt die Ergebnisse dieser Erhebung. Wir stellen fest, daß eine starke Preisschwelle bei 3 000 DM und eine weitere bei 2 500 DM liegt und daß – selbstverständlich in Abhängigkeit von den Kosten – ein Preis von knapp 3 000 DM oder knapp 2 500 DM zu empfehlen ist.

Eine direkte Kundenbefragung, die die Planung der Unternehmensleitung für eine Produkteinführung beeinflußte, war Kodaks Analyse des Marktes für Sofortbildkameras. Die Befragten erhielten eine Beschreibung einer neuen Generation von Sofortbildkameras. Anschließend wurden ihnen einige Fragen zu Vor- und Nachteilen dieser Kameras gestellt, um eine Kaufsituation zu simulieren.

Sodann wurden die Befragten gebeten, für Preise von 150, 80 und 40 Dollar ihre Kaufabsicht auf einer 7-Punkte-Skala, die von »Werde ich bestimmt nicht kaufen« bis zu »Werde ich bestimmt kaufen« reichte, anzugeben. Die Ergebnisse sind in Tabelle 3.1 dargestellt.

Tabelle 3.1: Kaufabsichten für eine Sofortbildkamera bei unterschiedlichen Preisen

	Angegebener Preis		
	150 $	80 $	40 $
1. Würde ich bestimmt kaufen	4 %	5%	15 %
2.	–	–	2 %
3. Würde ich wahrscheinlich kaufen	7 %	14 %	30 %
4.	1 %	2 %	4 %
5. Würde ich wahrscheinlich nicht kaufen	22 %	24 %	18 %
6.	2 %	2 %	1 %
7. Würde ich bestimmt nicht kaufen	65 %	54 %	30 %

Als »wahrscheinliche Käufer« wurden jene betrachtet, die die drei obersten Skalenwerte angekreuzt hatten. Die auf diese Weise ermittelte Preisabsatzkurve ist in Abbildung 3.6 dargestellt.

Als Kodak schließlich die Kamera mit einem empfohlenen Einzelhandelsverkaufspreis von 39,95 Dollar einführte, erklärte der Präsident diese Daten in seinem Bericht an die Aktionäre: »Unsere Marktanalysen über Sofortbildkameras deckten auf, daß 40 Dollar tatsächlich eine Preisschwelle waren, bei der die Verbraucher ein Kaufinteresse zeigten. Seitdem haben wir daran gearbeitet, das Produkt mit dem richtigen Preis-Leistungs-Verhältnis zu entwickeln.«

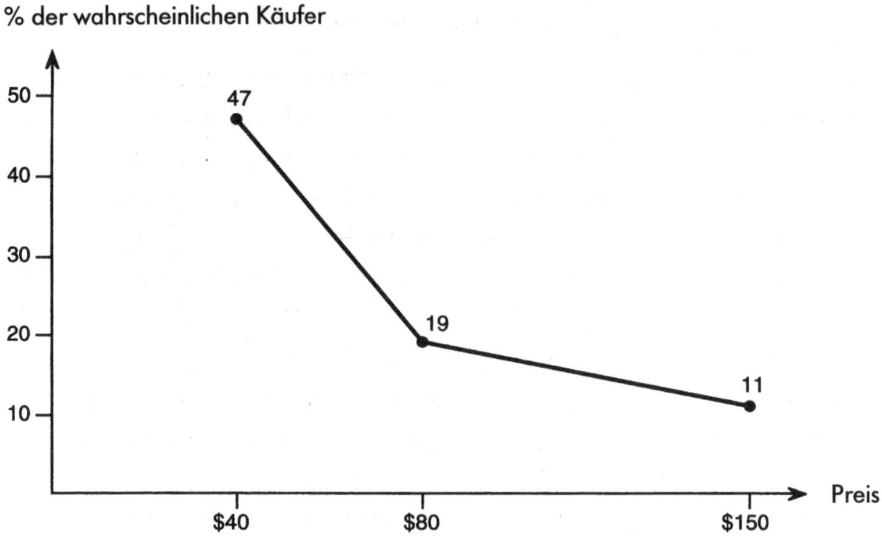

Abbildung 3.6: Preisabsatzkurve für Sofortbildkameras, ermittelt durch direkte Kundenbefragungen

Als später die Umsätze bei diesem niedrigen Preis boomten, stellte sich heraus, daß mit der Kundenbefragung die Kaufsituation richtig eingeschätzt worden war.

Die Methode der direkten Kundenbefragung war in den sechziger Jahren sehr beliebt (siehe zum Beispiel Gabor und Granger[4], Abrams[5] sowie Adam[6]). Die Methode ist einfach, leicht zu verstehen und preisgünstig, sie hat jedoch gravierende Nachteile:

- Direkte Fragen nach dem Preis können ein unrealistisch hohes Preisbewußtsein der Befragten herbeiführen.
- Der Preis wird isoliert betrachtet, während der Verbraucher in der Realität Produkteigenschaften (Produktnutzen) und Preis gegeneinander abwägt.
- Der Preis beinhaltet einen möglichen Prestigeeffekt. Die Befragten geben häufig nicht gerne zu, daß sie sich ein Premium-Produkt nicht leisten können oder daß sie nur Billigprodukte kaufen. Unter diesen Umständen sind ihre Angaben zur Preisbereitschaft übertrieben. Diese Verzerrung kennen wir mittlerweile und häufig lassen sich die Daten entsprechend korrigieren.

Infolge dieser Gefahren ist es dennoch nicht zu empfehlen, sich allein auf eine direkte Kundenbefragung zu verlassen. Vielmehr sollte sie in Verbindung mit anderen Methoden eingesetzt werden, um die Ergebnisse überprüfen zu können. Nach unseren Erfahrungen läßt sich die Methode der direkten Kundenbefragung für Industriegüter besser anwenden als für Konsumgüter. Es gibt jedoch grundsätzlich bessere Methoden, um die Preisreaktion der Kunden zu schätzen. Unter diesen spielt Conjoint Measurement eine herausgehobene Rolle.

Präferenzgestützte Ableitung: Conjoint Measurement

Conjoint Measurement ist ein relativ neues, besonders leistungsfähiges Verfahren, das häufig sowohl für Konsumgüter, Industrieprodukte sowie auch für Dienstleistungen angewendet wurde. Es wurde für die Preisfindung und die Gestaltung von Produkten in zahlreichen Branchen eingesetzt, die von Computer-Hard- und -Software bis zu Hotels, Bekleidungsindustrie und Informationsservice reichen. Conjoint Measurement mißt den Nutzen eines Produktes und seiner Eigenschaften in Geldeinheiten (Dollar, DM usw.).

Seine Überlegenheit beruht auf der Tatsache, daß die Fragen, die den Befragten gestellt werden, das realistische Szenario eines Kunden wiedergeben, der mit einer Fülle von konkurrierenden Produkten mit unterschiedlichen Eigenschaften und Preisen konfrontiert ist und eine Auswahl treffen muß.

Aus diesen Daten lassen sich die Bewertungen eines jeden Kunden für die Produkteigenschaften sowie die Wirkungen alternativer Preise ableiten. Es gibt viele Varianten des Conjoint Measurement; nachstehend beschreiben wir die beliebteste Version. (Für ausführliche Informationen über andere Methoden siehe Dolan[7] als Leitfaden für Manager und für mehr technische Einzelheiten Green und Srinivasan[8], Wittink, Vriens und Burhenne[9] sowie Johnson[10].)

Ein Beispiel aus der Automobilindustrie

Ein deutscher Automobilhersteller verwendete Conjoint Measurement als Grundlage für die Positionierung und die Preisfindung für sein neues Modell LION. Die wichtigsten Fragen waren: Welchen Wert hat unsere Marke für den Käufer? Wieviel zahlt der Käufer für einen PS-starken Motor? In welchem Zusammenhang stehen Kraftstoffverbrauch und Umweltfreundlichkeit mit der Preisakzeptanz?

Das Projekt, das diese äußerst wichtigen und schwierigen Fragen beantworten sollte, wurde in sieben Schritten durchgeführt:

1. Die Unternehmensleitung legte fest, daß folgende fünf Eigenschaften im Hinblick auf ihren Nutzenbeitrag untersucht werden sollten:

(a) Marke,
(b) PS-Leistung,
(c) Kraftstoffverbrauch,
(d) Umweltfreundlichkeit,
(e) Preis.

Dies ist ein wichtiges Merkmal des Conjoint Measurement: Ein Produkt muß durch eine Reihe von Eigenschaften aussagefähig beschrieben werden. Diese Attribute können eine Mischung von greifbaren Eigenschaften – wie PS-Zahl oder Kraftstoffverbrauch – und weniger greifbaren Eigenschaften – wie Markenname oder Umweltfreundlichkeit – sein.

2. Für jede Produkteigenschaft wurden drei realistische Ausprägungen festgelegt, deren Kundennutzen untersucht werden sollte. Tabelle 3.2 zeigt die fünf Eigenschaften und ihre Ausprägungen. Grundsätzlich kann Conjoint Measurement für ein Attribut jede beliebige Zahl von Ausprägungen berücksichtigen; die Anzahl der Ausprägungen muß nicht für jedes Attribut gleich sein. Neben LION wurden eine zweite deutsche Automarke und eine japanische Automarke in der Analyse berücksichtigt. Die drei Stufen der Umweltfreundlichkeit wurden für die Befragten detailliert beschrieben.

Tabelle 3.2: Anwendung des Conjoint Measurement für LION

Eigenschaften	Ausprägungen		
Marke	LION	Deutsche Marke	Japanische Marke
Motorleistung (PS)	150	200	250
Benzinverbrauch (Liter pro 100 km)	12	14	16
Preis (DM)	50.000	60.000	70.000
Umweltfreundlichkeit	Erfüllt Minimalanforderungen des Umweltschutzes	Übertrifft die Anforderungen des Umweltschutzes	Setzt neue Standards im Umweltschutz

3. Um repräsentative Daten zu erhalten, wurden die Befragten in einer Vorstufe daraufhin analysiert, ob sie ein Kaufinteresse an einem Auto in der Preisklasse von 50 000 bis 70 000 DM haben. Falls dies zutraf, fand ein computergestütztes Hauptinterview statt.

4. Im Interview entwickelt das PC-Programm alternative »Produktprofile« und stellt dem Befragten jeweils zwei Profile vor, zwischen denen er auswählen muß, wie zum Beispiel in Abbildung 3.7 beschrieben. Der Vorteil der Verwendung von Laptop-PCs liegt darin, daß das Programm die gezeigten Alternativen abhängig von den gegebenen Antworten anpaßt. So lassen sich die benötigten Informationen individuell und effizient erheben.

Der Befragte vergleicht die Profile A und B in Abbildung 3.7. Eine Auswahl zwischen A und B bedeutet, zwischen vorgegebenen Ausprägungen der Eigenschaften abzuwägen. Im abgebildeten Fall erfüllt das Profil A der Marke LION nur minimale Anforderungen des Umweltschutzes, hat einen hohen Kraftstoffverbrauch und einen hohen Preis, doch die Motorleistung ist sehr stark. Profil B beschreibt eine japanische Marke, die die Anforderungen des Umweltschutzes besser erfüllt, einen günstigeren Kraftstoffverbrauch und einen niedrigeren Preis, jedoch eine schwächere Motorleistung aufweist. Entsprechend seiner persönlichen Präferenzen trifft der Befragte eine Auswahl. Auf der Grundlage dieser und früherer Auswahlentscheidungen wählt der PC einen neuen Paarvergleich aus.

Jede derartige Auswahl durch den Befragten enthüllt etwas über seine Präferenzstruktur, weil die Paarvergleiche so angelegt sind, daß sie implizit eine abgewogene Beurteilung beinhalten, die durch die Auswahl aufgedeckt wird. In einer realistischen Erhebung benötigen wir im allgemeinen zehn bis zwanzig solcher Vergleiche, um den Nutzen jeder Ausprägung für einen Befragten ermitteln zu können. Ein Interview dauert in der Regel 30 bis 60 Minuten.

5. Auf der Grundlage dieser Daten berechnet das mathematische Programm die relative Bedeutung der fünf Eigenschaften für den Befragten. Im Fall LION erhielten wir die durchschnittlichen Gewichtungen der folgenden Faktoren (Summe der Gewichte = 100 Prozent):

Marke	30 %
Motorleistung	28 %
Preis	20 %
Benzinverbrauch	12 %
Umweltfreundlichkeit	10 %

Diese Gewichtungen der Faktoren unterscheiden sich von Person zu Person. Die persönlichen Gewichte sind eine hervorragende Grundlage für die Marktsegmentierung. Hier beschränken wir uns auf die Betrachtung der Durchschnittsgewichte.

Die Marke erweist sich mit einem Gewicht von 30 Prozent als wichtigste

A		B
LION		*Japanische Marke*
Erfüllt Minimalforderungen des Umweltschutzes		Übertrifft die Anforderungen des Umweltschutzes
Benzinverbrauch: 16 Liter	oder	Benzinverbrauch: 12 Liter
PS-Zahl: 250		PS-Zahl: 150
Preis: 60000 DM		Preis: 50000 DM

Wenn Sie A bevorzugen, drücken Sie A; wenn Sie B bevorzugen, drücken Sie B.

Abbildung 3.7: Beispiel eines Paarvergleichs

Produkteigenschaft. Umweltfreundlichkeit ist mit nur 10 Prozent die Eigenschaft mit der geringsten Bedeutung. Die relativ geringe Bedeutung der Aspekte des Umweltschutzes war für die Unternehmensleitung eine neue Erkenntnis, weil die Befragten dem Aspekt des Umweltschutzes in einer direkten Frage eine hohe Bedeutung zugemessen hatten. Da jedoch im Rahmen des Conjoint Measurement die Realität so dargestellt wurde, daß der Käufer für höhere Umweltfreundlichkeit entweder einen höheren Preis zahlen oder einen Motor mit geringerer PS-Zahl akzeptieren mußte, wurde die wahre Einstellung der Käufer aufgedeckt.

Zweitens erhalten wir den Nutzen für jede Ausprägung. Der große Vorteil des Conjoint Measurement ist, daß diese Werte in Preiseinheiten gemessen werden. Daher können wir sie mit Preisen direkt in Zusammenhang bringen und feststellen, wieviel der Käufer für eine stärkere Motorleistung oder einen geringeren Verbrauch zu zahlen bereit ist. Hier berühren wir den eigentlichen Kern des Zusammenhangs von Preis und Nutzen. Abbildung 3.8 stellt die Nutzen für alle Ausprägungen im LION-Fall dar. Die senkrechten Nutzenskalen sind für alle Eigenschaften vergleichbar, weil sie im gleichen Maßstab dargestellt sind.

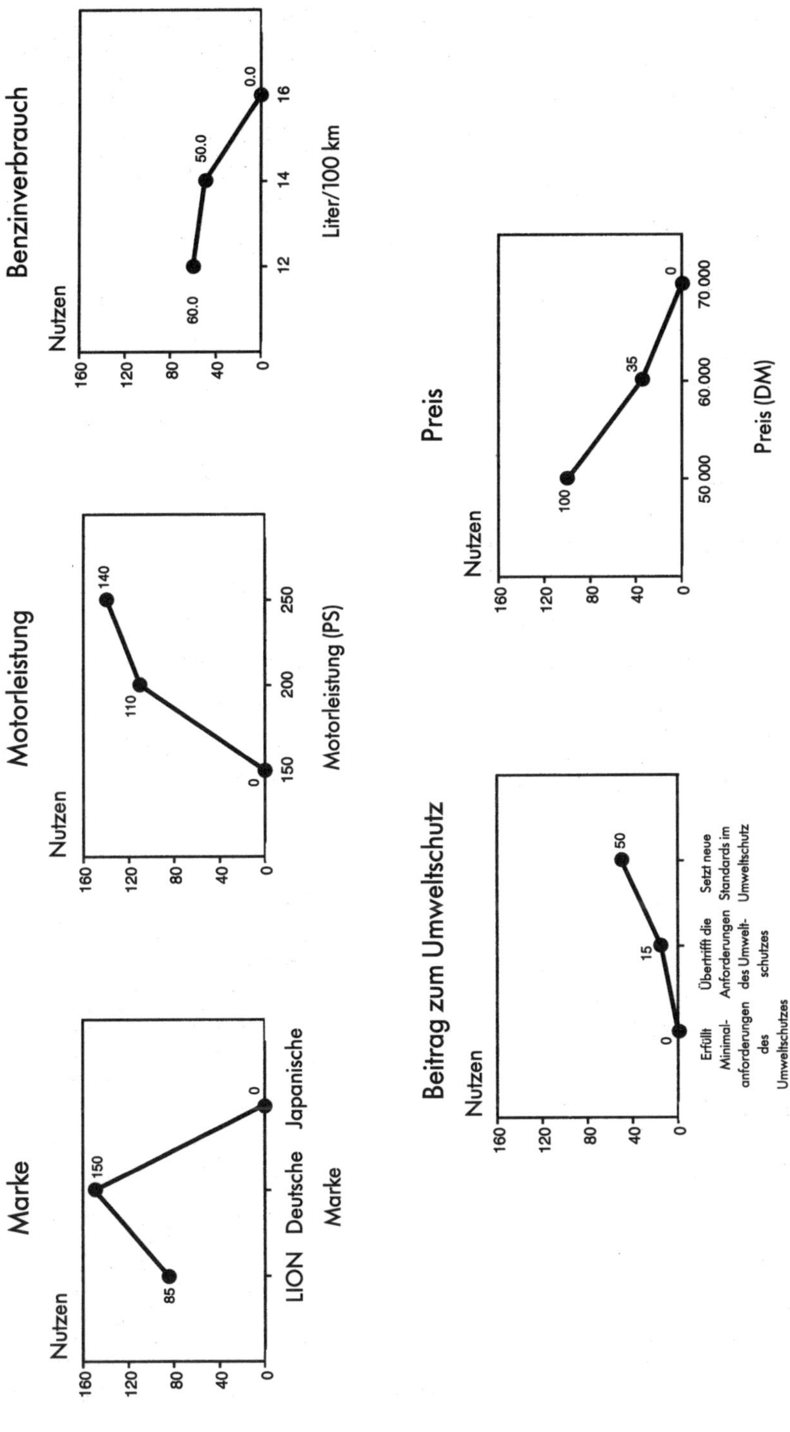

Abbildung 3.8: Nutzen der Eigenschaften für drei Pkw-Modelle – Fallstudie LION

6. Für jede Eigenschaft wird der niedrigste Nutzen gleich Null gesetzt. Das neue Modell LION hat zweifelsohne einen geringeren Nutzen als das etablierte deutsche Modell, hat jedoch einen höheren Nutzen als das japanische Fabrikat. Der Nutzen der Motorleistung steigt mit zunehmender PS-Zahl, doch die Beziehung ist nicht linear. Der größte Zuwachs im Nutzen und damit in der Zahlungsbereitschaft liegt zwischen 150 und 200 PS. Wenn die PS-Zahl weiter auf 250 erhöht wird, wächst der Nutzen, der zu den höheren Kosten eines stärkeren Motors in Beziehung gesetzt werden muß, nur geringfügig. Eine Verringerung des Benzinverbrauchs von 14 auf 12 Liter/100 km erhöht den Wert nur geringfügig. Wie bereits erwähnt, gilt das gleiche – zur Überraschung der Unternehmensleitung – für die Umweltfreundlichkeit. Selbst wenn völlig neue Standards gesetzt werden (was sehr kostspielig wird), würde das den Nutzen nur um 35 Punkte erhöhen. Das bedeutet, daß der Käufer für einen besseren Beitrag zum Umweltschutz nicht wesentlich mehr zu zahlen bereit ist.

Die Analyse des Preises in Abbildung 3.8 zeigt, daß die Preiselastizität bei Preisen zwischen 50000 DM und 60000 DM besonders hoch ist. Wenn der Preis von 50000 DM auf 60000 DM erhöht wird, geht der Nutzen um 65 Punkte zurück. In diesem Preisbereich entsprechen 10000 DM 65 Nutzenpunkten. Der geringe Nutzen bei Preisen über 60000 DM besagt, daß es wahrscheinlich gefährlich wäre, den Preis über dieser Preisschwelle anzusetzen.

Wenn wir uns auf den Preisbereich unter 60000 DM beschränken, erlaubt uns die Nutzenskala den Nutzen verschiedener Ausprägungen in Preisen auszudrücken. Der Wertunterschied zwischen LION und dem etablierten deutschen Fabrikat beträgt also 65 Nutzenpunkte oder circa 10000 DM. Der Nutzenunterschied von LION zum japanischen Modell beträgt 85 Punkte, in Preisen ausgedrückt entspricht das ungefähr 13000 DM. Eine Verringerung des Kraftstoffverbrauchs um 25 Prozent von 16 auf 12 Liter pro 100 km erhöht den Nutzen um 60 Punkte, das entspricht ungefähr 9200 DM.

Diese Betrachtungen zeigen, daß der wahrgenommene Nutzen jeder Ausprägung in Preisen ausgedrückt werden kann. Diese Information ist sowohl für die Preisfindung als auch die Produktkonzipierung sehr wichtig. Wenn man diese Werte und die dazugehörigen Kosten für die verschiedenen Ausprägungen kennt, kann man festlegen, welche Qualität man zu welchem Preis anbieten sollte. Die Produktpolitik und die Preisfindung werden gleichzeitig berücksichtigt. Nur Ausprägungen, deren Nutzen größer ist als die Kosten, sollten angeboten werden.

7. Mit den Informationen aus Abbildung 3.8 können wir vorhersagen, welches Auto der Kunde in einer bestimmten Wettbewerbssituation kauft. Nehmen wir

zum Beispiel an, daß der Kunde die Modelle A, B und C kaufen kann, die in Tabelle 3.3 aufgeführt sind. Welches Auto würde er kaufen? Für die in Tabelle 3.3 aufgeführten Eigenschaften können wir unter Bezugnahme auf Abbildung 3.8 den Gesamtnutzen berechnen.

Tabelle 3.3: Ermittlung der Gesamtbeurteilung für drei Pkw-Modelle

	Modell A		Modell B		Modell C	
Eigenschaften	Ausprägung	Nutzen	Ausprägung	Nutzen	Ausprägung	Nutzen
Marke	LION	85	Deutsche Marke	150	Japanische Marke	0
Motorleistung	150	0	200	110	250	140
Benzinverbrauch (l/100 km)	12	60	16	0	14	50
Umweltfreundlichkeit	Neue Standards	50	Erfüllt die Anforderungen	0	Erfüllt die Anforderungen	0
Preis (DM)	60000	35	70000	0	50000	100
Gesamtnutzen		230		260		290

Wie in der unteren Zeile von Tabelle 3.3 dargestellt ist, wurde das Modell C, das japanische Fabrikat, mit 290 Punkten insgesamt am besten bewertet. Dies ist hauptsächlich auf die starke Motorleistung und den niedrigen Preis zurückzuführen. Das neue Modell A – LION – erhält mit 230 Punkten die schlechteste Bewertung. Das liegt daran, daß der geringe Benzinverbrauch von LION und der technisch hervorragende Beitrag zum Umweltschutz den Kunden nicht wichtig erscheinen und die geringe Motorleistung den wahrgenommenen Nutzen nachhaltig verringert. Um die Gesamtbewertung zu verbessern, könnte für das Modell LION die PS-Zahl auf 200 erhöht werden. Dies würde die Bewertung um 110 Punkte verbessern und die höchste Bewertung insgesamt ergeben; oder der Preis könnte auf 50000 DM gesenkt werden. Das würde den Gesamtnutzen auf 295 verbessern. Als zusätzlich zu diesen Daten über die Nachfragestruktur die technischen Möglichkeiten und die Kosten berücksichtigt wurden, zeigte sich, daß ein solch niedriger Preis in diesem Fall nicht erreichbar war.

Um die Nutzenwerte in Schätzungen des Marktanteils und der Absatzmenge umzuwandeln, benötigen wir eine Regel zur Umrechnung in Kaufwahrscheinlichkeiten. Dafür kommen zwei alternative Regeln in Frage:

A. Jeder Kunde kauft das Auto mit dem aus seiner Sicht höchsten Gesamtnutzen. In diesem Fall würde der Verbraucher Modell C laut Tabelle 3.3 kaufen.

oder

B. Die Wahrscheinlichkeit, daß der Kunde ein bestimmtes Auto kaufen wird, ist proportional dem Gesamtnutzen dieses Wagens.

Es hängt von der besonderen Situation ab, welches Modell bevorzugt wird (für weitere Erklärungen siehe Simon[11], Green und Srinivasan[12] sowie Elrod und Kumar[13]). In der hier vorliegenden »Ja:Nein«-Situation (ein Kunde kauft ein bestimmtes Automodell oder nicht) verwenden wir die erste Regel. Anhand einer komplexen Simulation über die befragten Kunden können wir die Preisabsatzkurve für Modell A – LION – ableiten. Abbildung 3.9 zeigt diese Preisabsatzkurve und die dazugehörige Gewinnkurve.

Die geschätzte Preiselastizität für LION ist relativ hoch. Eine Preissenkung um 16,7 Prozent von 60000 DM auf 50000 DM würde den Marktanteil von LION in diesem Segment von ungefähr 22,5 Prozent auf 37,5 Prozent erhöhen. Dies entspricht einer Änderung der Absatzmenge von 66 Prozent, bezogen auf die Preisänderung von 16,7 Prozent ist die Preiselastizität 66 : 16,7 = 3,95. Der Grund für diese hohe Preiselastizität liegt in dem hohen Wertunterschied zwischen den beiden Preisen (siehe Abbildung 3.8). Diese Preisabsatzkurve ist stabil, wenn die Wettbewerber ihre Preise unverändert lassen, alternative Szenarien für die Preisreaktion der Wettbewerber können in der Simulation berücksichtigt werden. Das Modell kann die Wirkung jeder möglichen Wettbewerbsreaktion reproduzieren.

Die Gewinnkurve in Abbildung 3.9 zeigt, daß der optimale Preis für LION nicht, wie ursprünglich beabsichtigt, bei 60000 DM liegt, sondern bei ungefähr 54700 DM. Wenn der Preis mit 60000 DM festgelegt würde, wie zunächst geplant, entstünde eine Gewinneinbuße von ungefähr 7 Prozent und der Marktanteil wäre deutlich geringer als bei einem Preis von 54700 DM. Die niedrige Bewertung der Umwelteigenschaften und des Kraftstoffverbrauchs, die die Unternehmensleitung überraschte, sind die Ursache dafür.

Das entwickelte Modell wurde später benutzt, um über zukünftige Verbesserungen des Wagens zu entscheiden. F&E-Aktivitäten wurden so eingesetzt, daß der Zusammenhang zwischen wahrgenommenem Kundennutzen und Kosten optimiert wird, und nicht mehr, um die Träume der Ingenieure zu erfüllen.

Es liegen detaillierte Beschreibungen zahlreicher anderer Anwendungen vor. Dolan erläutert die Anwendung der Methode durch Management Science America, um die Produktkonzeption, den Preis und die Einführungszeit für

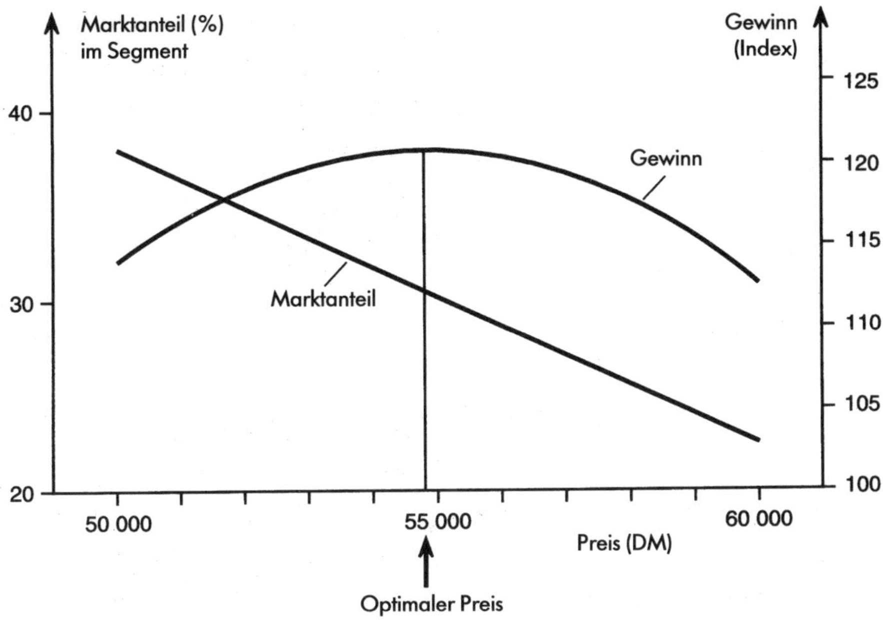

Abbildung 3.9: Preisabsatz- und Preisgewinnkurve für LION

ein neues Planungssystem für Materialeinsatz festzulegen, und Wind beschreibt den Einsatz bei Marriott, um die Courtyard-Hotelkette zu planen[14]. Es kann nicht oft genug wiederholt werden, daß Conjoint Measurement sowohl »harte« als auch »weiche« Eigenschaften berücksichtigen kann. So wurden zum Beispiel in einer Anwendung Haupteigenschaften eines in verschiedenen Branchen verwendeten Elektromotors bewertet, indem sowohl Produkt- als auch Serviceleistungen berücksichtigt wurden: (a) Verläßlichkeit, (b) Service-Intervall, (c) Energieverbrauch, (d) Lebensdauer und (e) Servicequalität. Ein wichtiger Vorteil von Conjoint Measurement besteht darin, daß es eingesetzt werden kann, um gleichzeitig den Preis zu ermitteln und die Produktkonzeption festzulegen. Diesen Aspekt wollen wir jetzt vertiefen, indem wir eine Anwendung für eine Textilmaschine beschreiben.

Eine Anwendung für eine Textilmaschine: Produktkonzeption und Zielpreis

Wie wir in Kapitel 12 detailliert ausführen werden, wenn wir organisatorische und Umsetzungsaspekte im Zusammenhang mit der Preisfindung behandeln, beginnt »Power Pricing« nicht mit einem fertigen Produkt kurz vor der Markteinführung. Vielmehr sollten Zielpreis und Produkteigenschaften in der F&E-Phase gemeinsam festgelegt werden. Nur wenn die F&E-Anstrengungen darauf gerichtet sind, den richtigen Kundennutzen zu schaffen, entsteht ein Produkt, für das die Kunden einen Preis zahlen werden, der einen guten Deckungsbeitrag bringt. Conjoint Measurement kann in der Konzeptionsphase eingesetzt werden, bevor die F&E beginnt, um die richtigen Zielwerte für Produkteigenschaften und Preis zu ermitteln. Auf der Grundlage dieser Zielpreise müssen die Ingenieure die Zielkosten festlegen. (Ein frühes berühmtes Beispiel für Target Pricing – Preisfindung nach dem Zielpreisverfahren – war Canons 1 000-Dollar-Kopierer.)

Eine Textilmaschine wurde über verschiedene Generationen hinweg ständig verbessert. Fünf Eigenschaften schienen für die Kunden am wichtigsten zu sein: (a) Umstellungszeit, (b) Lärmpegel, (c) Qualität des Endproduktes, (d) Unterbrechungszeit für Wartung und (e) Spulgeschwindigkeit. Um ein sinnvolles F&E-Programm zu entwickeln, wurden nach der Methode des Conjoint Measurement weltweit 150 Kunden interviewt. Parallel zu der Marktstudie erarbeitete die Ingenieurabteilung Kostenschätzungen für verschiedene Verbesserungen. Tabelle 3.4 faßt die Ergebnisse zusammen.

Für jede Eigenschaft wurde die Verbesserung bewertet, die die Zahlungsbereitschaft der Kunden um 100 Dollar erhöhen würde. Es stellte sich heraus, daß eine Reduzierung der Zeit für die Umstellung von einem Textilmuster auf ein anderes um 5 Sekunden den Kunden 100 Dollar pro Spindel wert war. Der gleiche Betrag würde für eine Lärmreduzierung um 1 Dezibel (A) gezahlt usw. Die

Tabelle 3.4: Ermittlung des Zielpreises und der Zielkosten mit Conjoint Measurement – am Beispiel einer Textilmaschine

Eigenschaft	*Nutzen von 100 $ pro Spindel* (Bereitschaft, mehr zu zahlen)	*Kosten* (Skala)	*Optimale Ausprägung*
Umrüstzeit	– 5 Sekunden	3	49 Sekunden
Lärmpegel	– 1 Dezibel (A)	1	85 Dezibel (A)
Qualität des Endproduktes	+ 0,3 technischer Koeffizient	4	4,5 (Skala von 1–5)
Unterbrechungszeit für Wartung	– 5 Minuten	2	25 Minuten
Spulgeschwindigkeit	– 20 Sekunden	3	90 Sekunden

Kosten wurden auf einer 5er-Skala erfaßt (1 = geringe Kostenerhöhung; 5 = große Kostenerhöhung). Auf der Grundlage dieser Nutzen- und Kostendaten konnten die optimalen Ausprägungen für alle Eigenschaften ermittelt und Zielpreise abgeleitet werden. Im Rahmen der Entwicklung der neuen Maschinengeneration beachteten die Ingenieure diese Ziele, und so entstand eine Maschine, die hinsichtlich Kundennutzen und Kosten optimiert war. Da die Studie ergab, daß die Kunden in Hochlohnländern und Entwicklungsländern bestimmte Produkteigenschaften ganz unterschiedlich bewerteten, wurde ein modulares Sytem entwickelt, das es dem Unternehmen erlaubte, sein Angebot zu erweitern, indem sowohl teure als auch preiswerte Maschinenversionen angeboten wurden. Die Preise wurden stärker als vorher differenziert, wobei das Vorgehen auf den Nutzenwahrnehmungen der Kunden beruht.

Die Methode der Zielpreise (Target Pricing) verbindet die Aspekte des Kundennutzens, der Kosten sowie der Wettbewerbspositionierung und verdient höchste Aufmerksamkeit.

In Abbildung 3.10 behandeln wir das Problem allgemein. Die waagerechte Achse beschreibt das technische Leistungsniveau bei einer Eigenschaft. Obgleich der Wert für den Kunden mit zunehmender Leistung steigt, nimmt die Zuwachsrate ab, wie aus der nach rechts flacher werdenden Nutzenkurve zu ersehen ist. Die Kostenkurve steigt jedoch bei höherer Leistung in zunehmendem Maße, das heißt sie wird steiler. Schließlich schneidet sie die Nutzenkurve.

Das Ziel von Target Pricing und Target Costing ist, die technische Leistung für jede Eigenschaft so festzulegen, daß der Abstand zwischen Nutzen und Kosten maximiert wird. Das Ziel lautet nicht, die Leistung zu maximieren – das ist zu kostenaufwendig –, sondern sie relativ zu den Zielkosten zu optimieren. Wenn die gegenwärtige Leistung gemäß Abbildung 3.10 bei Leistungsstufe B liegt, sollte sie erhöht werden, weil die Zusatzkosten durch den zusätzlichen Kundennutzen überkompensiert werden. Wenn die Leistung in der Ausgangssituation bei Leistungsstufe A liegt, sollte sie reduziert werden. In vielen unserer Projekte traf letzteres zu, das heißt, die Unternehmen erbrachten bei manchen Eigenschaften eine zu hohe Leistung (insbesondere bei technischer Ausstattung), so daß die Zusatzkosten dafür höher waren als der Zusatznutzen, den der Kunde wahrnahm. In anderen Bereichen, insbesondere bei Dienstleistungen, stoßen wir häufig auf zu niedrige Leistungen, wie durch Leistungsstufe B in Abbildung 3.10 dargestellt. Die beste Grundlage für »Power Pricing« ist, Nutzen- und Kostenaspekte sehr früh aufeinander auszurichten.

Die Bedeutung eines guten Verständnisses des relativen Nutzens von Produkteigenschaften für den Kunden und des Preises wird durch die folgenden

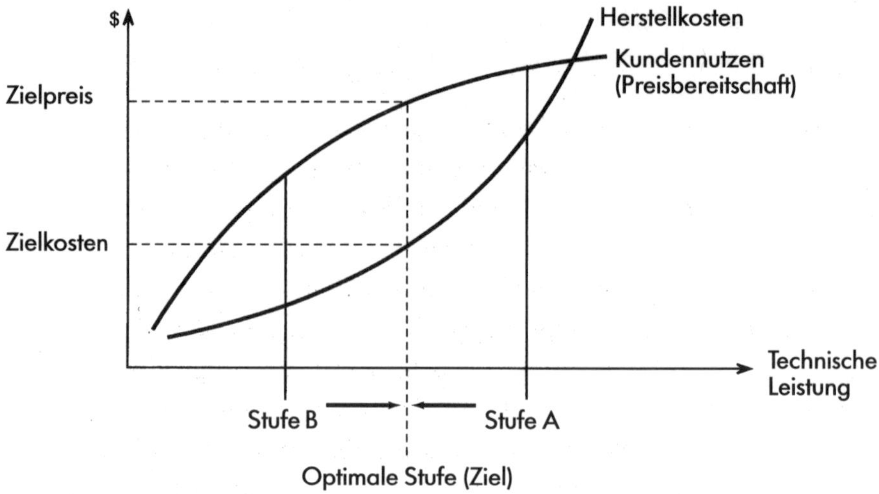

Abbildung 3.10: Ein generalisiertes Konzept zur Bestimmung von Zielpreisen und -kosten

Beispiele unterstrichen. In der PC-Industrie hat Packard Bell seine Strategie auf PCs mit etwas geringerer Leistung und niedrigeren Preisen als die Konkurrenz aufgebaut. Bis Mitte der neunziger Jahre erwies sich diese Strategie als sehr erfolgreich und machte Packard Bell zu einem der führenden PC-Hersteller. Doch 1995 veränderte sich die Situation. Das *Wall Street Journal Europe* berichtete: »Die Kunden sind anscheinend bereit, PCs mit höherer Leistung zu geringfügig höheren Preisen zu kaufen, anstatt sich mit den preiswerteren Modellen mit geringerer Leistung zufrieden zu geben, die die Spezialität von Packard Bell sind«.[15] Andererseits kann es passieren, daß die höhere Leistung aus Sicht des Kunden keinen höheren Preis rechtfertigt. So hatte zum Beispiel ein deutscher Hersteller von numerisch gesteuerten Bearbeitungszentren mit automatischem Werkzeugwechsel einen holländischen Kunden, der ihm sagte: »Ihr Preis beträgt 2,5 Millionen DM, der Preis eines italienischen Konkurrenten liegt bei 1,5 Millionen DM. Das ist ein Preisunterschied von 60 Prozent. Ich erkenne den höheren Nutzen Ihres Produktes an und Ihr Service ist auch besser. Doch Ihr Angebot ist nicht 60 Prozent besser.« (Für Einzelheiten siehe Simon[16].) Der holländische Kunde kaufte das italienische Produkt.

Manchmal wird der Wert neuer Produkte und der Wunsch der Kunden, »die neueste Variante zu besitzen«, überschätzt und folglich werden Neueinführungen zu Preisen angeboten, die im Vergleich zu älteren Produkten überhöht sind. Dies war 1995 für Videospielgeräte der Fall. Die alten 16-Bit-Geräte kosteten ungefähr 100 Dollar, während die neuen 32-Bit-Geräte zum Preis von 300 Dollar angeboten wurden. Bei diesem Preisunterschied bevorzugten die Kunden eindeutig die alten Modelle. Von den alten Geräten wurden vier Millionen Stück verkauft, während die neue Geräteversion nicht einmal einen Absatz von einer Million Stück erreichen konnte. Die führenden Anbieter in diesem Markt, Nintendo und Sega, beurteilten die Bewertung der verschiedenen Gerätegenerationen aus Sicht der Kunden völlig falsch und legten den Preisabstand daher falsch fest. Carlton kommentiert: »Die Preise der neuen Geräte waren zu hoch«.[17] Nintendo hätte das Doppelte seines Bestandes an alten Spielgeräten verkaufen können, doch infolge der Fehleinschätzung der relativen Nutzen hatten sie Lieferprobleme. Sie verschenkten große Gewinne.

Diese Beispiele unterstreichen, wie wichtig es ist, den wahrgenommenen Nutzen und die Kosten von Produkteigenschaften in einer frühen Phase des Entwicklungsprozesses für neue Produkte zu kennen. Eine falsche Beurteilung oder Unwissenheit in dieser Hinsicht bestraft der Markt. Führende Hersteller in der Automobilindustrie, wie BMW oder Mercedes, wenden diese neuen Techniken an, um Preis- und Kostenziele frühzeitig zu ermitteln. Das trifft auch auf viele japanische Firmen im Bereich der Informationstechnologie und in anderen Branchen zu. »Power Pricing« beginnt mit besseren Informationen über F&E-Ziele. Fehler, die in der F&E-Phase gemacht werden, können später durch rein preispolitische Maßnahmen kaum ausgeglichen werden.

Erfahrungsgestützte Bewertung des Conjoint Measurement

Unsere Erfahrung aus mehreren hundert Anwendungen des Conjoint Measurement ist, daß es häufig Ergebnisse liefert, die für das Management überraschend sind. Im Fall eines neuen Arzneimittels in Frankreich wollte das Management den Preis für seine Innovation mit 10 FF (Französische Francs) leicht über dem Wettbewerbspreis festlegen. Eine Analyse mit Conjoint Measurement ergab, daß Ärzte dem Präparat einen viel höheren Wert als Konkurrenzprodukten zumaßen und ein Preis von 30 FF angemessener war als 10 FF. Das Produkt wurde zu dem höheren Preis eingeführt und, obwohl der Preis dreimal höher war als ursprünglich von der Unternehmensleitung geplant, übertraf die tatsächliche Absatzmenge die Prognose, die man für den Preis von 10 FF gemacht hatte. Der Grund lag darin, daß die Ärzte das neue Produkt nicht mit existierenden Substitutionsprodukten verglichen, sondern annahmen, daß es eine eigene »Wertklasse« bzw. Marktnische bildete. Es wäre ein großer Fehler bei der Preisfestlegung gewesen, die Innovation nahe an den etablierten Präparaten zu positionieren. In der Zwischenzeit wurde der Preis weiter auf 36 FF erhöht, und das Produkt erzielt sehr gute Gewinne.

In einem anderen Fall zögerte die Unternehmensleitung einer Firma für Korrosionsschutz, den Preis zu erhöhen, der auf gleicher Höhe mit den Preisen der größeren Konkurrenten lag, obwohl das Produkt eindeutig besser war. Eine Conjoint Measurement-Studie ergab, daß die Kunden den Nutzen dieses Produktes tatsächlich 40 Prozent höher ansetzten als den des Hauptkonkurrenten. Dies veranlaßte die Unternehmensleitung, einer Preiserhöhung um 20 Prozent zuzustimmen, die vom Markt ohne jeden Absatzrückgang akzeptiert wurde. Das ist reiner Gewinn!

Doch wir stellen auch das Gegenteil fest, also daß Nutzen niedriger sind als vom Management angenommen. Ein Dienstleistungsunternehmen war überzeugt, daß es eine bessere Leistung anbot und daher Premium-Preise verlangen könnte. Eine Analyse mit Conjoint Measurement ergab, daß das Unternehmen nur bei Faktoren überlegen war, die für die Kunden eher geringen oder gar keinen Wert hatten. In den Kerndienstleistungen hatte das Unternehmen keine Wettbewerbsvorteile. Daher wurde der Preis auf das Preisniveau der Wettbewerber gesenkt und das Unternehmen konnte seinen Marktanteil beachtlich ausweiten.

Conjoint Measurement ist ohne Zweifel die wichtigste Entwicklung in den letzten zwanzig Jahren, um Einblicke in Kundennutzen und Kundenverhalten zu erlangen und auf dieser Grundlage Entscheidungen über die Produktkonzeption und den Preis zu treffen. Die Methode beantwortet entscheidende, nur schwer zu klärende Fragen wie:

- Welche Bedeutung haben Produkteigenschaften wie Qualität, Design, technische Ausstattung oder Preis im Rahmen der Kaufentscheidung?
- Welchen relativen Wert in DM hat eine Marke für den Kunden?
- Welchen relativen Wert in DM hat eine Dienstleistung für den Kunden?
- Wie wirkt es sich auf unseren Marktanteil aus, wenn wir den Preis oder eine andere Eigenschaft unseres Produktes verändern?
- Wie wirken sich Preis oder Produktänderungen der Wettbewerber auf unseren Marktanteil aus?
- Wie unterscheiden sich die Kunden in ihrer Bewertung der Produkt- oder Dienstleistungseigenschaften und des Preises?
- Ist es besser, ein bestimmtes Budget für eine Preissenkung oder für F&E einzusetzen, um die Leistung des Produktes zu verbessern und zusätzlichen Nutzen zu schaffen?

- Welche nutzensteigernden Faktoren sollten im Mittelpunkt der F&E stehen, um den zukünftigen Wert zu erhöhen und zukünftige Preise abzusichern?

Die Fähigkeit, diese Fragen zu beantworten, und die nachweislichen Erfolge zur Verbesserung des Gewinns erklären die zunehmende Beliebtheit von Conjoint Measurement. Die Nützlichkeit der Methode hat stark von den Fortschritten in der Informationstechnologie profitiert. Die Durchführung von Interviews mit Computern ist mittlerweile eine Standardpraxis und bietet neue Möglichkeiten. Multimedia-PCs ermöglichen es uns, Standbilder und Filme zu zeigen, um neue Produktkonzepte oder die Funktion neuer Produkte anschaulich darzustellen. Damit werden Befragungen realistischer. So verwendeten wir im Falle eines völlig neuen Autotyps ein Video zur Unterstützung der Befragung. Bei einem innovativen Pharmaprodukt wurde die Wirkungsweise auf dem PC vorgeführt. Die Verwendung von Prototypen oder Modellen von neuen Produkten kann dazu beitragen, die Aussagefähigkeit von Befragungen des Conjoint Measurement zu verbessern. Es ist zum Beispiel schwierig, das Gewicht oder die Größe eines Mobiltelefons zu beurteilen, ohne es in der Hand zu halten. Daher sollten in solchen Situationen Prototypen verwendet werden. Je besser die Reize, die der Befragte erhält, der Realität entsprechen, desto aussagefähiger werden seine Antworten sein.

Die Verfügbarkeit von leicht zu bedienenden und preiswerten PC-Programmen für Conjoint Measurement bedeutet auch ein Risiko. Conjoint Measurement ist eine komplexe Methode. Wenn diese Komplexität nicht vollständig von denen verstanden wird, die diese Methode anwenden, können die Ergebnisse irreführend sein. Dutzende von Studien muß man leider mit der Beurteilung »Conjoint in – Garbage out« versehen. Conjoint ist eine leistungsfähige Technik, doch ihre Komplexität macht die Anwendung relativ teuer und die Unterstützung von Experten ist erforderlich, um sie in der Praxis erfolgreich einzusetzen.

Gestützt auf unsere Erfahrungen mit mehreren hundert Studien nach dem Verfahren des Conjoint Measurement geben wir die folgenden Empfehlungen:

- Es sollten nur relevante Eigenschaften berücksichtigt werden.
- Es sollten nur realistische Ausprägungen betrachtet werden. »Realistisch« heißt nicht, daß diese Bewertungsstufen gegenwärtig bereits existieren, sie sollten jedoch nicht zu stark außerhalb der Erfahrung der Befragten liegen. Wenn der Benzinpreis gegenwärtig etwa bei 1,60 DM pro Liter liegt, macht es keinen Sinn, die deutschen Verbraucher zu fragen, was sie bei einem Benzinpreis von 5 DM pro Liter machen würden. Das liegt einfach außerhalb ihrer Erfahrung und Vorstellungskraft. Falls die Entscheidung des Kunden

hierarchisch strukturiert ist, muß diese Struktur im Conjoint Design unbedingt abgebildet werden. Es ist z. B. Unsinn, Geschäftsleute zu fragen, ob sie wegen einer Flugpreisreduktion innerhalb Deutschlands über Samstagnacht blieben. Die beiden Merkmale Preis und Samstagnacht-Restriktion sind für Geschäftsleute nicht kompensatorisch. Ein Geschäftsmann wird die eine Alternative von vorneherein ausschließen, d. h. sie liegt auf einer höheren Hierarchieebene. Wird das nicht berücksichtigt, so führt dies nicht zu validen Nutzenwerten. Bei Privatleuten kann dies im Fall der Flugreise völlig anders aussehen.

- Für Eigenschaften, die sich nur schlecht in wenigen Worten erklären lassen (zum Beispiel Freundlichkeit, Atmosphäre, Beitrag zum Umweltschutz, Positionierung), sollte eine detaillierte schriftliche Erklärung vor dem Interview ausgehändigt werden. Nach unseren Erfahrungen können sich Befragte eine solche Situation relativ gut vorstellen, wenn die Beschreibung vollständig und gut formuliert ist.
- Die Auswahl und Schulung der Interviewer ist erfolgsentscheidend. Da die Befragten häufig Fragen stellen und zusätzliche Erklärungen verlangen, sollte der Interviewer die Methode verstehen und über den Untersuchungsgegenstand informiert sein. Im Gegensatz zu üblichen Befragungen sollten für Interviews nach der Methode des Conjoint Measurement keine unausgebildeten Interviewer (z. B. Hausfrauen oder Rentner) eingesetzt werden.
- Wenn möglich, ist die Durchführung der Befragung in einem persönlichen Gespräch am besten. Interviews für die Preisfindung nach der Technik des Conjoint Measurement sollten nicht telefonisch durchgeführt werden. Es ist jedoch möglich, die Interviews über das Internet zu absolvieren, in dem der Befragte und der Interviewer miteinander verbunden sind.

Preistests

In Preistests werden der Preis verändert und die Wirkung auf die Absatzmenge oder den Marktanteil beobachtet. Dies kann in einem Labor in einer simulierten Einkaufssituation oder im realen Markt erfolgen. In einem Markttest werden unterschiedliche Preise in verschiedenen Geschäften in einer Region getestet oder die Preise werden in verschiedenen Regionen variiert. Preistests lassen sich besonders effizient im Versandgeschäft durchführen. Der Vorteil von Preistests im Vergleich zu Befragungen ist, daß das tatsächliche Kundenverhalten beobachtet wird, das heißt, es wird gemessen, was die Verbraucher tun, anstatt nur ihre Antworten zu notieren, was sie eventuell tun würden.

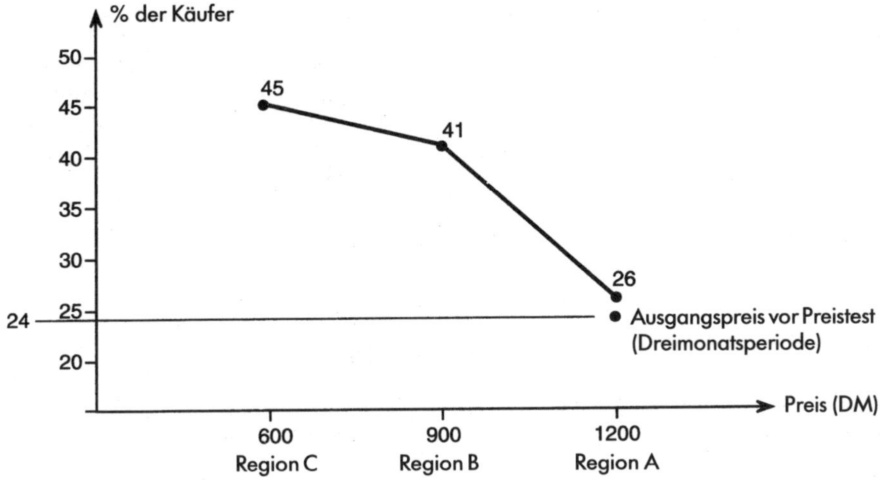

Abbildung 3.11: Preistest für ein Mobiltelefon

Ein Beispiel eines Markttests mit unterschiedlichen Preisen in verschiedenen Regionen ist die Studie eines Herstellers von Mobiltelefonen. Der reguläre Preis für ein Autotelefon betrug 1 200 DM. Zu diesem Preis kauften 24 Prozent der Neuwagenkäufer das Telefon. Um die Preireaktion zu testen und herauszufinden, ob eine Preissenkung sinnvoll sei, testete das Unternehmen drei Preisstufen in einem Zeitraum von drei Monaten in verschiedenen Regionen. Die Regionen wurden so ausgewählt, daß sie der Struktur des Gesamtmarktes entsprachen und untereinander vergleichbar waren. In Abbildung 3.11 sind die Ergebnisse dieses dreimonatigen Preistests dargestellt.

In Region A blieb der Preis unverändert bei 1 200 DM; trotzdem erhöhte sich der Käuferanteil auf 26 Prozent. Offensichtlich kann dieser Anstieg nicht auf den Preis zurückgeführt werden, sondern muß durch andere Einflußfaktoren erklärt werden. In Region B erhöhte sich der Käuferanteil infolge der Preissenkung von 25 Prozent um 41 – 26 = 15 Punkte im Vergleich zu Region A – eine Steigerung von 15 : 26 = 56,6 Prozent. Der niedrige Preis von 600 DM in Region C, das entspricht 50 Prozent des Preises in Region A, steigerte den Käuferanteil um 45 – 26 = 19 Punkte – eine Erhöhung um 26 : 19 = 73,1 Prozent. Die Preiselastizität ist 73,1 Prozent : 50 Prozent = 1,46. 1 000 DM ist für viele Kunden eine Preisschwelle, und darum können mit einer weiteren Preissenkung von 900 DM auf 600 DM nicht viele zusätzliche Käufer angezogen werden. Die Kosten des Telefons lagen bei ungefähr 300 DM. Bei einem Preis von 900 DM beträgt der Deckungsbeitrag daher 600 DM. Bei einem Preis von

900 DM und einem Käuferanteil von 41 Prozent beläuft sich der Gewinn, als Index ausgedrückt, auf 600 DM × 0,41 = 246. Bei einem Preis von 1200 DM und einem Käuferanteil von 26 Prozent beträgt der Gewinn als Index 900 DM × 0,26 = 234. Bei einem Verkaufspreis von 900 DM ist der Gewinn also um 5 Prozent höher als bei einem Verkaufspreis von 1 200 DM. Eine weitere Senkung des Verkaufspreises auf 600 DM würde den Gewinnindex auf 300 DM × 0,45 = 135 reduzieren, das entspricht einem Rückgang um die Hälfte. Das Unternehmen entschied, das Mobiltelefon zu einem Preis von 970 DM anzubieten, geringfügig unter der Preisschwelle von 1 000 DM.

Preistests können sehr nützlich sein, um die Preisreaktion der Nachfrager zu ermitteln. Natürlich muß das Produkt – anders als beim Conjoint Measurement – bereits existieren, und die beobachteten Reaktionen beziehen sich auf das ganze Produkt, nicht auf einzelne Eigenschaften. Ein Nachteil von Preistests besteht in ihren vergleichsweise hohen Kosten und dem erheblichen Zeitbedarf. Natürlich kann die Konkurrenz, ähnlich wie bei Testmärkten, gezielt stören, indem sie z. B. Ware aufkauft oder die eigenen Preise verändert.

Analyse von Marktdaten

Eine vierte Quelle für Informationen zur Preisreaktion der Nachfrage ist das alltägliche Marktgeschehen, das heißt Vergangenheitsdaten über Preis und Absatz. Scannerkassen im Einzelhandel sind ein besonders leistungsfähiges Instrument, um derartige Daten zu erheben.

Wenn die Preise sich im Zeitablauf ändern, was in vielen Märkten vorkommt, kann man analysieren, wie absolute oder relative Preisänderungen Absatzmengen und Marktanteile beeinflussen. Mit statistischen Methoden lassen sich die Preisabsatzbeziehung und Preiselastizitäten ermitteln.

Wir wollen das Verfahren an zwei Beispielen kurzlebiger Konsumgüter beschreiben. Das erste Beispiel bezieht sich auf Fertigdesserts in Deutschland. Zum Zeitpunkt der Analyse entfielen auf die vier Hauptwettbewerber – Gervais-Danone, Nestlé, Unilever und Dr. Oetker – zusammen mehr als 80 Prozent des Marktes. Über drei Jahre schwankten die Preise von Dr. Oetker zwischen 0,60 DM und 0,70 DM. Die Absatzmenge bewegte sich zwischen 7 und 12 Millionen Einheiten pro Zweimonatsperiode. In Abbildung 3.12 werden die Daten für 18 Zweimonatsperioden dargestellt. (In der Zeichnung überlappen sich einige Punkte, so daß nicht 18 Punkte zu erkennen sind.) Die Punkte sind tatsächliche Beobachtungen von Preisen und Absatzmengen. Die lineare Kurve wurde mit einer Regressionsanalyse ermittelt.

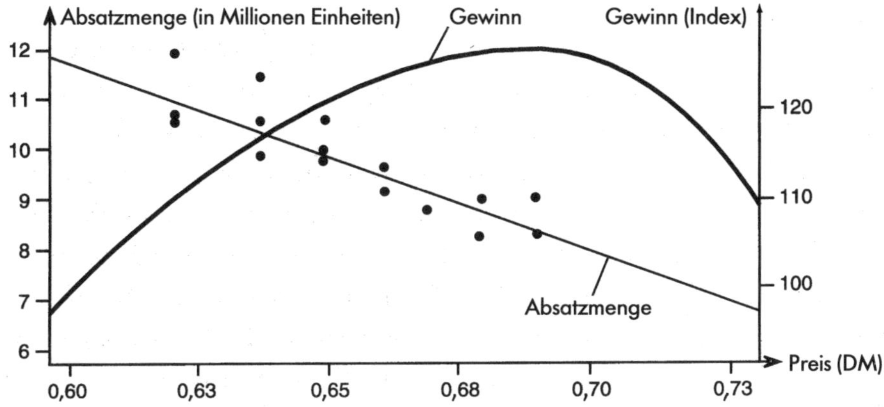

Abbildung 3.12: Preisabsatzkurve ermittelt auf der Grundlage von Marktdaten

Eine Preisänderung von 0,01 DM oder 1,5 Prozent bei einem Preis von 0,65 DM bewirkt eine Änderung der Absatzmenge um 381 000 Einheiten oder 3,8 Prozent. Die Preiselastizität ist daher 3,8 Prozent : 1,5 Prozent = 2,51. Zum Zeitpunkt der Analyse schwankten die Preise im Bereich 0,63 DM – 0,65 DM und waren im Abwärtstrend. Die Analyse ergab, daß der optimale Preis 0,69 DM beträgt. Die Gewinnkurve in Abbildung 3.12 zeigt, daß bei einem Preis von 0,63 DM auf fast 25 Prozent des maximalen Gewinns verzichtet wird. Die Schlußfolgerung war klar. Dr. Oetker mußte weitere Preissenkungen mit allen Mitteln verhindern – ungeachtet der attraktiven Steigerung der Absatzmenge infolge einer Preissenkung. Statt dessen sollte das Unternehmen versuchen, den Preis auf über 0,65 DM anzuheben. Das würde zwar einen geringeren Marktanteil bedeuten, der Gewinn des Produktes würde jedoch um mehr als 1 Million DM pro Jahr steigen.

Das zweite Beispiel betrifft einen Haushaltsreiniger. Diese sehr bekannte Marke hatte einen Marktanteil von 85 Prozent, als ein neues Produkt mit einem sehr aggressiven Preis eingeführt wurde. Zunächst reduzierte der Marktführer nicht den Preis, sondern erhöhte statt dessen die Werbeaufwendungen. Trotz dieser Verteidigungsmaßnahme ging der Marktanteil bis Ende 1993 auf 55 Prozent zurück. Eine ökonometrische Analyse ergab, daß die Preiselastizität viel höher und die Elastizität der Werbeaufwendungen viel geringer war, als die Unternehmensleitung angenommen hatte. Es wurde ein Modell entwickelt, das die tatsächliche Entwicklung im Zeitraum 1992–1993 gut wiedergab, wie Abbildung 3.13 zeigt.

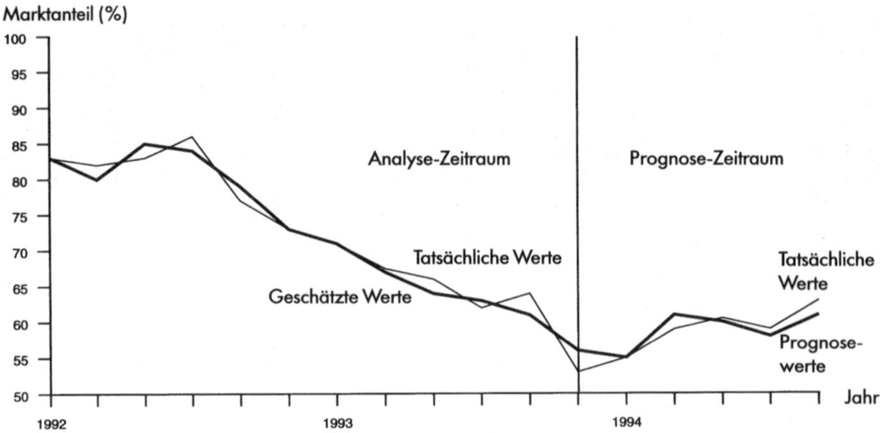

Abbildung 3.13: Preisabsatzkurve und Prognose auf der Grundlage von Marktdaten

Auf der Grundlage des Modells wurde eine neue Preispolitik und Kommunikationsstrategie entwickelt. Es wurde empfohlen, den Preis um 15 Prozent zu senken und den Werbeetat um 75 Prozent zu reduzieren, die Verkaufsanstrengungen jedoch um 15 Prozent zu erhöhen. Für die neue Strategie wurde eine Erholung des Marktanteils prognostiziert. Die tatsächliche Entwicklung 1994 bestätigte die Genauigkeit der Absatzprognose, und der Marktanteilsrückgang konnte gestoppt werden. Die Gewinnsituation verbesserte sich nachhaltig.

Bei der Verwendung von Marktdaten zur Ermittlung der Preisabsatzbeziehung sollten die folgenden Empfehlungen beachtet werden:

1. Beginnen Sie damit, die Grafiken mit den Vergangenheitsdaten visuell zu inspizieren. Normalerweise erkennt man dabei eine ganze Menge.
2. Vergewissern Sie sich, daß die Bedingungen, die die Vergangenheitsdaten beeinflußten, auch in Zukunft gelten. Dies ist das Hauptproblem dieser Methode auf dynamischen Märkten. Das Verhalten der Verbraucher und Wettbewerber ist weniger stabil als in der Vergangenheit und darum sind Prognosen auf der Grundlage von Preisabsatzfunktionen, die mit Vergangenheitsdaten ermittelt wurden, riskant.
3. Man sollte sich nicht auf eine einzige Hypothese über die Preisreaktion der Nachfrage verlassen, sondern alternative Annahmen prüfen. Außer dem Preis sollten auch andere Marketinginstrumente berücksichtigt werden (wie im Fall des Haushaltsreinigers), da sie vielleicht die Preiswirkung verzerren.

4. Denken Sie daran, daß wirtschaftliche Plausibilität genau so wichtig ist wie statistische Genauigkeit.

Die statistische Analyse von Marktdaten kann eine gute Methode sein, um die Preisreaktion der Nachfrage zu ermitteln. Es ist jedoch unbedingt erforderlich, mit großer Sorgfalt vorzugehen und nicht einfach naiv an die Aussagefähigkeit statistischer Verfahren zu glauben. Falls möglich, sollten verschiedene Methoden eingesetzt werden, um die ermittelte Preisabsatzbeziehung überprüfen zu können. In Tabelle 3.5 werden die Stärken und Schwächen der verschiedenen Methoden zusammenfassend dargestellt.

Tabelle 3.5: Bewertung der Methoden zur Ermittlung von Preisabsatzfunktionen

Methode / *Kriterium*	*Expertenbefragung*	*Kundenbefragung*		*Preistests*	*Analyse von Marktdaten*
		Direkte Kundenbefragung	*Conjoint Measurement*		
Validität	mittel	niedrig	mittel-hoch	mittel-niedrig	hoch
Reliabilität	mittel-hoch	unsicher	mittel-hoch	hoch	niedrig
Kosten	sehr niedrig	niedrig-mittel	mittel	mittel-hoch	abhängig von Verfügbarkeit und Zugriff auf Daten
Anwendbarkeit auf neue Produkte	ja	fragwürdig	ja	ja	nein
Anwendbarkeit auf etablierte Produkte	ja	ja	ja	ja	ja
Gesamtbewertung	nützlich für neue Produkte und neue Situationen	eingeschränkt geeignet	sehr nützlich	geeignet	nützlich für eingeführte Produkte

Empirische Aspekte der Preiselastizität

Die Größe der Preiselastizität ist eine empirische Frage, die in jedem einzelnen Fall untersucht werden muß. Preiselastizitäten reichen von fast Null für eine lebensrettende Arznei bis zu nahezu unendlichen Werten für Massenprodukte, bei denen selbst ein geringer Preisunterschied die Kunden veranlassen kann, den Lieferanten zu wechseln.

Manchmal kann man sogar eine positive Preiselastizität beobachten. Wenn ein höherer Preis als Anzeichen für eine bessere Qualität angesehen wird, kann eine Preiserhöhung zu einer Erhöhung der Absatzmenge führen. Solch ein Effekt wurde bei einem Elektrorasierer einer weniger bekannten Firma festgestellt. Er war ähnlich gestaltet wie der berühmte Braun-Rasierer, sein Verkaufspreis war jedoch wesentlich niedriger. Infolge dieses Preises waren die Verbraucher offensichtlich mißtrauisch bezüglich der Qualität. Nachdem der Hersteller den Preis verdoppelt hatte, vervierfachte sich der Marktanteil – blieb jedoch im Vergleich zum dominierenden Marktanteil von Braun immer noch niedrig.

Doch das sind Ausnahmen. In typischen Märkten bewegen sich Preisänderungen und Veränderungen der Absatzmenge in entgegengesetzter Richtung. In der Literatur finden wir zahlreiche Werte für die Preiselastizität. Tellis[19] hat 367 Werte für die Preiselastizität ausgewertet und festgestellt, daß sie im Durchschnitt 1,76 beträgt. Das besagt, daß infolge einer Preissenkung von 1 Prozent die Absatzmenge um 1,76 Prozent steigt. Er nimmt an, daß auf Grund von Verzerrungen der wahre Wert tatsächlich etwas größer ist – ungefähr 2 bis 2,5. Nach unseren Erfahrungen sind das realistische Größenordnungen.

Es ist interessant, diese Größenordnung mit Werbeelastizitäten zu vergleichen. Aus zahlreichen Studien ermittelten Assmus, Farley und Lehmann[20] eine durchschnittliche Werbeelastizität von 0,22, das heißt, infolge einer Erhöhung des Werbeetats um 1 Prozent erhöht sich die Absatzmenge nur um 0,22 Prozent. In einer Analyse zahlreicher verschiedener Produkte fand Lambin[21] eine durchschnittliche Preiselastizität von 1,81 und eine durchschnittliche Werbeelastizität von 0,1, das heißt, die beiden Elastizitäten unterscheiden sich um den Faktor 18. In einer neueren Analyse kommen Sethuraman und Tellis[22] zu der Schlußfolgerung, daß »die Preiselastizität im Durchschnitt 20mal größer ist als die Werbeelastizität«. Diese Berechnungen zeigen, um wieviel die Preiswirkung größer ist als die Werbewirkung.

Es ist wichtig, Unterschiede zwischen Märkten und Produkten zu berücksichtigen. Tabelle 3.6 zeigt eine Auswahl von Elastizitätswerten aus der Literatur und den von uns durchgeführten Projekten (siehe Simon[23]).

Tabelle 3.6 belegt, daß selbst innerhalb der gleichen Branche ganz unterschiedliche Elastizitäten auftreten können.

Obgleich die typische Preiselastizität für kurzlebige Konsumgüter zwischen 2 und 6 liegt, wurde eine Preiselastizität von über 100 beobachtet, als der Preis

Tabelle 3.6: Empirische Werte der Preiselastizität (absolute Größen)

Produktgruppe	*Literatur*	*Unsere Erfahrung*
Kurzlebige Konsumgüter	1,5 – 5	im allgemeinen > 2
Langlebige Konsumgüter	1,5 – 3	große Unterschiede
Arzneimittel	ca. 0,5	Innovative Produkte: 0,2 – 0,7 Nachahmerprodukte: 0,5 – 1,5 Generika: 0,7 – 2,5 Freiverkäufliche Arzneimittel: 0,5 – 1,5
Industriegüter		
– Standardprodukte	n. a.	2 – 100
– *Spezialitäten*		0,3 – 2 für einige Spezialitäten extrem niedrige Werte
Autos		
– Luxuswagen	n. a.	0,7 – 1,5
– *Normalwagen*		>1,5
Dienstleistungen		
– Fluggesellschaften	> 2	1 – 5
– *Eisenbahn*	1,5	> 1
– *Telekommunikation (Mobiltelefon)*		
Laufende Gebühr	0,7 – 1,7	0,3 – 1
Grundgebühr	n. a.	2 – 5
– *Computer-Service*		0,5 – 1,5

für die Zigarette West von 3,80 DM auf 3,30 DM gesenkt wurde. Traditionell waren die Preiselastizitäten für verschreibungspflichtige Arzneimittel niedrig, doch infolge des Kostendrucks im Gesundheitswesen veränderte sich das und die Elastizitäten sind gestiegen. Als der Preis für einen H_2-Blocker von Eli Lilly um 40 Prozent gesenkt wurde, stieg der Absatz um 200 Prozent, das entspricht einer Preiselastizität von 5. Für industrielle Massengüter beobachten wir manchmal Preiselastizitäten in der Größenordnung von 100 oder mehr, das heißt, eine Preissenkung um 1 Prozent kann zu einer Verdoppelung des Absatzes führen, vorausgesetzt, daß der Wettbewerb nicht reagiert. Bei aller Vorsicht können wir feststellen, daß die folgenden Bedingungen im allgemeinen zu hohen Preiselastizitäten führen (siehe auch Dolan[24]):

- große Ähnlichkeit und Substituierbarkeit der Produkte, geringe Differenzierung;

- hohe Preistransparenz und Preisbewußtsein, leicht vergleichbare Preise;
- hohe Kauffrequenz;
- geringes Risikobewußtsein;
- gute Produktkenntnis, Fähigkeit, die Produkte objektiv zu beurteilen (Industriegüter);
- der Entscheidungsträger zahlt selbst für das Produkt (im Gegensatz zur Zahlung durch einen Dritten);
- geringes Markenbewußtsein und geringe Markenloyalität;
- Massenqualität, Massendistribution;
- hohe absolute Preise;
- hoher Anteil des Artikels an den Gesamtkosten des Endproduktes;
- Käufer/Wiederverkäufer stehen im Preiswettbewerb im Endverbrauchermarkt;
- geringe Bedeutung von Image und Prestige;
- intensive Verkaufsförderungsaktivitäten in der Produktgruppe;
- geringer Marktanteil; sowohl Guadagni[25] als auch Kucher[26] stellten fest, daß Produkte mit geringerem Marktanteil eine höhere Preiselastizität haben.

Diese Verallgemeinerungen geben eine gewisse Richtschnur, um Preiselastizitäten zu beurteilen, es gibt jedoch immer Ausnahmen. Es wird daher empfohlen, diese entscheidende Bestimmungsgröße der Preispolitik in jedem einzelnen Fall sorgfältig zu ermitteln, indem eine Kombination der vier Methoden, die wir beschrieben haben, verwendet wird.

Zusammenfassung

In diesem Kapitel haben wir die Probleme und Methoden zur Ermittlung der Preisabsatzbeziehung behandelt. Fundament des »Power Pricing« ist, besser informiert zu sein. Bei der Ermittlung der Preisreaktion der Nachfrager sollten verschiedene Punkte beachtet werden.

- Die Preisreaktion der Nachfrager ist abhängig von einem komplexen System kausaler und zusammenhängender Faktoren, über die Informationen gesammelt werden sollten.
- Es gibt keine andere Möglichkeit, als die Wirkung des eigenen Preises und der Konkurrenzpreise auf den Absatz zu quantifizieren. Die Preisabsatzkurve ist ein notwendiger, wenn auch schwieriger Bestandteil der Preisentscheidung.

- In der Praxis gibt es häufig Informationslücken bezüglich der Preisreaktion der Nachfrager. Die meisten Führungskräfte sind sich dieser Lücken nicht ausreichend bewußt, sie glauben, die Preisreaktion intuitiv ausreichend beurteilen zu können. Das ist jedoch in den meisten Fällen eine Illusion.
- Es gibt verschiedene Methoden, um die Preisabsatzbeziehung zu ermitteln, nämlich Expertenbefragung, Kundenbefragung, Preistests und die Analyse von Marktdaten. Jede dieser Methoden hat Vor- und Nachteile.
- Die Expertenbefragung eignet sich am besten für neue Situationen (Einführung eines neuen Produktes, Auftauchen eines neuen Wettbewerbers). Die Methode ist einfach und kostengünstig, sie beschränkt sich jedoch auf das unternehmensinterne Wissen.
- Kundenbefragungen auf direktem Wege sind einfach und kostengünstig, ihre Aussagefähigkeit für die Ermittlung der Preisabsatzfunktion ist jedoch fragwürdig.
- Conjoint Measurement beschäftigt sich mit dem Kern der Preisreaktion der Nachfrager insofern, als es den Gesamtnutzen des Produktes und die Bewertung der Eigenschaften aus der Sicht der Kunden mißt. Diese Methode quantifiziert scheinbar nicht quantifizierbare Faktoren, wie den Wert von Marken, von technischen Ausstattungsmerkmalen oder Dienstleistungen, in Geldeinheiten. Sie bildet eine hervorragende Grundlage zur Ermittlung eines nutzenorientierten Preises.
- Nutzen- und Preisziele sollten bereits in der F&E-Phase eines Produktes festgelegt werden. Der Vergleich von Nutzen und Kosten läßt die Ermittlung optimaler Leistungsniveaus zu und ermöglicht eine gewinnorientierte Preispolitik.
- Wann immer möglich, sollte Conjoint Measurement im Rahmen der Preisfindung eingesetzt werden. Die Methode muß jedoch mit Vorsicht und Gründlichkeit angewendet werden, sie erfordert hervorragendes Know-how und viel Erfahrung. Eine unüberlegte Anwendung kann leicht zu irreführenden Ergebnissen führen.
- Preistests und die Analyse von Marktdaten untersuchen das tatsächliche Kaufverhalten und können wertvolle Informationen zur Ermittlung der Preisabsatzbeziehung liefern.
- In der Praxis zeigen Preiselastizitäten eine große Schwankungsbreite, selbst innerhalb einer Produktgruppe. Wir empfehlen daher, die Preisabsatzbeziehung in jedem Einzelfall sorgfältig zu untersuchen. Verallgemeinerungen von scheinbar ähnlichen Situationen beinhalten ein großes Risiko für falsche Schlußfolgerungen.

Je besser man die Preisreaktion der Nachfrager kennt, desto fundierter läßt sich der optimale Preis ermitteln. »Power Pricing« beginnt mit besserer Information und endet mit höheren Gewinnen.

Anmerkungen

1 Coe, J.: »Clipped Wings: Boeing Is Offering Cuts in Prices of New Jets, Rattling the Industry«, *Wall Street Journal Europe*, 26. April 1995.
2 Pope, K.: »British Mobile-Phone Firm Suffers Cristmas Hangover«, *Wall Street Journal Europe*, 28. Dzember 1994, S. 4.
3 Little, J.: »Models and Managers: The Concept of a Decision Calculus«, *Management Science*, 16, April 1970, S. 466–485.
4 Gabor, A. und Granger, C.: »Price Sensitivity of the Consumer«, *Journal of Advertising Research*, 4, Dezember 1964, S. 40–44.
5 Abrams, J.: »A New Method for Testing Pricing Decisions«, *Journal of Marketing*, Juli 1964, S. 6–9.
6 Adam, D.: »Consumer Reactions to Price«, in: Taylor, B. und Wells, G. (Hrsg.): *Pricing Strategy*, London 1969, S. 75–88.
7 Dolan, R.: *Managing the New Product Development Process*, Reading/MA, 1993.
8 Green, P. und Srinivasan, V.: »Conjoint Analysis in Marketing: New Developments and Directions«, *Journal of Marketing*, Oktober 1990, S. 3–19.
9 Wittink, D., Vriens, M. und Burhenne, W.: »Commercial Use of Conjoint Analysis in Europe, Results and Critical Reflections«, *International Journal of Research in Marketing*, 11 (1994), S. 41–52.
10 Johnson, R.: »Adaptive Conjoint Analysis«, in: *Sawtooth Software Conference on Perceptual Mapping, Conjoint Analysis, and Computer Interviewing*, Ketchum/ID, 1987, S. 253–265.
11 Simon, H.: *Preismanagement: Analyse – Strategie – Umsetzung*, Wiesbaden 1992.
12 Green, P. und Srinivasan, V.: »Conjoint Analysis in Marketing: New Developments and Directions«, *Journal of Marketing*, Oktober 1990, S. 3–19.
13 Elrod, T. und Krishna Kumar, S.: »New Conjoint Analysis Products on the Way«, *Sawtooth News*, Herbst 1989, S. 1–3.
14 Dolan: *a.a.O.* und Wind, J., Green, P., Shifflet, D. und Scarbrough, M.: »Courtyard by Marriott: Designing a Hotel with Consumer-based Marketing Models«, *Interfaces*, Januar-Februar 1989, S. 25–47.
15 King Jr., R.: »Packard Bell May Be Hurt By Wrong Bet«, *Wall Street Journal Europe*, 30. November 1995, S. 4.
16 Simon, H.: *Hidden Champions – Lessons from 500 of the World's Best Unknown Companies*, Boston 1996, S. 145.
17 Carlton, J.: »Low Prices Help Older Video-Game Players Outsell Next-Generation Machines in the U.S.«, *Wall Street Journal Europe*, 27. Dezember 1995, S. 4.
18 Silk, A. und Urban, G.: »Pre-Test-Market Evaluation of New Packaged Goods: A Model and Measurement Methodology«, *Journal of Marketing Research*, 15, Mai 1978, S. 171–191.
19 Tellis, G.: »The Price Elasticity of Selective Demand: A Meta-Analysis of Econome-

tric Models of Sales«, *Journal of Marketing Research*, 25, November 1988, S. 331–341.
20 Assmus, G., Farley, J. U. und Lehmann, Don R.: »How Advertising Affects Sales: Meta Analysis of Econometric Results«, *Journal of Marketing Research*, 21, Februar 1984, S. 65–74.
21 Lambin, J.-J.: *Advertising, Competition and Market Conduct in Oligopoly over Time*, Amsterdam, 1976.
22 Sethuraman, R. und Tellis, G.: »Analysis of the Tradeoff between Advertising and Price Discounting«, *Journal of Marketing Research*, 28, Mai 1991, S. 168.
23 Simon, H.: *Preismanagement: Analyse – Strategie – Umsetzung*, Wiesbaden 1992, S. 139.
24 Dolan, R.: »How Do You Know When the Price is Right?«, *Harvard Business Review*, September-Oktober 1995, S. 178.
25 Guadagni, P. und Little, John D. C.: »A Logit Model of Brand Choice Calibrated on Scanner Data«, *Marketing Science*, 2, Sommer 1983, S. 203–208.
26 Kucher, E.: *Scannerdaten und Preissensivität bei Konsumgütern*, Wiesbaden 1985.

Kapitel 4

Pricing und Wettbewerbsstrategie

Der Marketing-Manager eines Spezialglasherstellers beschrieb uns seine schwierige Situation wie folgt:

Wir haben zwei Produktlinien: GREENFLEX und RETRO. Während wir mit GREENFLEX ein Vermögen verdienen, machen wir mit RETRO nur einen kleinen Gewinn. Diese Produkte werden für ganz unterschiedliche Anwendungen eingesetzt – die Kunden unterscheiden sich jedoch kaum, und das Glas hat in ihren Unternehmen die gleiche Bedeutung. Möglicherweise hat GREENFLEX bei den Kunden einen geringeren Kostenanteil, der Unterschied ist jedoch nicht groß. Wir sind der Hauptlieferant für jedes der beiden Produkte, und in der Herstellung der beiden Produkte sind wir gleich gut. In jedem Marktsegment gibt es nur eine beschränkte Produktdifferenzierung. Ich konnte wirklich nicht erklären, warum wir mit einem Produkt den zehnfachen Gewinn machen. Dann analysierte ich unsere Wettbewerber. In der Technologie und Produktionstechnik sind sie bei beiden Produkten gleich stark – damit hört die Ähnlichkeit jedoch auf. Bei GREENFLEX gehören wir zu einer »schlauen« Branche, während wir bei RETRO Teil einer »dummen« Branche sind. Ich bevorzuge in jedem Fall schlaue Wettbewerber. Jedes Mal, wenn unsere dummen Wettbewerber bei RETRO einen leichten Absatzrückgang verzeichnen, senken sie die Preise, um den Absatz wieder zu steigern. Wenn wir für einen einzelnen Artikel, dessen Produktion wir einstellen, den Preis senken, um den Lagerrestbestand zu räumen, ist es in ihren Augen ein größerer strategischer Zug, der es erforderlich macht, sofort mit Preissenkungen für das ganze Sortiment zu reagieren, um den Marktanteil zu verteidigen. Wenn wir den Preis erhöhen, betonen sie bei den Kunden, daß sie viel billiger sind. Mit diesen einfach törichten Konkurrenten ist es unmöglich, in der Branche ein vernünftiges Preisniveau durchzusetzen.

Der Manager hat recht. Wenn ein Unternehmen keine ausgeprägte Produktdifferenzierung hat, werden die Gewinne in gewisser Weise durch die Wettbewerber bestimmt. Lassen Sie uns zum Beispiel Delta Airlines betrachten. Diese Fluggesellschaft betreibt zwischen Boston und New York einen Pendelverkehr (»Shuttle«) mit Abflügen jede Stunde. Abbildung 4.1a zeigt Deltas Preisspielraum, wenn keine weitere Fluglinie auf dieser Flugstrecke einen Pendelverkehr betreiben würde. Alternative Transportmittel sind Bus, Auto und Eisenbahn.

Viele Kunden ziehen den Flug mit Delta den anderen Transportarten vor. Deshalb hat Delta einen hohen »wahrgenommenen Kundennutzen«. Die ziemlich niedrigen variablen Kosten pro Passagier sind Deltas Preisuntergrenze.

Abbildung 4.1b zeigt die Situation Anfang 1996: USAir bietet auch Pendelflüge von New York nach Boston an, wobei Delta zur halben Stunde und USAir zur vollen Stunde abfliegt. Einige Fluggäste haben für die eine oder andere Fluggesellschaft eine leichte Präferenz – vielleicht aufgrund ihrer Teilnahme an einem Vielfliegerprogramm oder aufgrund guter oder schlechter Erfahrungen in der Vergangenheit. Wie in Abbildung 4.1b dargestellt, ist die obere Grenze für Deltas Preis theoretisch immer noch der »wahrgenommene Nutzen« der Kunden, doch jetzt liegt diese Grenze beim Preis von USAir zuzüglich oder abzüglich kleiner kundenspezifischer Schwankungen. Wie der Manager des Glasherstellers wünscht sich Delta keinen »dummen« Wettbewerber. Aus der Sicht von Delta wäre die Welt in Ordnung, falls der Konkurrent so dumm wäre, einen höheren Preis als den wahrgenommenen Nutzen in Abbildung 4.1b zu verlangen. Doch selbst wenn das passieren würde, würde es sich bald ändern. Er hätte nur wenige Passagiere und würde schnell herausfinden, daß eine Preissenkung notwendig ist. Was für Delta wirklich ungünstig wäre, ist, daß USAir den Preis deutlich unter dem wahrgenommenen Wert aus Abbildung 4.1a ansetzt, um Marktanteile zu gewinnen.

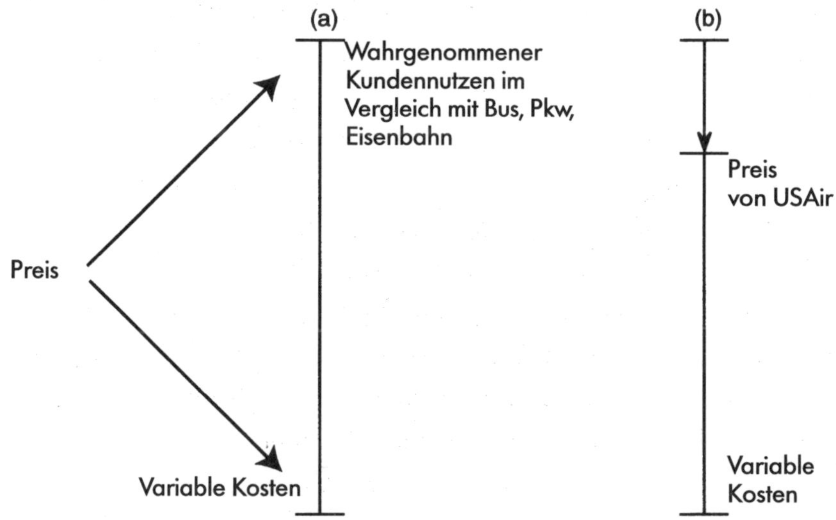

Abbildung 4.1: Preisspielraum für Delta im Pendelverkehr Boston-New York – mit und ohne USAir

Thomas Bonoma, Vorstandsvorsitzender von Renaissance Cosmetics, beschrieb diesen Prozeß einmal anschaulich als das »Veg-O-Matic-Problem der Preisbildung«. Veg-O-Matic ist die Bezeichnung für ein Gerät zum Pressen und Zerkleinern von Obst und Gemüse, für das in den USA im Fernsehen stark geworben wird. Im Veg-O-Matic-Modell, das in Abbildung 4.2 dargestellt ist, liegt der Gewinn zwischen den variablen Kosten und dem Kundennutzen, unterliegt jedoch dem Druck sinkender Wettbewerbspreise. Diese Situation ist auf vielen Märkten anzutreffen.

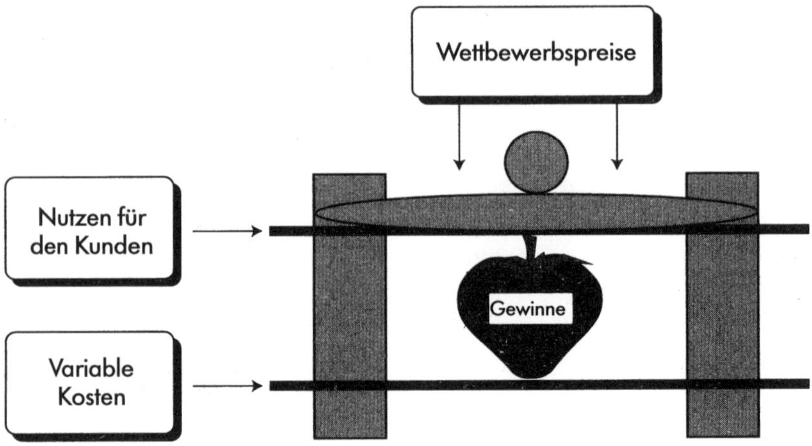

Abbildung 4.2: Problem der Preisfindung à la Veg-O-Matic (Gemüsepresse)

Delta und USAir konkurrieren intensiv auf den Pendelrouten. Als clevere Wettbewerber konkurrieren sie jedoch nicht primär über den Preis – der im März 1996 bei beiden 146 Dollar betrug –, sondern auf Randgebieten, wie Service, Rabatten für örtlichen Autotransport und bequemen Wartezonen, in denen es kostenlos Zeitungen, Zeitschriften, Orangensaft und Kaffee gibt. Jeder weiß, daß der Konkurrent mit Sicherheit bei einer Preissenkung mitziehen würde, um einen Absatzrückgang zu vermeiden. Gordon Bethune, der Vorstandsvorsitzende von Continental Airlines, der die bemerkenswerte Sanierung dieses Unternehmens schaffte, erklärt den Grund, warum in der US-Luftfahrt seit Mitte der neunziger Jahre wieder Gewinne erzielt werden, damit, daß die konkurrierenden Fluggesellschaften endlich klüger geworden seien: »Die aggressiven Manager wurden in dieser Branche durch Leute ersetzt, die nicht nur Marktanteile, sondern Gewinn erzielen wollen.«[1]

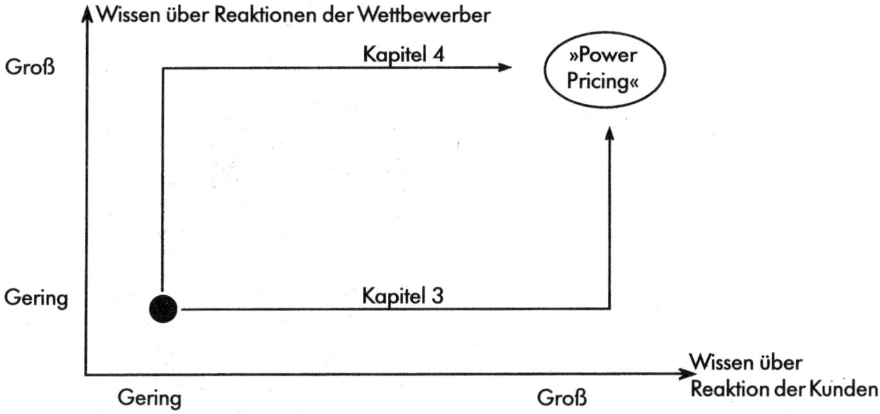

Abbildung 4.3: Die Grundlagen für »Power Pricing«

Im innerdeutschen Verkehr scheinen Anfang 1997 noch nicht alle Wettbewerber diesen Reifezustand erreicht zu haben. So senkte die Deutsche BA im Januar 1997 die Preise, obwohl sie bereits in der Verlustzone fliegt. Der Lufthansa blieb kaum eine Wahl, als im Februar mit selektiven Preissenkungen zu reagieren.

In solchen Situationen ist es genauso wichtig, die wahrscheinliche Reaktion der Wettbewerber zu verstehen wie die Reaktion der Kunden. In Kapitel 3 haben wir die Methoden zur Beurteilung der Kundenreaktion behandelt. Wie jedoch in Abbildung 4.3 dargestellt ist, sollte der »Power Pricer« die Reaktion der Wettbewerber genauso gut kennen und im oberen rechten Teil der Zeichnung operieren. In Kapitel 3 haben wir behandelt, wie eine Firma ihre Position in der Zeichnung nach rechts bewegen kann, und in Kapitel 4 analysieren wir die entsprechende Bewegung nach oben, um in die Position für »Power Pricing« zu gelangen.

Der Anhänger des »Power Pricing« beklagt nicht nur, wie »dumm« die Konkurrenten sind, wenn sie die Preise senken. Er bemüht sich vielmehr, herauszufinden, wie das Know-how zur Preisfindung in der Branche verbessert werden kann. Der Marketing-Manager des Spezialglasherstellers war bereit, Mitverantwortung zu übernehmen, um für GREENFLEX ein besseres Preisniveau durchzusetzen – für die niedrigen Deckungsbeiträge von RETRO gab er die Schuld jedoch allein »törichten« Wettbewerbern. Als führender Anbieter in beiden Märkten hätte er die Aufgabe erkennen und akzeptieren sollen, seine »törichten« Konkurrenten dadurch aufzuklären, daß er im Rahmen eines PR-

Programms die Notwendigkeit zur Gewinnverbesserung in dieser Branche in den Mittelpunkt gestellt hätte und dann später seinen Anteil an diesen Gewinnen maximiert hätte.

In diesem Kapitel behandeln wir die folgenden Fragen:

1. Welche Rolle spielt der Preis für die Wettbewerbspositionierung Ihres Produktes?
2. Wie kann ein Unternehmen die Preisstrategie auf seine Wettbewerbsstrategie abstimmen?
3. Welche Bedeutung haben Preissegmente?
4. Mit welchen Wettbewerbsreaktionen auf Preisänderungen muß man in verschiedenen Situationen rechnen? Welche Angebots- und Nachfragefaktoren sollten bei der Beurteilung der Wettbewerbsreaktion berücksichtigt werden?
5. Wie kann man die Preispolitik und andere Maßnahmen einsetzen, um erfolgreich im Wettbewerb zu bestehen und den Gewinn der Branche zu erhöhen, anstatt einen Preiskrieg auszulösen?

Die Beantwortung dieser Fragen wird dem Manager helfen,

- Preispolitik und Unternehmensstrategie besser aufeinander abzustimmen;
- den Grad des Preiswettbewerbs in seiner Branche zu beurteilen;
- durch Berücksichtigung der Wettbewerbsreaktionen sowohl die lang- als auch die kurzfristigen Wirkungen der Preispolitik zu verstehen;
- die Preispolitik so festzulegen, daß der Gewinn langfristig gefördert wird.

Die Wirkung des Preises auf die Wettbewerbspositionierung

Anhand des Preises läßt sich die Wettbewerbsposition eines Produktes bestimmen, das heißt, wie es von Verbrauchern gesehen wird und mit welchen Produkten es am stärksten im Wettbewerb steht. In Tabelle 4.1 sind die zehn meistverkauften Biermarken in den USA dargestellt. Im Segment 1, dem Hochpreissegment, konkurrieren sieben Marken von drei Anbietern innerhalb einer Bandbreite von ± 2 Prozent um den Durchschnittspreis des Preissegments von 14,07 Dollar für einen Kasten von 24 × 0,33 l. Anheuser-Busch bietet im Normalpreissegment – 21 Prozent unter dem Hochpreissegment – seine Marke Busch an und seine Marke Natural Light konkurriert mit Milwaukee's Best

Tabelle 4.1: Preissegmente mit den 10 umsatzstärksten Biermarken in den USA

Durchschnittspreis	*Anheuser Busch*	*Philip Morris*	*Adolph Coors*
Segment 1 14,07 $ (100)	Budweiser Bud Light Bud Dry	Miller Lite Miller Genuine Draft Miller Genuine Draft – Light	Coors Light
Segment 2 11,17 $ (79)	Busch		
Segment 3 9,26 $ (66)	Natural Light	Milwaukee's Best	

Quelle: Abgeleitet aus Marj Charlier, »Brewers' Price Cutting and Promotions Fail to Put Much of a Head on Beer Sales«, *Wall Street Journal*, 15. Juli 1993, S. B1.

von Philip Morris im Niedrigpreissegment zu Preisen, die 34 Prozent unter dem Hochpreissegment liegen. Mit einem Preis von 14,11 Dollar positioniert sich Coors Light klar als eine Premium-Marke im Hochpreissegment und konkurriert mit den Produkten von Budweiser und Miller.

Viele Märkte haben eine Struktur, in der Marken oder Produkte in einer »Wert-Karte«, deren Achsen aus dem wahrgenommenen Produktwert und dem Preis gebildet werden, ausgerichtet sind, wie in Abbildung 4.4 dargestellt. Diese Karte zeigt drei Preissegmente: Niedrigpreis-, Normalpreis- und Hochpreissegment. Häufig bestehen die Märkte aus drei Preissegmenten, wie es zum Beispiel in der Strategie von Sears »gut, besser, am besten« und in den grünen, Gold- und Platinkreditkarten von American Express zum Ausdruck kommt. Der englische Zeitschriftenmarkt besteht aus den Segmenten Boulevardpresse, Tageszeitungen und überregionale Zeitungen.[2] Tabelle 4.2 zeigt die Preissegmente des Marktes für Kamerafilme in den USA. Ein Anbieter kann in einem oder mehreren Preissegmenten vertreten sein. So sind Konica und Scotch (3M) nur im Niedrigpreissegment vertreten, Agfa nur im Normalpreissegment, Fuji im Hochpreis- und im Niedrigpreissegment. Um den Marktanteilsrückgang zu stoppen, weitete Kodak kürzlich sein Angebot aus und bietet jetzt in jedem Preissegment an, indem es den Kodak-Funtime »für gelegentliche Aufnahmen« im Niedrigpreissegment einführte und die Positionierung der Superpremium-Marke neu ausrichtete und einen neuen Namen verwendet[3]. Mercedes-Benz beschränkte sich traditionell auf das Hochpreissegment. Ende der achtziger Jahre trat man mit der C-Klasse in das Normalpreissegment ein. Die Einführung der A-Klasse im Herbst 1997 wird eine weitere Preisstufe nach

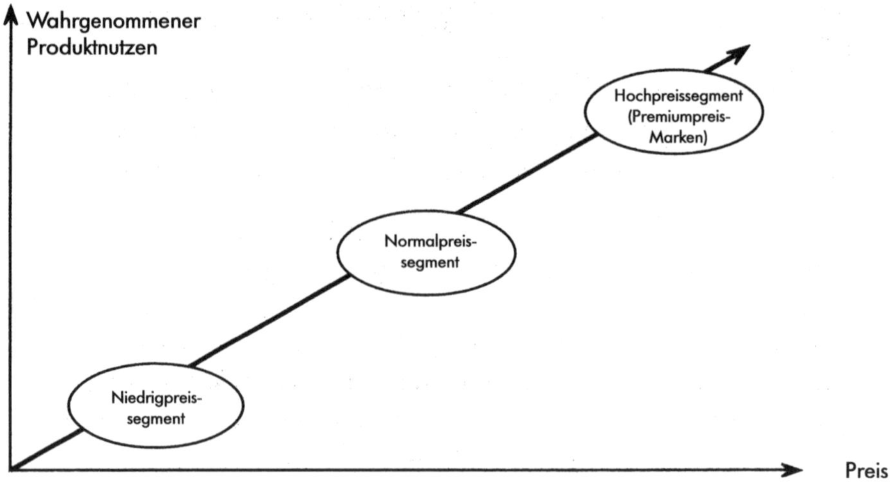

Abbildung 4.4: Preissegmente – Modell mit drei Preisstufen

unten eröffnen. Noch tiefer wird der »Smart« liegen, der allerdings nicht unter dem Namen Mercedes-Benz angeboten wird.

Wieviele Preissegmente man verwenden sollte, läßt sich nur im Einzelfall beurteilen. Manchmal ist eine Unterscheidung in zwei Preissegmente nützlich, das heißt Marken und markenlose Produkte. Ross[4] verwendet vier Preisklassen zur Beschreibung des Eiscrememarktes und Kotler[5] verwendet sieben für den Automobilmarkt. Unabhängig von der Anzahl der Preissegmente ist der

Tabelle 4.2: Preissegmente für Kamerafilme in den USA – Markenartikel

	Durchschnittlicher Einzelhandelsverkaufspreis (Film mit 24 Aufnahmen)
Spitzenpreissegment	
FujiColor Reala	4,69 $
Kodak Ektar	4,27 $
Hochpreissegment	
Kodak Gold Plus	3,49 $
Agfa Color	3,49 $
Niedrigpreissegment	
FujiColor Super G	2,91 $
Konica Super SR	2,91 $
ScotchColor	2,69 $

wesentliche Punkt der gleiche: Aus der Positionierung auf der »Wert-Karte« ergibt sich eine Strategie und eine bestimmte Wettbewerbsstruktur. Daher sollte bereits möglichst früh im Prozeß der Konzipierung eines Produktes ein Zielpreis festgelegt werden. Dem Projektteam für die Canon-Kamera AE-1 wurde zum Beispiel ein Preisziel vorgegeben, bevor der Design-Prozeß überhaupt begonnen hatte[6]. Anstelle eines Ablaufes

Produktentwicklung → Kosten → Preis → Marktpositionierung

verlief der Prozeß bei Canon umgekehrt von rechts nach links. Die gewünschte Marktpositionierung erfordert einen gewissen Preis, der wiederum die akzeptablen Kosten bestimmt, die wiederum bestimmte Design-Entscheidungen erfordern. Kurzum, der Preis bestimmt die Kosten – und nicht umgekehrt.

Die intensive Forschung bei Konsumgütern und unsere allgemeineren Erfahrungen in verschiedenen Branchen zeigen,

- daß der Wettbewerb innerhalb eines Preissegments normalerweise stärker ist als zwischen verschiedenen Preissegmenten;
- daß es eine Asymmetrie im Wettbewerb zwischen Preissegmenten gibt. Preissenkungen von höheren Preisstufen ziehen mehr Kunden von niedrigeren Preisstufen an, als Preissenkungen von niedrigeren Preisstufen Kunden von höheren Preisstufen abziehen, das heißt ein Aufstieg (»Trade-up«) der Kunden ist wahrscheinlicher als ein Abstieg (»Trade-down«).

Dies wird in Abbildung 4.5 für einen Markt mit zwei Preissegmenten dargestellt, der zur Vereinfachung aus zwei Premiummarken P_1 und P_2 sowie zwei Niedrigpreismarken E_1 und E_2 besteht. In Kapitel 2 haben wir den Begriff der Preiselastizität definiert als das Verhältnis von prozentualer Änderung der Absatzmenge zur prozentualen Preisänderung. Ein anderes nützliches Konzept ist die Kreuzpreiselastizität, die die Wirkung der Preisänderung eines Produktes auf den Absatz eines anderen Produktes beschreibt.

Abbildung 4.5 zeigt eine »Barriere«, die das Hochpreis- und das Niedrigpreissegment trennt. Die »Barriere« bedeutet, daß eine Preissenkung einer Marke im allgemeinen die Wettbewerber im gleichen Preissegment stärker trifft. Wenn wir uns zum Beispiel auf Tabelle 4.1 beziehen, trifft eine Preissenkung von Budweiser den Anbieter im gleichen Preissegment 1 stärker als Milwaukee's Best in Preissegment 3; und eine Preissenkung von Natural Light (Preissegment 3) würde Milwaukee's Best (Preissegment 3) stärker treffen als Miller (Preissegment 1). Dies zeigen wir in Abbildung 4.5 mit den dicken Pfeilen zwischen E_1 und E_2 sowie zwischen P_1 und P_2. Der zweite wichtige Teil der Abbildung 4.5 ist die Art der Barriere. Eine Preissenkung der Hochpreismarke

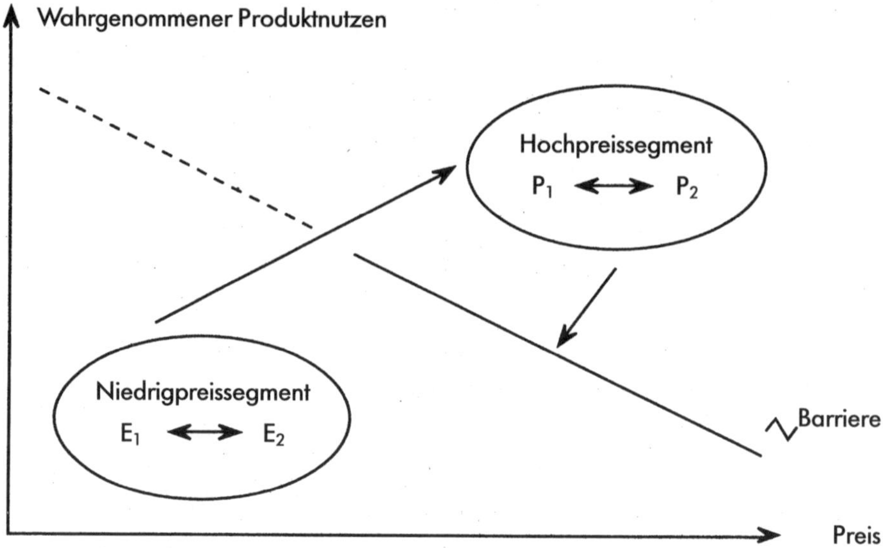

Abbildung 4.5: Asymmetrie im Wettbewerb zwischen Preissegmenten

P_1 zieht Käufer aus dem Niedrigpreissegment an, die durch die gestrichelte »Barriere« schlüpfen können. Wenn jedoch der Preis von E_2 gesenkt wird, werden keine Käufer des Hochpreissegments angezogen. Selbstverständlich kann der Absatz von E_2 bei einer Preissenkung gesteigert werden – dadurch, daß E_1-Kunden angezogen werden oder der Pro-Kopf-Verbrauch dieser Produktgruppe steigt –, doch infolge der Preissenkung werden kaum Kunden aus dem Hochpreissegment angezogen werden. Das heißt, daß ein Käufer von Budweiser, der normalerweise 14,07 Dollar für eine Marke der Preisklasse 1 bezahlt, kaum veranlaßt werden kann, seine Marke und Preisklasse zu wechseln, wenn der Preis in Preisklasse 3 von 9,26 Dollar um 5 Prozent auf 8,80 Dollar gesenkt wird.

Abbildung 4.6 zeigt die Struktur eines Marktes, der aus fünf Produkten besteht. Die Preisverteilung ist relativ eng. Drei Marken bilden das Normalpreissegment, flankiert durch eine Premium-Marke mit einem 7 Prozent höheren Preis und eine Niedrigpreismarke, deren Preis 9 Prozent niedriger ist. Unsere Hypothese ist, daß die Marken des Normalpreisangebots in einer verwundbareren Position sind, weil sie sich gegenseitig Marktanteile abjagen. Für die Marken des Hoch- und Niedrigpreissegments, die in gewisser Weise von den drei Anbietern im Normalpreissegment getrennt sind, ist der Wettbewerb nicht so stark. Diese Hypothese wurde durch statistische Analysen bestätigt.

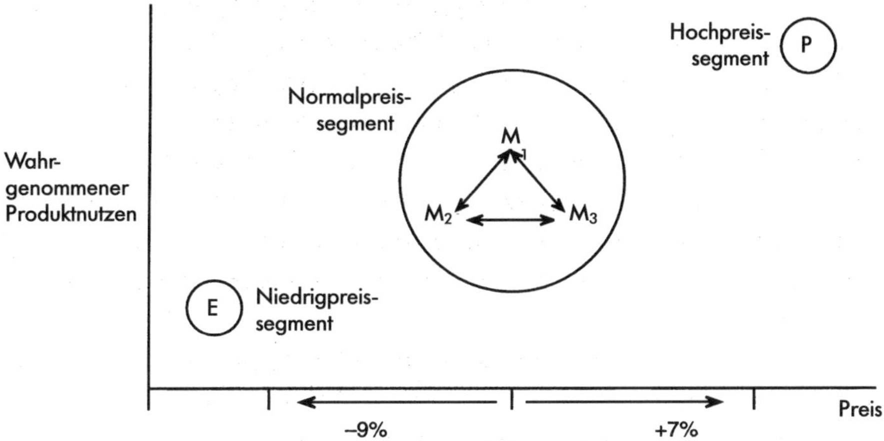

Abbildung 4.6: Preissegmente bei Konsumgütern

Die durchschnittliche Kreuzpreiselastizität für die Marken des Normalpreissegments war über 5 – das bedeutet, daß eine Preissenkung einer Marke des Normalpreissegments um 1 Prozent zu Absatzrückgängen der anderen Marken um 5 Prozent führte –, während die Kreuzpreiselastizität des Hochpreis- und des Niedrigpreissegments im Durchschnitt nur bei 1,5 lag.

Blattberg und Wisniewski[7] analysierten 28 Marken in vier häufig gekauften Warengruppen im Bereich kurzlebiger Konsumgüter und kamen bezüglich der Intensität des Wettbewerbs im gleichen Preissegment zu einem ähnlichen Ergebnis. Die Konkurrenten im gleichen Preissegment werden im allgemeinen durch eine Preissenkung am stärksten betroffen – und müssen reagieren, wenn sie können. Blattberg und Wisniewski weiten ihre Analyse auf den Wettbewerb zwischen Preissegmenten aus.

Ihre allgemeine Schlußfolgerung ist, daß »höherpreisige Marken mit besserer Qualität anderen Marken im gleichen Preissegment und Marken im darunter liegenden Preissegment Marktanteil abnehmen können. Niedrigpreisige Marken mit geringerer Qualität gewinnen jedoch Marktanteile von Marken aus ihrem eigenen Preissegment und dem darunter liegenden Preissegment, aber sie können nicht signifikant Marktanteil von den darüber liegenden Preissegmenten gewinnen.« Ein interessantes Phänomen sind neue Qualitäts-Handelsmarken, die sich vielleicht dank der hier festgestellten Asymmetrie aus der traditionell schwachen Position von Handelsmarken befreien und echte Markenartikel angreifen können. Die erwähnte Preissenkung von Marlboro im April 1993 war nicht zuletzt als Abwehr gegen derartige Angriffe gedacht.

Sivakumar und Raj[8] analysierten die Asymmetrie im Wettbewerb zwischen Preissegmenten für vier weitere Warengruppen und berücksichtigten zusätzlich die Wirkung von Preisänderungen auf die Größe des Marktes. Sie fanden die gleiche Asymmetrie mit mehr »Trade-ups« als »Trade-downs«, die höherpreisige Marken mit besserer Qualität begünstigt. Darüber hinaus stellten sie fest, daß die Marken mit guter Qualität den Vorteil haben, daß sie durch eine Preissenkung Kunden zum Kauf veranlassen können, die sonst Nichtkäufer geblieben wären. Sie fanden zum Beispiel heraus, daß eine Preissenkung von 10 Prozent eines Qualitäts-Ketchups den Marktanteil um 6 Prozent-Punkte erhöhte, weil neue Kunden gewonnen wurden, während Ketchup mit niedriger Qualität diese Möglichkeit nicht hat – bei einer Preissenkung von 10 Prozent stieg der Marktanteil durch Gewinnung neuer Kunden nur um 0,3 Prozent-Punkte.

Der erste Schritt zur Gewinnverbesserung im »Power Pricing« ist, die Wettbewerbssituation besser zu verstehen. Wir empfehlen, die Struktur der Preissegmente explizit zu berücksichtigen. Bestehen in Ihrem Markt Preissegmente? Wenn das der Fall ist, sollten die Konkurrenten im gleichen Preissegment den Mittelpunkt Ihrer Betrachtung bilden, wenn Sie eine Preisänderung vorhaben. Außerdem sollten Sie die Asymmetrie berücksichtigen, die in den empirischen Studien festgestellt wurde. Wir fanden das hilfreich, als wir kürzlich im Auftrag eines Automobilherstellers eine geplante Preissenkung am unteren Ende seines Angebots analysierten. Wir kamen zu dem Ergebnis, daß sie zu einer nachhaltigen Absatzsteigerung führen würde und – in Übereinstimmung mit den hier vorgestellten Ideen – der Mehrabsatz den Konkurrenten in der gleichen Preisklasse abgenommen würde – anstatt, wie das Unternehmen befürchtet hatte, den Absatz der höherpreisigen Modelle dieses Unternehmens mit höheren Deckungsbeiträgen zu kannibalisieren.

Darüber hinaus müssen einzelne Wettbewerber analysiert werden, um ihre Anziehungskraft zu beurteilen. Viele Marken mit großem Marktanteil sind stark – jedoch nur in ihrer Fähigkeit, vorhandene Kunden zu halten (zum Beispiel AT&T oder Deutsche Telekom). Dies ist passive Markenstärke. Sie haben weniger aktive Kraft, das heißt, ihre Fähigkeit, Kunden von anderen abzuziehen, ist eher gering. Andere Firmen, die vielleicht klein, jedoch neu auf dem Markt sind, entwickeln aktive Kräfte – die Fähigkeit, andere Kunden anzuziehen (zum Beispiel MCI oder Mannesmann Arcor). Erfolgreiche Preisfindung erfordert, diese beiden völlig unterschiedlichen Arten von Kräften zu verstehen. Eine aktive Reaktion wirkt viel stärker als eine passive Reaktion.

Preis: Koordination, Wettbewerb oder Preiskrieg?

Die Abbildungen 4.7 und 4.8 zeigen die langfristige Preisentwicklung für Zigaretten und Sofortbildkameras in den USA. Aus Abbildung 4.7 geht hervor, daß der durchschnittliche Endverbraucherpreis für eine Packung Zigaretten von 0,72 Dollar pro Packung um 139 Prozent (nominal) auf 1,72 Dollar im Zeitraum 1982–1992 stieg. Die jährlichen Preiserhöhungen lagen im Bereich von 7,3 Prozent bis 12,8 Prozent und betrugen im Durchschnitt 9,9 Prozent, im Vergleich zur durchschnittlichen Steigerung des Preisindexes für die Lebenshaltung von 4,0 Prozent pro Jahr. 1992 erzielte der Marktführer Philip Morris im amerikanischen Tabakgeschäft ein Betriebsergebnis von 5,2 Milliarden Dollar – eine Rendite von 52 Prozent bezogen auf den Umsatz von 9,9 Milliarden Dollar. Die stetige Preiserhöhung von 10 Prozent pro Jahr konnte erreicht werden, obwohl der Markt ständig schrumpfte – von 634 Milliarden Zigaretten 1982 um 21 Prozent auf 500 Milliarden 1992.

In Abbildung 4.8 ist die Entwicklung des durchschnittlichen Endverbraucherpreises für Sofortbildkameras im Zeitraum 1976 bis 1985 dargestellt. Der Preis fiel um 76 Prozent. In diesem Markt gab es nur zwei Anbieter: Kodak und Polaroid. Vor dem Markteintritt von Kodak im Jahr 1976 erzielte Polaroid mit seinen Kameras eine Bruttogewinnspanne von 40–50 Prozent. 1978 senkte Kodak seinen Preis bis auf die Herstellkosten.

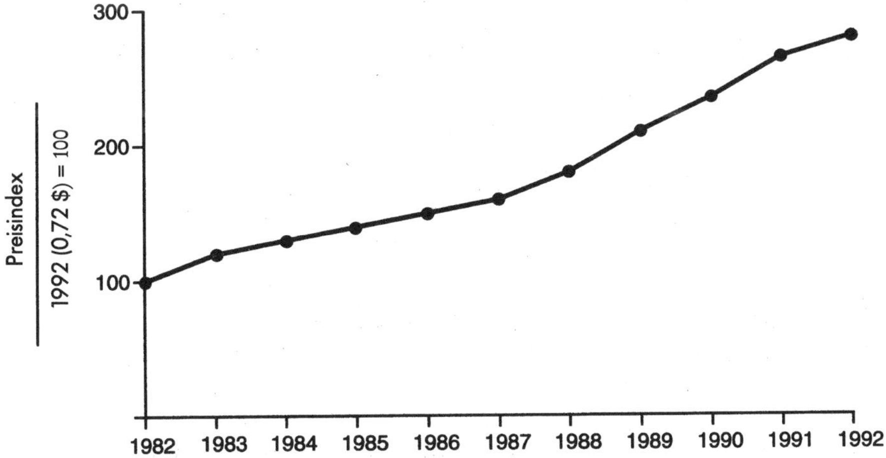

Abbildung 4.7: Durchschnittliche Endverbraucherpreise für Zigaretten in den USA 1982–1992

Quelle: Auf der Grundlage der Daten in B. Isaacson und A. Silk: »Philip Morris: Marlboro Friday (A)«, Harvard Business School, Case 9-596-001.

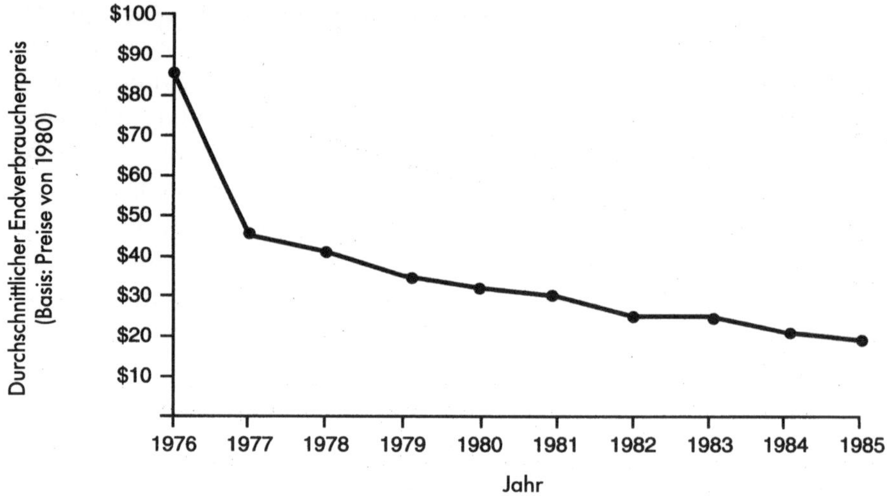

Abbildung 4.8: Durchschnittliche Endverbraucherpreise für einfache Sofortbildkameras

Von 1976 bis 1979 verlor Kodak im Geschäft mit Sofortbildkameras 484 Millionen Dollar. Die Preissenkung setzte sich auch Anfang der achtziger Jahre fort und die Preise lagen unter den Herstellkosten – 1982 zum Beispiel betrug der Fabrikabgabepreis für Kodaks billigste Sofortbildkamera an Händler 11,95 Dollar, obgleich die Herstellkosten bei 28 Dollar lagen. Nach den Worten eines Brancheninsiders hatte die Branche 1985 den Charakter eines »Ausverkaufs« angenommen. Von 1981 bis 1984 machte Kodak einen weiteren Verlust von 220 Millionen Dollar, bevor das Unternehmen entschied, sich aus dem Sofortbildmarkt für Amateure zurückzuziehen.

Hier haben wir die Entwicklung von zwei Branchen über einen Zeitraum von zehn Jahren betrachtet: eine Branche, in der die Preise in zehn Jahren um 139 Prozent wie bei einem Uhrwerk steigen und in der 1993 eine Bruttogewinnspanne von 74 Prozent erzielt wird; die andere, in der die Preise um 76 Prozent fallen und in der beide Anbieter viele Millionen Dollar Verlust machen. Wie läßt sich der große Unterschied in der Preisentwicklung dieser Märkte erklären?

Ein großer Teil des Unterschieds kann ganz einfach erklärt werden: *Preisabstimmung versus Preiskrieg*. Im Zigarettengeschäft hatten die »großen Zwei« Philip Morris und R. J. Reynolds Marktanteile von ca. 40 und 30 Prozent. Die Preise für Markenzigaretten verschiedener Hersteller zeigten eine einheitliche Entwicklung – obwohl sich in den achtziger Jahren ein Niedrigpreissegment entwickelte. Das Preisverhalten in der Zigarettenindustrie war das Thema vieler wissenschaftlicher Analysen und die Kommentatoren weisen darauf hin, daß die größeren Anbieter selbst schon in den zwanziger Jahren »ihre gegenseitige Abhängigkeit klar erkannten«[9]. Im Gegensatz dazu herrschte im Geschäft mit Sofortbildkameras ein Preiskrieg. Nach den Worten des Vorstandsvorsitzenden von Polaroid schlug Kodaks Preissenkung 1977 wie eine Bombe ein und es würde das Aus für Polaroid bedeuten, wenn man nicht darauf reagiere. Das Marketing-Vorstandsmitglied von Polaroid, das für die Festlegung der Wettbewerbsstrategie verantwortlich war, bezeichnete die Preissenkungen von Kodak als Rachefeldzug. Es ist klar, daß Polaroid durch Kodaks Preissenkungen in die Gemüsepresse Veg-O-Matic (siehe Abbildung 4.2) geriet und die Verteidigung des Marktanteils Vorrang vor Gewinnerzielung hatte[10].

In wettbewerbsintensiven Märkten, wie in diesen beiden Fällen und der Mehrzahl aller Märkte auf der Welt, gibt es eine natürliche Tendenz zur Preissenkung, die – wenn sie nicht kontrolliert wird – Deckungsbeiträge zerstört, das für F&E-Investitionen erforderliche Kapital verzehrt und Innovationen verhindert. Diese natürliche Tendenz kann gut mit dem »Gefangenendilemma« erklärt werden. Es lautet wie folgt:

Fred und Ted stehen unter dem Verdacht, ein Verbrechen begangen zu haben, das von zwei Straftätern verübt wurde. Jeder befindet sich in einem anderen Vernehmungszimmer und wird ermutigt, mit den Behörden zusammenzuarbeiten. Jeder weiß, daß sie beide mit einer kleinen Geldstrafe davonkommen werden, wenn keiner von ihnen das Verbrechen gesteht. Die Behörden erklären Fred: »Wenn Sie mit uns zusammenarbeiten und gestehen, daß Sie beide die Tat begangen haben, und Ted nicht mit uns zusammenarbeitet, lassen wir Sie frei und Ted erhält eine lange Haftstrafe. Wenn Sie beide gestehen, erhält jeder von Ihnen eine kurze Haftstrafe.« Getrennt erzählen die Behörden Ted das gleiche. Was sollen Fred und Ted tun?

Das Dilemma ist die unvollständige Information. Wenn Fred und Ted sich treffen könnten und sich trauten, würden sie vereinbaren, nicht zu gestehen, und beide kämen mit einer geringen Geldstrafe davon. Da sie jedoch getrennt sind und nicht kommunizieren können, stellt sich die Frage, welchen Vorteil jeder für sich sieht. Abbildung 4.9 faßt die Situation zusammen.

Unter diesen Bedingungen können Fred und Ted mit einem blauen Auge davonkommen. Wenn sie beide nicht gestehen, landen sie im Quadranten 1 der Abbildung 4.9. Weil sie jedoch getrennt sind, werden sie dort wahrscheinlich nicht hinkommen. Wenn Fred seine Situation logisch durchdenkt, stellt sie sich wie folgt dar.

Wenn Ted gesteht, kommen wir in die rechte Spalte der Abbildung 4.9. Was soll ich tun? Wenn ich gestehe, erhalte ich eine kurze Haftstrafe (Quadrant 4). Wenn ich nicht gestehe, erhalte ich eine lange Haftstrafe (Quadrant 2). Wenn ich denke, daß er gesteht,

		Ted: Nicht gestehen	Ted: Gestehen
Fred	Nicht gestehen	1 F: Kleine Geldstrafe T: Kleine Geldstrafe	2 F: Lange Haftstrafe T: Freilassung
	Gestehen	3 F: Freilassung T: Lange Haftstrafe	4 F: Kurze Haftstrafe T: Kurze Haftstrafe

Abbildung 4.9: Das Dilemma von Fred und Ted

sollte ich also gestehen. Wenn Ted nicht gesteht, kommen wir in die linke Spalte von Abbildung 4.9. Wenn ich gestehe, komme ich frei (Quadrant 3). Wenn ich nicht gestehe, muß ich eine kleine Geldstrafe bezahlen (Quadrant 1). Wenn ich denke, daß er nicht gesteht, sollte ich also gestehen.

So denkt Fred und findet heraus, daß er besser gestehen sollte, unabhängig davon, wie Ted sich verhalten wird. Ted kommt zu dem gleichen Ergebnis. Folglich gestehen beide und kommen in den Quadranten 4 – obgleich Quadrant 1 für jeden das bessere Ergebnis wäre.

Wenn wir jetzt annehmen, daß Fred und Ted Konkurrenten auf dem Markt anstatt Häftlinge sind, und wenn wir die Handlungen »Nicht gestehen« durch »Preisniveau halten« und »Gestehen« durch »Preis senken« ersetzen und die »Ergebnisse« wie folgt ändern:

Freilassung	→	Großer Gewinn
Kleine Geldstrafe	→	Angemessener Gewinn
Kurze Haftstrafe	→	Geringer Gewinn
Lange Haftstrafe	→	Verlust

ergibt sich für Fred und Ted die in Abbildung 4.10 dargestellte »Ergebnismatrix«.

Fred \ Ted	Preis halten	Preis senken
Preis halten	1 F: Angemessener Gewinn T: Angemessener Gewinn	2 F: Verlust T: Großer Gewinn
Preis senken	3 F: Großer Gewinn T: Verlust	4 F: Winziger Gewinn T: Winziger Gewinn

Abbildung 4.10: Das Gefangenendilemma im Pricing

Fred präferiert offensichtlich Quadrant 3 – genau wie in dem Gefangenenbeispiel –, wo er seinen Preis geringfügig senkt, jedoch einen großen Gewinn macht, weil er unter dem Preis von Ted liegt und fast die gesamte Nachfrage auf sich ziehen kann. Mit der gleichen Logik senken beide, da sie sich nicht abstimmen, schließlich die Preise und die Branche ist in Quadrant 4 – obgleich das bessere Ergebnis für jeden Anbieter Quadrant 1 gewesen wäre.

Dies ist eine stark vereinfachte Geschichte. Sie spiegelt jedoch die Schwierigkeit des gegenwärtigen Preiswettbewerbs in Branchen wider wie Hotels, Investmentfonds (»Fidelity folgt den anderen Investmentfonds und senkt die Gebühren«)[11] oder Computer-Hardware und -Software (»Dell und Compaq setzen ihren Preiskrieg fort« und »Apple erhält den Preiskrieg mit seiner Produktlinie Centris aufrecht«).[12] Kurzfristig sehen Firmen den individuellen Vorteil einer Preissenkung darin, ihren Marktanteil zu verbessern – dies scheitert jedoch, wenn die Wettbewerber reagieren. Abbildung 4.11 zeigt zum Beispiel die Reaktion der Branche auf die Preissenkung von Procter & Gamble für Einmalwindeln. Die Presse bezeichnete das Verhalten von P&G und Kimberly-Clark als »Preiskampf«, der nach den Worten des Vorstandsvorsitzenden von Kimberly-Clark »1993 den Windelumsatz um ca. 50 Millionen Dollar reduzieren wird ... Wir hoffen, daß sich die Gewinne 1994 wieder erholen werden ...«.[13]

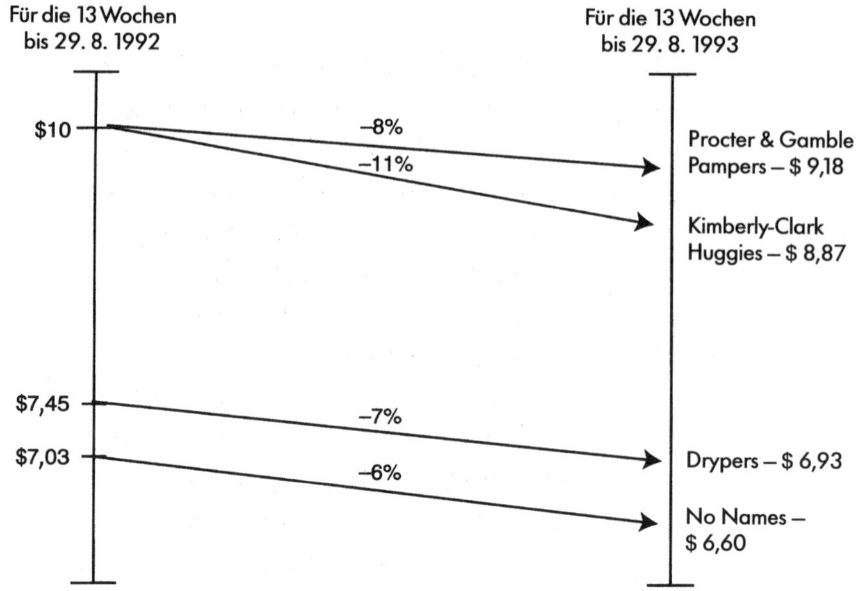

Abbildung 4.11: Preisreaktionen auf Preisänderungen von P&G

Quelle: Daten aus Gabriella Stern, »P&G Gains Little From Diaper Cuts«, *Wall Street Journal*, 28. Oktober 1993

Eine Branche, die durch Preisabstimmung in einer geographischen Region charakterisiert wird, kann in einer anderen Region einem ruinösen Preiswettbewerb ausgesetzt sein. Der deutsche Zigarettenmarkt konnte sich zum Beispiel nicht einer so günstigen Preisentwicklung wie in den USA erfreuen (siehe Abbildung 4.7). Wie in Kapitel 2 erwähnt, senkte Reemtsma im Januar 1983 den Preis für seine Marke West von 3,80 DM auf 3,30 DM, der erste Zug dieser Art im westdeutschen Zigarettenmarkt seit Ende des Zweiten Weltkriegs. Innerhalb von vier Monaten erhöhte sich der Marktanteil von West von 0,6 Prozent auf 10 Prozent. Doch dann übten die Wettbewerber für die Marktanteilsverluste Vergeltung und die früher stabile Preisstruktur brach zusammen. Es dauerte vier Jahre, bis sich die Branche wieder erholte.

Die Anerkennung der Wettbewerbsaspekte der Preispolitik wird immer wichtiger. Zum Beispiel sagt Jack Welch, der Vorstandsvorsitzende von General Electric, das »Wertjahrzehnt« voraus, das durch intensiven globalen Preiswettbewerb gekennzeichnet ist, dessen Ursachen sind:

- reduzierte Produktdifferenzierung im Kernbereich;
- weltweite Überkapazitäten in vielen Branchen;

- deutlicher Abbau von Handelshemmnissen;
- leistungsfähige Informations- und Distributionssysteme, »mit denen jeder auf alles Zugriff hat«;
- veränderte Kundeneinstellungen (»Erzählen Sie mir nichts über Ihre Technologie, sondern nennen Sie mir Ihren Preis«).

»Wenn Sie in diesem ›Wertjahrzehnt‹ nicht eine Spitzenqualität zum niedrigsten Preis auf der Welt verkaufen können, werden Sie bald aus dem Rennen sein«, ereifert sich Welch.[14]

Wie die Beispiele des amerikanischen Windel- und des deutschen Zigarettenmarktes zeigen, hat es im allgemeinen verheerende Konsequenzen, wenn eine Branche nur den Preis und den Marktanteil in den Mittelpunkt stellt. Betrachten Sie zum Beispiel die Luftfahrt in den USA und ihre katastrophale Preisentwicklung Anfang der neunziger Jahre, die zu so niedrigen Tarifen führte, daß die Fluggesellschaften selbst von »Wahnsinnspreisen« sprachen.

Anfang 1992 zeigte die Preisstruktur der Branche ein desolates Bild. Einer der Kernsätze dieses Buches ist, daß die Möglichkeiten zur Preisdifferenzierung für einzelne Kunden und Situationen genutzt werden sollten. Die amerikanischen Fluggesellschaften waren jedoch in dieser Hinsicht völlig außer Kontrolle. Es konnte passieren, daß es für einen bestimmten Flug in der gleichen Klasse 25 oder mehr verschiedene Preise gab, abhängig davon, wann das Ticket gekauft wurde, abhängig von der Länge des Aufenthalts und der persönlichen Situation des Kunden, zum Beispiel militärisches Personal oder Hinterbliebene, die aufgrund eines Todesfalls in der Familie reisten. Die Preisstruktur war so unlogisch, daß es für Kunden, die eine Kurzreise ohne Übernachtung am Samstag machten, billiger war, zwei Rückflugtickets einschließlich Übernachtung am Samstag zu kaufen und dann nur den ersten Flug auf jedem Ticket zu nutzen, um die gewünschte Reise zu machen.

Am 29. April 1992 machte American Airlines eine – nach eigenen Worten – »strategische Ankündigung« zur Einführung einer »wertorientierten Preispolitik« und behauptete, diese neue Preisstruktur würde:

1. das Vertrauen der Kunden in die Fluggesellschaften wieder herstellen, indem man Kunden bessere Konditionen bietet,
2. den Umsatz von American Airlines erhöhen,
3. dazu führen, daß American und die ganze Branche wieder Gewinne machten.[15]

Im Zeitraum 1987–1991 lag die Kapazitätsauslastung der Branche bei ca. 62 Prozent und die amerikanischen Fluggesellschaften hatten 1991 einen Gesamtverlust von 1,87 Milliarden Dollar. Die neue Politik von American Airlines bestand darin, nur noch vier Tarife anzubieten: Erste Klasse, Normalticket, Rabatt-Ticket – Kauf sieben Tage im voraus, und Rabatt-Ticket – Kauf 21 Tage im voraus. Die Flugpreise variierten in Abhängigkeit von der Flugstrecke und lagen deutlich unter den Bruttolistenpreisen. Die anderen beiden großen amerikanischen Fluggesellschaften, Delta und United, reagierten sofort auf die Preisänderung von Amercian Airlines. Jeder der »Großen Drei« hatte einen Marktanteil von 17–19 Prozent; die »Mittleren Drei« mit Marktanteilen von jeweils ca. 9 Prozent waren zum damaligen Zeitpunkt Continental, Northwest und USAir; die »Kleinen Drei« mit jeweils ca. 4 Prozent Marktanteil waren AmericaWest, Southwest und TWA.

Drei Tage später unterbot TWA die Preisstruktur von American Airlines um 10–20 Prozent und löste damit Preissenkungen von USAir, Continental und AmericaWest aus – und schließlich eine Reaktion von American für ausgewählte Routen, zum Beispiel einen zusätzlichen Rabatt von 17 Prozent für die Route Dallas–New York. Am 26. Mai kündigte Northwest sein Programm »Erwachsene fliegen kostenlos« an, das für Familienreisen im Sommer für zwei Plätze nur einen Platz berechnete. American reagierte darauf mit Rabatten von 50 Prozent für einige Tarife im Sommer. Andere Konkurrenten, die von »Wahnsinnspreisen« sprachen, folgten mit Preissenkungen. Im August 1992 erreichten viele Fluggesellschaften eine Höchstauslastung und American sowie United brachen den Rekord für die höchste Zahl von Fluggast-Meilen, die eine amerikanische Fluggesellschaft je in einem Monat erreicht hatte – die Ergebnissituation war jedoch katastrophal. Ein Artikel in dem Magazin *Barron's*[16] »Der Preiskrieg für Flugtarife ist die Hölle – wenigstens für das Ergebnis der Fluggesellschaften« kommentierte: »Für Flugreisende war es eine paradiesische Zeit... Für die Fluggesellschaften war es jedoch ein schwarzer Sommer«. 1992 mußte jeder der »Großen Drei« im Zeitraum März bis Juni an der Börse einen Kursrückgang von über 20 Prozent hinnehmen.

Im Oktober gab American das Konzept der »wertorientierten Preispolitik« auf und der Vorstandsvorsitzende Robert Crandall kommentierte gegenüber der Presse: »Wir haben versucht, die Preisführerschaft zu übernehmen, es funktionierte jedoch nicht. Nach tausend Preissenkungen stehen wir wieder am Anfang«.[17] Crandall beklagte auch, daß »wir mehr Opfer sind als Täter – Opfer unserer dümmsten Konkurrenten ... das Geschäft wird völlig durch das Verhalten unserer Wettbewerber bestimmt. Jede Fluggesellschaft entscheidet nur, was für sie am günstigsten ist, ohne Rücksicht darauf, was für die Branche am besten ist«.[18]

Wenn wir die Terminologie des Managers von unserem Spezialglashersteller am Anfang dieses Kapitels übernehmen, ist dies eine »dumme Branche«. Die Auswirkungen des Preiskriegs dauern noch an. Fluggäste, die für weniger als hundert Dollar von Boston nach Los Angeles geflogen sind, betrachten jetzt jeden Preis, der darüber liegt, als »unlauter«. Dies führt dazu, daß die Wettbewerber im Preis konkurrieren, nicht mit anderen Leistungen, und so wird die Abwärtspreisspirale weiter angetrieben.

Anstatt die Situation nur zu kritisieren, wie es der Manager des Glasherstellers mit seiner Produktlinie RETRO machte – »Es ist eine dumme Branche!« –, muß man die Wettbewerber verstehen, um ihre Preisänderungen und -reaktionen vorwegzunehmen und dann auf dieser Grundlage die Preispolitik der Wettbewerber zu beeinflussen.

Verstehen und Ausnutzen des Wettbewerbs

Die empirische Arbeit von Lambin[19] hat gezeigt, daß in der Preispolitik der Firmen eine große gegenseitige Abhängigkeit besteht. Für seine Stichprobe ermittelte er eine durchschnittliche Preis-Reaktionselastizität von 0,71, was bedeutet, daß bei einer Preissenkung von 10 Prozent die Wettbewerber im Durchschnitt die Preise um 7,1 Prozent senkten. Zu Vergleichszwecken weisen wir darauf hin, daß die durchschnittliche Werbe-Reaktionselastizität nur 0,38 betrug. Obgleich dies zeigt, daß eine Preisreaktion die Norm ist, kann die Reaktion der Wettbewerber in Abhängigkeit von der Situation systematisch variieren. Was würden wir zum Beispiel in folgenden Situationen erwarten:

- Kodak hat einen Marktanteil von 70 Prozent am Filmmarkt in den USA, der ein Marktvolumen von 2 Milliarden Dollar aufweist. Würde Kodak folgen, wenn Fuji seinen Preis senkt?
- Wenn USAir seinen Preis auf der Pendelroute Boston–New York senkt, würde Delta folgen?

Offensichtlich würde im ersten Beispiel Kodak mit hoher Markenakzeptanz und großem Marktanteil fast alles versuchen, um sich zu verteidigen, bevor sie zu einer Preissenkung bereit wären. Eine Preissenkung von 5 Prozent würde Kodak bei unverändertem Absatz ca. 50–60 Millionen Dollar Umsatz kosten.

Offensichtlich wird das Unternehmen versuchen, einen anderen Weg zu finden, so wie es dies bei dem Funtime-Film getan hat (siehe Seite 101 in diesem Kapitel). Für ein Unternehmen mit hohem Marktanteil ist eine Preissenkung sehr gefährlich. Die Antwort der Börse auf die Marlboro-Preissenkung – Rückgang des Börsenwertes von Philip Morris um 13,4 Milliarden Dollar an einem Tag – ist hierfür ein eindrucksvoller Beleg.

Delta verkauft im Gegensatz dazu ein vergängliches Gut, das niedrige variable Kosten hat. Das Unternehmen muß fast zwangsläufig im Preis reagieren, wenn USAir eine signifikante Preisänderung durchführt. Es ist klar, daß Delta viel eher mit dem Preis reagieren wird als Kodak – es sei denn, es ginge um die Preisreaktion von Kodak in Japan, dem Heimatmarkt von Fuji, in dem Fuji einen Marktanteil von 70 Prozent hat! Dort dürfte sich Kodak ähnlich verhalten wie Delta. Informationen über die Lage eines Unternehmens können die Einschätzung seiner wahrscheinlichen Reaktion wesentlich erleichtern. Wenn man die Fluggesellschaften analysiert, die den Niedergang der amerikanischen Luftfahrt zu Wahnsinnspreisen, den wir vorher beschrieben haben, mitverursacht haben, trägt das dazu bei, jene Faktoren aufzudecken, die wichtig sind, um die Situation eines Konkurrenten zu beurteilen und schließlich seine Reaktion einzuschätzen.

Angebotsfaktoren

1. *Kostenstruktur:* Die Luftfahrt hat eine Kostenstruktur mit hohen fixen, jedoch niedrigen variablen Kosten. Wenn ein Flugzeug sich für den Flug von New York nach Boston auf der Startbahn bewegt, ist es für die Kosten unerheblich, ob ein Fluggast mehr an Bord ist. Folglich ist die Preisuntergrenze nahezu Null. Daraus folgt, daß nahezu jeder Zusatzumsatz mit zusätzlichen Flugpassagieren willkommen ist.
2. *Kapazitätsauslastung:* Bei einer durchschnittlichen Auslastung von nur 62 Prozent gibt es auf einigen Flugrouten eine beträchtliche Überkapazität. Folglich bietet sich eine gute Möglichkeit, zusätzliche Passagiere zu befördern, deren geringe variable Kosten die einzige Kostenwirkung sind.
3. *Produktverderblichkeit:* Wenn das Flugzeug abgehoben hat, kann man die Plätze nicht mehr verkaufen. Die Chance ist vertan.
4. *Umfang der Produktdifferenzierung:* Im Kernprodukt, den Reisenden von Punkt A nach Punkt B zu bringen, gibt es kaum Differenzierung, und die Wettbewerber verfolgen andere Möglichkeiten der Differenzierung nicht wirklich ernsthaft.

5. *Anzahl und Verschiedenheit der Wettbewerber:* Es gibt zahlreiche Unterschiede zwischen den Wettbewerbern: verschiedene Routen und Kostenstrukturen, verschiedene Ziele und eine unterschiedliche finanzielle Lage. Delta und United, die anderen Mitglieder im Klub der »Großen Drei«, folgten schnell der neuen Preisstruktur von American, doch andere Fluggesellschaften hatten einen anderen Zeithorizont und andere Geschäftssysteme. TWA war im Konkurs und stellte den kurzfristigen Cash-flow in den Mittelpunkt. Der Vorstandsvorsitzende von TWA behauptete, daß American versuche, TWA aus dem Geschäft zu drängen. Southwest Airlines hatte wieder ein ganz anderes Geschäftssystem – sie legten ihre Preise so fest, daß sie mit Bussen und der Eisenbahn konkurrieren konnten – und teilten in ihrer Werbung mit: »Wir würden gern auf die neuen Flugtarife einsteigen, doch leider müßten wir dann unsere Preise erhöhen«. Die Preise von Southwest lagen also ohnehin niedriger, aber diese Gesellschaft beflog nur ausgewählte Routen.

Nachfragefaktoren

6. *Preiselastizität der Nachfrage:* Teilweise infolge der fehlenden Produktdifferenzierung kaufen die Kunden hauptsächlich nach dem Preis.
7. *Preistransparenz:* Die Konkurrenzpreise sind durch die Auskünfte der Reisebüros bekannt. Es gibt verschiedene PC-Programme, um die kostengünstigste Verbindung zu finden. Folglich sind die Kunden gut informiert, und es herrscht hohe Preistransparenz.
8. *Markentreue:* Obgleich man versucht hat, mit Vielfliegerprogrammen »Kosten für den Wechsel der Fluggesellschaft« zu schaffen, gibt es in den USA bei den meisten Flugpassagieren nur eine geringe Markentreue für eine bestimmte Fluggesellschaft, weil viele Kunden an mehreren Vielfliegerprogrammen teilnehmen.
9. *Wachstum der Nachfrage:* Die Nachfrage wächst nicht relativ zum Angebot. Wenn ein Unternehmen seinen Umsatz ausweiten will, bedeutet es daher, daß man anderen Konkurrenten Marktanteile wegnehmen muß. Damit wird auch eine Gegenreaktion der Konkurrenten wahrscheinlich.

Alle diese neun Faktoren machen es für die Luftfahrt sehr schwierig, eine »kluge Branche« zu sein im Vergleich zu einer Branche mit geringen Fixkosten, sehr differenzierten Produkten und markentreuen Kunden. Ein zusätzlicher Faktor in der Situation der Fluggesellschaften war:

10. *Fehlende geistige Verwandtschaft der Marktteilnehmer:* Nachdem zum Beispiel American wegen Preiswuchers verklagt worden war, bezeichnete Crandall die Unternehmensleitung von Northwest als »Geschäftemacher, die ihre Bilanz mit Schulden belasten«[20].

Es ist unwahrscheinlich, daß solche Topmanager die Preise samstagsmorgens beim gemeinsamen Golfspiel absprechen.

Zusätzlich zu diesen zehn Faktoren, die sich direkt aus der Analyse der Fluggesellschaften ergeben haben, veranlaßt uns unsere Erfahrung, fünf weitere Faktoren hinzuzufügen, die im Rahmen der Beurteilung einer Branche und ihrer Wettbewerbsintensität berücksichtigt werden sollten.

Zusätzlich zu berücksichtigende Angebotsfaktoren

11. *Einfluß der Absatzmenge auf die Kosten:* Der Preiswettbewerb wird durch Größendegression oder Erfahrungskurven-Effekte verstärkt. Eines der Rezepte der Preistheoretiker, die sich auf die Erfahrungskurve stützen, ist, Kostensenkungen vorwegzunehmen und den Preis unter Berücksichtigung der zukünftigen Kostenbelastung festzulegen, d. h. es wird folgender Zyklus propagiert:

    Niedriger Preis → Größere Absatzmenge → Niedrige Kosten.

12. *Hindernisse für Kapazitätsanpassung:* Wenn die Kapazität nicht wirksam verringert werden kann, weil Austrittsbarrieren bestehen, verstärkt eine niedrige Kapazitätsauslastung den Preiswettbewerb.
13. *Bedeutung des Marktes für die Anbieter:* Je größer die Bedeutung eines Marktes für ein Unternehmen ist, desto energischer wird er verteidigt werden. Edwin Land, der Gründer von Polaroid, betrachtete das Geschäft mit Sofortbildkameras als »unsere Seele, für Kodak ist es nur ein weiterer Geschäftszweig«.

Zusätzlich zu berücksichtigende Nachfragefaktoren

14. *Einkaufskonzentration:* Aggressive Einkäufer mit großer Einkaufsmacht können den Preiswettbewerb auf der Anbieterseite verstärken. Diese Einkäufer wenden eine Einkaufspolitik an, die Bestellungen in großen Losgrößen zusammenzufassen, zum Beispiel durch Mehrjahresverträge zur

Verstärkung ihrer Einkaufsmacht. Dies war zum Beispiel in der Elektroindustrie der Fall und etabliert sich jetzt bei Flugzeugen, da Boeing und andere Flugzeughersteller nur an eine kleine Gruppe von wichtigen Kunden weltweit verkaufen.

15. *Komplementäre Produkte:* Der Preiswettbewerb kann zunehmen, wenn der Kauf eines Produktes eine sekundäre Umsatzwirkung hat. Ein Grund für die niedrigen Kamerapreise von Polaroid und Kodak war zum Beispiel, daß ein Kunde, der eine Kamera von einem der beiden Hersteller gekauft hatte, seine Instant-Filme von diesem Hersteller kaufen mußte. Wenn die Einstellung, »in die Entwicklung des Basisgeschäftes zu investieren«, auch nicht immer unklug ist, kann sie doch zu starken Preisreaktionen führen.

Die Berücksichtigung dieser 15 Faktoren sollte einen guten Hinweis auf die Wahrscheinlichkeit und die Art von Wettbewerbsreaktionen auf Preisänderungen geben. Man sollte auch die Erklärungen und Grundsätze der Wettbewerber zu Preisreaktionen studieren. Zum Beispiel haben zahlreiche Firmen breit veröffentlichte Grundsätze, in denen sie garantieren, daß sie mit dem Preis jedes Konkurrenten mithalten oder ihn sogar unterbieten. Lechmere, ein Facheinzelhändler für Unterhaltungselektronik, übernimmt eine Garantie für seine günstigen Preise und erstattet dem Kunden die Differenz, wenn ein Kunde feststellt, daß das Produkt bei einem anderen Händler zu einem niedrigeren Preis verkauft wird. Tweeter, ein kleinerer Einzelhändler, geht noch einen Schritt weiter und verspricht, die Wettbewerbsinserate auch in Zukunft zu verfolgen und dem Kunden die Differenz zu erstatten, wenn Produkte dort billiger angeboten werden. In Deutschland hat Fielmann im Optikmarkt solche Preisgarantien sehr gezielt eingesetzt. Binhold, der Weltmarktführer für anatomische Lehrmittel (z. B. Skelette) bietet eine solche Garantie weltweit und setzt sie als sein globales System zur Wettbewerbsbeobachtung ein[21]. Preisgarantien sind praktisch gleichbedeutend mit einer vorweggenommenen Reaktion.

Die Situation einer Branche und die Grundsätze bestimmter Wettbewerber zu verstehen, ist die Voraussetzung, um im Wettbewerb erfolgreich zu sein und dazu beizutragen, daß in der Branche ein Gewinn erzielt werden kann.

Umgang mit Wettbewerbern und die Branchenrendite: Erhöhung der Branchenintelligenz

Wie wir gesehen haben, entwickeln sich manche Branchen in Richtung »Dummheit«, indem Preissenkungen überhandnehmen; andere hingegen werden »klug« und die Wettbewerber erfreuen sich großer Gewinne. Wie in den oben vorgestellten 15 Prüffragen zum Preiswettbewerb einer Branche erwähnt, sind manche Branchen dafür anfällig, aufgrund ihrer Nachfrage- und Angebotsstruktur »dumm« zu sein. »Klugheit« oder »Dummheit« werden jedoch nicht nur durch externe Kräfte bestimmt. Ein einzelnes Unternehmen, das geschickt und entschlossen ist, kann den Intelligenzquotienten seiner Branche beeinflussen. Es gibt fünf Hauptrichtungen, die eine Firma verfolgen kann, um den Intelligenzquotienten ihrer Branche zu erhöhen oder sie davor bewahren, daß das Gewinnpotential aller Branchenmitglieder durch die Preissenkungen anderer Konkurrenten zunichte gemacht wird. Diese Stoßrichtungen sind:

1. Entwicklung einer Gewinnmentalität,
2. Verwendung eines Filters zur Vermeidung von Preiskriegen,
3. Entwicklung von Vorstellungen über die Reaktionen der Wettbewerber,
4. Entwicklung einer Machtbasis,
5. Aufrechterhaltung der Flexibilität.

1. Entwicklung einer Gewinnmentalität

Ende der siebziger Jahre konzentrierte sich das aktuelle strategische Denken auf die Erhöhung des Marktanteils als Schlüssel zur Rendite. In den Worten eines bekannten Artikels in der *Harvard Business Review:* »Marktanteil: Ein Schlüssel zur Rendite«[22], wurde der Weg zur langfristigen Sicherung des Unternehmensgewinns darin gesehen, den Marktanteil auszuweiten – falls notwendig, auf kurzfristigen Gewinn zu verzichten und die Gewinne des Geschäfts zu ernten, wenn der Markt in der Reifephase ist. Als »cash cows« wurden jene Geschäftszweige bezeichnet, die in einem Markt mit geringem Wachstum einen hohen Marktanteil hatten.

Die Rahmenbedingungen der neunziger Jahre verlangen eine Änderung dieses Denkens. In einer Branche nach der anderen hat die aggressive Verfolgung des Marktanteilsziels zu Überkapazitäten, Preissenkungen und Gewinnrückgängen geführt. Anstelle des Marktanteils muß eine breitere Konzeption im

Mittelpunkt stehen, die den Gewinn der Branche mit berücksichtigt. Der Preis beeinflußt nicht nur den Marktanteil, sondern auch die Größe des Marktes und den Wert eines Marktanteilspunktes. McKinsey hat diesen Aspekt in dem Beitrag »Verwandlung der Anbieter«[23] zum Ausdruck gebracht. Dort wurden die Dimensionen der »grundlegenden Umstellung« beschrieben, die von den Anbietern in den neunziger Jahren verlangt wird. Die wichtigste Dimension des Wandels ist die Neudefinition der Ziele im Sinne von Gewinn anstelle von Marktanteil:

> Was zählt, ist nicht der Marktanteil, sondern der Anteil am knappen Marktgewinn. ... [D]er »Marktüberschuß« wird den Marktanteil als Beurteilungsmaßstab für den Erfolg ersetzen. Die Unternehmen werden ein tieferes Verständnis ihrer Branche entwickeln. ... Sie werden nicht nur an ihre eigenen Gewinne denken, sondern auch daran, sowohl den Gesamtgewinn ihrer Branche zu maximieren – den Marktüberschuß – als auch den Anteil ihrer Unternehmen an diesem Gewinn.

Branchen sind »klug«, wenn alle Mitglieder ihren Blick darauf richten, den gesamten Gewinnkuchen zu vergrößern, der unter den Anbietern nach ihrer Wettbewerbsstärke aufgeteilt wird. Dies veranlaßt Firmen, sich eher am »Wert« als Handlungskonzept im Bewußtsein der Kunden als am »Preis« zu orientieren.

Viele Firmen sind immer noch im Marktanteils-Denken verhaftet. Zum Beispiel empfahlen die strategischen Planer eines kalifornischen Weinherstellers nachdrücklich, mit niedrigerer Qualität in das Niedrigpreissegment zu stoßen, um den Marktanteil zu erhöhen – wobei sie nicht beachteten, daß durch diese Maßnahmen der Wert jedes Marktanteilspunktes verwässert wurde. Die Eroberung des privaten PC-Marktes durch den Massenvertrieb war durch den Wunsch der Computerhersteller begründet, große Absatzmengen im untersten Segment des Marktes zu realisieren. Hohe Gewinne waren hier nicht zu erwarten. Der kluge Wettbewerber definiert seinen Markt zu seinem und anderer Vorteil. Er respektiert die Domäne von anderen, indem er Kollisionen mit Wettbewerbern vermeidet; er achtet auch auf den Gewinn der Branche, und durch seine Handlungen ermuntert er die Wettbewerber, das gleiche zu tun.

2. Verwendung eines Filters zur Vermeidung von Preiskriegen

Als Teil der Umsetzung der ersten Anweisung muß jede vorgesehene Preisänderung einem einfachen Test unterworfen werden: Würde die Preisänderung umgesetzt, falls sie einen Filter passieren muß, der alle Maßnahmen aussortiert, die einen Preiskrieg auslösen oder verschärfen könnten? Manchmal sind eine Preissenkung des Unternehmens und eine Anpassung des Preisniveaus der

Branche nach unten angezeigt. Dieser Zug muß jedoch so durchgeführt werden, daß er nicht außer Kontrolle gerät. In der Vergangenheit nahmen manche Firmen Preissenkungen in der Absicht vor, die Bereinigung der Branche und die Kapazitätsanpassung zu beschleunigen. Die Geschwindigkeit, mit der sich solche Anpassungen ereignen – wenn sie überhaupt passieren –, wurde im allgemeinen überschätzt. Unter den heutigen Rahmenbedingungen wechseln Kapazitäten den Besitzer, verschwinden jedoch selten endgültig vom Markt.

3. Entwicklung von Vorstellungen über die Reaktionen der Wettbewerber

Die Reaktionen der Wettbewerber werden dadurch bestimmt, wie eng sie mit einem Unternehmen konkurrieren. Das vorgestellte Konzept der Preissegmente hilft, die relevante Kundenstruktur zu definieren. Die Reaktionen relevanter Wettbewerber hängen sowohl davon ab, wie sie die Handlungen wahrnehmen, als auch von ihren Schlußfolgerungen über die Motive, die diesen Handlungen zugrundeliegen. Darum gibt es hier drei Elemente: die Handlung, die Wahrnehmung der Handlung durch die Konkurrenten und deren Interpretation der Handlung. Jedes Element kann bis zu einem gewissen Grad durch das Unternehmen beeinflußt werden.

Der erste Schritt in diesem Prozeß ist so offensichtlich, daß er kaum erklärt werden müßte, wenn unsere Erfahrungen nicht anzeigen würden, daß er manchmal übersehen wird. Beginnen Sie den Prozeß damit, daß Sie fragen: Wie sollten die Reaktionen unserer Wettbewerber sowohl auf den Preis als auch auf andere Elemente des Marketing-Mix ausfallen und aus welchen Gründen? Wünschen wir zum Beispiel, daß die Konkurrenten:

- in bezug auf unsere Preiserhöhung nachziehen und den Werbeetat erhöhen, um den Markt zu vergrößern?
- unsere Preiserhöhung sogar durch noch höhere Preise übertreffen?
- nichts tun, weil sie nicht merken, daß wir etwas getan haben?
- auf unsere Preiserhöhung nicht reagieren, weil sie erkennen, daß sie nur für ausgewählte Kunden gilt, und statt dessen Werbung treiben, um die Produktdifferenzierung zu betonen?
- unsere Preissenkung mitmachen?

Jede dieser gewünschten Reaktionen, selbst die letzte, ist in verschiedenen Situationen plausibel. Zum Beispiel behaupten manche, dies habe Philip Morris von R. J. Reynolds erwartet. Als Philip Morris am »Marlboro-Freitag«, dem 21. April 1993, den Preis für Marlboro um 20 Prozent senkte, hätte eine Reaktion von R. J. Reynolds den Gewinn geschmälert und die Fähigkeit des Unternehmens belastet, in sich entwickelnde Weltmärkte wie China zu investieren. Als Compaq im März 1996 eine Preissenkung von 20 Prozent im Hochpreissegment des PC-Marktes ankündigte, hatte man sorgfältig durchdacht, welche Reaktionen der Wettbewerber wahrscheinlich und wünschenswert wären. Der Vorstandsvorsitzende bemerkte: »Wir glauben, daß Maßnahmen des Wettbewerbs unsere eigene Dynamik beschleunigen werden. In gewisser Weise müssen die Wettbewerber reagieren, das entspricht ganz unserer Absicht«.[24]

Wenn wir über die gewünschte Reaktion eine Vorstellung entwickelt haben, können wir überlegen, wie unsere Aktion präsentiert werden sollte, um ihre Wahrnehmung durch den Konkurrenten und sein Verständnis für die zugrundeliegenden Motive zu beeinflussen. Die Anhänger des »Power Pricing« bereiten den Markt so auf Preisänderungen vor, daß die Wahrscheinlichkeit für die gewünschte Reaktion des Wettbewerbers steigt. Obgleich sie die gesetzlichen Bestimmungen beachten, die Preisabsprachen verbieten, liefern die Anhänger des »Power Pricing« Informationen, die ihre Maßnahmen in den richtigen Zusammenhang stellen.[25]

Ein gutes Beispiel in diesem Zusammenhang ist der halbseitige Artikel »Der Preiskrieg schmälert die Werbeaufwendungen für Tiernahrung«[26] in der Fachzeitschrift *Advertising Age*. Dieser Artikel enthält Erklärungen von vier größeren Wettbewerbern.

- *Ralston Purina.* In dem Artikel als »Marktführer für Tiernahrung hinsichtlich des Marktanteils und der Maßnahmen« bezeichnet:
  - Erklärungen vor der Hauptversammlung, in der der für Lebensmittel verantwortliche Manager sagte, daß Purina auf Rabatte und Preissenkungen in Zukunft »vorsichtiger« reagieren werde.
  - Öffentliche Erklärungen von Purina, die besagen, daß das Unternehmen mehr für Werbung ausgeben will und sich darauf konzentriert, weniger, aber bessere neue Produkte einzuführen.
- *Alpo Pet Foods.* Es werden Vorstandsmitglieder zitiert:
  - »Die aggressive Preispolitik hat die ganze Produktgruppe auf das Preisniveau für Commodities gebracht.«
  - »Wir hoffen, daß dieses Jahr eine Chance besteht, zur Normalität in der Preispolitik zurückzukehren.«
  - »Wir wollen auf diesem niedrigen Preisniveau nicht konkurrieren. Dabei kann niemand einen Gewinn erzielen.«

- *Heinz Pet Foods.* Es wird ein Vorstandsmitglied zitiert:
  – »Gewinnorientierte Preisbildung war für jeden Anbieter ein Problem.«
- *Mars/Kal-Kan Foods.* Es wird ein Vorstandsmitglied zitiert:
  – »Dieser Preiskrieg beinhaltet das Risiko, daß eine sehr gut etablierte Markenartikel-Warengruppe zum Commodity wird.«

Wie groß ist der Einfluß dieser *öffentlichen* Erklärungen über die Erwartungen von Brancheninsidern bezüglich der Reaktion der Wettbewerber auf Versuche einzelner Firmen, die Preise zu erhöhen? Jeder Anbieter äußert Besorgnis über die Warengruppe und Unzufriedenheit über die gegenwärtige Preispolitik. Kurzum, dieser Artikel enthält Signale über Wünsche und Absichten einzelner Wettbewerber und gibt Einblick in wahrscheinliche Reaktionen.

Ein ausführliches Beispiel für Signale durch die Presse findet man auf dem deutschen Zigarettenmarkt im Zeitraum Januar 1985 bis Januar 1990. Fünf Preiserhöhungen, die die Preise um insgesamt 15 Prozent anhoben, wurden in dieser Zeit durchgeführt, wie in Abbildung 4.12 dargestellt ist. Jeder Preiserhöhung gingen deutliche Signale voraus. In drei der fünf Fälle initiierte der Marktführer Philip Morris den Prozeß. Die untere Tabelle in Abbildung 4.12 beschreibt die sieben Signale, die in einem Zeitraum von vier Monaten vor dem 24. Oktober 1988 gegeben wurden, als der Preis für Premium-Marken um 0,15 DM erhöht wurde.

Die Hinweise begannen am 15. Juni mit der Ankündigung von BAT (British-American Tobacco) in einer führenden Tageszeitung, daß infolge der von der Regierung angekündigten Anhebung der Tabaksteuer eine Preiserhöhung notwendig sei. Ungefähr zehn Tage später wurde diese Steuererhöhung vom Verband der Zigarettenhersteller kritisiert. Die Firma Philip Morris gab ein erstes konkretes Preissignal am 22. Juli, indem sie in einer führenden Tageszeitung und in der Tabak-Fachpresse für die »43. Woche« (d. h. die dritte Woche im Oktober) eine geplante Preiserhöhung von 15 Pfennig ankündigte. Sofort danach erschienen Ankündigungen von Preiserhöhungen von anderen Firmen, Reemtsma sprach ebenfalls von 15 Pfennig und Reynolds sowie BAT teilten mit, daß sie den Preis erhöhen werden, der neue Preis jedoch noch nicht festgelegt sei. Die Quelle dieser Mitteilungen waren Pressemitteilungen der Zigarettenhersteller oder Journalisten, die die Unternehmen nach ihren Preisen fragten. Wie in der Tabelle dargestellt, erschienen in den nächsten Monaten weitere Signale, die im wesentlichen die Notwendigkeit und die Entschlossenheit bestätigten, die Preise Ende Oktober zu erhöhen. Am 24. Oktober trat die Preiserhöhung in Kraft. Im Segment der Premium-Marken wurden die Preise von 3,85 DM um 15 Pfennig auf 4,00 DM erhöht; in einer niedrigeren, stärker preiselastischen Preisstufe wurden die Preise nur um 5 Pfennig angehoben.

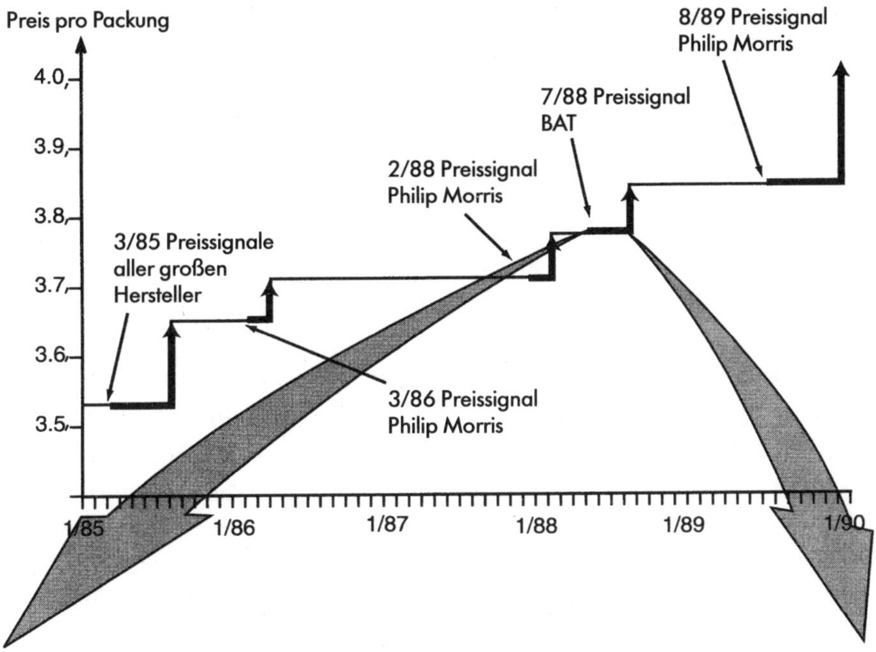

Datum	*Firma*	*Medium*	*Ankündigung*	
			Preiserhöhung	*Geplantes Datum*
15. Juni	BAT	FAZ	Preiserhöhung notwendig	
26. Juni	VdC	FAZ	Kritik an Steuererhöhung	
22. Juli	Ph. Morris	DTZ/FAZ	15 Pfennig	43. Woche
22. Juli	Reemtsma Reynolds BAT	FAZ FAZ FAZ	15 Pfennig Noch keine Entscheidung Noch keine Entscheidung	Letzte Oktober-Woche
29. Juli	BAT Brinkmann Reynolds	DTZ DTZ DTZ	15 Pfennig 15 Pfennig Noch keine Entscheidung	Ende Oktober Ende Oktober
23. September	Ph. Morris	NRZ	Weitere Preiserhöhung notwendig, um die Steuererhöhung auszugleichen	
14. Oktober	Reemtsma	LZ	15 Pfennig	In wenigen Tagen
24. Oktober	*Preiserhöhung zwischen 5 und 15 Pfennig*			

FAZ = Frankfurter Allgemeine Zeitung / DTZ = Deutsche Tabak-Zeitung
HB = Handelsblatt / LZ = Lebensmittel-Zeitung
NRZ = Neue Ruhr-Zeitung / VdC = Verband deutscher Cigarettenfabriken

Abbildung 4.12: Preissignale auf dem deutschen Zigarettenmarkt

Unternehmen glauben manchmal fälschlicherweise, daß »je weniger die Wettbewerber über sie wissen desto besser«. Diese Einstellung kann zu gefährlichen Mißdeutungen von Preisänderungen führen. Der Anhänger des »Power Pricing« überlegt sorgfältig, was die Konkurrenten wissen sollten und was er geheimhalten will. Es kann sich zum Beispiel lohnen, sicherzustellen, daß eine Preissenkung für einen auslaufenden Artikel richtig verstanden und nicht als Teil einer allgemeinen Preissenkung interpretiert wird. Das richtige Verständnis verhindert, daß Wettbewerber darin einen aggressiven Zug sehen, auf den sie mit Maßnahmen zur Verteidigung ihres Marktanteils reagieren müssen, die den Deckungsbeitrag schmälern.

Der Preiskrieg auf dem deutschen Markt für Fernsehprogrammzeitschriften Anfang 1996 war nicht zuletzt auf fehlende Kommunikation im Zusammenhang mit der Preissenkung von Gruner und Jahr für *TV Today* von 2,30 DM auf 1,10 DM zurückzuführen. Ein Berater meinte: »Die Branche hätte nicht halb so heftig reagiert, wenn Gruner und Jahr von Anfang an klargemacht hätte, daß die Preissenkung nur eine zeitlich begrenzte Maßnahme sein sollte«[27].

Es gibt vielfältige Möglichkeiten, um mit Wettbewerbern zu kommunizieren: Presseerklärungen, jährliche Konferenzen und Berichte, veröffentlichte Preislisten und Zusätze bzw. Nachträge zu diesen Listen. Im Rahmen der Information von Kunden kommuniziert man zwangsläufig auch mit dem Wettbewerb, denn Kunden geben Informationen weiter. Es muß dabei sorgfältig darauf geachtet werden, den gesetzlichen Rahmen zu respektieren. Signaling ist eine schwierige Gratwanderung, bei der man stets aufpassen muß, nicht mit den Wettbewerbsgesetzen in Konflikt zu kommen.

Die Veröffentlichung von Selbstverpflichtungen kann auch eine Möglichkeit sein, die Handlungen der Wettbewerber zu beeinflussen. Preisgarantien können zum Beispiel ein Mechanismus sein, der das Ausmaß der Preisreaktion begrenzt, da die Konkurrenten wissen, daß eine Preisunterschreitung eine weitere Preissenkung auslösen würde. Durch Anwendung der vielen Mechanismen zur Formung des Zusammenhangs von Preisänderungen kann man auch die Reaktion der Wettbewerber besser einschätzen.

4. Aufbau einer Machtbasis

Die Gewinnhöhe der Branche kann man nur beeinflussen und seinen eigenen Anteil an diesem Branchengewinn kann man nur erfolgreich kontrollieren, wenn die erforderlichen Maßnahmen zur Entwicklung der Machtbasis ergriffen wurden. Die Hauptdimensionen dieser Machtbasis sind:

A. *Differenziertes Produkt:* Die Produktdifferenzierung kann über technische Leistung, wertsteigernde Produktausstattung, Serviceleistungen oder Markenpotential erfolgen. Die Wertschätzung und Präferenz der Kunden für die Produkte eines Unternehmens sind stets der Grundstein zur erfolgreichen Abschöpfung des Gewinnpotentials.
B. *Kostensituation:* Taco Bell konnte die Reaktion der Wettbewerber auf seine wertorientierte Preispolitik erfolgreich begrenzen, weil man stark investiert hatte, um das Unternehmen zu modernisieren – Anlagen, Managementtechniken und Beziehungen zu Lieferanten waren »state of the art«. Es ist nicht möglich, eine marktbeherrschende Stellung zu erlangen, wenn man in bezug auf das erforderliche Qualitätsniveau einen Kostennachteil hat.
C. *Wettbewerbsinformationen:* Die Anhänger des »Power Pricing« wissen, was im Markt passiert – sie kennen nicht nur die Listenpreise, sondern auch die tatsächlich erzielten Preise der Wettbewerber – und kennen außer dem Preis ihre Unternehmenskonzepte. Welchen Kundennutzen wollen diese anbieten? Wie? Entsprechen deren Preise dem Produktwert? Die Erhebung von Informationen über Wettbewerbspreise erfordert Sorgfalt. Kunden sind wählerisch darin, was sie über Angebotspreise oder tatsächlich bezahlte Preise verraten. Manche Wettbewerbsangebote sind infolge anderer Konditionen oder infolge spezieller Vereinbarungen nicht vergleichbar. Die Außendienstmitarbeiter sollten nicht die einzige Informationsquelle sein. Die Bestätigung einer Quelle durch eine andere ist wichtig. Die Anhänger des »Power Pricing« verstehen auch das Produktangebot der Wettbewerber gut genug, um bezüglich der Qualität der Produkte oder der Packungsgröße bereinigen zu können und so zu validen Preisvergleichen zu kommen.
D. *Tätigkeit auf vielen Märkten:* Die Tätigkeit in verschiedenen Branchen und Märkten kann dazu beitragen, Wettbewerber auf wichtigen Märkten zu kontrollieren. Die Präsenz von Kodak auf dem japanischen Markt – selbst in dem begrenzten Umfang, in dem das Unternehmen dort aktiv ist – gibt dem Unternehmen zum Beispiel eine gewisse Macht in bezug auf Fujis Aktivitäten auf dem Heimatmarkt von Kodak. 1995 wollte Kodak diese Präsenz verstärken, indem man gerichtlich gegen Vertriebsbehinderungen in Japan vorging und in Japan auch einen Film als Handelsmarke einführte. Die Möglichkeit, auf schädliche Handlungen auf Ihrem Hauptmarkt dadurch zu reagieren, daß Sie auf Hauptmärkten der Konkurrenten agieren – seien es Regionen oder Produktmärkte –, trägt dazu bei, die Maßnahmen des Wettbewerbs zu kontrollieren. So lassen globale Wettbewerber in der Regel kein wichtiges Land unbearbeitet, um der Konkurrenz überall Paroli bieten zu können.

5. Aufrechterhaltung der Flexibilität

Die Anhänger des »Power Pricing« kämpfen nicht unerbittlich um eine wichtige Marktstellung oder darum, in jedem Marktsegment vertreten zu sein. Am 30. Januar 1996 erklärte Digital Equipment Corporation, daß man aufgrund der unbefriedigenden Deckungsbeiträge das PC-Geschäft aufgebe. Ein Branchenanalyst kommentierte: »Es ist eine sehr positive Entscheidung, sich auf das Computergeschäft mit gewerblichen Anwendern zurückzuziehen, wo der Markenname Digital etwas bedeutet«.[28] Sich aus einem Marktsegment zurückzuziehen, ist manchmal für das Management unangenehm, doch die Möglichkeit, das Kapital in Bereichen mit besserer Rendite einzusetzen, bewahrt ein Unternehmen davor, auf ein Marktanteilsziel fixiert zu sein, das – unter Berücksichtigung der gegebenen Entscheidungsprozesse der Kunden und Wettbewerber – nur erreicht werden kann, wenn man den Preisverfall im Markt mitmacht. Ein Rückzug aus Märkten, deren Preisniveau ein profitables Geschäft nicht zuläßt, kann sehr sinnvoll sein.

Zusammenfassung

Die Anhänger des »Power Pricing« verfügen über drei Arten eines grundlegenden Verständnisses: Sie verstehen ihre eigenen Kompetenzen und Kosten, das Verhalten der Kunden und die Reaktionen der Wettbewerber. Sie operieren im oberen rechten Teil von Abbildung 4.3. Alle diese Aspekte hängen zusammen und bestimmen den Gewinn des Unternehmens. Obwohl das Gebiet der Wettbewerbsstrategie in den letzten zehn Jahren stark beachtet wurde, haben nur wenige Unternehmen die genaue Anwendung dieser Ideen auf den Aspekt der Preisreaktion systematisch verfolgt.

Zum Aufbau höherer Kompetenz im Pricing empfehlen wir:

1. Annahme der Überzeugung, daß ein Unternehmen den Branchen-Intelligenzquotienten beeinflussen kann, damit die Branche klüger wird und einen höheren Gewinn erzielt. Das Unternehmen sollte – rechtlich zulässige – Anstrengungen unternehmen, um die Branchenmitglieder weiterzubilden, zum Beispiel durch Verbandsseminare.
2. Verstehen der Preissegmente und der Intensität des Wettbewerbs zwischen den Anbietern. Das Preissegment-Konzept hat sich in vielen Situationen bewährt und wir empfehlen, es in der Analyse der jeweiligen Situation anzuwenden.

3. Prüfung der 15 Angebots- und Nachfragefaktoren, die wir in diesem Kapitel erläutert haben, um das Wettbewerbsverhalten beim Preis besser zu verstehen und effektiv zu verbessern.
4. Verstehen der sinnvollen und rechtlich zulässigen Mechanismen zur Preisabstimmung in einer Branche. Es gibt verschiedenste Signaling-Verfahren, die sich bewährt haben.
5. Analyse einzelner Wettbewerber – ihres Marktanteils, ihrer Ziele und insbesondere ihrer Kostensituation –, um beurteilen zu können, welche Maßnahmen sie zur Verfolgung ihrer Ziele ergreifen werden.
6. Alle Preisaktivitäten dem Test zur Vermeidung eines Preiskriegs zu unterwerfen. Wenn ein Preiskrieg erst einmal ausgebrochen ist, läßt er sich kaum noch stoppen. Man sollte nicht allzu sicher sein, daß eine Branchenbereinigung eintreten wird. Das geschieht zwar manchmal, wie beim Rückzug von Anheuser-Busch vom Markt für Salzgebäck und dem Verkauf der Produktionsanlagen an den Hauptrivalen Frito-Lay, doch solche Prozesse sind langwierig und ein echter Kapazitätsabbau erfolgt selten.
7. Entwicklung von Vorstellungen darüber, wie die Wettbewerber reagieren werden, und Erkennen, daß nicht in jedem Fall eine Preisreaktion stattfinden muß; statt dessen könnte es eine Reaktion bei der Produktqualität oder der Werbung sein.
8. Geduld haben, nicht auf jeden kurzfristigen Absatzrückgang zu heftig zu reagieren.
9. Aufrechterhaltung der Flexibilität durch Vermeidung einer vollständigen Festlegung auf einen bestimmten Marktanteil. Es ist schön, zu sagen, wir müssen Nr. 1 oder Nr. 2 in unserer Branche sein – so lange man hinzufügt: »Oder wir steigen aus«.

Der Wettbewerb wird härter, deshalb muß das wettbewerbsorientierte Pricing intelligenter und professioneller werden. In gewissem Sinne bestimmt jede Branche ihr eigenes Schicksal und dabei fällt jedem einzelnen Unternehmen eine Rolle zu.

Wenn diese Empfehlungen beachtet werden, dann besteht eine echte Chance, die Bedingungen der Preispolitik in einem gewinnfördernden Sinne zu gestalten. Kein Unternehmen kann dies seiner Branche aufzwingen, aber jedes Unternehmen kann zur »Pricing-Intelligenz« seiner Branche beitragen.

Anmerkungen

1 Alexander, K.: »Continental Airlines soars to new heights«, *USA Today*, 23. Januar 1996, S. 48.
2 Carty, P.: »Who Will Lose Their Shirts in the Fleet Street Price War?« *Accountancy*, Februar 1994, S. 30–34.
3 Bezüglich Einzelheiten siehe R. Dolan: »Eastman Kodak Company: Funtime Film«, Harvard Business School Case Nr. 9–594111.
4 Ross, E.: »Making Money with Proactive Pricing«, *Harvard Business Review*, November-Dezember 1984, S. 145–155.
5 Kotler, Ph.: *Marketing Management: Analysis, Planning, Implementation and Control*, Englewood Cliffs/NJ, 1994, S. 37.
6 Takeuchi, H. und Nonaka, I.: »The New Product Development Game«, *Harvard Business Review*, Januar-Februar 1986, S. 137–146.
7 Blattberg, R. C. und Wisniewski, K. J.: »Price-Induced Patterns of Competition«, *Marketing Science 8*, Herbst 1989, S. 291–309.
8 Sivakumar, K. und Raj, S. P.: »Quality-Tier Competition: Impacts of the ›Whether‹ Decision and the Direction of a Price Change«, Marketing Science Institute, Technical Working Paper No. 95–106, Juni 1995.
9 Scherer, F.: *Industrial Market Structure and Economic Performance*, New York 1980, S. 177.
10 Polaroid verklagte Kodak wegen Patentverletzung, und das amerikanische Bezirksgericht entschied auf Zahlung eines Schadensersatzes in Höhe von 900 Millionen Dollar.
11 McGough, R.: »Fidelity Joins Mutual Funds on Fee-Cutting Bandwagon«, *Wall Street Journal*, 30. Dezember 1993, S. C1.
12 *Infoworld*, 29. Juni 1992, S. 98, und 22. Februar 1993, S. 33.
13 Lawrence, J.: »Huggies price drops to match Pampers«, *Advertising Age*, 31. Mai 1993, S. 12.
14 Sherman, S.: »How To Prosper in the Value Decade«, *Fortune*, 30. November 1992, S. 90ff.
15 Bezüglich einer detaillierten Beschreibung dieser Preispolitik siehe Michael, S. und Silk, A.: »American Airlines' Value Pricing (A)«, Harvard Business School, Case No. 9–594001.
16 Rublin, L.: »Fare Wars Are Hell – At Least for Airlines' Bottom Lines«, *Barron's*, 6. Juli 1992, S. 15.
17 O'Brian, B.: »American Air Launches New Price Sortie«, *Wall Street Journal*, 21. April 1992, S. B1.
18 Zellner, W., Rothman, A. und Schine, E.: »The Airline Mess«, *Business Week*, 6. Juli 1992, S. 50–55.
19 Lambin, J.: *Advertising, Competittion and Market Conduct in Oligopoly Over Time*, Amsterdam 1976.
20 Zellner, W., Rothman, A. und Schine, E.: a.a.O.
21 J. Hess und E. Gerstner prüfen die Folgen dieser Preisgarantie in »Price-Matching Policies: An Empirical Case«, *Managerial and Decision Economics*, August 1991, S. 305–315.
22 Buzzell, R., Gale, B. und Sultan, R.: »Market Share – A Key to Profitability«, *Harvard Business Review*, Januar–Februar 1975, S. 97–106.
23 McKinsey and Company: »Marketers' Metamorphosis«, aktualisiertes internes Dokument.

24 Templin, N.: »Compaq in Bid to Boost PC Market Share Decides to Cut Price by as Much as 20 %«, *Wall Street Journal*, 3. März 1996, S. A3ff.
25 Der Artikel von O. Heil und A. Langvardt: »The Interface Between Competitive Market Signaling and Antitrust Law«, *Journal of Marketing* 58 (Juli 1994), S. 81–96, enthält eine gute Zusammenfassung der rechtlichen Probleme im Zusammenhang mit Preissignaling.
26 Liesse, J.: »Price War Bites At Pet Food Ad $«, *Advertising Age*, 5. April 1993, S. 12.
27 Bejenke, I.: »Bellicose TV Guides Compete in Germany«, *Wall Street Journal Europe*, 6. März 1996.
28 Choi, A.: »Digital to exit home PC computer sector, focus on PC for Business Customers«, *Wall Street Journal*, 30. Januar 1996, S. A3.

Teil II
Bahnbrechende Konzepte des Pricing

Kapitel 5

Preisdifferenzierung

Die bisherigen Kapitel haben klargemacht, daß der Nutzen eines Produktes für den Kunden die Hauptrolle bei der Preisfindung spielt. In Abbildung 1.2 haben wir den Zusammenhang zwischen Kundennutzen und Preis dargestellt, später haben wir Möglichkeiten beschrieben, diesen Nutzen zu ermitteln. Wie wir gesehen haben, ist der Nutzen eines Produktes für die Kunden verschieden. Daher zahlen sie nach den Regeln des »Power Pricing« auch nicht alle den gleichen Preis. Die Preisdifferenzierung nach dem Kundennutzen ist ein Durchbruch in der Preisfindung. Zum Beispiel haben wir für Coca-Cola in neun Verkaufsstellen in Bonn große Preisunterschiede festgestellt (siehe Tabelle 5.1). Die Kunden im großen Supermarkt zahlten 0,64 DM; der mittlere Preis der neun Verkaufsstellen war mit 1,20 DM der Preis an der Tankstelle; der höchste Preis von 2,20 DM am Bahnhofs-Kiosk war 3,44 mal höher als im Supermarkt. Wir konnten sogar feststellen, daß der Preis in einer Verkaufsstelle im Eingangsbereich des Bahnhofs höher war als an einer anderen Verkaufsstelle im Bahnhof! Diese Preise wurden durch die Geschäfte unabhängig voneinander festgelegt, doch die zugrundeliegende Logik ist klar: niedrige Preise für jene Kunden, die das Getränk ohne Zeitdruck kaufen und mit nach Hause nehmen, und hohe Preise für Reisende, die wenig Zeit haben, um andere Geschäfte aufzusuchen, und etwas für den sofortigen Verzehr suchen.

Selbst wenn der Preis durch eine einzige Firma an Stelle von zahlreichen Einzelhändlern festgelegt wird, kann die Preisdifferenzierung beträchtlich sein. Das Preissystem von Microsoft für das Programmpaket »Office 95« (Word, Excel, PowerPoint und Schedule Plus) differenziert den Standardpreis von 499 Dollar zum Beispiel dreifach. PC-Anwender, die ältere Programmversionen austauschen, erhalten einen Rabatt von 200 Dollar. »Zeit« ist die zweite Dimension zur Preisdifferenzierung – wer vor Jahresende kauft, erhält einen Rabatt von 50 Dollar. Drittens erhalten bisherige Microsoft-Kunden einen zusätzlichen Rabatt von 40 Dollar. Wenn ein bisheriger Microsoft-Kunde seine

Tabelle 5.1: Preise für eine 0,33-l-Dose Coca-Cola in Bonn

Verkaufsstelle	*Preis (DM)*	*Index*
1. Großer Supermarkt	0,64	100
2. Lebensmittelladen	0,69	108
3. Bäckerei	0,80	125
4. Verkaufsautomat – Universität	0,90	141
5. Tankstelle	1,20	188
6. Verkaufsautomat – Straße	1,50	243
7. Zeitungskiosk – Straße	1,60	250
8. Zeitungskiosk – Flughafen	2,00	312
9. Zeitungskiosk – Bahnhof	2,20	344

alten Programmversionen vor Jahresende austauscht, bezahlt er also nur 209 Dollar – 42 Prozent des Standardpreises.

Die Anhänger des »Power Pricing« wissen, welche Möglichkeiten die Preisdifferenzierung zur Gewinnsteigerung bietet. Verschiedene Kunden unterscheiden sich in ihrer Zahlungsfähigkeit und in ihrer Bereitschaft, hohe Preise zu zahlen. Ein häufiger Fehler der Preispolitik ist, die Preise nicht entsprechend anzupassen und damit auf Gewinn zu verzichten. Sir Colin Marshall, Vorstandsvorsitzender von British Airways, unterstrich die Bedeutung einer selbst »geringfügigen« Preisdifferenzierung für den Gewinn:

> ... die große Mehrheit der Flugreisenden kauft nach dem Preis. Doch einige Kunden sind bereit, etwas mehr zu zahlen. Ich möchte betonen, daß ich ›etwas‹ wörtlich meine. In unserem Fall sprechen wir im Durchschnitt von 5 Prozent. Diese 5 Prozent bedeuten allerdings eine Verbesserung von 440 Millionen Dollar pro Jahr.[1]

Preisdifferenzierung ist häufig der beste Weg zur Erzielung eines höheren Durchschnittspreises. Wie das Beispiel von British Airways zeigt, kann der Vorteil einer Preisdifferenzierung, die den Duchschnittspreis um 5 Prozent erhöht, beachtlich sein. Für jede Art von Preisdifferenzierung werden jedoch mehr Informationen benötigt als für eine Politik des Einheitspreises. Für die Preisdifferenzierung muß man den kundenspezifischen Produktnutzen kennen und sehr detaillierte Daten haben. Microsoft muß zum Beispiel wissen, wie sich der wahrgenommene Nutzen des Produktes zwischen Aufrüstern und Neukäufern sowie zwischen jenen, die jetzt kaufen wollen, oder jenen, die warten wollen, bis sich das Produkt noch weiter etabliert, unterscheidet. Sie sollten sich jedoch daran erinnern, welche Wirkung eine Preisänderung hat (siehe Kapitel 1). Im Durchschnitt steigert eine Erhöhung des erzielten Durchschnittserlöses um 1 Prozent den Gewinn um mehr als 10 Prozent. Daher ist es der Mühe wert, jene 10 Prozent der Kunden zu finden, die bereit sind, einen

Aufschlag von 10 Prozent zu zahlen – oder 20 Prozent der Kunden, die 5 Prozent höhere Preise zahlen – oder 50 Prozent der Kunden, die 2 Prozent höhere Preise zahlen – jede Möglichkeit, um den erzielten Durchschnittserlös um 1 Prozent zu erhöhen, verdient Ihre Aufmerksamkeit.

In diesem Kapitel behandeln wir die folgenden Fragen:

1. Warum erhöht Preisdifferenzierung den Gewinn?
2. Welche Informationen werden benötigt, um ein System differenzierter Preise zu entwickeln?
3. Wann ist die Preisdifferenzierung durchsetzbar?
4. Wie kann man Preisdifferenzierung am besten umsetzen?
5. Wo liegen die Risiken der Preisdifferenzierung und wie geht man mit ihnen um?

Die Beantwortung dieser Fragen wird dazu beitragen, daß Sie

- Möglichkeiten zur Preisdifferenzierung besser erkennen;
- die benötigten Daten aufbereiten können;
- die besten Methoden erkennen, um Märkte voneinander zu trennen, zum Beispiel Ihre Kunden mit niedrigen Preisen davon abzuhalten, Ihre Produkte an Kunden weiterzuverkaufen, denen Sie höhere Preise in Rechnung stellen;
- einen Umsetzungsplan aufzustellen.

Dieses Kapitel ist nur eine Einführung in das Konzept der Preisdifferenzierung. In den folgenden Kapiteln werden konkrete Formen der Preisdifferenzierung behandelt,

- nach geographischer Lage in Kapitel 6: »Pricing für internationale Märkte«,
- nach Kaufmenge in Kapitel 7: »Nichtlineares Pricing«,
- nach Produktunterschieden in Kapitel 8: »Pricing für Produktgruppen«,
- nach Zusammenkauf mit weiteren Produkten in Kapitel 9: »Preisbündelung«,
- nach Kaufzeitpunkt in Kapitel 10: »Kurzfristige Preisaktionen« und Kapitel 11: »Langfristige Preisstrategien«.

Warum ist Preisdifferenzierung vorteilhaft?

Sir Colin Marshall bezieht sich in seinem Beispiel auf eine bestimmte Art der Preisdifferenzierung, nämlich darauf, im Niedrigpreissegment Kunden zu finden, die bereit sind, etwas mehr zu zahlen. Fluggesellschaften wenden die

Preisdifferenzierung mit First Class, Business Class und Economy Class sehr ausgeprägt an. Auf internationalen Flügen kann der Preis für die First Class bis zu 10mal höher sein als für die Economy Class. Die wesentliche Begründung dafür ist einleuchtend: Eine Familie, die in Urlaub fliegt, ist preisbewußter als der Vorstandsvorsitzende, der zu einer wichtigen Besprechung reist. Um die Wirkung der Preisdifferenzierung jedoch wirklich zu verstehen, müssen wir die Situation sorgfältiger analysieren.

In Kapitel 2 haben wir die Preisabsatzkurve vorgestellt, das heißt die Beziehung zwischen Preis und Absatzmenge. Abbildung 2.6 zeigt die Preisabsatzkurve für das Elektrowerkzeug POWERSTAR. Jetzt wollen wir die Preisabsatzkurve für eine Fluggesellschaft betrachten. Für Geschäftsreisende ist der Flug vielleicht die einzige Reisemöglichkeit, deshalb hat der Flug für sie einen hohen Wert. Urlauber haben verschiedene Wahlmöglichkeiten: sie können zu Hause bleiben, mit dem Bus reisen, einen anderen Urlaubsort wählen oder selbst fahren. Abbildung 5.1 stellt solch eine Situation am Beispiel eines Flugzeuges mit 380 Plätzen und Kosten der Fluggesellschaft von 100 Dollar pro Sitz dar. Es gebe 380 potentielle Kunden für den Flug. Als potentielle Kunden bezeichnen wir jene Kunden, die bereit sind, wenigstens die variablen Kosten der Fluggesellschaft in Höhe von 100 Dollar zu zahlen. Wenn die Fluggesellschaft nur 100 Dollar berechnen würde, würden alle 380 Kunden Tickets kaufen und das Flugzeug wäre vollständig ausgelastet – die Fluggesellschaft würde jedoch einen Verlust machen, da sie gerade ihre variablen Kosten decken kann. Wenn der Preis über 100 Dollar angehoben wird, geht die Zahl der verkauften Tickets linear zurück. Bei einem Preis von 3 900 Dollar werden überhaupt keine Tickets mehr verkauft – dies ist der Maximalpreis, den der Fluggast mit der höchsten Preisbereitschaft zahlen würde. Die Fläche des Dreiecks ABC in Abbildung 5.1 hat eine wichtige Bedeutung: Sie stellt den Betrag dar, um den der potentielle Nutzen des Fluges die Kosten der Fluggesellschaft übertrifft. Die Punkte auf der Linie von B nach C zeigen die Werte für verschiedene Kunden, zum Beispiel hat der Flug für 380 Kunden einen Wert von 100 Dollar oder mehr, für 280 Kunden von 1 100 Dollar oder mehr usw. Der »mögliche Gewinn« in dieser Situation ist daher:

1/2 × 380 (Höhe des Dreiecks) × 3 800 $ (Breite des Dreiecks) = 722 000 $

In Abhängigkeit vom Preis sind diese 722 000 Dollar unterschiedlich verteilt. Wenn die Fluggesellschaft allen 380 Passagieren 100 Dollar berechnet, deckt sie gerade ihre variablen Kosten, und die Kunden kommen in den Genuß des ganzen »Wertes«. Wenn die Fluggesellschaft 4 000 Dollar verlangen würde, würde niemand fliegen; auf diese Weise würde der »potentielle« Wert von 722 000

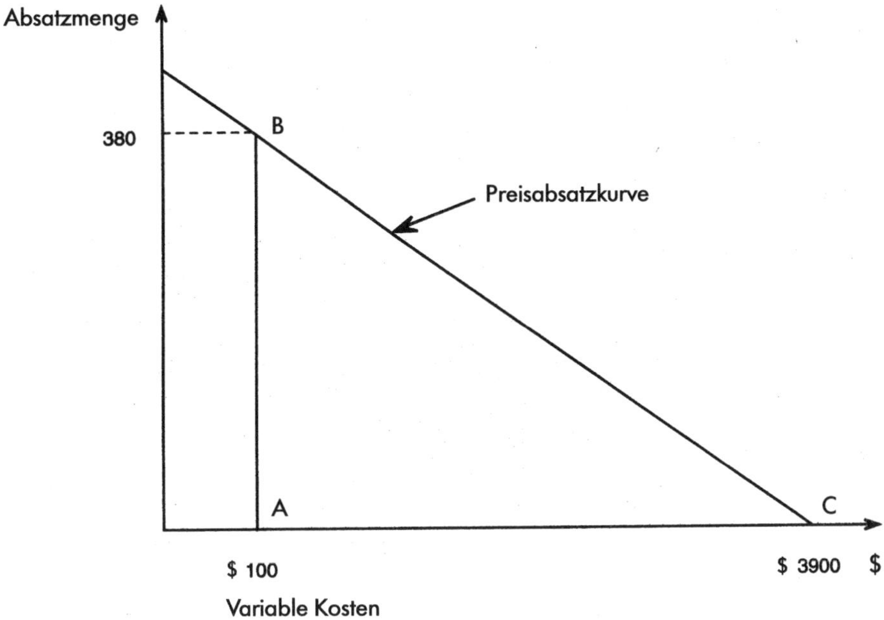

Abbildung 5.1: Preisabsatzkurve einer Fluggesellschaft

Dollar verschwinden. Beim optimalen Preis, der irgendwo dazwischen liegt, wird die Fluggesellschaft ihren Anteil an den 722 000 Dollar offensichtlich zu maximieren versuchen.

Wenn die Fluggesellschaft nur einen Preis verlangen könnte, wie der Anbieter von POWERSTAR in Kapitel 2, würde sie den Preis nehmen, der das größte Gewinnrechteck unter der Preisabsatzkurve ergibt. Wie wir aus Kapitel 2 wissen, ist dieses Rechteck für eine lineare Nachfragekurve wie in Abbildung 5.1 leicht zu finden. Es ist einfach der mittlere Punkt zwischen den variablen Kosten des Unternehmens und der maximalen Zahlungsbereitschaft, das heißt hier 100 $ + 3 900 $ = 4 000 $/2 = 2 000 $. Dies wird in Abbildung 5.2 dargestellt. Bei einem Preis von 2 000 Dollar kaufen 190 Kunden und die Fluggesellschaft erzielt einen Deckungsbeitrag von 2 000 $ – 100 $ = 1 900 $ × 190 = 361 000 $. Die Kapazitätsauslastung beträgt 50 Prozent und die Fluggesellschaft erhält 50 Prozent des theoretisch möglichen Wertes von 722 000 Dollar.

Warum kann das Unternehmen nur 50 Prozent des potentiellen Wertes realisieren? Wie wir im Rahmen der Preisbildung für POWERSTAR in den Abbildungen 2.6 und 2.7 erklärt haben, schneidet jeder Preis aus dem »möglichen Gewinndreieck« ein Gewinnrechteck aus, dessen Breite durch den Dek-

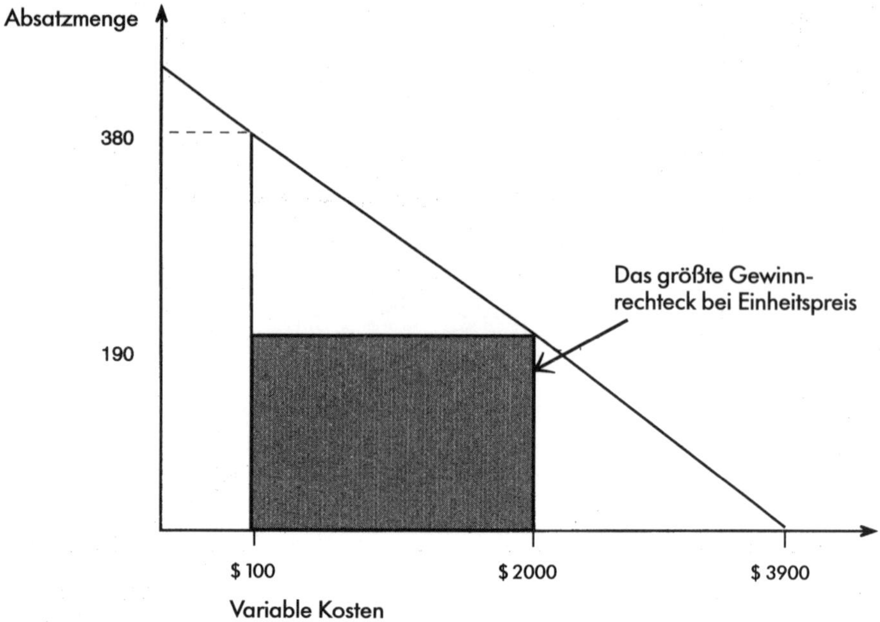

Abbildung 5.2: Gewinn bei Einheitspreis einer Fluggesellschaft

kungsbeitrag (Preis abzüglich variable Kosten) und dessen Höhe durch die Absatzmenge bestimmt wird. Die Begrenzung einer Einheitspreispolitik wird daraus deutlich, daß mit der Wahl eines Preises automatisch ein Rechteck aus dem »möglichen Gewinn«-Dreieck unterhalb der Preisabsatzkurve herausgeschnitten wird. Jedes Rechteck hinterläßt zwei dazugehörige Dreiecke, nämlich die Dreiecke X und Y in Abbildung 5.3.

Dreieck X ist »entgangener Gewinn«, weil zu diesen Preisen keine Tickets verkauft werden. Seine Größe entspricht der Anzahl der Kunden, die den Wert des Produktes höher einschätzen als seine Kosten für den Anbieter, die jedoch nicht kaufen, weil der gewählte Preis höher ist als ihre Preisbereitschaft. Seine Breite ist der Unterschied zwischen Einheitspreis und Kosten des Unternehmens. Die Wertschätzung dieser ausgeschlossenen Kunden, die über den Kosten des Herstellers liegt, ist im Durchschnitt die Hälfte davon. Daher stellt das Dreieck X den möglichen Gesamtgewinn dar, der nicht realisiert wird, weil mit diesen Kunden kein Geschäft zustandekam. Weil die Firma die Kunden anziehen wollte, die bereit waren, einen höheren Preis zu zahlen, mußte sie darauf verzichten, diese Kunden zu bedienen, obwohl ihre Preisbereitschaft höher war als die Kosten.

Dreieck Y bezeichnet ebenfalls entgangenen Gewinn, aber aus einem ande-

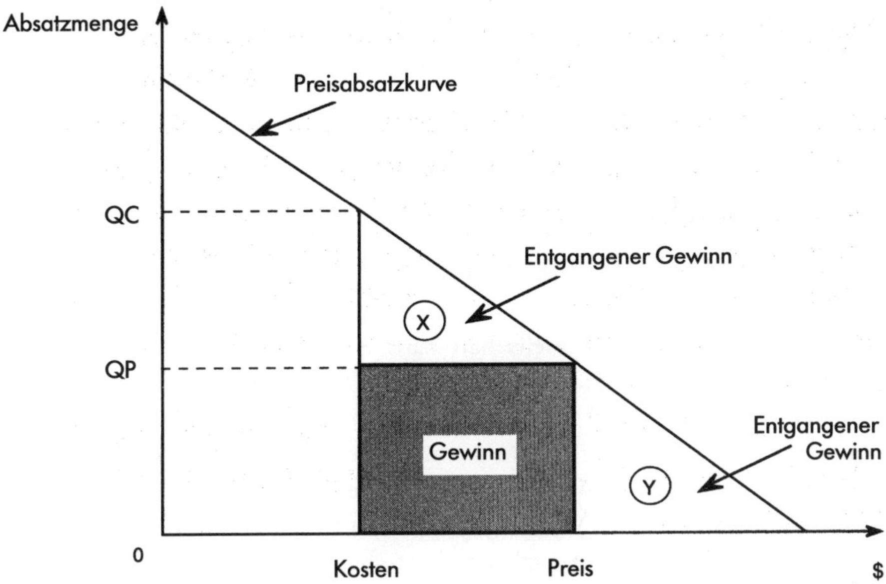

Abbildung 5.3: Das Gewinnrechteck und benachbarte Dreiecke

ren Grund, nämlich durch verschenkte Preisbereitschaft. Die dortigen Passagiere waren bereit, mehr als den Einheitspreis zu zahlen. Laut Abbildung 5.3 betrug deren Anzahl QP und der nicht ausgeschöpfte Gewinn entspricht der Fläche des Dreiecks Y. Diesen Kunden wurde ein zu niedriger Preis abverlangt. Jetzt können wir sehen, was mit dem möglichen Gewinn von 722 000 Dollar beim *optimalen* Einheitspreis laut Abbildung 5.2 geschieht. Er teilt sich wie folgt in die drei »Töpfe« auf:

- Deckungsbeitrag der Fluggesellschaft = 361 000 $ (= 50 Prozent),
- »Entgangener Gewinn durch zu hohen Einheitspreis« =
  190 × (2 000 $ – 100 $) ÷ 2 = 180 500 $ (= 25 Prozent),
- »Entgangener Gewinn durch verschenkte Preisbereitschaft« =
  190 × (3 900 $ – 2 000 $) ÷ 2 = 180 500 $ (= 25 Prozent).

Bei einer linearen Preisabsatzkurve bedeutet die Beschränkung auf einen Einheitspreis immer, daß das Unternehmen selbst mit dem besten Preis nur 50 Prozent des möglichen Gewinnes abschöpft – die anderen 50 Prozent teilen sich gleichmäßig auf die anderen beiden Töpfe auf. 25 Prozent des möglichen Gewinns ist »verschenkte Preisbereitschaft« oder bleibt in den Taschen der Kunden (Dreieck Y), und 25 Prozent ist entgangener Gewinn aufgrund des zu hohen Preises (Dreieck X). Die Funktion der Preisdifferenzierung ist es, Geld aus den »Töpfen« der Dreiecke X und Y in den Gewinntopf des Unternehmens umzuleiten.

Wie Preisdifferenzierung funktioniert: Einführung einer ersten Klasse

Nehmen wir an, die Fluggesellschaft kann anstelle eines Preises jetzt zwei Preise festlegen, und sie weiß, wie man Kunden mit hoher Wertschätzung dazu bringt, den hohen Preis zu zahlen, und Kunden mit geringerer Wertschätzung, den niedrigeren Preis zu zahlen. (Wie man diese Barrieren aufbaut, wird im nächsten Teil behandelt.) Was würde die Fluggesellschaft dann tun?

Abbildung 5.4 zeigt die Wirkung der Einführung einer Preisdifferenzierung für Kunden mit hoher und niedriger Wertschätzung und einer Hürde – wie zum Beispiel Übernachtung von Samstag auf Sonntag oder Vorausbuchung –, um die Kunden mit hoher Wertschätzung daran zu hindern, den niedrigeren Preis zu bekommen. Die obere Darstellung (siehe Abbildung 5.4a) beschreibt die schon bekannte Situation mit Einheitspreis sowie die Aufteilung des Gewinndreiecks im Verhältnis 50 Prozent – 25 Prozent – 25 Prozent. Bei Preisdifferenzierung haben wir zwei Preise P_L und P_H, wobei $P_L <$ Optimalpreis P bei Einheitspreis $< P_H$. Da $P_L < P$ ist, wird Dreieck X_1 in der unteren Darstellung (Abbildung 5.4b) kleiner als Dreieck X in der oberen Darstellung, das heißt, es entgeht weniger Gewinn. Dadurch, daß wir jetzt zwei Preise P_L und P_H haben, erhalten wir zwei kleinere Dreiecke für »verschenkte Preisbereitschaft«. Wie die schraffierten Flächen zeigen, hat sich der Deckungsbeitrag der Fluggesellschaft erhöht.

Unter Verwendung der Daten des in Tabelle 5.2 dargestellten Beispiels können wir die optimalen Preise für die zwei Preisklassen festlegen.

Der Deckungsbeitrag der Fluggesellschaft erhöht sich um 121 600 Dollar oder 34 Prozent auf 482 600 Dollar. 67 Prozent des möglichen Gewinns sind jetzt – an Stelle von 50 Prozent – im Deckungsbeitragstopf des Unternehmens. Der Durchschnittspreis bleibt unverändert bei 2 000 Dollar, doch jetzt zahlt eine Gruppe einen Aufschlag von 633 Dollar, und die andere Gruppe erhält den gleichen Rabatt. Die Erhöhung des Deckungsbeitrages der Fluggesellschaft resultiert aus der Verringerung sowohl der »verschenkten Preisbereitschaft« als auch der Vermeidung des zu teuren Preises und der Steigerung der Kapazitätsauslastung von 50 Prozent auf 67 Prozent.

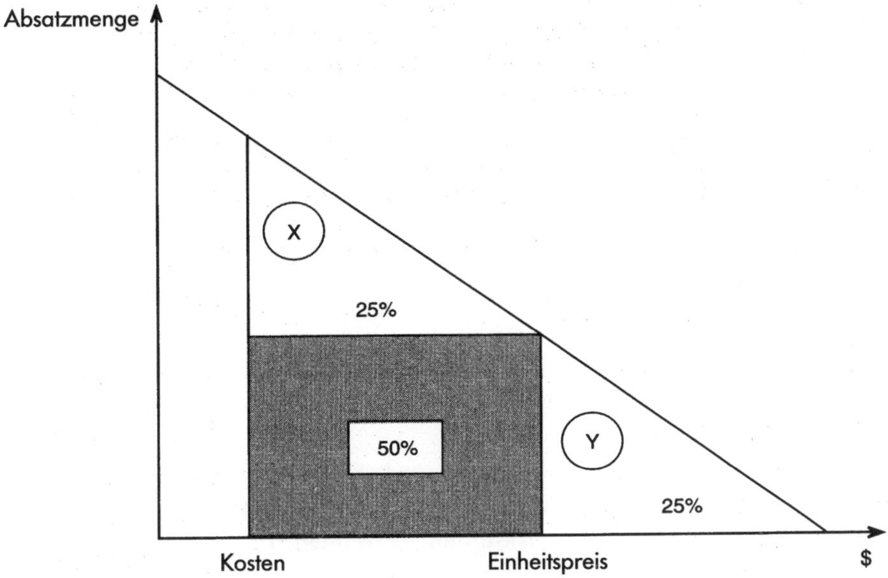

Abbildung 5.4a: Einheitspreis

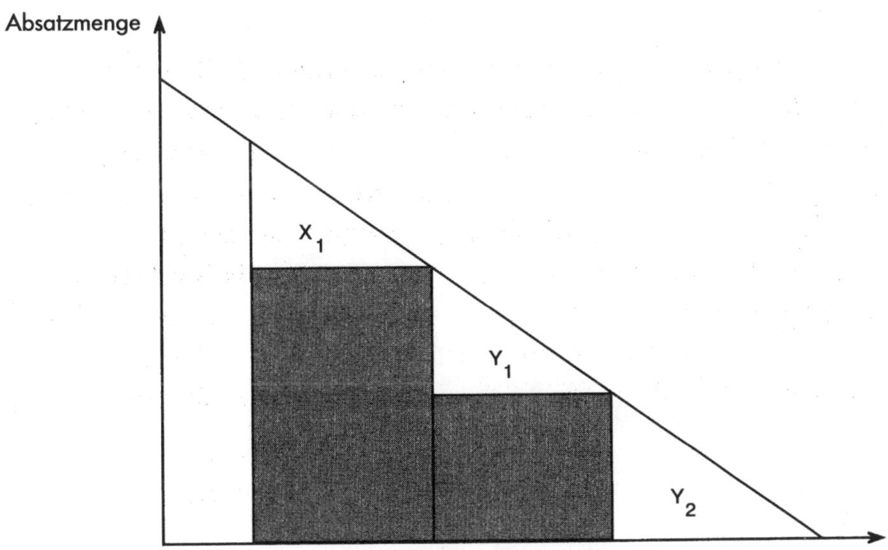

Abbildung 5.4b: Preisdifferenzierung

Tabelle 5.2: Vergleich der Preisbildung mit einer und zwei Preisklassen

	Eine Klasse	*First & Economy Class*	
Preis	2000 $	First Class	= 2633 $
		Economy Class	= 1367 $
Absatzmenge	190	First Class	= 127
		Economy Class	= 127
			254 (+ 34 %)
Deckungsbeitrag	361000 $		482600 $ (+ 34 %)

Einführung einer dritten Klasse: Business Class

Wenn für die Fluggesellschaft zwei Klassen besser als eine sind, sind dann drei besser als zwei? Ja, solange man Hürden aufbauen kann, um Hochpreis-, Normalpreis- und Niedrigpreiskunden zu trennen. In einer der Abbildung 5.4 entsprechenden Darstellung kann man leicht erkennen, was drei Preise bedeuten: Dreieck X wird noch kleiner und es gibt drei kleine Y-Dreiecke der gleichen Größe, die die »verschenkte Preisbereitschaft« bei Kunden der First Class, Business Class und Economy Class darstellen. Diese drei Y-Dreiecke sind zusammen kleiner als die zwei Y-Dreiecke des Falls mit zwei Preisklassen.

In diesem Beispiel sind die optimalen Preise und Absatzmengen:

	Preis ($)	*Passagiere*
First Class	2950	95
Business Class	2000	95
Economy Class	1050	95
Gesamt		285

Der Deckungsbeitrag steigt auf 541500 Dollar – das entspricht einer Steigerung von 12,2 Prozent im Vergleich zu einem System mit zwei Klassen und einer Steigerung von 50 Prozent im Vergleich zu einem System mit Einheitspreis. Diese Steigerung von 50 Prozent ist auf eine Erhöhung der Absatzmenge von 190 um 50 Prozent auf 285 zurückzuführen, während der Durchschnittspreis pro Sitz mit 2000 Dollar unverändert bleibt. Jetzt sind 75 Prozent des möglichen Gewinns von 722000 Dollar im Deckungsbeitragstopf der Fluggesellschaft. Die gleiche Anzahl von Passagieren in jeder Klasse resultiert aus der ursprünglichen Annahme, daß die Preisabsatzkurve linear ist. In der Realität gibt es jedoch im allgemeinen mehr Kunden in der niedrigen Preisklasse als in den höheren Preisklassen. Doch das Prinzip ist klar. Der Schlüssel liegt darin, wirksame Barrieren zwischen den Preissegmenten aufzubauen. Fluggesellschaften machen das natürlich mit ihren Anforderungen bezüglich Vorausbuchung und Übernachtung von Samstag auf Sonntag, mit unterschiedlichen Sitzgrößen und differenziertem Service (z.B. Lounges). Die verschiedenen Mechanismen zum Aufbau von Preisbarrieren werden im nächsten Teil allgemein behandelt. Der springende Punkt ist, daß sich der Gewinn durch Preisdifferenzierung wesentlich steigern läßt, selbst wenn die Preisbarrieren nicht perfekt sind.[2]

Die optimale Anzahl von Preisklassen und das optimale Verhältnis zwischen den Preisen hängen davon ab, wie stark sich die potentiellen Kunden unterscheiden. Sehr heterogene Kunden rechtfertigen die Kosten, ein differenziertes System unterschiedlicher Preisklassen zu betreiben. Im Fall einer linearen Nachfrage trifft es immer zu, daß der Übergang von einem System mit optimalem Einheitspreis zu einem System mit zwei optimalen Preisen den Anteil am möglichen Gewinn von 50 Prozent auf 67 Prozent erhöht; wird eine dritte Preisklasse hinzugefügt, erhöht sich der Gewinnanteil auf 75 Prozent. Der generelle Zusammenhang ist in Abbildung 5.5 dargestellt.

Entscheidend ist, daß ein großer Teil der möglichen Gewinnsteigerung bereits durch wenige Segmente erreicht wird. Die Kostenseite darf man jedoch nicht außer acht lassen. Bei komplexeren Preissystemen steigen die Kosten für die Information der Kunden, die Entwicklung von Preisbarrieren und die erforderlichen Kontrollen. Die Entscheidung von American Airlines, ein Tarif-

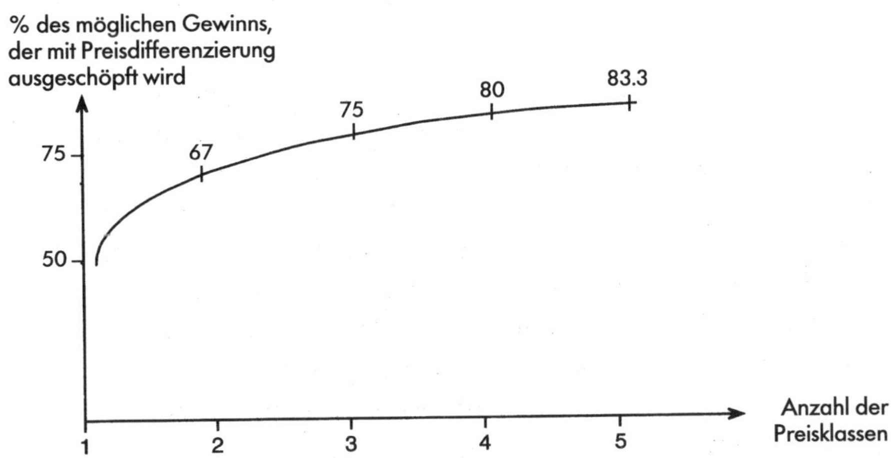

Abbildung 5.5: Gewinnausschöpfung durch Preisdifferenzierung

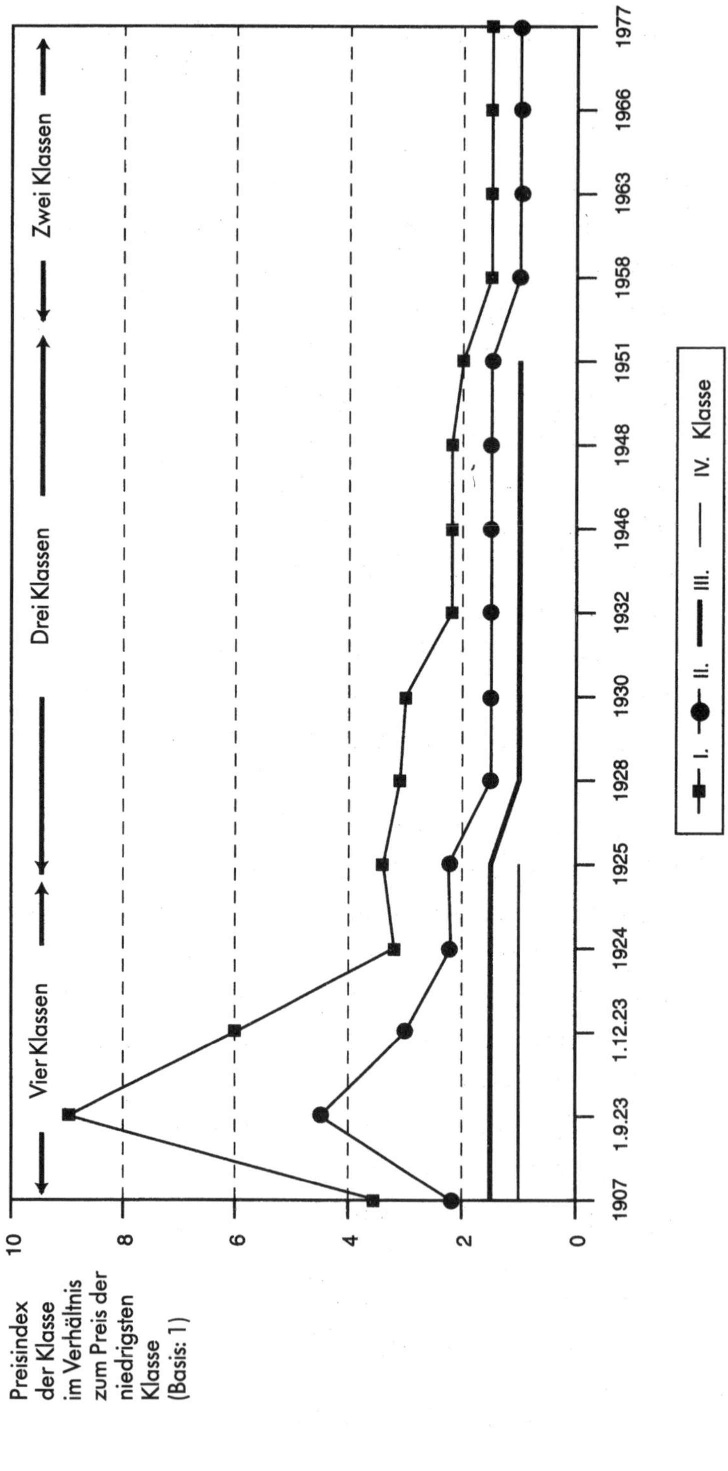

Abbildung 5.6: Anzahl der Preisklassen und Preisverhältnisse der Klassen bei der deutschen Eisenbahn

system mit drei Preisklassen einzuführen, war insofern strategisch, als sie die Kosten des gesamten Systems beeinflußte. Der mögliche Mehrgewinn, den man durch diese Differenzierung erzielen kann, zeigt, daß diese Kosten mehr als gerechtfertigt sein können. Abbildung 5.6 gibt die Entwicklung der Preisklassen und des Preisverhältnisses für die Eisenbahn in Deutschland seit 1907 wieder, als es die folgenden vier Klassen gab:

I. Klasse	7 Pfennig pro km
II. Klasse	4,5 Pfennig pro km
III. Klasse	3 Pfennig pro km
IV. Klasse	2 Pfennig pro km

1923 zahlten die Fahrgäste der I. Klasse das Neunfache der IV. Klasse. Doch dann setzte eine Entwicklung zu weniger Preisklassen ein, und der Preisabstand verringerte sich. 1928 gab es nur noch drei Klassen und 1951 wurde das System auf zwei Klassen begrenzt. Diese gelten immer noch mit einem Preisunterschied zwischen den Klassen von 50 Prozent, bei Hochgeschwindigkeitszügen (ICE) liegt der Preisunterschied zum Teil auch etwas höher.

Umsetzung: Erreichen der Preisdifferenzierung durch Einführung von Barrieren

Die vier wichtigsten Möglichkeiten zur Schaffung von Preisbarrieren sind:

1. *Differenzierung nach Produktqualität:* Entwickeln Sie ein Sortiment, das aus verschiedenen Qualitätsstufen besteht, und lassen Sie die Kunden nach ihren Präferenzen auswählen.
2. *Kontrollierte Verfügbarkeit:* Präsentieren Sie Ihre Produkte und Preise selektiv nur den Gruppen, für die sie gedacht sind, zum Beispiel durch Auswahl unterschiedlicher Absatzwege, die sich im Sortiment und Preis unterscheiden.
3. *Differenzierung nach Käuferstruktur:* Analysieren Sie die Struktur der Käufer, zum Beispiel ihr Alter oder die Art ihres Geschäftes, und differenzieren Sie den Preis nach den wichtigsten Strukturmerkmalen, die die unterschiedliche Wertschätzung für die Produkte beeinflussen.
4. *Differenzierung nach Einkaufsmerkmalen:* Analysieren Sie die charakteristischen Einkaufsmerkmale, zum Beispiel den Kaufzeitpunkt oder die Kaufmenge, und benutzen Sie das als Grundlage zur Preisdifferenzierung.

Wir zeigen im folgenden, wie jede dieser Methoden eingesetzt werden kann.

1. Preisdifferenzierung nach Produktqualität

Proctor-Silex verkauft Bügeleisen in zwei Preisklassen. Die höhere Preisklasse wird für 54,95 Dollar angeboten, während die nächste Preisklasse 49,95 Dollar kostet. Der Unterschied in den Herstellkosten zwischen diesen beiden Preisklassen ist geringer als 1,00 Dollar, da das Spitzenmodell sich nur durch ein kleines Kontrollicht unterscheidet, das anzeigt, ob das Bügeleisen die richtige Betriebstemperatur hat.[3] Nach den Worten des Marketing-Managers von Proctor-Silex erlaubt die Sortimentserweiterung dem Unternehmen, seine Deckungsbeiträge zu verbessern, weil »es ein Marktsegment gibt, das unabhängig von den Kosten das Beste kaufen will«. Wie findet Proctor-Silex diese Kunden? Ganz einfach, indem man analysiert, wer die bessere Preisklasse für 54,95 Dollar kauft. Proctor-Silex verwendet keine Barrieren im Rahmen der Preisdifferenzierung, vielmehr grenzen sich die Kunden, die eine Spitzenqualität wollen, selbst ab, weil sie für einen Zusatz 5 Dollar zahlen, der die Firma nur 1 Dollar kostet. An dem teureren Produkt verdient sie also 4 Dollar mehr, immerhin ca. 8 Prozent des Kaufpreises.

Während sich das Beispiel von Proctor-Silex auf Preisdifferenzierung im oberen Preissegment des Sortiments bezieht, kann eine Preisdifferenzierung im unteren Preissegment ebenfalls eine zweckmäßige Strategie sein. 1995 wurde Fords neu gestalteter Taurus in zwei Modellen eingeführt, dem Grundmodell GL und dem aufwendigeren Modell LX. Manche Kunden und Händler beschwerten sich darüber, daß der Preis des GL mit 19150 Dollar für die traditionellen Taurus-Käufer zu hoch sei. Anfang 1996 reagierte Ford auf die preisbewußten Käufer – nicht durch Senkung des GL-Preises, sondern durch die Ankündigung, im April eine neue G-Version zum Preis von 18545 Dollar als Ergänzung der Modellreihe einzuführen.[4] Der neue G-Käufer würde sich ausweisen als jemand, der die 600 Dollar lieber behält, statt sie für Geschwindigkeitskontrolle, Fußmatten, Kassettenspielgerät, Zentralverriegelung und das GL-Markenzeichen zu bezahlen – dies sind die Ausstattungsmerkmale, die den GL vom G unterschieden. Der G ist auch nur in weniger Farbvarianten lieferbar. Die Presse kommentierte: »Einige Extras werden für den Taurus G nicht angeboten, um die Zahl der Käufer, die das billigere Modell kaufen wollen, zu begrenzen«.[5] Fords Vorstandsmitglied für Marketing und Vertrieb schätzte, daß nur 5–10 Prozent des Taurus als G-Modell verkauft werden. Diese Entscheidung wurde gerade getroffen, als zahlreiche Pressebeiträge berichteten, daß die Taurus-Umsätze nach den Investitionen in F&E und den Aufwendungen für das neue Design und die Produkteinführung eine große Enttäuschung seien. Am 24. Januar 1996 erschien in der *New York Times* ein

Artikel unter der Überschrift: »Ford testet die Preisschwelle«. Der Autor behauptete, Fords Strategie stütze sich auf die Überzeugung, daß »der einzige Weg, um sowohl die Autokäufer zu befriedigen als auch Gewinn zu machen, darin bestehe, bessere Autos zu Premium-Preisen anzubieten«[6]. Die Ausweitung der Modellreihe nach unten in ein niedrigeres Preissegment – mit einer wohldurchdachten Weglassung bestimmter Extras und einer Preisdifferenzierung – erlaubte es Ford, seine Preispolitik und Strategie beizubehalten. Damit war offensichtlich ein Ergebnis beabsichtigt, das wir in Kapitel 4 beschrieben haben: Wenn GL-Käufer denken, daß sie einen Wagen mit geringerem Wert kaufen würden, stoßen sie auf eine mentale Barriere. Die Entscheidung über das Design des G-Modells trägt außerdem dazu bei, eine Hürde aufzubauen, während es der niedrigere Einstiegspreis erleichtert, das preisbewußte Marktsegment zu erreichen.

Diese Strategie wird auch von der Encyclopaedia Britannica verfolgt, die den gleichen Inhalt in verschiedenen Einbänden anbietet, die von der Standardausgabe bis zum schönen Ledereinband reichen. Am Flughafen Heathrow in London kostet die Standardausgabe 999 £. Die anderen Ausgaben kosteten 1 295 £, 3 200 £ und bis zu 4 000 £ für die Spitzenausgabe mit Ledereinband. Ein interessantes Beispiel der gleichen Art ist der Katalog von Sotheby für die Versteigerung des Nachlasses von Jacqueline Kennedy-Onassis im April 1996. Der Katalog von über 500 Seiten kostete in der gebundenen Ausgabe 90 £ und im flexiblen Einband 45 £. Wahrscheinlich ist die Ausgabe zum Preis von 45 £ für jene, die den Katalog als Führer für die Versteigerung kaufen, während die 90 £-Ausgabe für den Bücherschrank gedacht ist.

Für kurzlebige Konsumgüter kann eine Preisdifferenzierung nach Kaufgelegenheiten vorgenommen werden. Zum Beispiel vermarktet Kodak, wie in Kapitel 1 erwähnt, drei Filmarten. Royal Gold wird in der höchsten Preisklasse angeboten und ist 20 Prozent teurer als das Hauptprodukt Gold Plus. Auf der Packung wird erklärt, daß Royal Gold die Wahl des schlauen Käufers »für besondere Augenblicke« sei. Bei besonderen Gelegenheiten entscheidet sich der Käufer für das höherpreisige Angebot. Im allgemeinen haben höherpreisige Produkte höhere Deckungsbeiträge, da die Kostenunterschiede im Vergleich zu den Preisunterschieden deutlich geringer sind.

In vielen Fällen hat die Produktdifferenzierung eine vertikale Dimension – die Idee »gut, besser, am besten«. Auch eine horizontale Differenzierung kann jedoch in manchen Situationen zweckmäßig sein und eine Preisdifferenzierung erlauben. Zum Beispiel ermittelten wir für ein chemisches Produkt, das in ganz verschiedenen Anwendungsbereichen eingesetzt wird, den Anteil an den Gesamtkosten des Fertigprodukts wie folgt:

Marktsegment	*Anteil an den Kosten des Fertigprodukts*
Temperaturisolierung	50 %
Silikonkautschuk	33 %
Kleb- und Siegelstoffe	10 %
Polyestererzeugnisse	5 %
Farbe und Beschichtungsmittel	3 %

Infolge dieser großen Unterschiede im Anteil an den Gesamtkosten zeigten die fünf Segmente sehr unterschiedliche Preiselastizitäten. Die Differenzierung der Chemikalie für die einzelnen Marktsegmente nach Verpackung und Service erlaubt eine gewinnbringende Preisdifferenzierung.

Die Preisdifferenzierung nach Produktqualität hat im Vergleich zu anderen Methoden einen Vorteil: Sie wird von fast jedem als »fair« angesehen. Alle Produkte sind voll verfügbar, und ein Kunde kann auswählen, welche Modell-Preis-Kombination er möchte. Die Grundlage dafür, daß diese Methode funktioniert, ist die Entscheidung über die Produktkonzeption, um die Produkte so zu differenzieren, daß die Präferenzen der Kunden sich unterscheiden. Dieses Konzept wird detailliert in Kapitel 8: »Pricing für Produktgruppen« behandelt.

Ein anderer Mechanismus zur Produktdifferenzierung ist die Zeitplanung für die Freigabe von Produkten und für Preissenkungen. Doubleday, der Verlag von John Grishams Romanen *Time to Kill, The Firm, The Pelican Brief, The Client, The Chamber* und *The Rainmaker* weiß, daß manche Leser Grishams Romane besonders schätzen. Offensichtlich möchte der Verlag, daß treue Leser mehr zahlen als andere. Dies wird dadurch erreicht, daß zuerst eine gebundene Ausgabe zu einem Preis von ca. 26 Dollar erscheint; treue Leser kaufen diese Ausgabe, obwohl sie wissen, daß die Taschenbuchausgabe schließlich für 7,00 Dollar angeboten wird. Weniger begeisterte preisbewußtere Fans können warten; auf diese Weise segmentieren sich die Kunden durch ihr Verhalten. Das gleiche Phänomen kann man in Kinos beobachten: In Erstaufführungskinos kostet eine Eintrittskarte 7,25 Dollar, in Nachbarschaftskinos ist der Preis einige Wochen später 5,00 Dollar und im Videoverleih kostet die Leihgebühr für den Film 3,00 Dollar. Dies ist im allgemeinen die Logik, abgespeckte, preiswertere Versionen eines Produktes im Zeitablauf anzubieten. Das Prinzip lautet hier, daß jeder kaufen kann, was er will, doch Verbraucher wählen in einer Weise aus, die eine Preisdifferenzierung möglich macht.

2. Begrenzte Verfügbarkeit

Eine Frau erhob Klage gegen das Versandhaus Victoria's Secret, weil der Katalog nur einen Gutschein für einen 10-Dollar-Rabatt enthielt, während ein »erwachsener Mann mit höherem Einkommen« den gleichen Katalog mit einem Gutschein über 25 Dollar erhielt. Der Anwalt der Frau führte aus: »Das ist nicht gerecht. Jedes Unternehmen sollte in gleicher Weise werben und jedem Verbraucher die gleiche Möglichkeit geben, ein gutes Geschäft zu machen«.[7] Was auch immer die Besonderheiten dieses Falles sein mögen, die Erklärung des Anwalts ist keine sinnvolle allgemeine Regel. Preise können erfolgreich differenziert werden, indem ihre Verfügbarkeit hinsichtlich Zeit oder Ort begrenzt wird oder die Beachtung durch die Kunden gesteuert wird. Da die differenzierte Ansprache von Zielpersonen im Marketing immer mehr an Bedeutung gewinnt und zielgruppengenaue Medien die Norm werden, wird die Begrenzung der Preispräsentation zunehmend praktikabel und ist zu empfehlen. Besondere Methoden dafür sind:

Gutscheine. In ihrem Buch *Verkaufsförderung* bemerken Blattberg und Neslin, daß es ein explizites Ziel von Gutscheinen ist, »einer ausgewählten Zielgruppe eine Preissenkung anzubieten ... Die potentielle Wirksamkeit der Verwendung von Gutscheinen, um einer geeigneten Zielgruppe eine Preissenkung anzubieten, ist zwingend«.[8] Obgleich man Gutscheine in der Vergangenheit als »Rabatt« für einige häufig gekaufte kurzlebige Konsumgüter betrachtet hat, wurden inzwischen innovativere Einsatzmöglichkeiten erprobt. Zum Beispiel verschickte General Motors einen Gutschein über 1 500 Dollar für einen neuen Oldsmobile nur an jene, die in einer Kundenbefragung angegeben hatten, daß sie mit ihrem gegenwärtigen Oldsmobile nicht zufrieden sind.[9] Die Begründung dafür ist, daß diese potentiellen Käufer einem neuen Oldsmobile einen geringeren Wert beimessen als jene, die mit ihrem gegenwärtigen Oldsmobile zufrieden sind. Den Gutschein kann man namentlich ausstellen, so daß er nicht übertragbar ist und seine Verwendung nur auf jene begrenzt wird, für die er gedacht ist.

Versandkataloge. Da Informationen über das frühere Kaufverhalten bekannt sind, kann die Preisdifferenzierung durch Kataloge eine hervorragende Taktik zur Gewinnverbesserung sein. Ein Schuhhersteller hat eine Reihe von sieben verschiedenen Katalogen, die an »neue Kunden« verschickt werden. Mit jeder Aussendung werden die Preisanreize größer. Wenn der Kunde zum »regulären Preis« im ersten Katalog keine Schuhe bestellt, erhält er einen zweiten Katalog, der einen Rabatt von 15 Dollar anbietet. Wenn er nicht anhand des zweiten

Katalogs bestellt, erhält er einen dritten Katalog mit einem noch größeren Rabatt usw.

Geographische Preisdifferenzierung. In unseren Analysen haben wir sehr unterschiedliche Preisabsatzkurven in verschiedenen geographischen Märkten festgestellt. Solange ein Preisunterschied zwischen Märkten keine Arbitrage von einem Markt zum anderen auslöst, ist die Preisdifferenzierung nach dem Ort des Käufers eine gute Praxis. Wir behandeln dies detailliert in Kapitel 6. Zum Beispiel sind bestimmte Kameras in England 50 Prozent teurer als in den USA. Zwischen Japan und den USA gibt es in vielen Fällen signifikante Preisunterschiede. Kosmetik ist ein besonderes Gebiet, wo die Preise sich in manchen Fällen um den Faktor 3 bis 4 von Land zu Land unterscheiden.

Arzneimittel sind eine Warengruppe, für die wir extreme Unterschiede in der Preisreaktion der Nachfrage in verschiedenen geographischen Märkten festgestellt haben. Zwar mögen die Präparate in allen Märkten geschätzt werden, die begrenzte Kaufkraft behindert jedoch in manchen Ländern das Geschäft. Manche betrachten die Preisdifferenzierung nach der wirtschaftlichen Situation des Landes als »gerecht«, andere nicht. Wyeth-Ayerst Labs wurde von manchen für seine Preispolitik für das Kontrazeptivum Norplant negativ beurteilt, das in den USA (350 Dollar) mit einem Preisaufschlag von 1 500 Prozent im Vergleich zu den Entwicklungsländern (24 Dollar) verkauft wird.[10] Wenn die Preispolitik für sozial sensitive Produkte, wie zum Beispiel Mittel zur Empfängnisverhütung, auch die sorgfältige Beachtung verschiedener Faktoren erfordert, so kann die geographische Differenzierung doch den Gewinn verbessern. Obgleich die Aufrechterhaltung von Preisunterschieden zwischen verschiedenen geographischen Regionen infolge neuerer Entwicklungen schwieriger geworden ist, raten wir von einem einheitlichen weltweiten Preis ab. Vielmehr sollten Unternehmen die zulässigen Preisunterschiede berücksichtigen sowie einen Mittelweg zwischen Preisdifferenzierungs- und Harmonisierungsfaktoren finden, wie wir im nächsten Kapitel darlegen werden.

Einkaufsort-Restriktionen. Manche Preise werden nur an bestimmten Orten gewährt, wie zum Beispiel der Eisenbahnpaß für Reisen in Europa, der in den USA gekauft werden muß. Dies begrenzt seinen Einsatz auf internationale Reisende, die vorausplanen und nur im Urlaub die Bahn nutzen, und enthält die niedrigen Preise jenen vor, die die Routen regelmäßig fahren.

Individuelle Preisverhandlungen. Im Januar 1996 erschien im *Wall Street Journal Europe* ein Artikel unter der Überschrift: »Telefongesellschaften bieten Rabatte auf Anfrage an«[11] und gab den Rat, um ein »cleverer Käufer« zu werden, sei es erforderlich, »einfach seine jetzige Telefongesellschaft anzurufen und zu fragen, welche Arten von Rabatten gewährt werden«. France Telecom bietet ein derartiges Programm an, bei dem die Kunden sich aktiv melden müssen. Die Strategie war hier, den Preis zugunsten derjenigen zu differenzieren, die ihr Preisbewußtsein und ihre Bereitschaft, wettbewerbsfähige Angebote zu suchen, dadurch aufdeckten, daß sie nach einem Rabatt fragten. Entsprechend werden große nationale Kunden oder Käufer mit einem großen Einkaufsvolumen nicht nach der veröffentlichten Preisliste einkaufen, sondern handeln ihre Preise individuell aus. Diese individuellen Preisverhandlungen können ein erfolgreicher Weg zur Preisdifferenzierung sein, wenn die Handhabung vielleicht auch ein bißchen aufwendig ist.

Jede dieser Methoden schränkt die Verfügbarkeit bestimmter Preise erfolgreich ein. Die direkte Beteiligung des Unternehmens plaziert den Kunden auf der einen oder anderen Seite der Preisbarriere. Außendienstmitarbeiter erreichen dies regelmäßig durch die Informationen, die sie über die Verfügbarkeit von Produkten und Preisen geben. In einigen Fällen ist es eine gute Strategie, der France Telecom zu folgen und die niedrigen Preise nur dem aktiv danach fragenden Kunden zu gewähren.

3. Preisdifferenzierung nach Käufermerkmalen

Es gibt viele Situationen von beträchtlicher Preisdifferenzierung, die sich an alle richtet, wie wir am Beispiel des »Office«-Programmpakets von Microsoft gesehen haben, das wir in der Einleitung dieses Kapitels vorstellten. Zum Beispiel:

• Eurodisney	»Kinder gratis – vom 01. 01. 96 bis 04. 04. 96«
• Kino	Erwachsene: 7,25 $ Kinder unter 12: 4,50 $
• Quattro Pro-Tabellenkalkulationsprogramme von Borland	325 Dollar für Erstkäufer des Tabellenkalkulationsprogramms 99 Dollar für Austausch der vorhandenen Tabellenkalkulationsprogramme (z.B. Anwender von Lotus 1-2-3)
• Harvard Business School Verlag	Akademische Einrichtungen: 28,00 $ Firmenkunden: 50,00 $ für eine Sammlung von 15 Fallstudien
• Landegebühren auf Flughafen München	Boeing 747-200: 18 600 DM Boeing 747-400: 10 100 DM

In jedem Fall werden die verschiedenen Preise für alle sichtbar veröffentlicht. Der Kunde hat jedoch keine Wahlmöglichkeit. Auf der Grundlage beobachteter Merkmale des Käufers entscheidet das Unternehmen, ob der Kunde für einen niedrigen Preis in Frage kommt oder nicht. Die Beschäftigten von Disneyland und die Kartenverkäuferin im Kino betrachten den Kunden, um sein Alter zu beurteilen. Borland verlangt, daß ein Auftrag zu einem Preis von 99 Dollar einen Beweis für den gegenwärtigen Besitz eines Tabellenkalkulationsprogramms enthalten soll, wie zum Beispiel eine Seite aus dem Benutzerhandbuch. HBS prüft die Versandadresse, um den akademischen Status zu beurteilen. Der Flughafen München kennt den Typ des gelandeten Flugzeugs. Keine dieser Methoden ist perfekt – einige 13-Jährige werden die Kartenverkäuferin täuschen und nur 4,50 Dollar bezahlen –, doch selbst ohne die Möglichkeit, perfekte Barrieren aufbauen zu können, ist die Preisdifferenzierung der Einheitspreisbildung überlegen.

Das Prinzip lautet hier, ein charakteristisches Merkmal auszuwählen, das (a) ohne großen Aufwand beobachtet werden kann und (b) den Markt in Gruppen mit unterschiedlicher Kaufkraft oder Zahlungsbereitschaft aufteilt. Zum Beispiel wird ein Tabellenkalkulationsanwender, der Lotus 1-2-3 bereits auf seinem PC installiert hat und mit Lotus 1-2-3 bestens vertraut ist, einem neuen Tabellenkalkulationsprogramm eines Lotus-Konkurrenten einen geringeren Wert beimessen als ein PC-Anwender ohne Tabellenkalkulationsprogramm. Daher differenzierte Borland den Preis nach diesen beiden Gruppen – und berechnet den Umsteigern von Lotus nur 30 Prozent des Neukäuferpreises. Lotus selbst hat auch einen Sonderpreis beim Übergang von einer 1-2-3-Version zur nächsten angeboten. Die bisherigen Aktivitäten der möglichen Käufer haben einen Kundenstamm geschaffen, der sich hinsichtlich der Vertrautheit und des Besitzes eines dauerhaften Gutes, das als Substitutionsprodukt fungiert, stark unterscheidet. Oder es kann längerfristige Motive geben, wie im Fall der Flughafen-Landegebühren. Der Tarif ist für die Boeing 747–400 niedriger, obwohl dieses Flugzeug schwerer als die 747–200 ist, weil es ein lärmarmes Flugzeug ist, dessen Einsatz der Flughafen fördern will.

Verfügbarkeit von Alternativen war auch die Triebkraft für eine der umstritteneren Preisdifferenzierungen der jüngsten Vergangenheit. In den USA gingen die Pharmahersteller dazu über, den HMOs (Health Maintenance Organizations) und Versandapotheken niedrigere Preise zu berechnen als unabhängigen Apotheken. Da HMOs und Versandapotheken wuchsen und an Einkaufsmacht gewannen, konnten sie den Verkauf der Produkte beeinflussen. Diese zusätzlichen Rabatte betragen durchschnittlich 15 Prozent. Obgleich diese Praxis umstritten ist, wie vieles in der Preispolitik für Arzneimittel, erscheint die zugrundeliegende Logik klar und überzeugend. Eine Apotheke hat alle führenden Arzneimittel vorrätig. Sie hat keine andere Wahl. Sie muß die Rezepte der Kunden genau einlösen. HMOs andererseits haben nicht jede Arznei vorrätig, sondern wählen vielleicht die zwei oder drei Präparate innerhalb eines Indikationsbereiches aus, die das beste Angebot machen. Es heißt, die HMO Kaiser-Permanente empfängt nicht einmal einen Außendienstmitarbeiter, der nicht bereit ist, zusätzliche Rabatte zu gewähren. Da kleine Apotheken den Absatz von Arzneimitteln nicht beeinflussen können, während im Gegensatz dazu HMOs und große Versandorganisationen ihre Macht in bezug auf die Markenwahl demonstriert haben, ist es konsequent, den Preis so zu differenzieren, daß den Mächtigen ein niedrigerer Preis gewährt wird. Ihre Macht beruht auf der Verfügbarkeit über Alternativen, die sie dadurch geschaffen haben, daß sie die Wahl des Endverbrauchers einschränken können.[12]

Übliche Eigenschaften, die bei der Produktdifferenzierung nach Käufermerkmalen verwendet werden, sind:

- Alter – Kinder und Senioren;
- Kundentyp – Endverbraucher oder Wiederverkäufer;
- Kundentreue – Erstkäufer oder Stammkunde;
- Zahlungsfähigkeit – Colleges praktizieren Preisdifferenzierung unter der Bezeichnung Stipendium oder finanzielle Hilfe. In diesem Fall wird die Zahlungsfähigkeit genau geprüft, und es müssen umfassende Daten über Einkommen und Vermögen vorgelegt werden. Kürzlich wurde geschätzt, daß 20 Prozent der Bezahlung durch diejenigen, die die vollen Studiengebühren zahlen, verwendet werden, um andere zu subventionieren.

4. Preisdifferenzierung nach Kaufbedingungen

Die Preisdifferenzierung kann auch durchgeführt werden, indem man sie auf die Kaufbedingungen bezieht. Eurodisneys Politik »Kinder gratis« bezieht sich nur auf einen bestimmten Zeitraum. In der Luftfahrt ist ein Ticket, das im voraus gebucht wurde und eine Übernachtung von Samstag auf Sonntag beinhaltet, auf Privatreisende zugeschnitten. Diese Merkmale werden so als eine Barriere für niedrige Tarife verwendet. Eine Rückfahrkarte im Eurostar-Zug zwischen Paris und London kostet bei Vorausbuchung 435 DM, jedoch 517 DM, wenn die Fahrkarte kurz vor der Abfahrt gekauft wird. Wenn ein CD-Player bei einem Autohändler zusammen mit dem Erwerb eines Neuwagens gekauft wird, weist dies auf einen Käufer hin, der eine gute Ausstattung haben will und dessen Ausgaben durch diesen Wunsch nur um ca. 1 Prozent erhöht werden. Dieser Käufer ist wahrscheinlich weniger preisbewußt als derjenige, der einen CD-Player für seinen Wagen kaufen will, den er bereits fährt. Letzterer hat eine große Auswahl unter einer Vielzahl von Geschäften. Der CD-Player im ersten Beispiel wird sicherlich teurer sein als der im zweiten. Das Beispiel von Coca-Cola in Tabelle 5.1 am Anfang dieses Kapitels repräsentiert diese Art von Preisdifferenzierung für Standorte.

Durch Ermittlung jener Transaktionsmerkmale, die mit der Zahlungsbereitschaft korreliert sind, kann man wirkungsvoll Hürden aufbauen, um Preisdifferenzierung durchzuführen.

Das am meisten für die Preisdifferenzierung verwendete Transaktionsmerkmal ist die Kaufmenge – entweder zu einem Zeitpunkt oder in einem gewissen Zeitraum. Dies wird bei Produkten angewendet, die vom Saisonpaß für einen Skihang über Weinflaschen (zum Beispiel Rabatt von 20 Prozent bei Kauf eines Kartons) bis zu Computerzeit im Internet reichen. Zum Beispiel beinhalten die Preise von Club Med für Skiurlaub im Winter 1995/96 eine Sonderkondition »Die elfte Person in einer Gruppe ist frei«. Eine Variante davon sind Softwarepreise für Mehrfachnutzung nach der Anzahl der Benutzer. Zum Beispiel setzte Novell für Netware 4.1 das in Tabelle 5.3 dargestellte Preissystem ein. Ein großes Unternehmen zahlt pro Benutzer nur 20 Prozent dessen, was ein kleines Unternehmen bezahlen muß.

Tabelle 5.3: Netware-Preisstaffel nach Zahl der Benutzer

Anzahl der Benutzer	*Lizenzgebühr für Mehrfachnutzung ($)*	*Preis pro Benutzer ($)*
5	396	79,20
10	796	79,60
25	1196	37,84
50	1596	31,92
100	2236	22,36
250	3996	15,98

Quelle: L. DiDio, »Novel dangles bargain bait before Netware users«, *Computerworld*, 10. Juli 1995, S. 1ff.

Die zugrundeliegende Überlegung ist hier, daß Käufer von größeren Mengen dem Produkt einen niedrigeren Wert beimessen – vielleicht auf Grund ihrer Fähigkeit, Alternativen zu finden. Diese Art der Preisdifferenzierung werden wir in Kapitel 7 »Nichtlineares Pricing« behandeln.

Bei Mengenrabatten ist das Differenzierungsmerkmal die Anzahl der gekauften Einheiten pro Produkt. Eine andere Form besteht darin, ein Paket von verschiedenen Produkten als Kaufmerkmal zu verwenden. Im Neuwagenverkauf werden häufig Pakete angeboten, zum Beispiel das Paket für »kaltes Wetter«, das aus ASR, Sitzheizung und heizbaren Seitenspiegeln besteht. Serviceverträge können mit einem Produkt in einem Paket verkauft werden. Diese Formen der Preisbildung behandeln wir in Kapitel 9 »Preisbündelung«.

Es gibt eine Vielzahl von Verfahren, um die Preisdifferenzierung so durchzuführen, daß Käufer mit einer höheren Wertschätzung für das Produkt höhere Preise bezahlen. Wie wir am Anfang dieses Kapitels gezeigt haben, hat die Preisdifferenzierung eine große Wirkung auf den Gewinn. Um den Prozeß der Preisdifferenzierung zu beginnen, muß man zunächst die Faktoren für die unterschiedliche Wertschätzung ermitteln und dann auf dieser Grundlage eine Barriere entwickeln, um die Kunden mit hoher und niedriger Wertschätzung zu trennen. In einem System zur Preisdifferenzierung müssen dann die folgenden zwei Fragen gestellt werden.

1. Kann die unterschiedliche Wertschätzung der Kunden ermittelt und verstanden werden, das heißt: Welches sind die wichtigsten Beeinflussungsfaktoren?
2. Kann eine angemessene Barriere durch Verwendung einer der vorstehend beschriebenen Methoden entwickelt werden? Eine Barriere braucht nicht perfekt zu sein – sie muß jedoch zwei notwendige Bedingungen erfüllen: (a) die Kunden nach ihrer Wertschätzung unterscheiden und (b) in Übereinstimmung mit der Art des Produktes verhindern, daß das Gut von einem Kunden mit niedrigen Preisen an einen Kunden mit höheren Preisen weiterverkauft wird. Diese zweite Bedingung ist im allgemeinen leichter für Dienstleistungen zu erfüllen, bei denen Kauf und Verbrauchsereignis zusammenfallen. Das Arbitrageproblem muß im Falle des Güterverkaufs sorgfältig berücksichtigt werden – insbesondere bei nichtverderblichen Produkten mit geringen Transportkosten.

Wir empfehlen, drei Bereiche zusätzlich zu berücksichtigen, wenn über die Möglichkeiten der Preisdifferenzierung nachgedacht wird.

1. Die Wahrnehmung der Kunden von »Fairneß«

Obgleich das Preischaos der Fluggesellschaften, das wir in Kapitel 4 beschrieben haben, durch Wettbewerbsauseinandersetzungen verursacht wurde, war ein auslösender Faktor, daß die Kunden die Preispolitik der Fluggesellschaften im Grunde genommen für unfair hielten. Wenn man für ein Rückflugticket von Boston nach Minneapolis 400 Dollar bezahlt, um das Spiel der Red Sox gegen die Minnesota Twins am Samstagabend zu sehen und am Sonntag zurückzukommen, warum muß man dann das Dreifache bezahlen, wenn man das Spiel an einem Dienstagabend sehen und an einem Mittwoch zurückkehren will? Kurzfristig kaufen die Kunden vielleicht nach wirtschaftlichen Überlegungen: Wenn der Preis unter dem wahrgenommenen Wert liegt, kaufen sie, sonst nicht. Langfristig sind die Kunden jedoch motiviert, alternative Lösungen für Situationen zu finden, die sie für unfair halten. Flugpassagiere in den USA wandten viel Zeit auf und zeigten große Kreativität, sich Flugrouten und ein Reiseverhalten auszudenken, die das Tarifsystem überlisteten. Wenn es solche Fairneß-Überlegungen nicht gäbe, würden alle Restaurants samstags abends, wenn sie voll sind, die Preise erhöhen. In der Praxis kann ein »Samstagabend-Aufschlag« für ein Restaurant allerdings der Anfang vom Ende sein, da die Kunden das einfach nicht akzeptieren. Berücksichtigen Sie jedoch, daß das bei einem »Dienstagabend-Rabatt« nicht der Fall ist. Die generelle Überlegung in diesem Zusammenhang ist, daß die besondere Art, wie die Preisdifferenzierung den Kunden mitgeteilt wird, ihr Verständnis von Fairneß beeinflussen kann – dieser Aspekt der Fairneß kann erfolgsentscheidend sein.

2. Rechtliche Zulässigkeit

Fast alle Arten der Preisdifferenzierung, die wir behandelt haben, waren Gegenstand von Rechtsstreitigkeiten. Deshalb sollte in jedem Fall geprüft werden, ob die vorgesehenen Maßnahmen der Preisdifferenzierung rechtlich zulässig sind. Die Preisdifferenzierung nach dem Produktdesign ist normalerweise unstrittig. Produkte und Preise sind frei zugänglich, und der Kunde wählt einen bestimmten Artikel nach seinen Präferenzen.

Die anderen Methoden einer wirksamen Preisdifferenzierung müssen auf rechtliche Zulässigkeit überprüft werden. Es ist schwierig, die gesetzlichen Bestimmungen bezüglich Preisdifferenzierung oder »Preisdiskriminierung« angemessen zusammenzufassen.

Die diesbezüglichen Vorschriften unterscheiden sich auch nach Ländern sehr stark. Viele Systeme der Preisdifferenzierung beinhalten jedoch keine wettbewerbsschädlichen Wirkungen. Wenn die Möglichkeit wettbewerbsverzerrender Wirkungen besteht, sollte in jedem Fall eine Rechtsberatung in Anspruch genommen werden.

3. Einfluß auf die Kundenbetreuung

Wenn Preisdifferenzierung durch selektives Anbieten von Rabatten beim persönlichen Verkauf erfolgt, kann sich der Charakter der Außendienstaktivitäten dahingehend verändern, daß anstelle des Verkaufs von Produktnutzen und Wert der Preis in den Mittelpunkt tritt. In den USA fand das zum Beispiel in der Vergangenheit besonders auf dem Automobilmarkt statt. Der Geschäftsbereich Saturn von GM brach mit dieser Tradition und erzielte mit seiner Politik »Keine Preisdifferenzierung« viel Aufmerksamkeit. Im Gegensatz zur großen Mehrheit der Händler verhandelt ein Saturn-Händler nicht über den Preis, sondern hat statt dessen eine »Festpreispolitik, kein Feilschen«. Das Ziel ist, den Verkaufsvorgang angenehm zu gestalten, und der Saturnverkäufer soll sich darauf konzentrieren, den Kunden an das richtige Saturn-Modell heranzuführen und seine Vorteile zu erläutern, ohne zu versuchen, dem Kunden das letzte Geld aus der Tasche zu ziehen. Saturn war mit dieser Politik bei Neuwagen so erfolgreich, daß sie im Januar 1996 auf Gebrauchtwagen ausgeweitet wurde. Das Hotel Elysée in Hamburg hat eine ähnliche Politik – einen festen Übernachtungspreis von 270 DM, unabhängig davon, wie hart der Kunde verhandelt, wer er ist oder wieviele Zimmer belegt sind.

Die Wirkung der Preisdifferenzierung muß sowohl intern als auch extern analysiert werden. Kapitel 12 »Anpassung der Organisation für Power Pricing« behandelt das Problem der Zuordnung der Preiskompetenz im Unternehmen und beschreibt geeignete Anreizsysteme für Mitarbeiter im Außendienst. Diese Anreize und die Form der Preisdifferenzierung sollten maßgeschneidert werden, um den notwendigen Zusammenhang für die erfolgreiche Lieferung der Nutzenbotschaft zu schaffen, anstatt die Preisfeilscherei zu fördern. Ein Hersteller von Verpackungsmaterial ging dort, wo die Außendienstmitarbeiter innerhalb einer Bandbreite über den Preis verhandeln durften, zu einem System »flexibler Preispolitik« über. Dies änderte den Charakter der Diskussionen mit den Unternehmen, so daß der Verpackungshersteller feststellte, daß der Kontakt von den Ingenieuren zur Einkaufsabteilung der Kunden überging. Eine solche Entwicklung kann unerwünscht sein, da sie die Gewichte von Produktnutzen und Preis in Richtung Preis und damit oft zum Nachteil des Lieferanten verschiebt.

Zusammenfassung

Wie wir gesehen haben, kann eine Einheitspreispolitik den möglichen Gewinn, den ein Unternehmen mit seinen Produkten oder Dienstleistungen erzielt, stark einschränken. Durch Preisdifferenzierung kann der Gewinn massiv erhöht werden. Es gibt zahlreiche kreative Möglichkeiten, eine Preisdifferenzierung durchzuführen. Eine erfolgreiche Anwendung des Konzeptes gelingt jedoch nur, wenn man die Faktoren genau kennt, die den Produktwert aus der Sicht des Kunden beeinflussen.

Im Rahmen der Entwicklung und Umsetzung eines Programms zum »Power Pricing« gilt:

- Man muß die Determinanten des Wertes, den der Kunde dem Produkt oder der Dienstleistung beimißt, genau kennen.
- Man sollte versuchen, den tatsächlichen Preis an den vom Kunden wahrgenommenen Wert anzupassen.
- Es geht darum, diejenige Form der Preisdifferenzierung auszuwählen, die auf die jeweilige Situation am besten paßt (Differenzierung nach geographischer Lage wird in Kapitel 6 behandelt; nach Kaufmenge in Kapitel 7; nach Produktgruppen in Kapitel 8; nach Bündelung in Kapitel 9 und nach Zeit in Kapitel 10).
- Man sollte kreativ sein in der Kombination und Anwendung der verschiedenen Methoden der Preisdifferenzierung (Das Beispiel von Microsoft kombiniert Preisdifferenzierung nach Kundentyp und Zeit, genau wie das Programm »Kinder gratis« von Eurodisney).
- Man muß bei der Preisdifferenzierung sowohl die Kosten als auch die Vorteile berücksichtigen. Es ist sorgfältig darauf zu achten, daß ein zu komplexes System vermieden wird. Wir empfehlen, die Preisdifferenzierung schrittweise einzuführen, das heißt zunächst Übergang zu einer Preispolitik mit zwei Preissegmenten, dann Ergänzung um Rabatte, die einfach umsetzbar sind. Unsere Erfahrung ist, daß ein Großteil der Verbesserungen aus den ersten wenigen Schritten in der Preisdifferenzierung resultiert. Wenn die Preisdifferenzierung übertrieben wird, kann dies hohe Verwaltungskosten und Ärger bei den Kunden verursachen.
- Man muß die gesetzlichen Rahmenbedingungen beachten und die Pläne zur Preisdifferenzierung in bezug auf rechtliche Aspekte sorgfältig überprüfen.

Wir glauben, daß im allgemeinen den Möglichkeiten der Preisdifferenzierung noch nicht genug Aufmerksamkeit geschenkt wird. Die Beantwortung der Frage, wie differenziert werden soll, erfordert genauso gründliches Nachdenken wie jeder andere Aspekt der Preispolitik – und hat vielleicht eine noch größere Bedeutung.

Anmerkungen

1 Prokesch, S. E.: »Competing on Customer Service: An Interview with British Airways' Sir Colin Marshal«, *Harvard Business Review*, November-Dezember 1995, S. 100–118.

2 Gerstner, E. und Holthausen, D. analysieren diesen besonderen Punkt in »Profitable Pricing When Market Segments Overlap«, *Marketing Science*, Winter 1986, S. 55–69.

3 Berichtet in Birnbaum, J.: »Pricing of Products is Still an Art, Often Having Little Like to Costs«, Artikel des *Wall Street Journal*, nachgedruckt in Shapiro, B., Dolan, R. und Quelch, J.: *Marketing Management Readings: From Theory to Practice*, Volume III, Homewood/IL 1985.

4 Suris, O.: »Ford to Offer Dressed-Down Taurus Model«, *Wall Street* Journal, 6. Februar 1996, S. A2ff.

5 Bradsher, K.: »Ford to Offer Cheaper Cars as Sales Sag«, *New York Times*, 6. Februar 1996, S. D1ff.

6 Bradsher, K.: »Ford Tests the Price Barrier«, *New York Times*, 24. Januar 1996, S. D1ff.

7 Bird, L.: »Victoria's Secret May Be that Men Get a Better Deal«, *Wall Street Journal*, 3. Januar 1996, S. B5.

8 Blattberg, R. und Neslin, S.: *Sales Promotions: Concepts, Methods and Strategies*, Englewood Cliffs/NJ 1990, S. 278.

9 Berichtet in Kamen, J.: »Price Filtering: Restricting Price Deals to Those Least Likely to Buy Without Them«, *Journal of Consumer Marketing*, Sommer 1988, S. 37–43.

10 Tanouge, E.: »Norplant's Maker Draws Sharp Criticism on Pricing of Long-Acting Contraceptives«, *Wall Street Journal*, 30. August 1993, S. B1-2.

11 Lavin, D.: »Phone Firms Offer Shoppers Discount Deals«, *Wall Street Journal Europe*, 31. Januar 1996, S. 9.

12 Cohen, L. und Tanouge, E.: »Drug Makers Set to Pay $600 Million to Settle Lawsuits by Pharmacies«, *Wall Street Journal*, 18. Januar 1996, S. A1ff. Siehe auch Freudenheim, M.: »13 Drug Makers and Pharmacies Close to Accord«, *New York Times*, 19. Januar 1996.

Kapitel 6

Pricing für internationale Märkte

Die Globalisierung der Märkte schreitet rasch fort. Von 1970 bis 1993 erhöhten sich die weltweiten Exporte von 314 Milliarden Dollar auf 3645 Milliarden Dollar, das entspricht einer durchschnittlichen Steigerung von 11,2 Prozent pro Jahr. Keine einzige Volkswirtschaft konnte über solch einen langen Zeitraum ein derartiges Wachstum erzielen. Wie wir bereits in Kapitel 1 erwähnt haben, erhöhen der in geographischer Hinsicht zunehmende Geschäftsumfang und die Wechselbeziehungen zwischen den Märkten die Komplexität der Preisbildung beachtlich. Preise müssen für zahlreiche nationale Märkte festgelegt werden. Diese Märkte waren traditionell getrennt und heterogen. Geographische Grenzen und die Tendenz der Unternehmen, die Produkte an die Anforderungen lokaler Märkte anzupassen, schufen nationale Barrieren, und Preisdifferenzierung nach Regionen wurde ohne viel Aufhebens gehandhabt. Jetzt nehmen die Wechselbeziehungen zwischen geographischen Märkten jedoch weltweit zu, und die Märkte werden immer ähnlicher.

Die Preisfindung für internationale Märkte ist daher für viele Unternehmen ein ernsthaftes Problem geworden. Die Globalisierungstendenzen machen es erforderlich, die Preisstrategien für vormals getrennte Ländermärkte grundlegend zu überprüfen. Langbewährte Preisstrukturen brechen überall auf der Welt zusammen. Dies gilt insbesondere in den neuen Freihandelszonen wie der Europäischen Union oder der NAFTA (North American Free Trade Agreement). Vorbei sind die Zeiten, in denen man nationale Märkte sauber trennen konnte und graue Importe (der Versand eines Gutes durch einen Dritten von einem Land in ein anderes) allenfalls für exotische hochpreisige Produkte wie französische Parfüms oder Schweizer Uhren ein Problem waren. Heute ist fast jedes Produkt und jede Dienstleistung von dem Druck betroffen, die Preise international abzustimmen.

Gleichzeitig können wir jedoch beobachten, daß weiterhin für einige Produkte große Preisunterschiede zwischen den Ländern bestehen. Verbrauchergewohnheiten, Wettbewerbssituationen und Absatzwege unterscheiden sich von Land zu Land und bieten Möglichkeiten zur Preisdifferenzierung, um das Gewinnpotential auszuschöpfen. Die Reaktion auf die Globalisierungstendenzen sollte nicht sein, automatisch die Politik eines weltweit einheitlichen Preises zu praktizieren. Pricing für internationale Märkte ist und wird eines der Hauptgebiete der Preisdifferenzierung bleiben. Die Kunst der Preisfindung für internationale Märkte liegt darin, den besten Kompromiß zwischen Differenzierungsmöglichkeiten und Angleichungszwängen zu finden.

Tabelle 6.1 gibt einen Überblick über weltweite Preisunterschiede für ausgewählte Produkte. Die Daten beweisen, daß zwischen verschiedenen Ländern erstaunliche Preisunterschiede existieren. Bei diesen Beispielen handelt es sich keineswegs um Extremwerte, sondern eher um typische Fälle. Natürlich spielen auch die Wechselkurse zum jeweiligen Zeitpunkt eine Rolle.

Die Preise für identische Produkte unterscheiden sich – selbst zwischen Nachbarländern – häufig um den Faktor 2 oder 3. Extreme Preisunterschiede bestehen nach wie vor bei Arzneimitteln. Für eine fortschrittliche Therapie der Parkinsonschen Krankheit kostet zum Beispiel eine Tablette in Italien 0,50 Dollar und in Deutschland 2,50 Dollar. Im Durchschnitt betragen die Gebühren für Kreditkarten in Frankreich 1 Prozent, in England 2,2 Prozent und in Deutschland 3,4 Prozent. Wenn der Index für eine Lebensversicherungspolice in England gleich 100 gesetzt wird, ist der entsprechende Wert für Italien 262. Auch bei Industriegütern gibt es große Preisunterschiede. Eine Standardchemikalie, die an Reparaturwerkstätten verkauft wird, ist in den USA um 50 Prozent billiger als in Europa. Produkte wie Industriebatterien, Lastwagen oder Werkzeuge zeigen Preisunterschiede zwischen den Ländern von 30 Prozent bis 50 Prozent.

Diese weit verbreiteten Preisunterschiede spiegeln Unterschiede in der Preisempfindlichkeit der Verbraucher, im Einsatz des Preises als Waffe in der Wettbewerbsauseinandersetzung und in der Rolle des Handels wider. Viele der bestehenden Preisstrukturen haben sich allmählich entwickelt und zeigen ein gewisses Beharrungsvermögen.

Die Marktkräfte wirken jedoch in Richtung einer weltweiten Angleichung der Preise, wie die folgenden Beispiele eindeutig zeigen. LOGO, ein führender Hersteller kurzlebiger Konsumgüter, vertreibt seine Produkte über große Einzelhändler, von denen einige europaweit tätig sind. LOGO verkaufte die gleichen Produkte in ganz Europa und hatte die Preise mit den Ländermanagern seiner Händler festgelegt. 1995 forderte LOGOs größter Einzelhandelskunde, daß alle Produkte zum niedrigsten Preis in Europa – das war zufällig der Preis in Portugal – geliefert werden müßten. Die nachfolgende Preissen-

Tabelle 6.1: Internationale Preisvergleiche für ausgewählte Produkte

Produkt	*Höchster Preis*	*Mittlerer Preis*	*Niedrigster Preis (Index = 100)*
Hertz – Leihwagen (1 Woche) Juli 1995	Griechenland 504 DM Index 224	Spanien 339 DM Index 151	Florida 225 DM (139 $) Index 100
Aspirin 100 Tabletten Juni 1994	Paris 7,07 $ Index 714	Mexiko-City 1,78 $ Index 179	New York 0,99 $ Index 100
CD Juni 1994	Tokio 22,09 $ Index 170	London 14,99 $ Index 115	New York 12,99 $ Index 100
Telefongespräch nach New York (10 Minuten) September 1995	Mexiko-City 20,45 $ Index 138	Tokio 18,64 $ Index 126	Paris 14,83 $ Index 100
Coca-Cola (6 Dosen) 1992	Tokio 5,01 $ Index 242	Sydney 2,47 $ Index 123	London 2,07 $ Index 100
Nikon-Kamera 1994	Mexico-City 1 054 $ Index 167	Tokio 768 $ Index 122	New York 630 $ Index 100
Word für Windows 1994	Frankreich 185 $ Index 148	Japan 152 $ Index 122	England 125 $ Index 100
Inlandstelefongespräch privat	Portugal Index 295	Neuseeland Index 190	Island Index 100
1995 geschäftlich	Türkei Index 600	Kanada Index 300	Island Index 100

kung von 20 Prozent für alle europäischen Länder führte zu einem katastrophalen Gewinneinbruch.

Ein zweites Beispiel ist BETA, ein Hersteller von langlebigen Konsumgütern im oberen Preissegment. Seit einigen Jahren nahmen in manchen Hochpreisländern Parallelimporte von BETA-Produkten aus aller Welt zu. Diese grauen Importe untergruben BETAs Preispolitik und verursachten bei den Handelspartnern des Unternehmens viel Ärger. Die Unternehmensleitung sah sich gezwungen, die weltweite Preisstrategie zu überprüfen, und nahm einige radikale Anpassungen vor. Neben anderen Maßnahmen wurde in Niedrigpreisländern eine zweite, preiswertere Marke eingeführt.

In Deutschland stammen mehr als eine Million Autos aus grauen Importen. Auf dem grauen Markt wurde 1996 in Deutschland ein italienisches Auto wie der Fiat Punto 28 Prozent unter dem offiziellen Listenpreis angeboten, der spanische Seat Ibiza mit einem Rabatt von 26 Prozent, ein schwedischer Volvo und ein japanischer Suzuki 22 Prozent unter dem Listenpreis. Graue Reimporte von Mercedes-Modellen können 15 Prozent unter dem Listenpreis gekauft werden.[1]

Graue Importe sind geeignet, innerhalb eines Unternehmens ein Chaos zu verursachen. Zum Beispiel fand die europäische Niederlassung des führenden Herstellers eines Datenspeichergerätes heraus, daß ihr Hauptkonkurrent die eigene Schwesterfirma in den USA war. In den USA liegt der Preis ca. 40 Prozent unter dem europäischen Durchschnittspreis. Die Produkte kommen in großen Containerladungen nach Europa und die Manager in Europa haben ihre Kollegen von der amerikanischen Schwesterfirma in Verdacht, daß sie diesen Strom heimlich unterstützen, da er ihren Gewinn erhöht. Unter solchen Bedingungen ist es unabdingbar, die Preispolitik besser zu koordinieren und stärker zu zentralisieren.

In zunehmendem Maße wird den Lieferanten durch weltweit einkaufende Kunden eine zentrale Preiskoordination aufgezwungen. In der Haushaltsgerätebranche fordert Whirlpool, als eines der großen Unternehmen, daß seine europäischen Lieferanten keine höheren Preise als in den USA verlangen, wo die Preise seit jeher viel niedriger waren. Dies veranlaßt wiederum andere Haushaltsgerätehersteller, die nur in Europa produzieren, die gleichen Preise zu verlangen, um im Wettbewerb mit Whirlpool einen Kostennachteil zu vermeiden.

Schwankungen der Wechselkurse sind ein ernstes Problem für die Preisfindung auf ausländischen Märkten. Sie können plötzlich Wettbewerbspositionen beeinflussen und ein Preischaos verursachen. Die Abwertungen des US-Dollars und einiger europäischer Währungen wie der italienischen Lira oder spanischen Peseta im Vergleich zu französischem Franc, deutscher Mark und japanischen Yen lösten größere Preis- und Marktanteilsveränderungen aus. Kärcher, der deutsche Weltmarktführer für Hochdruckreiniger, verlor auf dem Weltmarkt ungefähr 8 Prozentpunkte Marktanteil an italienische Produkte, die infolge der Abwertung plötzlich einen Preisvorteil von 20–25 Prozent hatten. Nur ein radikales Kostensenkungsprogramm und eine internationale Neuaufteilung der Produktion stellte Kärchers Fähigkeit wieder her, im Preis zu konkurrieren und verlorene Marktanteile zurückzugewinnen.[2] Das Scheitern von Fokker, dem niederländischen Weltmarktführer für Regionalflugzeuge, im Jahre 1996 war nicht zuletzt auf die Abwertung des US-Dollars zurückzuführen, in dem im Flugzeuggeschäft praktisch alle Verkäufe fakturiert werden, während bei Fokker 70 Prozent der Kosten in härteren Währungen, wie dem niederländischen Gulden und der Deutschen Mark, anfielen. Die Preisfindung muß mit solchen ernsten Bedrohungen in der internationalen Arena fertig werden, sie kann dies jedoch alleine nicht schaffen. Über Preisanpassungen hinaus sind weltweite Produktion und weltweiter Einkauf erforderlich. Einige Automobilhersteller haben diese Lektion auf unbequeme Weise gelernt. Anfang 1996 kündigte Hiroshi Okuda, der Vorstandsvorsitzende von Toyota, an, daß »Toyotas Ziel darin besteht, innerhalb von fünf Jahren den Punkt zu erreichen, wo wir nicht mehr durch schwankende Wechselkurse beeinflußt werden«[3].

Die Preisfindung auf internationalen Märkten wird zunehmend auch für Dienstleistungen wichtig. Traditionell waren die Servicemärkte stärker getrennt, und es konnten große Preisunterschiede bestehen. Dies trifft immer seltener zu, insbesondere in Dienstleistungsbereichen, die nationale Grenzen überschreiten. Internationale Rückrufsysteme (man wählt eine Nummer, ein Computer gibt einem eine Leitung, und man zahlt die Gebühr an den Rückrufdienst) unterhöhlen die Preispolitik der nationalen Monopole in der Telekommunikation. Rückrufsysteme nutzen die Tatsache aus, daß es in vielen Ländern mehr kostet, ein internationales Ferngespräch zu führen, als zwei solcher Gespräche in den USA, wo der Wettbewerb dazu führt, daß die Gebühren für Ferngespräche niedrig sind. Das Volumen der Rückruf-Telefongespräche nahm 1995 weltweit um 63 Prozent zu, und 1996 boten über 100 amerikanische Unternehmen diesen Service an. Einige Länder (zum Beispiel Thailand) versuchen, das zu verbieten, die Rückrufdienste sagen jedoch, daß sie keinen lokalen Gesetzen unterliegen; sie operieren transnational sowie weltweit und legen weltweit gültige Preise fest.[4]

Innerhalb mancher Regionen kann man starke Preisangleichungen im Dienstleistungsbereich beobachten. Während sich bis Mitte der achtziger Jahre die Gebühren für internationale Ferngespräche zwischen Italien und

England um den Faktor 2,5 unterschieden, ist der Faktor bis Mitte der neunziger Jahre auf ungefähr 1,5 zurückgegangen. Die Flughäfen London und Amsterdam ziehen eine beträchtliche Anzahl von Passagieren aus den Nachbarländern an, wo die Preise für Langstreckenflüge deutlich höher sind. Englische Krankenhäuser versuchen, Patienten aus Kontinentaleuropa zu bekommen, für die die zusätzlichen Reisekosten durch die niedrigeren Krankenhaustarife in England mehr als ausgeglichen werden.

Diesen ausgewählten Beobachtungen liegen zwei gegenläufige Kräfte zugrunde, die gleichzeitig wirken: Faktoren der Preisdifferenzierung und Faktoren der Preisharmonisierung. Wie in Abbildung 6.1 dargestellt, haben wir für jeden Faktor fünf Triebkräfte festgestellt. Preisdifferenzierung wird profitabel durch regionale Unterschiede in Marktfaktoren wie Kundenverhalten, Wettbewerb und Kostensituation des Unternehmens. Diese Triebkräfte zur Preisdifferenzierung werden durch externe Faktoren wie Inflation, Wechselkurse sowie Zölle und Abgaben verstärkt. Andererseits wird die Tendenz zur Harmonisierung stärker. Die Rahmenbedingungen, die in unterschiedlicher Weise alle Märkte beeinflussen, sind Abbau von Handelshemmnissen, niedrigere Transportkosten, aktive Händler (u. a. graue Importe) sowie Informations- und Kommunikationstechnologie. In vielen Fällen wird der Einfluß dieser Rahmenbedingungen durch die Politik der Unternehmen verstärkt, in zunehmendem Maße globale Marken und standardisierte Produkte zu vertreiben. Wir glauben, daß die Differenzierungsfaktoren stark durch die Vergangenheit beeinflußt sind, während die Harmonisierungsfaktoren vor allem zukunftsbezogen sind. Unterschiede zwischen den Ländern werden jedoch bestehen bleiben. In den meisten Fällen ist ein einheitlicher Preis nicht die beste Antwort auf die Herausforderung der internationalen Preispolitik. Die Harmonisierungsfaktoren gewinnen an Bedeutung, und ihre Entwicklung muß sorgfältig beobachtet werden. Die extremen Preisunterschiede der Vergangenheit werden verschwinden, und von den Anhängern des »Power Pricing« wird ein vorausschauendes Verhalten verlangt. Aus den über die verschiedenen Faktoren in Abbildung 6.1 vorliegenden Informationen müssen die richtigen Schlußfolgerungen gezogen werden. Der ungünstigste Fall – daß alle Preise auf das heutige niedrigste Preisniveau fallen, was bei LOGO passierte – muß mit allen Mitteln verhindert werden.

In diesem Kapitel behandeln wir die folgenden Fragen:

1. Wie sollte man internationale Preise festlegen?
2. Wie soll man auf Veränderungen der Wechselkurse reagieren?
3. Wie können die Differenzierungs- und Harmonisierungsfaktoren bei der Preisentscheidung berücksichtigt werden?

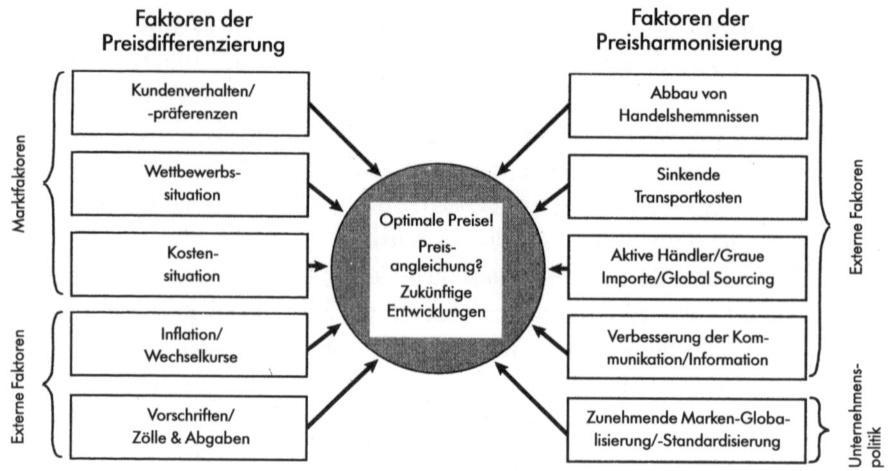

Abbildung 6.1: Gegensätzliche Bestimmungsfaktoren für die Preisfindung auf internationalen Märkten

4. Wie ist die Wechselwirkung zwischen den Anforderungen an die Preisfindung für internationale Märkte und der Unternehmensorganisation?
5. Welche externen Aspekte müssen bei der Preisfindung für internationale Märkte berücksichtigt werden?

Die Beantwortung dieser Fragen hilft Ihnen,

- die Komplexität der Preisfindung für internationale Märkte besser zu verstehen und internationale Preise optimal festzulegen;
- intelligent und schnell auf Wechselkursschwankungen zu reagieren;
- die gegenläufigen Kräfte der Differenzierung und Harmonisierung in einem System zu berücksichtigen, das wir als »internationalen Preiskorridor« bezeichnen;
- organisatorische Änderungen durchzusetzen, um den Anforderungen der Preisfindung auf globalen Märkten gewachsen zu sein.

Preisfindung für internationale Märkte

Internationales Pricing bedeutet, daß Preise für verschiedene Länder festgelegt werden müssen. Im Prinzip unterscheidet sich das nicht von der Preisfindung für verschiedene Marktsegmente, die wir in Kapitel 5 »Preisdifferenzierung«

behandelt haben. Wenn die Länder sauber getrennt werden können, legen wir einfach den optimalen Preis für jedes Land isoliert fest. Dies führt höchstwahrscheinlich zu unterschiedlichen Preisen, je nachdem, wie stark sich die Preiselastizitäten, die Wertschätzungen der Kunden und die Wettbewerbssituationen in den einzelnen Ländern unterscheiden. Die Unternehmen differenzieren im allgemeinen die Preise stärker zwischen den Ländern als innerhalb der Länder. Nach einer Analyse des Preisverhaltens von über 400 Unternehmen berichtet Wied-Nebbeling, daß 34 Prozent ihre Preise zwischen dem Inlandsmarkt und Auslandsmärkten differenzieren, während nur 17 Prozent eine regionale Preisdifferenzierung in ihrem Heimatmarkt vornehmen.[5]

Nur selten stützt sich die internationale Preisdifferenzierung auf gut fundierte Informationen über das Verhalten der Kunden und Wettbewerber. Die internationale Preispolitik wird noch stärker durch Kostenaspekte beeinflußt als die Preisfindung auf dem heimischen Markt. Um Preise für andere Länder zu ermitteln, legt zum Beispiel ein Kamerahersteller seinen Inlandspreis so fest, daß er seinen Gewinn auf dem Inlandsmarkt maximiert, dann addiert er lediglich die Kosten für die Belieferung ausländischer Märkte und rechnet die Auslandswährung rein mechanisch nach dem jeweiligen Wechselkurs um. In einer umfassenden Analyse im Auftrag eines großen deutschen Zulieferers für die Automobilindustrie stellten wir fest, daß die Listenpreise im Rahmen eines solchen Vorgehens nach der Cost-plus-Methode in DM festgelegt wurden und dieser Preis als Grundlage für alle anderen Länder diente. In jedem Land wurde einfach ein weiterer Aufschlag addiert. Im Gegensatz dazu differenzierte der Hauptwettbewerber – und Marktführer – seine Preise auf der Grundlage von Marktdaten stark nach Ländern. Folglich waren die Preise unseres Klienten in einigen Ländern 10 Prozent höher, in anderen Ländern 30 Prozent niedriger als die Preise des Wettbewerbers – es herrschte ein totales Chaos. Die meisten Lehrbücher über internationales Marketing stellen kostenorientierte Kalkulationsverfahren vor, wobei sie vor allem die Frage behandeln, ob internationale Preise auf der Grundlage von Voll- oder Teilkosten ermittelt werden sollten.[6] Eine Analyse der Preisfindung von amerikanischen Exporteuren ergab, daß 70 Prozent der Firmen ihre internationalen Preise nach der Cost-plus-Methode ermitteln.[7] Da die Kosten von Exporten normalerweise höher sind als die Kosten für Inlandsumsätze, führt dies zu höheren Exportpreisen. Man kann jedoch auch feststellen, daß die Exportpreise manchmal niedriger sind. Das ist typisch für Unternehmen, die nur einen kleinen Teil ihrer Produktion exportieren und ihre Preise auf der Grundlage von Grenzkosten ermitteln. Sie sind zufrieden, wenn das internationale Geschäft einen positiven Deckungsbeitrag liefert, und haben deshalb

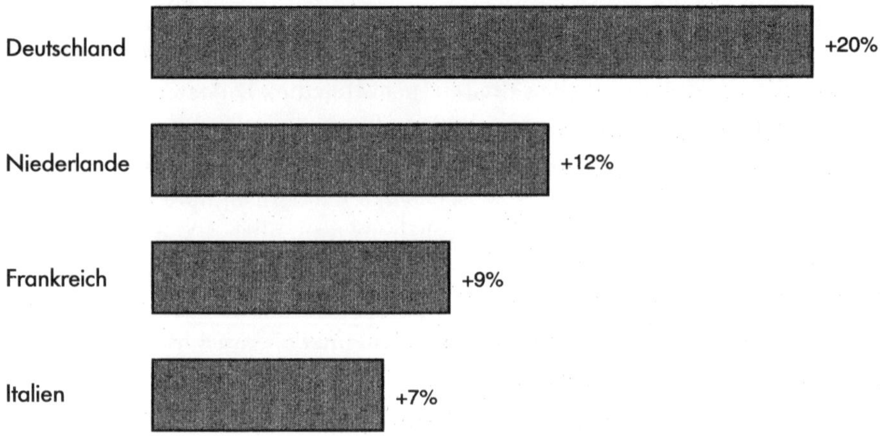

Abbildung 6.2: Wertschätzung für eine Haushaltsgeräte-Marke in verschiedenen Ländern – diese Unterschiede sollten sich im Preis widerspiegeln

im Ausland niedrigere Preise. Die Exporte sind für sie ein Nebengeschäft zur Auslastung freier Kapazitäten.

Diese kostenorientierten Kalkulationsverfahren verletzen unsere Grundregel für die Preisermittlung und sollten daher nicht verwendet werden. Wie wir in den früheren Kapiteln ausgeführt haben, sollten die Preise die Nutzen widerspiegeln, die die Kunden unseren Produkten und den Konkurrenzprodukten beimessen. Die Grundlagen für die Preisfindung ändern sich nicht deshalb, weil das Umfeld international ist. Darum beschaffen die Anhänger des »Power Pricing« für die einzelnen Länder vergleichbare Informationen über das Verhalten der Kunden, Wettbewerber und Händler. Je besser dieses weltweite Wissen ist, desto eher gelingt es, die Preise für die einzelnen Länder optimal festzulegen. In Abbildung 6.2 wird der Wert dargestellt, den die Kunden in verschiedenen Ländern einer Premium-Marke im Haushaltsgerätemarkt beimessen. Der Markenwert wird hier als Prozentsatz des durchschnittlichen Marktpreises ausgewiesen. Obgleich das Produkt selbst in allen vier Ländern identisch ist, unterscheidet sich die Wertschätzung der Kunden beträchtlich. Diese Unterschiede in der Wertschätzung der Kunden sollten sich in den Länderpreisen trotz der Harmonisierungstendenzen widerspiegeln (selbstverständlich unter Berücksichtigung strategischer Überlegungen).

Um solche Unterschiede in den einzelnen Ländern ausnutzen zu können, müssen wir die Preiselastizitäten für jedes Land kennen. In dieser Hinsicht besteht Handlungsbedarf, weil nur wenige Unternehmen in diesem Sinne professionell genug arbeiten. Selbst große multinationale Unternehmen ermitteln die Kundenwertschätzungen und die Preisabsatzbeziehungen für mehrere Länder selten gründlich und auf eine Weise, die die Werte vergleichbar macht.

Andererseits geben wir zu, daß es schwierig ist und Kosten verursacht, diesem Ideal zu entsprechen. Ein Unternehmen, das seine Produkte in Dutzenden von Ländern vertreibt, wird solche detaillierten Informationen wahrscheinlich nicht für alle Länder beschaffen können. Ein vernünftiger Kompromiß besteht darin, sich auf größere Länder zu konzentrieren und von ihnen auf kleinere Nachbarländer zu schließen. Daher ist es bei den Anhängern des »Power Pricing« für die Preisfindung auf internationalen Märkten gängige Praxis, quantitative Studien für die USA, Japan und drei bis fünf europäische Länder durchzuführen. Für die Entwicklung einer europäischen Preisstrategie konzentriert man sich gewöhnlich auf die vier großen Länder: Deutschland, Frankreich, Italien und England, manchmal kommt noch Spanien dazu.

Ländermärkte lassen sich im allgemeinen unter den gleichen Bedingungen trennen, die mit einer niedrigen Preiselastizität einhergehen – das heißt geringes Preisbewußtsein, große Produktdifferenzierung usw. (bezüglich einer detaillierten Diskussion siehe Kapitel 3). Brioni, ein berühmter italienischer Anzughersteller, änderte nach der Abwertung der italienische Lira seine Preise in den Auslandswährungen nicht. Als Folge gab es extrem große Preisunterschiede zwischen den Ländern. Das verursachte jedoch keinerlei Probleme, weil die Kunden entweder die Preisunterschiede nicht wahrnehmen oder nicht die Mühe und Zeit aufbringen wollen, diese auszunutzen. Brioni kann in den verschiedenen Ländern, die das Unternehmen beliefert, eine weitgehend unabhängige Preispolitik verfolgen. Die Märkte sind faktisch getrennt.

Internationale Preise und Veränderungen der Wechselkurse

Das Beispiel Brioni weist auf einen wichtigen und besonderen Aspekt der Preisfindung für internationale Märkte hin. Im Gegensatz zum Inlandsgeschäft, bei dem Kosten und Preise in der gleichen Währung ausgewiesen werden, sind zwei Währungen beteiligt, wenn ein Produkt vom Herkunftsland A in das Zielland B exportiert wird.

Lassen Sie uns ein amerikanisches Unternehmen betrachten, das nach Deutschland exportiert. Die Situation stellt sich wie folgt dar:

- Grenzkosten der Herstellung = 60 $
- Preis in Deutschland = 150 DM.

Bei einem Wechselkurs von $/DM = 0,67, das heißt 1 DM entspricht 67 Cents bzw. der Kurs DM/$ liegt bei 1,50 (aktueller Wechselkurs im Jahre 1996), erhält der amerikanische Exporteur für 150 DM 100 $. Dieser Erlös bedeutet, daß er pro Stück einen Deckungsbeitrag von 40 $ erzielt. Das Unternehmen exportiert 100 Stück und hat folglich einen Gesamtdeckungsbeitrag von 4000 $.

Im Zeitraum von 1985 bis 1995 schwankte der Wechselkurs des Dollars zur DM zwischen 0,74 und 0,29 bzw. zwischen 1,35 DM/$ und 3,44 DM/$. Wir betrachten jetzt die Wirkung von Wechselkursschwankungen innerhalb dieser Bandbreite. Nehmen wir an, der Kurs des US-Dollars steigt auf 0,50, das heißt 1 DM entspricht 50 Cents bzw. 1 $ = 2 DM. Der Verkaufspreis in Deutschland beträgt immer noch 150 DM – doch jetzt erhält der Exporteur für die 150 DM nur noch 75 $. Damit fällt der Deckungsbeitrag pro Stück auf 15 $ – der Stückgewinn sinkt um 62,5 Prozent!

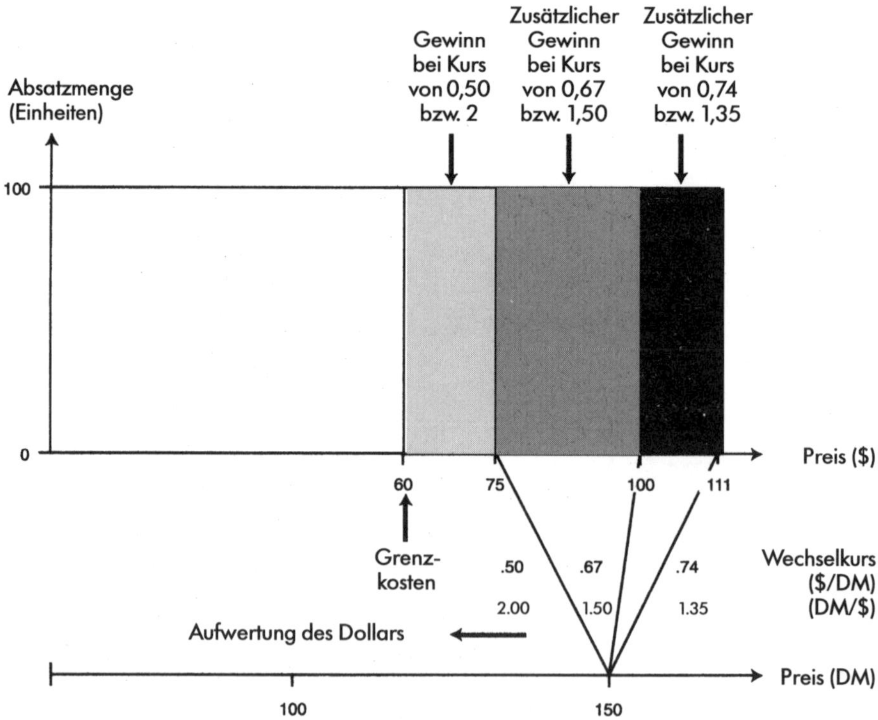

Abbildung 6.3: Gewinneffekte durch Veränderung des Wechselkurses $/DM bzw. DM/$

Analysieren wir nun die Wechselkursänderung in die andere Richtung. Der Kurs des US-Dollars verschlechtert sich gegenüber der DM auf 1 DM = 0,74 Dollar bzw. 1$ = 1,35 DM. Jetzt erhält der Exporteur für den Verkaufserlös von 150 DM 111 Dollar und der Deckungsbeitrag pro Stück steigt auf 51 Dollar – eine Steigerung des Ausgangsdeckungsbeitrages pro Stück von 40 Dollar um 27,5 Prozent.

Abbildung 6.3 beschreibt diese Auswirkungen grafisch. Das leicht schattierte linke Rechteck stellt den Gewinn bei einem Wechselkurs von 0,5$ = 1 DM bzw. 1$ = 2 DM dar; das gerasterte Rechteck in der Mitte zeigt den Grenzgewinn beim Wechselkurs von 0,67 bzw. 1,50; und das schwarze rechte Rechteck weist den Grenzgewinn bei einem Wechselkurs von 0,74 bzw. 1,35 aus. Bei einem Wechselkurs von 0,74 bzw. 1,35 erhält die amerikanische Firma alle drei Gewinnrechtecke; bei einem Wechselkurs von 0,67 bzw. 1,50 erhält sie die linken beiden Rechtecke; und bei einem Wechselkurs von 0,5 bzw. 2 erhält sie nur das linke Rechteck. Dies zeigt, wie dramatisch Wechselkursänderungen innerhalb dieser Bandbreite – die in den letzten zehn Jahren tatsächlich zu beobachten war – den Gewinn beeinflussen.

Wie sollte die amerikanische Firma mit ihrem deutschen Verkaufspreis reagieren, wenn der Kurs des Dollars steigt und sich von 0,67 (1,50) auf 0,50 (2) verändert? Die Wettbewerbsfähigkeit der US-Firma im deutschen Markt sinkt, weil ihre in DM kalkulierten Kosten sich von 90 DM (60$: 0,67) auf 120 DM (60 $: 0,50) erhöhen. Die Firma hat im wesentlichen drei Optionen:

Option I: Beibehaltung des deutschen Verkaufspreises von 150 DM. Die katastrophalen Folgen dieser Entwicklung haben wir gesehen; der Gesamtdekkungsbeitrag sinkt von 4 000 Dollar auf 1 500 Dollar, also um 62,5 Prozent.

Option II: Um den Deckungsbeitrag pro Stück in US-Dollar bei 40 Dollar konstant zu halten, muß die Firma weiterhin einen Erlös von 100 Dollar erzielen und den Verkaufspreis in Deutschland von 150 DM auf 200 DM erhöhen. Wenn wir annehmen, daß bei einer Preiserhöhung um 1 DM die Absatzmenge linear um 1,67 Einheiten zurückgeht (das entspricht einer Preiselastizität von 2,5), dann würde die Absatzmenge um 83 Einheiten (50 DM × 1,67) von 100 auf 17 Einheiten zurückgehen. Der Deckungsbeitrag würde auf 680$ (40$ × 17 Einheiten) sinken, das entspricht einem Rückgang von 83 Prozent und ist damit noch schlechter als Option I.

Beide Optionen sind extreme Reaktionen auf die Wechselkursänderungen. Bei Option I trägt der Lieferant die ganze Last, während bei Option II die Last voll auf den Kunden überwälzt wird. In der Praxis ist die Option II bei Exporteuren jedoch sehr beliebt, sie entspricht nämlich der Fakturierung in der Währung des Exporteurs. Viele Exportfirmen sind stolz darauf, diese Fakturierungsmethode bei ihren Kunden durchsetzen zu können (amerikanische Exportfirmen fakturieren in Dollar und deutsche Exportfirmen in DM usw.), weil sie glauben, daß sie das Wechselkursproblem auf diese Weise beheben können. Dies ist jedoch eine Illusion, da der Kunde in seiner eigenen Währung denkt und entscheidet, das heißt die Preisreaktion der Kunden wird durch den Preis bestimmt, den sie in ihrer eigenen Währung bezahlen müssen. Daher ist keine der beiden Optionen für den Exporteur optimal.

Option III. Maßvolle Erhöhung des DM-Preises. Die deutschen Kunden müssen mehr zahlen, doch die amerikanische Firma verzichtet auch auf einen Teil des Deckungsbeitrags. Die Last wird zwischen beiden Partnern geteilt. Im gegenwärtigen Beispiel mit einer Preiselastizität von 2,5 wäre eine Erhöhung des DM-Preises um 10 Prozent auf 165 DM ungefähr optimal. Damit erhält der amerikanische Exporteur einen Verkaufserlös von 82,50 $ (165 DM × 0,50) und einen Deckungsbeitrag pro Stück von 22,50 $ (82,50 $ – 60 $). Infolge des höheren DM-Preises sinkt die Absatzmenge um 25 Einheiten auf 75 Einheiten. Der Gesamtdeckungsbeitrag beträgt 1 687,50 $ (22,50 $ × 75 Einheiten). Obgleich dies bedeutend weniger als der ursprüngliche Deckungsbeitrag von 4 000 Dollar ist (der in der neuen Situation nicht mehr zu erreichen ist), liegt der Deckungsbeitrag deutlich höher als bei den anderen Optionen.

Wenn der Wert des US-Dollars zum Beispiel von 0,67 (1,50) auf 0,74 (1,35) fällt, gilt entsprechendes mit umgekehrtem Vorzeichen. Auch in dieser Situation wäre eine »bescheidene« Preissenkung den beiden extremen Optionen vorzuziehen (Option I: Beibehaltung des DM-Preises, Option II: Beibehaltung des Deckungsbeitrages in Dollar). Für ein deutsches Unternehmen, das nach USA exportiert, gelten die analogen Überlegungen – nur in umgekehrter Richtung.

Zur Veranschaulichung dieser Situation wollen wir einige praktische Beispiele von Preisanpassungen als Reaktion auf Wechselkursänderungen betrachten. In Tabelle 6.2 wird eine Auswahl japanischer und deutscher Produkte dargestellt, die in die USA exportiert werden. In dem hier betrachteten Zeitraum von Januar 1985 bis Januar 1986 fiel der Kurs des US-Dollars stark gegenüber dem japanischen Yen und der DM. Entsprechend unseren Überlegungen sollten japanische und deutsche Exporteure ihre Dollarpreise auf dem amerikanischen Markt erhöhen – jedoch prozentuell weniger als der Wechselkurs sich veränderte. Tabelle 6.2 zeigt die tatsächlichen Preisentwicklungen.

Tabelle 6.2: Veränderung der Wechselkurse und Preisänderungen (Januar 1985 – Januar 1986)

Produkt	*Wechselkursänderung ($/DM, $/Yen)*	*Veränderung des Dollarpreises*
Seiko-Armbanduhr	– 24 %	+ 13,5%
Sony-Walkman	– 24 %	+ 20,0 %
Canon-Kamera	– 24 %	+ 14,6 %
BMW 528	– 25 %	+ 7,8 %
Mercedes-Benz 190E	– 25 %	+ 11,5 %

Alle Unternehmen beachteten im wesentlichen die oben abgeleiteten Schlußfolgerungen. Die Preisänderungen erfolgten in der erwarteten Richtung. Es ist jedoch interessant, daß der Prozentsatz der Preisänderungen im Vergleich zum Prozentsatz der Wechselkursänderungen meistens sehr »maßvoll« war. Unterschiede in den prozentualen Preisanpassungen können durch die Wettbewerbssituation oder die Unternehmensziele erklärt werden. Die hier vorgestellten Firmen sind in ihrer Preisfindung für internationale Märkte ziemlich professionell, da sie einen großen Teil ihrer Umsätze im Ausland erzielen. Doch Wechselkursänderungen können merkwürdige Konsequenzen haben. Im ersten Halbjahr 1993 stieg der Wert des japanischen Yen gegenüber dem Dollar um 20 Prozent. Eastman Kodak beschuldigte seinen japanischen Rivalen Fuji Photo Film des Dumping, weil Fuji seine Preise in den USA nach dieser Aufwertung des Yen nicht erhöhte.

Gestützt auf diese Überlegungen und Beobachtungen können wir bezüglich der Reaktion auf Wechselkursänderungen die folgenden Empfehlungen ableiten.

- Wenn sich der Wechselkurs ändert, ist es nicht optimal, den Preis in der Landeswährung des ausländischen Kunden konstant zu halten.
- Unter diesen Bedingungen ist es auch nicht optimal, den Deckungsbeitrag pro Stück in der Währung des Exporteurs konstant zu halten.
- Vielmehr sollten Preis und Deckungsbeitrag so angepaßt werden, daß beide Partner sich die Last oder die Früchte der Wechselkursänderung teilen.
- Wenn der Wert der Währung des Exporteurs steigt (in unserem Beispiel der Dollar sich von 1,50 auf 2 erhöht), sollte der Preis in der Währung des Kunden »maßvoll« erhöht werden – und umgekehrt für eine Abwertung einer Währung. »Maßvoll« bedeutet, daß man die beiden extremen Optionen vermeiden sollte.
- Zusätzlich zu der Reaktion der Kunden muß die Wettbewerbssituation berücksichtigt werden, wenn nach Änderung der Wechselkurse über Preis-

änderungen entschieden wird. Die Wirkungen auf Wettbewerber mit verschiedenen Heimatwährungen können sehr verschieden sein, daher werden sie wahrscheinlich auch unterschiedlich agieren und reagieren. Wechselkursänderungen können die Preisposition und die Wettbewerbsfähigkeit eines Produktes radikal verändern.

Internationale Preisangleichung

Wenn die Kräfte zur Preisharmonisierung, die wir in der Einleitung zu diesem Kapitel beschrieben haben, wirken, muß ein Unternehmen auf der Hut sein. Es kann eine internationale Preiszeitbombe ticken. Die in Abbildung 6.1 dargestellten Harmonisierungsfaktoren werden in vielen Märkten stärker und üben einen Druck zur Preisangleichung aus. Was kann ein Unternehmen in dieser Situation tun? Es gibt verschiedene Lösungen. Die schlechteste, jedoch leichteste, ist, alle Preise auf den niedrigsten gemeinsamen Nenner sinken zu lassen. Eine andere Alternative ist, die Preise auf das höchste Niveau anzuheben. Die letzte Möglichkeit ist im allgemeinen nicht realistisch, da sie in den Ländern mit gegenwärtig niedrigen Preisen zu extremen Marktanteilsverlusten führen würde. Diese Strategie ist jedoch vertretbar, wenn ein niedriger Preis in einem kleinen Land ein hohes Preisniveau in einem größeren Land gefährdet. In diesem Fall kann die beste Strategie sein, den Preis in dem kleinen Land zu erhöhen und dort auf Marktanteil zu verzichten – oder sich sogar ganz aus dem kleinen Land zurückzuziehen.

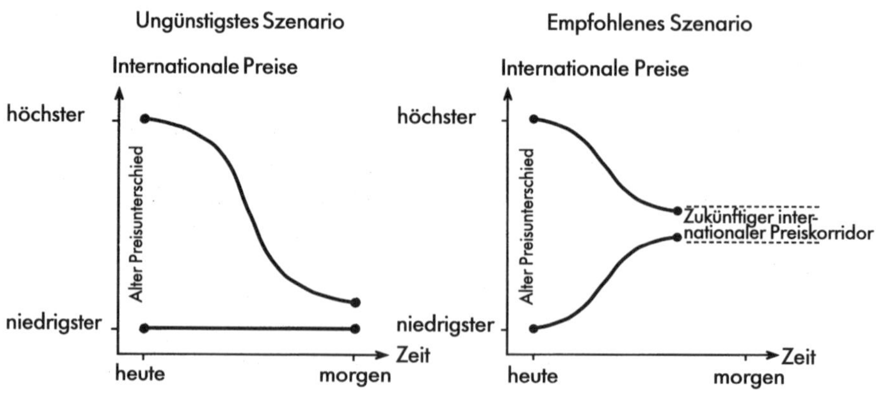

Abbildung 6.4: Mögliche Entwicklung internationaler Preise

Eine dritte Möglichkeit ist, einige Preise zu erhöhen und andere zu senken, so daß eine insgesamt akzeptable Preisbandbreite entsteht. Um dies zu erreichen, empfehlen wir einen sogenannten »Preiskorridor«, in den die Preise aller Länder fallen sollen. Die beiden realistischen Möglichkeiten sind in Abbildung 6.4 dargestellt; die Anhebung auf das höchste Niveau halten wir in aller Regel für unrealistisch. Das ungünstige Szenario droht, wenn ein Unternehmen die Preisangleichung nicht steuert, sondern dem Markt überläßt.

Der internationale Preiskorridor berücksichtigt sowohl Unterschiede zwischen Ländern als auch den zunehmenden Druck zur Preisangleichung. Der Korridor muß die Größe der Märkte und die Preiselastizitäten der einzelnen Länder, graue Importe, die das Ergebnis von Preisunterschieden sind, Wechselkurse, Kostenstrukturen innerhalb der Länder und Arbitragekosten zwischen ihnen sowie Daten über Wettbewerb und Distribution (z.B. Handelsspannen) einbeziehen. Nach unseren Erfahrungen verbessert die Anwendung des Korridorkonzeptes durch die Anhänger des »Power Pricing« die Gewinne um 15–25 Prozent im Vergleich zu Einheitspreisen, und der Korridor beseitigt größtenteils graue Märkte, deren Schaden schwer zu quantifizieren ist. Im Verhältnis zu diesen Verbesserungen sind die Kosten zur Einrichtung eines solchen Systems unbedeutend.

Wir beschreiben die Einrichtung eines Preiskorridors für ein pharmazeutisches Produkt, das wir hier SYNOP nennen. SYNOP wird von einem der führenden Pharmahersteller auf der Welt vermarktet. Um die optimale internationale Preisstrategie für dieses innovative Produkt festzulegen, wurde eine Analyse in fünf Ländern durchgeführt: USA, England, Frankreich, Italien und Deutschland. Gestützt auf die Ergebnisse wurden die optimalen Länderpreise ermittelt, die in Abbildung 6.5 oben dargestellt sind. Diese Preise berücksichtigen keine Wechselbeziehungen zwischen den Ländern, das heißt, dies sind die optimalen Preise, wenn wir erfolgreich Barrieren aufbauen könnten, um jedes Land zu isolieren.

Zwischen den optimalen Preisen gibt es beträchtliche Unterschiede. Der optimale Preis in den USA liegt 57 Prozent unter dem deutschen Preis und 48 Prozent unter dem englischen Preis. Bei diesen Preisunterschieden würden die Barrieren übersprungen oder umgangen, das heißt, es wäre mit starken Aktivitäten für graue Importe zu rechnen. Das Ziel im vorliegenden Projekt war, die Gewinne zu maximieren, und nicht, alle grauen Importe zu unterdrücken; einige Importeure sollten ruhig die Barrieren überwinden, falls dies mit den optimalen Preisen vereinbar war. Auf der Grundlage von Expertenbefragungen wurden in einem eintägigen Workshop mit Managern Preiskurven für graue Importe entwickelt. Solch eine Kurve beschreibt, wieviel Prozent eines

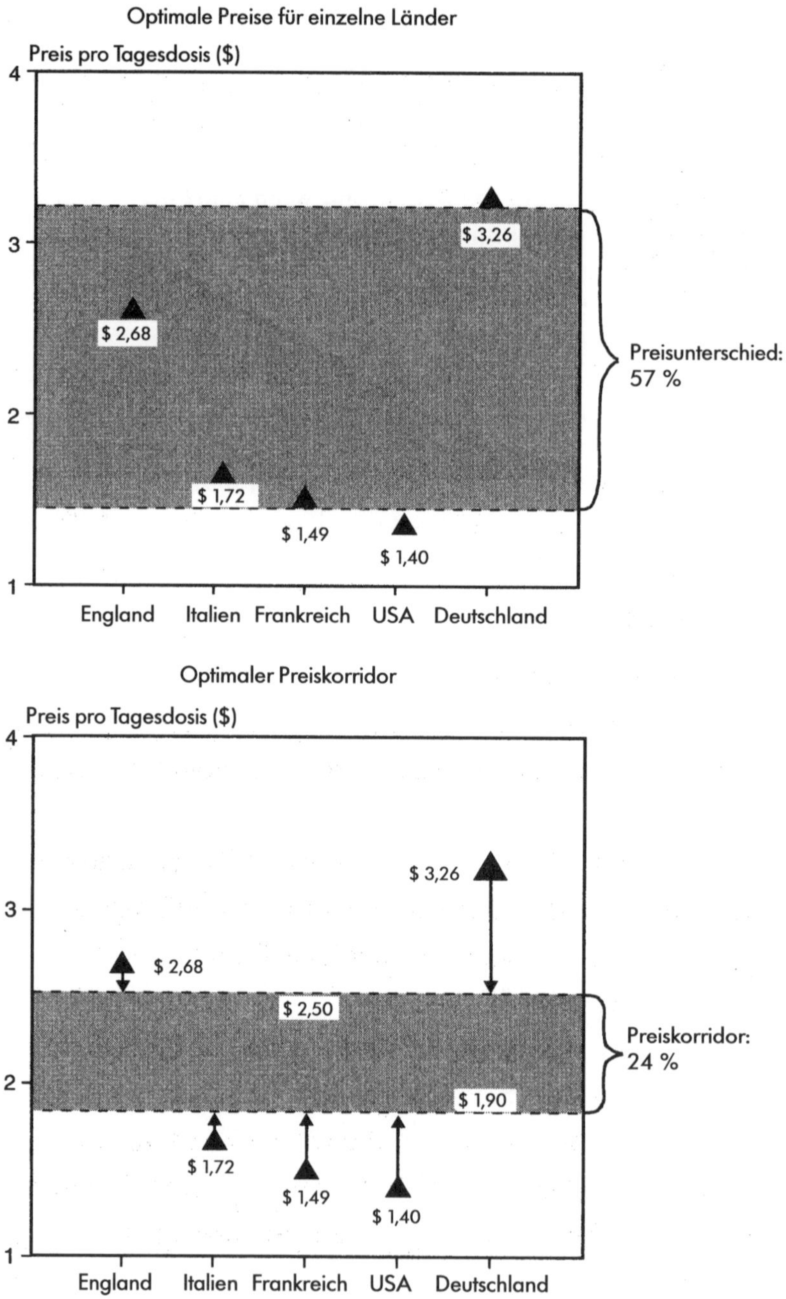

Abbildung 6.5: Optimale Preise für einzelne Länder und optimaler Preiskorridor für SYNOP

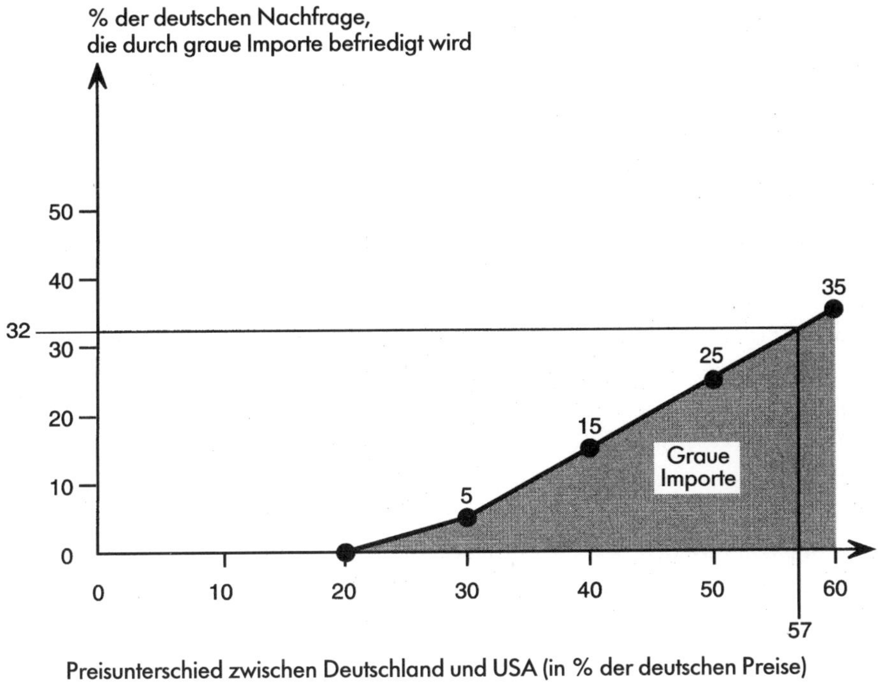

Abbildung 6.6: Geschätzte Kurve für graue Importe von SYNOP

Marktes durch graue Importe abgedeckt werden, wenn der Preisunterschied zwischen zwei Ländern eine bestimmte Höhe erreicht. Die Kurve für graue Importe zwischen den USA und Deutschland wird in Abbildung 6.6 dargestellt. Sie zeigt uns, daß ungefähr 32 Prozent der Absatzmenge in Deutschland durch graue Importe aus den USA gedeckt würden, wenn die länderspezifischen Optimalpreise eingeführt würden und der Preisunterschied zwischen dem deutschen und amerikanischen Preis 57 Prozent des deutschen Preises betragen würde. Im Gegensatz dazu gäbe es bei einem Preisunterschied von weniger als 20 Prozent praktisch keine grauen Importe nach Deutschland.

Wir setzten das INTERPRICE (für INTERnationales PRICE)-System ein, das von Simon, Kucher & Partners entwickelt wurde, um den Preiskorridor zu optimieren. Die Ergebnisse sind im unteren Teil der Abbildung 6.5 dargestellt. Der optimale internationale Preiskorridor liegt zwischen 1,90 Dollar und 2,50 Dollar; bezogen auf die obere Grenze beträgt die Breite des Korridors 24 Prozent. Alle Preise müssen in diesen Korridor fallen. Daher müssen die isoliert optimalen Preise von Deutschland und England auf 2,50 Dollar gesenkt werden, während die Preise in Italien, Frankreich und den USA auf 1,90 Dollar erhöht werden müssen. Bei einem Preisunterschied von 24 Prozent wird es nach Deutschland und England graue Importe aus Frankreich und den USA geben, doch den grauen Importkurven zufolge werden sie unter 5 Prozent des Marktvolumens bleiben. Dies wurde als vertretbar angesehen.

Wir prüften auch die Politik eines Einheitspreises für alle Märkte, der natürlich bedeuten würde, daß es keinen grauen Markt gäbe. Der Preiskorridor von 1,90 Dollar bis 2,50 Dollar und die Tolerierung eines gewissen grauen Marktes führte zu einem viel höheren Gewinn als eine einheitliche Preispolitik. Im Vergleich zu den individuellen Optimalpreisen, die nicht anwendbar waren, war der Gewinnverzicht mit dem Korridor nicht zu groß, und eine Störung durch graue Importe würde größtenteils vermieden.

Der Preiskorridor versucht, zwischen der erwünschten Preisdifferenzierung und der notwendigen Preiseinheitlichkeit einen Kompromiß zu finden. Er folgt in systematischer, quantifizierter Weise dem Prinzip »so viel Differenzierung wie möglich, so viel Einheitlichkeit wie nötig«. Der Korridor wird natürlich durch Wechselkursänderungen, Arbitragekosten oder andere Faktoren beeinflußt. Das INTERPRICE-System erlaubt uns, geänderte Parameter einzusetzen, und liefert Empfehlungen zur Anpassung des Korridors und der Preise.[8]

Bei der Ermittlung eines Preiskorridors sollte beachtet werden, daß internationale Arbitragekosten nicht fest vorgegeben sind, sondern durch Markenpolitik, Packungsdesign, Distribution oder ähnliche Maßnahmen beeinflußt werden können. Durch die Errichtung solcher Barrieren zwischen Ländern verzichtet man im allgemeinen auf Vorteile der Kostendegression. Die Vor- und Nachteile dieser Maßnahmen, die darauf angelegt sind, die internationale Preisdifferenzierung zu unterstützen, sollten sorgfältig gegeneinander abgewogen werden. Wir fassen unsere Empfehlungen zur internationalen Preisangleichung wie folgt zusammen:

- Der Druck zur internationalen Preisangleichung sollte nicht zu einem Einheitspreis in allen Ländern führen. Die verbleibenden Chancen zur Preisdifferenzierung sollte man weiterhin nutzen.
- Es ist in zunehmendem Maße unrealistisch und gefährlich, isolierte länderspezifische Optimalpreise zu setzen. Häufig sind die sich daraus ergebenden Preisunterschiede groß genug, um größere graue Märkte zu verursachen. Das führt zu Schwierigkeiten mit Kunden, die zunehmend zu weltweitem Einkauf übergehen.
- Wir empfehlen, einen internationalen Preiskorridor festzulegen, der einer-

seits eine gewisse Preisdifferenzierung erlaubt und andererseits die Gefahr einer zu großen Differenzierung vermeidet. Zur Festlegung des optimalen Korridors werden detaillierte Informationen über Preiselastizitäten, Arbitragekosten und graue Importe benötigt. Wenn man berücksichtigt, welche Gewinne in internationalen Märkten auf dem Spiel stehen, dann machen sich die zusätzlichen Kosten für Informationserhebung und Analyse der Daten im allgemeinen innerhalb von Wochen oder Monaten bezahlt. Die Bestimmung optimaler internationaler Preise ist eine der größten Herausforderungen für die Anhänger des »Power Pricing«.

Umsetzungsaspekte des Pricing für internationale Märkte

Im Rahmen des Pricing für internationale Märkte gibt es erhebliche Umsetzungsschwierigkeiten. Wenn die erforderliche Reaktion auf plötzliche Wechselkursänderungen auch offensichtlich sein mag, ist es häufig äußerst problematisch, sie in die Praxis umzusetzen. Es ist zum Beispiel nicht immer klar, ob solch eine Wechselkursänderung zeitlich begrenzt oder dauerhaft auftritt. Kurzfristige Schwankungen der Wechselkurse können mit dem Wunsch nach Preiskontinuität kollidieren. Die Marktposition in einem Land muß sowohl strategisch als auch unter dem Aspekt der kurzfristigen Gewinnmaximierung beurteilt werden. In einigen Ländern können niedrigere Preise vernünftig sein, um Wettbewerber in Schach zu halten. Zum Beispiel greift ein amerikanischer Hersteller von Spezialglas einen japanischen Wettbewerber in seinem Heimatmarkt mit aggressiven Preisen an, weil er das japanische Unternehmen daran hindern will, genügend Cash-flow zu erzeugen, um in den europäischen Markt einzudringen. Solche Überlegungen müssen beachtet werden, wenn internationale Preise festgelegt werden.

Die internationale Preisangleichung kann mit der Organisationsstruktur und dem Anreizsystem eines Unternehmens im Widerspruch stehen. In den meisten Unternehmen sind Ländermanager für die Preisfestsetzung in ihren Märkten verantwortlich und werden nach dem Gewinn ihres Landes bezahlt und beurteilt. Jede internationale Koordination engt ihren Bewegungsspielraum und damit die Möglichkeit, ihre länderspezifischen Gewinne zu maximieren, ein. Assmus und Wiese schlagen vier mögliche Koordinationsmethoden vor, nämlich wirtschaftliche Anreize, Zentralisierung, Formalisierung (Länderpreise werden nach einer Formel ermittelt) und informelle Koordination. Sie zeigen, daß alle Methoden Stärken und Schwächen haben.[9] Unser Korridorkonzept bezieht drei der von Assmus und Wiese vorgeschlagenen Methoden ein. Es berücksichtigt die Notwendigkeit für internationale Koordination, doch gleichzeitig läßt es den einzelnen Ländermanagern eine gewisse Freiheit bei der Preisfestlegung. Der grundsätzliche Konflikt zwischen den Interessen der Hauptverwaltung und der dezentralisierten Einheiten kann in der Praxis nicht vollständig gelöst werden. Wenn die Wechselbeziehungen zwischen den Ländermärkten zunehmen, ist es notwendig, die Preisfestlegung stärker zu zentralisieren. Je homogener die Märkte sind, desto einheitlicher muß die Preispolitik werden. Die sich daraus ergebenden Konflikte zwischen nationalen Niederlassungen sind unvermeidbar. Eine besondere Schwierigkeit und häufig ein emotional geladener Konflikt ist die Abstimmung zwischen größeren und kleineren Ländern. Das dümmste, was ein Unternehmen machen kann, ist zuzulassen, daß der niedrige Preis in einem kleinen Land den hohen Preis in einem großen Land zerstört (was im eingangs dieses Kapitels erwähnten Fall LOGO passierte). Selbst wenn ein Transport des Produktes aus dem Niedrigpreisland unpraktisch ist, kann der niedrige Preis zum Bezugspreis für die ganze internationale Preisstruktur werden. Es kann klüger sein, einen kleinen Markt ganz aufzugeben, als einen Preisrückgang von 10 Prozent in einem großen Markt zu akzeptieren.

Die Preisfindung für internationale Märkte steht in engem Zusammenhang mit der internationalen Koordination anderer Marketingaspekte. Wir haben bereits erwähnt, daß es sinnvoll sein kann, Barrieren zwischen den Märkten durch Markenpolitik, Design, Verpackung usw. zu errichten. Gleichfalls sollte klar sein, daß globale Markenpolitik und Preisdifferenzierung nach Ländern unvereinbar sind. Kodak mußte das mit schmerzlicher Erfahrung feststellen. Nach schwierigen Jahren mit seinen globalen Marken, bei denen es massive graue Importe gab, führte man 1995 in Japan eine zweite Marke und eine Handelsmarke ein.

Ein weiterer Bedarf für Zentralisierung besteht in der Forschung zu Preisfragen. Nur wenn die preisrelevanten Fakten in verschiedenen Ländern in vergleichbarer Weise gemessen werden, kann eine koordinierte Preisstrategie erreicht werden. Daher sollte eine zentrale Organisationseinheit zumindest die Standards zur Ermittlung der Preisabsatzbeziehungen und anderer Daten festlegen. Das gleiche gilt für internationale Informationen über Wettbewerbspreise; auf diesem Gebiet gibt es normalerweise große Informationslücken. Diese Informationen kann man leicht beschaffen, wie das früher erwähnte Beispiel von Paul Binhold zeigt. Binhold, der Weltmarktführer für anatomische Lehrmittel, hat eine weltweite Preisgarantie. Wenn jemand ein vergleichbares Produkt irgendwo zu einem niedrigeren Preis findet, wird Binhold zum gleichen Preis liefern. Nach Otto H. Gies,

Geschäftsführer von Binhold, ist dies ein perfektes weltweites Preis-Informationssystem. Jedesmal, wenn jemand den Preis von Binhold irgendwo auf der Welt unterbietet, erfährt es Gies innerhalb von Stunden.

Die meisten Unternehmen, die wir kennen, sind noch weit von diesem Ideal eines weltweiten Informationssystems entfernt. Das gleiche trifft auf die Prozesse zur Preisfindung zu und die Fähigkeit, Preisänderungen durchzuführen, insbesondere Preiserhöhungen in einem internationalen Rahmen. Wir empfehlen, jeden Beteiligten zu trainieren und über die Konsequenzen zu informieren, wenn Preisüberlegungen auf ein Land beschränkt werden. Ein besseres Verstehen der Komplexität der Preisfindung für internationale Märkte erleichtert die Umsetzung des »Power Pricing«.

Restriktionen für die länderspezifische Preisfindung

Gesetzliche und andere staatliche Restriktionen spielen bei der Preisfindung für internationale Märkte eine viel größere Rolle als bei der Preisfindung für den Inlandsmarkt. Die Grenzüberschreitung hat Auswirkungen auf Steuern und Zölle. Eventuell müssen Quoten beachtet werden, und das Dumpingverbot kann den Preisspielraum eines Unternehmens einschränken. Fast alle diese Aspekte haben eine Auswirkung auf die Preise. Transferpreise zwischen den Einheiten eines Unternehmens in verschiedenen Ländern werden stark durch steuerliche Überlegungen beeinflußt. Importzölle behindern die Wettbewerbsfähigkeit ausländischer Firmen. Eine Antidumping-Gesetzgebung kann den Markteintritt mit aggressiven Einführungspreisen zur Marktdurchdringung undurchführbar machen – oder sie kann einem etablierten Unternehmen helfen, ausländische Konkurrenten abzuwehren. Und internationale Behörden wie die Kommission der Europäischen Union (EU) können das Preisverhalten von Firmen in verschiedenen Ländern beobachten und beeinflussen.

Doch solche Restriktionen können auch Möglichkeiten zur Preisbildung bieten – beispielhaft weisen wir in diesem Zusammenhang auf die Importrestriktionen für japanische Autos in den USA hin. Wenn die Zahl der Autos, die importiert werden können, begrenzt ist, liegt das Problem der Preisfindung darin, den Preis genau auf der Höhe festzulegen, zu dem alle importierten Autos verkauft werden können. Dafür muß die Preisabsatzkurve bekannt sein (siehe Kapitel 3). In der Vergangenheit haben die japanischen Autohersteller diese Aufgabe in den USA gut gelöst. Gleichzeitig gab es zwei wichtige Nebenwirkungen. Erstens schufen die Importquoten für die etablierten japanischen Wettbewerber auf dem US-Markt eine kartellähnliche Situation, weil ihre

Marktanteile durch diese Vereinbarung festgelegt waren. Zweitens wurden schwächere, möglicherweise preisaggressive japanische Autohersteller klein gehalten oder ganz ferngehalten. Im gleichen Sinn können Antidumping-Abgaben nicht nur inländische Firmen, sondern auch ausländische Wettbewerber schützen, die aggressive Preise vermeiden wollen. Manchmal haben wir beobachtet (zum Beispiel auf dem brasilianischen Markt), daß ausländische Investoren, wenn sie erst einmal ihre lokale Produktion aufgenommen haben, zu starken Befürwortern von Importrestriktionen werden, um sich selbst vor preisaggressiven ausländischen Wettbewerbern zu schützen.

Solche Auswirkungen muß man offensichtlich durchschauen, um »Power Pricing« in einer komplexen internationalen Umgebung anwenden zu können. Es kann schwierig sein, dies zu erreichen – doch der Abbau von Handelshemmnissen, die Einführung gemeinsamer Währungen (wie zum Beispiel des Euro in der Europäischen Union), bessere Informations- und Kommunikationstechnologien und mehr internationale Erfahrung begünstigen den Fortschritt zur Erreichung dieses Zieles. Der für die Preisfindung verantwortliche Manager, der besser informiert und reaktionsbereiter ist, kann die Möglichkeiten zu seinem Vorteil nutzen und Fallstricke bei der Preisfindung für internationale Märkte vermeiden.

Zusammenfassung

Die Anpassung an die schnell zunehmende Globalisierung der Märkte ist ein Unterscheidungsmerkmal der Anhänger des »Power Pricing«. Sie schafft neue Möglichkeiten zur Preisdifferenzierung, doch sie beinhaltet auch Gefahren für bestehende Preisstrukturen und Preishöhen. Im Rahmen der Preisfindung für internationale Märkte sollten die folgenden Aspekte und Empfehlungen beachtet werden.

- Zwei gegenläufige Einflußfaktoren müssen berücksichtigt werden: Differenzierungsfaktoren und Harmonisierungsfaktoren, beide sind dynamisch.
- Traditionell unterschieden sich Märkte, Kunden, Wettbewerber, Händler und gesetzliche Bestimmungen von Land zu Land. Diese Differenzierungsfaktoren sprechen für differenzierte Länderpreise.
- Es ist nicht optimal, internationale Preise nach der Methode des Cost-plus zu ermitteln. Vielmehr sollte der Wert, den die Kunden einem Produkt in jedem Land beimessen, den Preis in jenem Land bestimmen.

- Wechselkurse spielen bei der Preisfindung für internationale Märkte eine entscheidende Rolle. Wechselkursveränderungen sollten zu maßvollen Preisanpassungen führen. Es ist nicht optimal, nach Wechselkursänderungen den Preis oder den Deckungsbeitrag konstant zu halten.
- Auf vielen Märkten ist eine Preisangleichung erforderlich, weil Harmonisierungsfaktoren in zunehmendem Maße die Oberhand gewinnen. Abbau von Handelshemmnissen, bessere Informations- und Kommunikationstechnologien, sinkende Transport- und Arbitragekosten, weltweiter Einkauf usw. treiben diese Entwicklung voran.
- Die Einführung des Euro wird den Druck auf einheitliche Preise in Europa weiter verstärken. Dies ist sowohl eine Folge der Transparenz als auch der psychologischen Tendenz, Preisdifferenzierung in einer Währung weniger zu akzeptieren als in verschiedenen Währungen.
- Ein einheitlicher Preis in verschiedenen Ländern ist normalerweise nicht die optimale Antwort auf diese Trends, da der Verzicht auf mögliche Gewinne zu groß ist. Noch können die Preisunterschiede der Vergangenheit aufrechterhalten werden, da sie graue Importe und ähnliche Probleme verursachen. Wir empfehlen die Einführung eines internationalen Preiskorridors, der sich um einen Kompromiß zwischen Differenzierung und Harmonisierung bemüht. Obgleich es erstrebenswert aussieht, ist es selten die beste Lösung, den grauen Markt ganz auszuschalten.
- Die Festlegung des Korridors erfordert fundierte Informationen über länderspezifische Preise und ihre Wechselbeziehungen. Eine Koordination der Preisforschung in den einzelnen Ländern wird dringend empfohlen.
- Je homogener die Ländermärkte werden und je mehr sie in Wechselbeziehungen stehen, desto größer ist die Notwendigkeit für eine zentrale Preiskoordination. Preisfindung auf internationalen Märkten beinhaltet ein beachtliches Konfliktpotential zwischen den Auslandsgesellschaften und der Hauptverwaltung. Es gibt verschiedene Methoden, um mit diesem Konflikt fertig zu werden, doch keine ist ohne Nachteile. Je besser die Manager die Komplexität der Preisfindung für internationale Märkte verstehen, desto wahrscheinlicher ist es, daß die Konflikte vernünftig gelöst werden.

Wir erwarten, daß sich die Dynamik der Preisfindung für internationale Märkte in Zukunft sogar noch beschleunigen wird. Daraus ergibt sich, daß jedes Unternehmen, das international tätig ist, diesem Gebiet große Aufmerksamkeit schenken sollte. Die Anhänger des »Power Pricing« können große Gewinne erzielen, wenn sie diese Herausforderungen meistern.

Anmerkungen

1 Siehe »Millionen-Deal Grauimporte: Weit unter Preis«, *Trierischer Volksfreund*, 20. Januar 1996, S. 41.
2 Für weitere Einzelheiten siehe Simon, H.: *Die heimlichen Gewinner. (Hidden Champions). Die Erfolgsstrategien unbekannter Weltmarktführer*, Campus Verlag, Frankfurt 1996.
3 »Cars in America: As American As Apfelkuchen«, *Economist*, 6. Januar 1996, S. 59–60.
4 Für weitere Einzelheiten siehe »Don't Call Us«, *Economist*, 6. Januar 1996, S. 61.
5 Wied-Nebbeling, S.: *Industrielle Preissetzung*, Tübingen 1975, S. 295.
6 Für eine weitere Diskussion siehe Albaum, G.: *International Marketing and Export Management*, Reading/MA 1990 und Cateora, P.: *International Marketing*, Homewood/IL 1990.
7 Cavusgil, S. T.: »Unraveling the Mystique of Export Pricing«, *Business Horizons*, Mai-Juni 1988, S. 54–63.
8 Für eine detailliertere Beschreibung des Preiskorridor-Konzeptes siehe Simon, H. und Kucher, E.: »Pricing in the New Europe – A Time Bomb«, *Pricing Strategy & Practice*, 1995, S. 4–13.
9 Assmus, G. und Wiese, C.: »How to Address the Gray Market Threat Using Price Coordination«, *Sloan Management Review*, Spring 1995, S. 31–41.

Kapitel 7
Nichtlineares Pricing

Die vorhergehenden Kapitel haben gezeigt, daß Preise gewinnbringend nach verschiedenen Dimensionen differenziert werden können, nach Kunden, Regionen, Produktvarianten usw., um die Preise bestmöglich an die Zahlungsbereitschaft der Kunden anzupassen. Eine andere wichtige Möglichkeit ist die Preisdifferenzierung nach der gekauften Menge. Hierbei zahlen Kunden, je nachdem, ob sie mehr oder weniger Einheiten eines Produktes kaufen, unterschiedliche Preise. Nichtlineare Preisbildung, wie diese Praxis bezeichnet wird, beinhaltet normalerweise einen niedrigeren Preis mit zunehmender Kaufmenge.

In der Praxis wird die nichtlineare Preisbildung häufig angewendet und kann die unterschiedlichsten Formen annehmen, wie die folgenden Beispiele zeigen:

- Die meisten Industrieunternehmen bieten sogenannte Mengenrabatte für größere Mengen an. In einer Studie, die wir in der chemischen Industrie durchgeführt haben, sagten 63 Prozent der Befragten, daß sie häufig Mengenrabatte gewähren. Im Durchschnitt beläuft sich der Rabatt auf 19 Prozent vom höchsten Preis. Die Staffel für den Mengenrabatt von Sealed Air Corporation ist typisch. Aufgrund von Kosteneinsparungen beim Transport variieren die Preise für die Verpackungsmaterialien von Sealed Air mit der Größe des einzelnen Auftrags: 50 Dollar pro 1000 Quadratfuß für Mengen unter 5000 Quadratfuß, 45,40 Dollar für eine Menge zwischen 5000 und 10000 Quadratfuß, bis zu 33,50 Dollar für eine ganze Lkw-Ladung von 200000 Quadratfuß.[1]
- Softwareanbieter legen in der Regel nichtlineare Preise für Lizenzen fest. Wie wir in Kapitel 5 ausgeführt haben, kostet Novells NetWare 1196 Dollar für 25 Anwender (= 38 Dollar pro Anwender) und 3996 Dollar für 250 Anwender (= 16 Dollar pro Anwender). Das Grundmodell des Statistikpaketes SPSS für Windows wird zu einem Preis von 2500 DM für einen

Anwender verkauft, zu 12 250 DM für zehn Anwender (= 1 225 DM pro Anwender) und zu 23 450 DM für 50 Anwender (= 469 DM pro Anwender).

- Der American Club in Bonn bietet Übungseinheiten zu 6 Dollar für eine Einheit an, 50 Dollar für zehn Einheiten (= 5 Dollar pro Einheit) und 90 Dollar für 20 Einheiten (= 4,50 Dollar pro Einheit). Viele Theater haben ähnliche Staffeln für Abonnenten. Ein Fotograf offeriert Paßbilder zu 4,00 DM für ein Foto, 14,00 DM für sechs Fotos (= 2,33 DM pro Foto) und 21,00 DM für 12 Fotos (= 1,75 DM pro Foto).
- Das Atlantis Sheraton Hotel in Zürich hat für Telefongespräche folgende Preisstaffel:

Anzahl Einheiten	*Gebühr pro Einheit*
Erste 10 Sekunden	0,40 sFr
Zweite 10 Sekunden	0,30 sFr
Über 21 Sekunden	0,20 sFr

- Zeitungen und Fernsehsender bieten Mengenrabatte für Anzeigenraum bzw. Werbezeit an. Eine Rabattstaffel der *Los Angeles Times* beinhaltet 32 Preisklassen und einen Maximalrabatt von 40 Prozent für Inserenten, die mehr als fünf Millionen Zeilen pro Jahr schalten.
- Bankgebühren für Depotverwaltung variieren mit der Größe des Depots. Die Deutsche Bank berechnet 0,05 Prozent für Depots bis zu 50 000 DM, 0,04 Prozent für Depots zwischen 50 000 DM und 100 000 DM und 0,03 Prozent für Depots über 100 000 DM.
- Die Zeitschrift *Fortune* bietet ein Einjahresabonnement in Deutschland für 5,25 DM pro Ausgabe an, 4,73 DM pro Ausgabe für ein Zweijahresabonnement und 4,20 DM pro Ausgabe bei einem Dreijahresabonnement.
- Telefongesellschaften und öffentliche Versorgungsunternehmen haben normalerweise Preissysteme, die aus einer festen monatlichen Gebühr und einem variablen benutzungs- oder verbrauchsabhängigen Preis bestehen. Eine höhere Menge führt zu einem niedrigeren Anteil der festen monatlichen Gebühr pro Einheit. Der Durchschnittspreis sinkt folglich mit der Anzahl der Einheiten. Eine ähnliche Struktur wird häufig in der Autovermietungsbranche angewendet.
- Die Deutsche Bahn führte 1993 die BahnCard zum Preis von 220 DM für die zweite Klasse und 440 DM für die erste Klasse ein. Die BahnCard berechtigt den Besitzer, ein Jahr lang Fahrkarten zu einem Rabatt von 50 Prozent des normalen Preises zu kaufen.
- Vielfliegerprogramme beinhalten Rabatte für Flugpassagiere, die viel mit

der gleichen Fluggesellschaft fliegen. Verkaufs- und Treueboni haben ähnliche Effekte, die besonders stark wirken, wenn die Rabatte progressiv mit der gekauften Menge zunehmen.

- Eine spezielle Form der nichtlinearen Preisbildung sind Gruppenpreise, bei denen eine zweite oder eine weitere Person, die das gleiche Produkt oder die gleiche Dienstleistung kaufen wie die erste (oder »Haupt-«) Person, Preisrabatte erhalten. Viele Fluggesellschaften bieten regelmäßig wiederkehrend Programme an, in denen die Begleitung eines voll zahlenden Passagiers zur Hälfte des Preises (zum Beispiel Lufthansa, Air New Zealand) oder sogar kostenlos fliegen kann (zum Beispiel das Programm »Freunde fliegen kostenlos« von Southwest Airlines). Ähnliche Systeme sind in der Hotelbranche beliebt. Eine deutsche Abfallbeseitigungsfirma hat ein System, nach dem der Preis für die Dienstleistungen umgekehrt proportional zur Anzahl der Personen im Haushalt abnimmt. Der Jahrespreis für einen Einpersonenhaushalt beträgt 208 DM, 256 DM für einen Zweipersonenhaushalt (= 126 DM pro Person) und 350 DM für einen Fünfpersonenhaushalt (= 70 DM pro Person). Programme der Art »Friends & Family«, die MCI als Pionier in der amerikanischen Telekommunikation eingeführt hat, können als eine Variante der Gruppenpreise mit zusätzlichen Netzwerk-Effekten betrachtet werden.

Wie diese Beispiele andeuten, ist es typisch, daß der Preis mit zunehmender Menge abnimmt. In manchen Situationen möchte der Anbieter Kunden, die große Mengen kaufen, jedoch eher abschrecken als ermutigen. In Boston folgen die Gebühren für Wasser und Abwasser pro Haushalt zum Beispiel einer zunehmenden Staffel: die ersten 10 Einheiten im Halbjahr kosten 2,63 Dollar pro Einheit und steigen über 8 Preisklassen bis auf 9,53 Dollar pro Einheit für alle Einheiten über 200, die der Haushalt im Halbjahr verbraucht. In der Praxis findet man jedoch meistens abnehmende Raten.

Diese zahlreichen Beispiele zeigen, daß nichtlineare Preisbildung in der Praxis allgemein üblich ist und den Gewinn nachhaltig beeinflussen kann. Unsere Erfahrung ist, daß nur wenige Unternehmen die Begründung – und die Auswirkungen – ihres Rabattsystems wirklich gründlich durchdacht haben.

In diesem Kapitel werden die folgenden Fragen behandelt:

1. Welche Formen der nichtlinearen Preisbildung gibt es?
2. Warum ist nichtlineare Preisbildung optimal und unter welchen Bedingungen?
3. Welche Informationen werden benötigt, um ein nichtlineares Rabattsystem zu entwickeln?

4. Wie sollten Gruppenpreise ermittelt werden?
5. Welche Aspekte sollten bei der Umsetzung der nichtlinearen Preisbildung beachtet werden?

Die Beantwortung dieser Fragen wird dazu beitragen, daß Sie:

- die Gründe und die Komplexität der nichtlinearen Preisbildung verstehen;
- entscheiden können, ob Sie in ihrer spezifischen Situation einen Einheitspreis oder ein nichtlineares Rabattsystem anwenden sollten;
- die Erhebung der benötigten Daten organisieren und ein optimales System entwerfen können;
- die Umsetzungsschwierigkeiten, die mit nichtlinearen Preisstrukturen verbunden sind, vermeiden können.

Formen der nichtlinearen Preisbildung

Abbildung 7.1 veranschaulicht die Formen der nichtlinearen Preisbildung grafisch. Grafik (a) zeigt einen Einheitspreis mit einer Geraden für den Zusammenhang zwischen Kaufmenge und dem Kaufbetrag des Kunden. Der Stückpreis ist konstant, wie durch die horizontale Linie dargestellt wird.

Grafik (b) zeigt einen Mengenrabatt, nach dem der niedrigere Preis für alle Einheiten gilt, wenn eine bestimmte Menge überschritten wird. Das vorstehend behandelte Beispiel Sealed Air entspricht diesem Rabattsystem. Wenn die Kaufmenge zwischen 5000 und 10000 Quadratfuß liegt, zahlt der Kunde 45,40 Dollar für alle Einheiten, nicht 50 Dollar für die ersten 5000 und etwa auf 45,50 Dollar für den Rest zurückgehend. Diese Form führt zu einer unwirtschaftlichen Festlegung von Kaufmengen. Zum Beispiel betragen die Kosten für einen Kunden, der 4700 Quadratfuß kauft, 235 Dollar. Für 5000 Quadratfuß, die zum Preis von 45,40 Dollar pro 1000 Quadratfuß gekauft werden, belaufen sich die Kosten hingegen nur auf 227 Dollar. Die unwirtschaftlichen Kaufmengen liegen zwischen 4540 und 5000 Quadratfuß, weil 5000 × 0,0454 $ = 227 $ gleich 4540 × 0,05 $ = 227 $ ist. Bei diesem Rabattsystem müssen die Mengengrenzen der Rabatte und die Preise für jedes Intervall festgelegt werden. Im einfachsten Fall mit zwei Preisintervallen sind das drei Parameter: die Mengengrenze und die beiden Preise. Bei drei Intervallen gibt es fünf Parameter, drei Preise, zwei Mengengrenzen usw. Dies zeigt, daß nichtlineare Preisbildung ziemlich komplex werden kann.

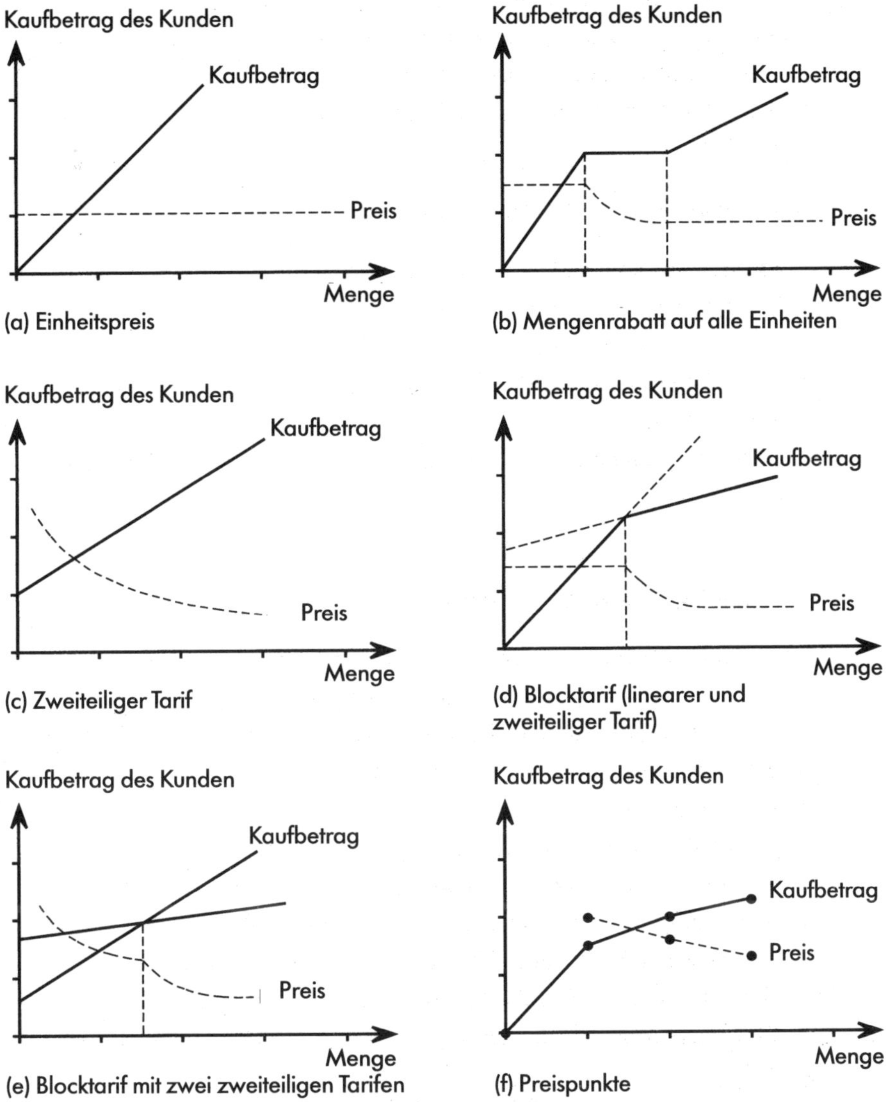

Abbildung 7.1: Formen der nichtlinearen Preisbildung

Grafik (c) zeigt einen zweiteiligen Tarif, der aus einer festen Gebühr und einem zusätzlichen Preis pro Einheit besteht. Im wesentlichen bezahlt der Kunde für das Recht, die Güter zu einem festgesetzten Preis zu kaufen und dann muß er den Grenzpreis für jede tatsächlich gekaufte Einheit zahlen. Dieses nichtlineare Preissystem ist typisch für Telefongesellschaften mit einer monatlichen

Grundgebühr und einer Gebühr pro Serviceeinheit. Mietwagen haben die gleiche Preisstruktur; meistens wird eine Grundgebühr pro Tag plus eine Gebühr pro km erhoben. Die Version »unbegrenzte Kilometerzahl« ist ein Spezialfall eines zweiteiligen Tarifs, bei dem der Grenzpreis Null ist. Clubs, deren Mitglieder eine Jahresmitgliedsgebühr bezahlen und dann Güter oder Dienstleistungen zu niedrigeren Preisen kaufen können, entsprechen ebenfalls zweiteiligen Tarifen. Mit zunehmender Menge wird die Grundgebühr über eine größere Zahl von Einheiten verteilt, so daß der Durchschnittspreis pro Einheit sinkt, wie in der Abbildung dargestellt. Zwei Preisparameter, die Grundgebühr und der Preis pro Einheit, müssen bei einem zweiteiligen Tarif festgelegt werden.

Grafik (d) zeigt einen sogenannten Blocktarif, in dem ein Stückpreis bis zu einer bestimmten Menge erhoben wird, dann sinkt der Stückpreis für alle Einheiten. Dies wird auch als angestoßener Mengenrabatt bezeichnet im Gegensatz zum Mengenrabatt für alle Einheiten. Das System für Telefongebühren im Atlantis Sheraton Hotel ist ein entsprechendes Beispiel. Wenn ein linearer und ein zweiteiliger Tarif zusammen angeboten werden, ist die Struktur mit der BahnCard vergleichbar, die wir später in diesem Kapitel beschreiben.

Grafik (e) zeigt eine Variante des Blocktarifs, bei der jeder der beiden Bausteine sowohl eine fixe als auch eine variable Preiskomponente hat. Diese Form ist typisch für öffentliche Versorgungsunternehmen. Rhenag, ein deutscher Erdgaslieferant, bietet zwei Möglichkeiten an. Preisverzeichnis A hat eine feste monatliche Gebühr von 4,00 DM und einen variablen Preis von 10,90 DM pro 100 Kilowattstunden (kWh). Preisverzeichnis B hat eine feste Gebühr von 14,00 DM und einen variablen Preis von 6,10 DM pro 100 kWh. Telefongesellschaften offerieren ähnliche Wahlmöglichkeiten zwischen Kombinationen von festen und variablen Preiskomponenten. Diese Strategie ist sehr populär im Mobiltelefonsektor. E-plus, der dritte Wettbewerber im deutschen Markt, führte ein neuartiges zweistufiges Preissystem ein, den »Partnertarif« mit einer monatlichen Grundgebühr von 44,00 DM und einem variablen Preis pro Minute von 1,64 DM für gelegentliche Benutzer sowie den »Profitarif« mit einer monatlichen Gebühr von 59,00 DM und einem variablen Preis pro Minute von 1,19 DM für Intensivbenutzer. Entsprechende Strukturen existieren im Produktsektor. Ein Beispiel sind herkömmliche Glühbirnen und Leuchtstoffröhren: die Glühbirne kostet ungefähr 1 DM (die Fixpreiskomponente) und hat Energiekosten von 1,88 DM pro 100 Stunden (die »variable« Preiskomponente), während eine Leuchtstoffröhre einen Kaufpreis von 20 DM hat, doch pro 100 Stunden nur 0,38 DM kostet und eine viel längere Lebensdauer aufweist. So ähneln die »fixe« und »variable« Preiskomponente strukturell jenen in den Servicebeispielen.

Grafik (f) zeigt eine Struktur mit Preispunkten. Wie im Fall des American

Club in Bonn oder des Fotografen, die wir oben beschrieben haben, werden die Preise für bestimmte Einheiten festgelegt, doch in jedem Fall ist der Verlauf nichtlinear. Gruppenpreise können auch unter dieser Form subsumiert werden.

Die verschiedenen Strukturen haben verschiedene Typen und Anzahlen von Preisparametern, die festgelegt werden müssen. Tabelle 7.1 faßt zusammen, was festgelegt werden muß, um die nichtlineare Preisbildung anwenden zu können. Wir sehen, daß – im Gegensatz zum (linearen) Einheitspreis – bei allen Formen der nichtlinearen Preisbildung mehrere Preisparameter zu bestimmen sind. Im Fall des Mengenrabattsystems der *Los Angeles Times* mit 32 Preisklassen muß über 32 Preise und 31 Grenzpunkte eine Entscheidung getroffen werden. Nichtlineare Preisentscheidungen sind beträchtlich komplexer und erfordern mehr Informationen als Entscheidungen über Einheitspreise. Doch die Anhänger des »Power Pricing« erfüllen die Anforderungen der Analyse, damit sich diese Entscheidungen bezahlt machen.

Tabelle 7.1: Entscheidungsparameter für verschiedene Formen der nichtlinearen Preisbildung

Formen der nichtlinearen Preisbildung	*Festzulegende Parameter*	
	Art	*Anzahl*
Einheitspreis (Lineare) Preisbildung	Preis	1
Mengenrabatt	Preise Grenzpunkte	2 oder mehr 1 oder mehr
Zweiteiliger Tarif	Feste Grundgebühr Preis	1 1
Blocktarif	Feste Grundgebühren Preise	2 oder mehr 2 oder mehr
Preispunkte	Preise	2 oder mehr
Gruppenpreise	Preise	2 oder mehr

Begründungen für nichtlineare Preisbildung

Warum und unter welchen Bedingungen ist nichtlineare Preisbildung optimal? Die weite Verbreitung dieser Praxis legt nahe, daß die Antwort auf diese Frage klar durchdacht sei. Doch unsere Erfahrung zeigt, daß man auf die Frage, warum Mengenrabatte angeboten oder warum andere Formen der nichtlinearen

Preisbildung verwendet werden, normalerweise keine überzeugende Antwort erhält. Viele Manager rechtfertigen die Mengenrabatte durch Kostenersparnisse. Größere Auftragsmengen, die durch die Rabatte ausgelöst würden, reduzierten die Kosten für Logistik und Bestandshaltung beim Verkäufer. Andere argumentieren, daß Großeinkäufer einfach Rabatte verlangten und angesichts des Zwangs, große Kunden zu halten, müßten Preiszugeständnisse gemacht werden. Andere erwähnen den Wettbewerb; Tom Johnson, Herausgeber der *Los Angeles Times*, soll gesagt haben: »Unsere Tarife haben wir als Reaktion auf unsere Kosten und den Wettbewerb sowohl von Zeitungen als auch anderen Medien entwikkelt«[3]. American Airlines, die als erste ein Vielfliegerprogramm eingeführt haben, das sie als »das erfolgreichste Marketinginstrument betrachten, das wir je gehabt haben«[4], veranlaßte alle größeren Wettbewerber, dieses Programm nachzuahmen. 1994 wurde die nichtlineare Preispolitik von E-Plus, die wir oben erwähnt haben, sofort von den zwei etablierten Mobiltelefon-Netzwerken D_1 und D_2 kopiert. Folglich scheinen gegenseitige Wettbewerbsabhängigkeiten starke Antriebsfaktoren zur Verbreitung nichtlinearer Preissysteme zu sein. Ein weiteres Argument, das man häufig von Dienstleistungsunternehmen hört, ist, daß die feste Grundgebühr die Tatsache widerspiegelt, daß eine Infrastruktur mit hohen fixen Kosten vorgehalten werden muß. Der hohe Kostenanteil der fixen Kosten des Anbieters wird in eine feste Gebühr umgewandelt, die der Kunde zahlen muß – eine besondere Form des Cost-plus-Denkens.

Alle diese Argumente enthalten ein Körnchen Wahrheit. Doch es gibt weitere Begründungen für nichtlineare Preisbildung. Nichtlineare Preisbildung sollte nicht primär als eine Defensivstrategie gegen große Einkäufer oder gegen Wettbewerber angesehen werden, sondern für einen Anhänger des »Power Pricing« als Weg zur Preisdifferenzierung und Gewinnverbesserung. Gewinnbringende nichtlineare Preisbildung kann aufgrund der Nachfrage, der Kosten oder aus Wettbewerbsgründen sinnvoll sein. Zunächst wollen wir den Nachfrageaspekt betrachten.

Nachfrage

Der grundlegende Bestimmungsfaktor auf der Nachfrageseite liegt in der einfachen Tatsache, daß die Zahlungsbereitschaft eines Verbrauchers für zusätzliche Einheiten meist abnimmt; das heißt, er ist bereit, für die erste Einheit mehr als für die zweite zu bezahlen, mehr für die zweite als für die dritte usw. In diesem Fall erhöht der Verkäufer seinen Gewinn, indem er für die erste Einheit einen höheren Preis als für die zweite Einheit nimmt, also die unterschiedlichen Nutzen abschöpft. Der Durchschnittspreis pro Einheit nimmt mit einer größeren Kaufmenge ab. Dies gilt für einen einzelnen Verbraucher oder für eine Gruppe von Verbrauchern mit identischen Maximalpreisen. Wenn wir die Kundennutzen kennen, können wir die Preise festlegen, indem wir mit dem höchsten Nutzen beginnen und bis zu den Kosten heruntergehen. Durch die nichtlineare Preisbildung läßt sich der Kundennutzen voll abschöpfen.

Wenn sich die Kunden unterscheiden, gilt die Begründung für nichtlineare Preisbildung immer noch, sie ist jedoch nicht mehr so wirkungsvoll. Wir wollen das veranschaulichen, indem wir ein einfaches Beispiel mit einem Kino betrachten. Dieses Kino gewährt einen Rabatt für einen zweiten, dritten usw. Besuch innerhalb eines Monats. Die Anzahl der Besuche wird durch eine Karte überwacht, die beim ersten Besuch ausgestellt wird und für einen Monat gültig ist. Wir betrachten drei Verbraucher – A, B und C –, die repräsentativ sind und deren Bereitschaft, für einen ersten, zweiten usw. Besuch zu zahlen, in Tabelle 7.2 dargestellt ist.

Tabelle 7.2: Nichtlineare Preisbildung mit drei heterogenen Kunden – Kinobesuche

Besuche (Einheit)	*Maximalpreis pro Verbraucher und Besuch (DM)*			*Optimalpreis für den n-ten Besuch (DM)*	*Besuche*	*Gewinn (DM)*
	A	*B*	*C*			
Erster	9,0	10,0	12,0	9,0	3	27,0
Zweiter	6,0	7,5	10,0	6,0	3	18,0
Dritter	3,5	5,5	8,0	5,5	2	11,0
Vierter	2,0	4,0	6,0	4,0	2	8,0
Fünfter	1,1	1,5	3,5	3,5	1	3,5
Gesamt bei nichtlinearem Pricing					11	67,5
Einheitspreis				5,5	9	49,0

Eine Möglichkeit für den Kinobetreiber ist, einen einheitlichen Preis pro Besuch festzulegen (lineare Preisbildung). Da die Grenzkosten pro Besuch Null sind, können wir annehmen, daß der Betreiber den Kartenumsatz maximieren will. Wenn man die Werte aus Tabelle 7.2 zugrunde legt, gäbe es bei einem Preis von 12 DM nur einen Besuch pro Monat (durch Verbraucher C), und das führte zu einem Umsatz von 12 DM. Bei einem Preis von 10 DM würde Verbraucher C zwei Besuche machen und Verbraucher B einen, und der Umsatz

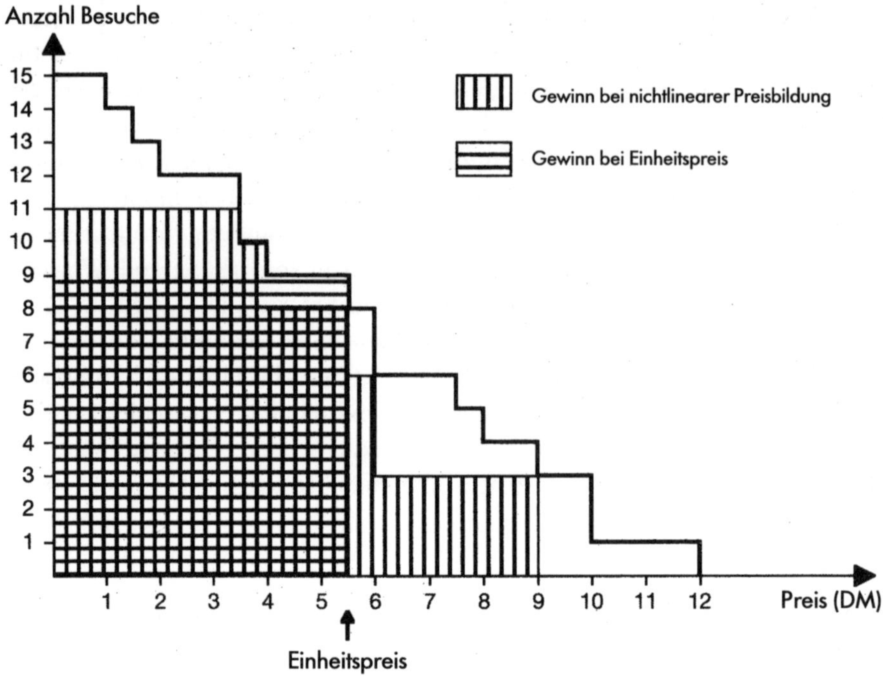

Abbildung 7.2: Vergleich von nichtlinearer Preisbildung und Einheitspreis – vom Rechteck zum Dreieck

wäre 30 DM (3 × 10 DM). Wenn man alle alternativen Preise berücksichtigt, stellen wir fest, daß 5,50 DM der optimale Einheitspreis ist, der zu 9 Besuchen (4 von C, 3 von B und 2 von A) und 49,50 DM Umsatz (= Gewinn) führt.

Bei der nichtlinearen Preisbildung gehen wir anders vor und verlangen für jeden Besuch den Preis, der den Gewinn maximiert. Dies ist die Technik der »Preispunkte«. Für den ersten Besuch könnten wir 12 DM verlangen, nur der Verbraucher C würde kaufen, und der Umsatz wäre 12 DM; bei 10 DM kaufen sowohl C als auch B, das ergibt einen Umsatz von 20 DM; bei einem Preis von 9 DM machen alle drei Verbraucher einen Besuch, das ergibt einen Umsatz von 27 DM. Folglich ist 9 DM der optimale Preis für den ersten Besuch. Entsprechend können die optimalen Preise für jeden folgenden Besuch abgeleitet werden; wir finden 6 DM für den zweiten, 5,50 DM für den dritten usw. Tabelle 7.2 liefert die Zahlen und zeigt, daß 11 Besuche und ein Gesamtgewinn von 67,50 DM durch optimale nichtlineare Preisbildung erreicht werden. Dieser Gewinn übertrifft den bei einem Einheitspreis von 5,50 DM erzielbaren Gewinn von

49,50 DM um 37,8 Prozent! Der Grund für diese enorme Verbesserung wird in Abbildung 7.2 erläutert.

In Abbildung 7.2 sind der Preis auf der horizontalen Achse und die Zahl der Besuche für die drei Kunden auf der vertikalen Achse dargestellt. Die Fläche des »Dreiecks« unter der äußeren Treppenkurve (der Preisabsatzkurve) zeigt das Gewinnpotential. Durch den Einheitspreis schneiden wir aus diesem Dreieck das waagerecht schraffierte Rechteck heraus, mit einem Preis von 5,50 DM und 9 Besuchen. Wir verzichten auf beachtliche Gewinne und nicht ausgeschöpfte Zahlungsbereitschaft auf beiden Seiten des Einheitspreises. Durch nichtlineare Preisbildung schreiten wir die Wertkurve hinab und kommen der Ausschöpfung des Dreiecks bzw. der Zahlungsbereitschaft der Kunden wesentlich näher. Da die Kunden heterogen sind, ist es selbst bei nichtlinearer Preisbildung nicht möglich, das volle Dreieck zu ernten.

In diesem Fall ist es offensichtlich: je besser die nichtlinearen Preise einer Feinabstimmung unterworfen werden, desto näher kommen wir der Ausnutzung des gesamten Gewinnpotentials. Daher sind – abgesehen von den Umsetzungskosten – komplexere Preissysteme besser: Blocktarife sind besser als zweiteilige Tarife, Systeme mit vielen Bausteinen sind besser als Systeme mit zwei Bausteinen usw. Doch Implementierungskosten, wie zum Beispiel für die Sammlung der erforderlichen Kundendaten, und eine mögliche Verwirrung der Kunden setzen der Feinabstimmung praktische Grenzen. Doch der entscheidende Punkt in diesem Zusammenhang ist, daß das einfache und weitverbreitete Phänomen der Zahlungsbereitschaft, die mit nachfolgenden Einheiten abnimmt, ein großes Gewinnpotential darstellt, wenn die Preise durch ein nichtlineares System geschickt differenziert werden.

Eine zweiter Bestimmungsfaktor für Mengenrabatte ist die höhere Preiselastizität großer Kunden. Abbildung 7.3 zeigt das Ergebnis einer Conjoint-Measurement-Studie über Prüfröhrchen zur Ermittlung der Luftverschmutzung. Diese Röhrchen werden von Produktionsunternehmen gekauft; je nach Unternehmensgröße benötigt der Kunde weniger als 100 oder einige Tausend dieser Röhrchen pro Jahr.

Die großen Kunden (Abnahmemenge über 1000 Einheiten) haben eine Preiselastizität von 2,20, während die kleinen Kunden (Abnahmemenge unter 100 Einheiten) mit einer Preiselastizität von 1,54 beträchtlich weniger preisempfindlich sind. Dieser Unterschied in den Elastizitäten führt zu optimalen Preisen, die für mittlere Kunden 24 Prozent und für große Kunden 36 Prozent unterhalb des Preises für kleine Kunden liegen.

Es gibt gute Gründe für große Kunden, preisempfindlicher zu sein. Infolge ihres größeren Einkaufsvolumens lohnt es sich für sie, sich zu informieren und

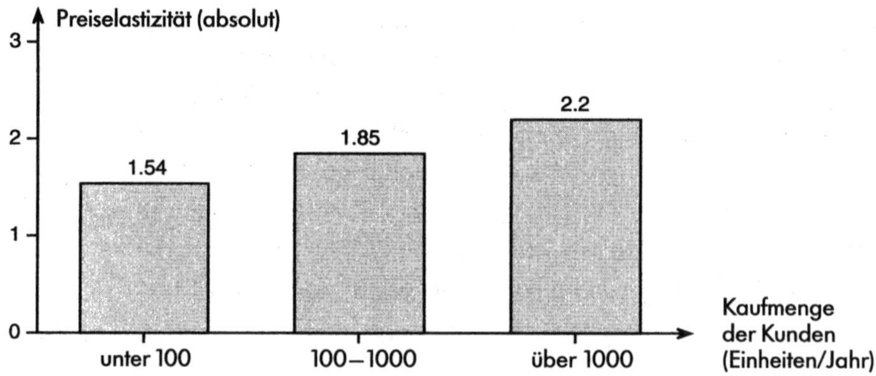

Abbildung 7.3: Preiselastizitäten und Kaufmengen – Prüfröhrchen zur Bestimmung der Luftverschmutzung

die Preise zu vergleichen, weil ihr Einsparpotential größer ist. Sie haben auch Beschaffungsalternativen, die für kleine Kunden nicht zugänglich sind. Beim Verkauf von Anzeigenraum ist eine Zeitung wie die *Los Angeles Times* dem Wettbewerb durch Zeitungen, Plakatwände und das Lokalfernsehen ausgesetzt, doch große Kunden haben zusätzlich die Möglichkeit, im nationalen Fernsehen zu werben. Große Firmen haben das Wissen und die Systeme, um weltweit einkaufen zu können. Auf diese Weise erweitern sie den Wettbewerb. Zur Gewinnmaximierung ist es deshalb notwendig, großen Kunden mit höheren Preiselastizitäten Mengenrabatte anzubieten. Dabei geht es also nicht nur um den einfachen Sachverhalt »die großen Kunden machen immer Druck«.

In besonderen Fällen kann durch nichtlineares Pricing Nutzen aus der geschäftlichen auf die private Sphäre übertragen werden. Das Phänomen ist bei Vielfliegerprogrammen sehr bekannt, wo Flugmeilen, die auf Geschäftsreisen gesammelt wurden, privat genutzt werden. Einige Unternehmen untersagen ihren Mitarbeitern solche Übertragungen.

Kosten

Auch Kostenersparnisse können ein Motiv für nichtlineare Preisbildung sein. Wenn Mengenrabatte größere einzelne Auftragsgrößen bewirken, kann die Wirtschaftlichkeit der Produktion und des Transports verbessert werden. Wenn die Rabatte die Gesamtnachfrage erhöhen, können die Vorteile der Größendegression und Lerneffekte die Stückkosten senken. Mengenrabatte können ein wirkungsvoller Weg sein, die Systemkosten in der Wertschöpfungskette Lieferant-

Kunde zu minimieren. Sie bewirken, daß die Kostenersparnisse im Transport geteilt werden, und sie verlagern die Bestandsverantwortung für einen Massenartikel in den Absatzweg wie im Fall von Sealed Air. Aus dem gleichen Grund beobachten wir, daß in Branchen wie Reifen oder Dünger große Rabatte gegeben werden. Ein zusätzlicher Effekt besteht darin, daß die Konkurrenz herausgehalten wird, wenn die Bestände der Einzelhändler aufgefüllt sind. Jeuland und Shugan zeigen, daß Mengenrabatte der Hersteller die Koordination im Handel verbessern können.[5]

Wettbewerb

Nichtlineare Preisbildung ist auch unter Wettbewerbsaspekten hochinteressant. Oren, Smith und Wilson haben aufgezeigt: Wenn Mengenrabatte in einem Monopol optimal sind, dann sind sie auch im Wettbewerb optimal.[6] Dolan hat nachgewiesen, daß nichtlineare Preisbildung in einer Situation von Wettbewerbsangeboten optimal sein kann, in der der Käufer eine Präferenz für mehrere Lieferanten hat.[7] Mengenrabatte, Verkaufsboni usw. können Markteintrittsbarrieren bilden, da ein Kunde zunächst durch die hohen Einstiegspreise »gehen« muß, um die großen Rabatte zu bekommen. Das ist der Grund, warum Kartellbehörden diese Praktiken häufig untersucht und einige davon untersagt haben. Zweiteilige Tarife und Blocktarife können ein besonders wirkungsvoller Weg sein, um Wettbewerber auszuschließen. Wenn ein Kunde das Recht auf einen gewissen Rabatt oder Service durch eine Einmalzahlung gekauft hat (wie im Fall von BahnCard oder Mobiltelefon), ist es unwahrscheinlich, daß er zu einem Wettbewerber wechseln wird, bei dem er die Einmalgebühr erneut zahlen müßte. In vielen Branchen, wo zweiteilige Tarife oder Blocktarife noch nicht eingesetzt werden, bietet dies eine gute Gelegenheit für einen Innovator. Hotels, Fluggesellschaften oder ähnliche Dienstleistungsanbieter könnten solche Systeme nutzen, um Kunden zu binden, da diese die fixe Grundgebühr wahrscheinlich nicht zweimal bezahlen werden. Um Wettbewerber abzuwehren, ist es wichtig, daß die feste Grundgebühr im voraus bezahlt werden muß. Dies ist ein Unterscheidungsmerkmal zu Vielflieger- oder ähnlichen Treueprogrammen.

Nichtlineare Preisbildung erlaubt einer Firma, auf besondere Marktsegmente zu zielen. Ein entsprechender Fall ist der Wettbewerb zwischen den amerikanischen Telefonfirmen Sprint und AT&T. Sprint bot einen zweiteiligen Tarif mit hohen Grundgebühren aber niedrigen Grenzpreisen an. Dieses System zielte auf die Intensivbenutzer und erwies sich als sehr erfolgreich.

Dieser Überblick zeigt, daß es viele Situationen gibt, in denen nichtlineare Preisbildung den Gewinn nachhaltig erhöhen kann. Das große Potential dieser Methode wurde bisher nicht ausgeschöpft. Um diese Strategie voll zu nutzen, müssen schwierige Meßprobleme gelöst werden. Informationen über aggregierte Preisabsatzfunktionen sind für nichtlineare Preisbildung unzureichend. Nichtlineare Preise lassen sich nur optimieren, wenn man die Grenznutzen kennt, die einzelne Verbraucher jeder zusätzlichen Einheit eines Produktes beimessen. Wir veranschaulichen einige dieser Probleme und mögliche Lösungen in der folgenden Diskussion über Anwendungen.

Anwendungen der nichtlinearen Preisbildung

Tacke wandte die nichtlineare Preisbildung für Tafelschokolade an, indem er eine Conjoint Measurement-Methode entwickelte, um die Grenznutzen potentieller Kunden für zusätzliche Einheiten zu messen.[8] Da wir die Methode des Conjoint Measurement in Kapitel 3 beschrieben haben, stellen wir hier nur die Ergebnisse vor. Er leitete optimale Preise für den Einheitspreis und sechs alternative nichtlineare Preissysteme ab.

In Tabelle 7.3 werden die optimalen Preise für diese sieben Preisstrukturen dargestellt. Der optimale Einheitspreis war 1,12 DM, und jede nichtlineare Methode liefert beträchtlich höhere Absatzmengen und Gewinne. Der maximale Gewinn, der mit einem Blocktarif mit drei Blöcken erreicht wurde, ist 70,3 Prozent höher als der Gewinn, der mit dem Einheitspreis erzielt wurde. Diese Anwendung im Rahmen eines Tests bedeutet keineswegs, daß alle aufgelisteten Preisformen in diesem Fall anwendbar sind, sondern soll das enorme Potential der nichtlinearen Preisbildung zur Steigerung der Absatzmenge und des Gewinns aufzeigen. Dabei ist zu berücksichtigen, daß dieser Test in einem Supermarkt durchgeführt wurde und keine Wettbewerbsreaktionen berücksichtigt wurden. Solche Reaktionen können zwar die Absatz- und Gewinnsteigerungen abschwächen, die nichtlineare Preisbildung bleibt jedoch auch dann noch der Einheitspreisstrategie überlegen.

Tacke zeigt auch, daß nichtlineare Preise bedeutende Risiken beinhalten. Wenn die optimalen Werte der nichtlinearen Preiskomponenten um relativ kleine Beträge verfehlt werden, können starke Verluste eintreten. Der Grund ist, daß die berechneten Preise sehr nahe an den Maximalpreisen liegen, die die Verbraucher zu zahlen bereit sind. Wenn diese Maximalpreise überschritten werden, kauft der betreffende Kunde nicht. Der Versuch, die nicht

Tabelle 7.3: Ergebnisse eines Preistests zur nichtlinearen Preisbildung für Tafelschokolade

Preisstruktur	*Optimale Preise (DM)*	*Unterschiede zum Einheitspreis*	
		Absatz	*Gewinn*
Zweiteiliger Tarif	Grundpreis 0,57 Preis pro Tafel 1,03	+ 46,3 %	+ 58,1 %
Mengenrabatt	1,27 bis 7 Tafeln 1,10 ab 8 Tafeln	+ 52,8 %	+ 49,8 %
Angestoßener Mengenrabatt	1,31 für 1. Tafel 1,03 für 2. Tafel	+ 50, 0 %	+ 61,3 %
Blocktarif (2 Blöcke)	Block 1: 1,37 pro Tafel Block 2: Grundpreis 0,57 Preis pro Tafel 1,03	+ 50,0 %	+ 63,7 %
Blocktarif (3 Blöcke)	Block 1: 1,37 pro Tafel Block 2: Grundpreis 0,41 Preis pro Tafel 1,08 Block 3: Grundpreis 0, 65 Preis pro Tafel 1,03	+ 46,0 %	+ 70,3 %
Preispunkte (3 Punkte)	1,37 für 1 Tafel 3,66 für 3 Tafeln (= 1,22 pro Tafel) 8,80 für 8 Tafeln (= 1, 10 pro Tafel)	+ 64,9 %	+ 66,6 %

ausgeschöpfte Zahlungsbereitschaft fast vollständig zu nutzen, läßt kaum Raum für einen Irrtum. Diese Ergebnisse unterstreichen die äußerst große Bedeutung von zuverlässigen Messungen für die nichtlineare Preisbildung.

Im Fall der Tafelschokolade wären »Preispunkte« die beste Variante zur Umsetzung. Der Gewinn ist der zweithöchste und Preispunkte lassen sich leicht realisieren. Die Schokolade könnte in Packungen von eins, drei oder acht Stück angeboten werden, oder das Scannersystem des Geschäftes könnte so programmiert werden, die richtigen Preispunkte auszuwählen, wenn der Verbraucher drei oder acht Tafeln kauft. Die drei Preispunkte sollten den Verbrauchern am Regal oder in Inseraten mitgeteilt werden. In einem zweiten Test für Joghurt erzielte Tacke ähnliche Ergebnisse: Der Gewinn stieg um 50,45 Prozent (Mengenrabatt) bzw. um 73,55 Prozent (Preissystem mit drei Bausteinen) gegenüber der Einheitspreisstrategie.

Die BahnCard

Wir setzten unsere Erfahrung aus diesen Testanwendungen ein, um ein großes Projekt zur nichtlinearen Preisbildung für die Deutsche Bahn AG durchzuführen. Die Bahn-Preispolitik war, 0,24 DM pro Kilometer für die zweite Klasse und 0,36 DM pro Kilometer für die erste Klasse zu berechnen. Obgleich das System eine Preisdifferenzierung ermöglichte, weil man über Waggons der ersten und zweiten Klasse verfügte, erlaubte es keine segmentspezifische Preisdifferenzierung für häufige und gelegentliche Reisende. Außerdem hielten viele Verbraucher die Preise im Vergleich zu den Kosten bei Pkw-Benutzung für zu hoch. Dies war hauptsächlich darauf zurückzuführen, daß die meisten Reisenden bei Pkw-Benutzung nur die Ausgaben für Benzin als Kosten betrachten.

Dies führte zu der Überlegung, das Konzept der BahnCard zu entwickeln. Dabei handelt es sich um eine personengebundene Karte, die einmal im Jahr gekauft werden muß und den Karteninhaber berechtigt, Fahrkarten mit einem beachtlichen Rabatt zu erwerben. Der Kunde muß also zuerst investieren und kann dann ein Jahr lang die Vorteile dieser Investition genießen. Konzeptionell ist die BahnCard ein zweiteiliger Tarif. Unter der Annahme, daß der Kunde auch wählen kann, die Karte nicht zu kaufen und nur die normalen Tarife zu bezahlen, ist das System ein Blocktarif (siehe Abbildung 7.1).

Das Management der Deutschen Bahn stellte die folgenden Fragen:

- Welcher Rabattprozentsatz sollte den Käufern der BahnCard gewährt werden?
- Wieviel sollte die BahnCard kosten?
- Wie sollte der Preis der BahnCard nach Wagenklasse und Zielgruppen (zum Beispiel Studenten, Senioren) variieren?

Die Auswirkungen auf Höhe und Struktur des Absatzes und Umsatzes sollten quantifiziert werden, insbesondere unter Berücksichtigung einer Kannibalisierung des Normalgeschäftes. Das Kartenkonzept beinhaltete ein großes Risiko, wenn die Preisparameter nicht richtig ermittelt würden. Das erste Extrem lautete: Wenn die Karten kostenlos abgegeben und ein Rabatt von 50 Prozent gewährt werden, würde der Umsatz halbiert. Das andere Extrem war: Wenn der Kartenpreis zu hoch wäre, hätte die Karte keine Wirkung, weil zu wenige Kunden die Karte kaufen würden. Der Status quo würde aufrechterhalten, doch würde man auf eine wichtige Gewinnchance verzichten. Die Herausforderung war, den optimalen Mittelweg zwischen diesen Extremen zu finden. Da die Grenzkosten eines zusätzlichen Reisenden nahezu Null sind, lautete die

Aufgabe, den Umsatz zu maximieren. In diesem Fall ist Umsatzmaximierung gleichbedeutend mit Gewinnmaximierung.

Um diese komplexen Fragen beantworten zu können, wurden über 8000 tatsächliche und potentielle Eisenbahnkunden interviewt. Es wurde eine besondere Form des Conjoint Measurement eingesetzt, um den Nutzen und die Zahlungsbereitschaft für verschiedene Kartenvarianten zu messen. Wir fanden heraus, daß der wahrgenommene Nutzen für einen Rabatt von 50 Prozent 2,7 mal (und nicht 2,0 mal!) höher war als der Nutzen für einen Rabatt von 25 Prozent – vielleicht, weil sich eine Preisreduzierung von 50 Prozent leichter berechnen läßt als eine von 25 Prozent. Dies zeigte eindeutig, daß der optimale Rabatt bei 50 Prozent lag. Es wurde dann ein komplexes Modell entwickelt, um die Wirkung der neuen Preisstruktur zu simulieren und den Kartenpreis für die verschiedenen Gruppen zu optimieren.

Der Rabatt wurde schließlich mit 50 Prozent festgelegt. Abbildung 7.4 zeigt den prognostizierten Absatz und Umsatz bei alternativen Preisen der BahnCard für die zweite Klasse. Bei einem Kartenpreis von 100 DM würde eine große Zahl von Karten verkauft werden, doch die Wirkung auf den Gesamtumsatz wäre negativ, weil zu viel Umsatz bei Vielreisenden verlorenginge, die sonst voll bezahlt hätten. Bei einem hohen Kartenpreis von zum Beispiel 400 DM würden nur wenige Reisende die Karte kaufen und folglich würden keine neuen Kunden angezogen bzw. jetzige Kunden würden die Bahn nicht intensiver benutzen. Der optimale Preis lag im Bereich von 200 DM bis 250 DM und wurde schließlich auf 220 DM festgelegt.

Auf ähnliche Weise wurde ermittelt, daß der optimale Preis für die BahnCard erster Klasse 440 DM ist, das Doppelte des Preises der Karte für die zweite Klasse, während der normale Aufschlag für den Kilometerpreis der ersten Klasse nur 50 Prozent (0,36 DM im Vergleich zu 0,24 DM) beträgt. Der größere Unterschied in den Kartenpreisen ist darauf zurückzuführen, daß die wahrgenommenen Nutzen der Kunden sich stärker unterscheiden. Für besondere Gruppen, wie zum Beispiel Senioren und Studenten, kostete die Karte die Hälfte der oben genannten Preise, das heißt die BahnCard für die zweite Klasse 110 DM und die BahnCard für die erste Klasse 220 DM.

Abbildung 7.5 zeigt das endgültige nichtlineare Preissystem für die zweite Klasse. Der Käufer der BahnCard wird zwar zu Beginn mit relativ hohen Investitionskosten in Höhe von 220 DM belastet, doch dafür ist er berechtigt, ein Jahr Zugfahrkarten zu 0,12 DM pro Kilometer an Stelle des vollen Preises von 0,24 DM zu kaufen. Auf diese Weise ist der durchschnittliche Preis pro Kilometer am Beginn der Kartenbenutzung sehr hoch; für die ersten 100 Kilometer liegt er bei 220 DM + 12 DM = 232 DM : 100 km = 2,32 DM pro Kilometer. Der

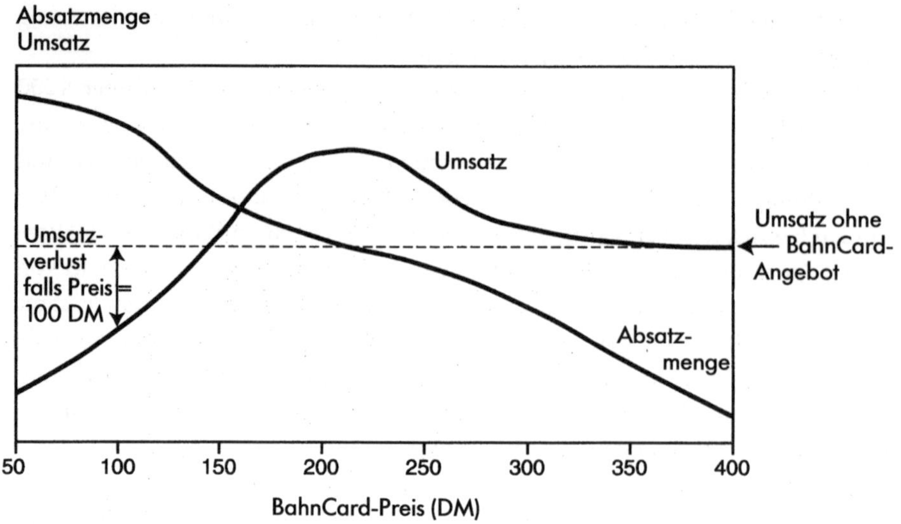

Abbildung 7.4: Die Wirkung alternativer BahnCard-Preise auf Absatz und Umsatz

Break-even-Punkt zwischen dem Preis von 0,24 DM pro Kilometer und Kartenkauf sowie Bezahlung von 0,12 DM pro Kilometer liegt bei einer Reisestrecke von 1833 Kilometern pro Jahr. Wenn ein Reisender mehr als diese Strecke im Jahr zurücklegt, spart er gegenüber dem Normalpreis 0,12 DM pro zusätzlichem Kilometer. Bei 3000 Kilometern betragen die Gesamtkosten für einen Karteninhaber 580 DM, das entspricht einem Preis von 0,193 DM pro Kilometer. Im Vergleich zu den Gesamtkosten von 720 DM zum Normalpreis ist dies eine Ersparnis von 140 DM oder 19,4 Prozent.

Die BahnCard hat einige interessante Wirkungen. Wenn eine Person einmal die Karte gekauft hat, sind die 220 DM verlorene Kosten, und die Entscheidung, den Zug zu nehmen, hängt nur von der Bereitschaft ab, den Grenzpreis von 0,12 DM pro Kilometer zu zahlen. Dies löst eine stärkere Kundentreue und zusätzlichen Verkehr aus, da die Wettbewerbssituation zwischen Zug und Auto für einen BahnCard-Besitzer umgedreht wird. Selbst wenn man nur die Benzinkosten berücksichtigt, ist es jetzt billiger, den Zug zu nehmen. Im Normalfall kostet Benzin in Deutschland ca. 0,15 DM pro Kilometer. Bevor die BahnCard eingeführt wurde, war es für jeden billiger, mit dem Auto zu fahren. Der BahnCard-Besitzer ist jedoch in einer ganz anderen Situation. Für ihn ist der marginale Preis für eine Zugfahrt 0,12 DM pro Kilometer 20 Prozent gün-

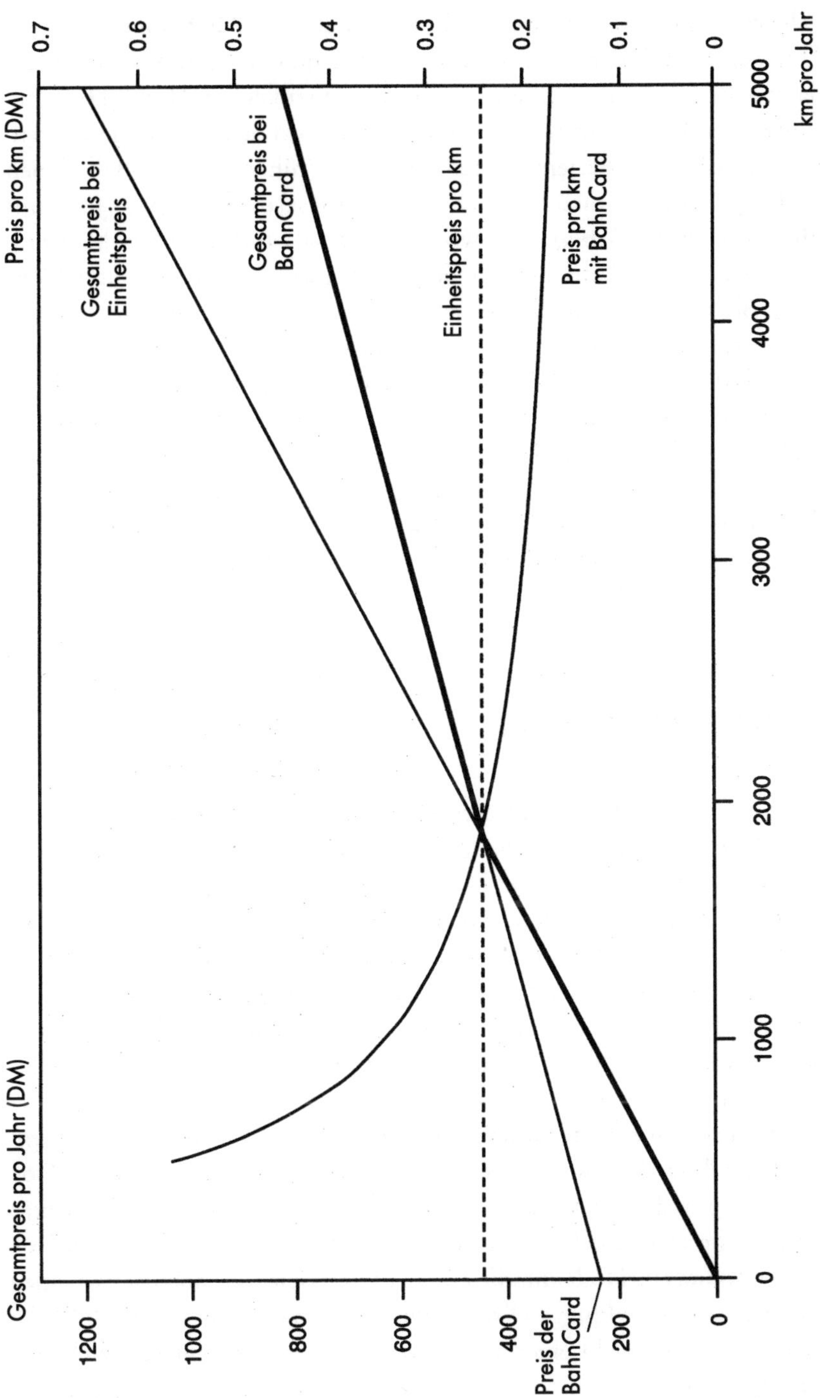

Abbildung 7.5: Das nichtlineare Preissystem der BahnCard

stiger, als wenn er mit dem Auto fährt. Für eine Reise von 300 Kilometern spart er 9 DM, wenn er mit dem Zug fährt. Folglich kann ein nichtlineares Preissystem dazu beitragen, eine Wettbewerbsposition umzukehren. Durch Hinzufügung einer fixen Komponente in Form der BahnCard nähert sich die Kostenstruktur der Bahnfahrt derjenigen des Autos an. Früher hatte die Bahn einen vollvariablen Preis, der ausschließlich von der Reisestrecke abhing. Jetzt mit der BahnCard hat der Bahnpreis sowohl eine fixe als auch eine variable Komponente genau wie das Auto, bei dem der Kaufpreis (oder Abschreibung), Versicherung, Steuer usw. einmalige »fixe« (oder verlorene) Ausgaben sind und nur die Kosten für den Kraftstoffverbrauch variabel sind.

Heute werden mehr als 3 Millionen Karten pro Jahr verkauft, und der Umsatz beträgt 2 Milliarden DM. Die BahnCard ist das bekannteste Produkt der Deutschen Bahn. Sie ist nicht nur ein Instrument zur Preisbildung, sondern auch ein Mittel zur Verbesserung der Kundenbindung. Die BahnCard enthält ein Foto zur Identifizierung und wahlweise die Funktion einer Kreditkarte, um die Zahlung am Schalter oder im Zug zu erleichtern.

Mehrpersonen-Pricing

Eine besondere Form der nichtlinearen Preisbildung sind Mehrpersonen- oder Gruppenpreise, bei denen eine zweite oder weitere Person weniger bezahlt als die erste Person, der »Voll-« oder »Normalpreiskunde«. Die Begründung für diesen Rabatt ist, daß die Zahlungsbereitschaft der zweiten Person geringer ist als die der ersten. Betrachten wir zum Beispiel ein reisendes Paar: Der Ehemann sei auf Geschäftsreise, und die Ehefrau begleite ihn. Der Geschäftsreisende sei bereit, maximal 1 000 Dollar zu zahlen, während die ihn begleitende Ehefrau nur bereit ist, maximal 600 Dollar zu zahlen. Bei Einheitspreisen kann die Fluggesellschaft zum Beispiel 1 000 Dollar berechnen, dann fliegt jedoch nur der Geschäftsreisende, und es ergibt sich ein Gewinn von 1 000 Dollar. Die Fluggesellschaft kann ihren Gewinn dadurch erhöhen, daß sie für jede Person 600 Dollar in Rechnung stellt. Dann fliegen beide und die Fluggesellschaft erhält einen höheren Gewinn von 1 200 Dollar. Ein nichtlineares Preissystem mit 1 000 Dollar für die erste und 600 Dollar für die zweite Person ist jedoch noch besser. Beide würden fliegen, und die Fluggesellschaft würde einen Gewinn von 1 600 Dollar einstreichen, das entspricht einer Steigerung von 30 Prozent im Vergleich zum besten Einheitspreis.

Die Argumentation kann ausgeweitet werden, insofern als nicht ausgeschöpfte Zahlungsbereitschaft von einer Person auf eine andere Person übertragen wird. Diese Situation ist strukturell identisch mit Paketpreisen, die wir in Kapitel 9 behandeln werden. Angewendet auf das obige Beispiel wollen wir annehmen, daß der Maximalpreis des Geschäftsreisenden 1 200 Dollar und der der Gattin 400 Dollar betragen. Wir nehmen zusätzlich an, daß es – infolge der Berücksichtigung der Kundenanforderungen und des Wettbewerbs – für die Fluggesellschaft optimal ist, den Preis für die erste Person auf 1 000 Dollar festzulegen. Bei Zugrundelegung des Preissystems mit 1 000 Dollar für die erste und 600 Dollar für die zweite Person würde das Paar ebenfalls fliegen, da ihre kombinierte Zahlungsbereitschaft 1 600 Dollar beträgt.

Situationen, in denen der Fahrpreis einer Person durch die Firma und der Fahrpreis der anderen Person privat bezahlt wird, eröffnen interessante Möglichkeiten für die Übertragung nichtausgeschöpfter Zahlungsbereitschaft vom geschäftlichen auf den privaten Bereich. Häufig kann man Gruppenpreis-Systeme sehen, die eine kostenlose Teilnahme oder einen kostenlosen Flug gewähren, vorausgesetzt, die erste Person zahlt den vollen Preis. American Express versucht, Kunden dadurch zur Verwendung der Platinkarte zu veranlassen, daß mit einem regulären Flugticket für die First oder Business Class bei bestimmten Fluglinien der Flug für eine Begleitperson in einem bestimmten Zeitraum kostenlos ist. Die französische Hotelkette Ibis und die amerikanische Fluggesellschaft Southwest Airlines bieten ähnliche Programme an. Diese Angebote können durchaus sinnvoll sein. Im Falles des Hotels kann solch ein Programm Zusatzumsätze der Begleitperson für Mahlzeiten und andere Dienstleistungen induzieren. Ähnliche Überlegungen gelten für »Kinder gratis«-Programme.

Mehrpersonen-Preise werden auch für größere Gruppen eingesetzt. Wie wir in Kapitel 5 erwähnt haben, bietet Club Med in seinem Winterkatalog 1995/96 bezogen auf jeweils zehn Personen, die den vollen Preis entrichten, für eine Person einen kostenlosen Aufenthalt an. Die Deutsche Bahn AG hat in Abhängigkeit von der Größe der Gruppe verschiedene Rabattsysteme. In diesem Zusammenhang können Wettbewerbsüberlegungen wichtig sein. Für den potentiellen Kunden, der ein Transportmittel auswählt, hat die Mitnahme eines weiteren Fahrgastes im Auto keinen wesentlichen Einfluß auf die Kosten. Wenn die Bahn jedoch einen Einheitspreis pro Person fordert, hat ein zusätzlicher Fahrgast einen direkt linearen Einfluß auf die Gesamtkosten. Ein Mehrpersonen-Preissystem kann diesen Kostennachteil der Eisenbahn mildern.

Umsetzung und rechtliche Aspekte der nichtlinearen Preisbildung

Es gibt überzeugende theoretische Argumente für nichtlineare Preisbildung und es gibt einige hervorragende Beispiele des »Power Pricing«, in denen nichtlineare Preisbildung in der Praxis eingesetzt wurde, um die Gewinne in die Höhe zu treiben. Sie ist jedoch nicht für jedes Produkt und nicht für jede Situation geeignet. Die Methode ist mit Kosten der Information und Umsetzung verbunden, und gesetzliche Restriktionen (zum Beispiel wettbewerbsrechtliche Vorschriften) müssen sorgfältig beachtet werden. Und unter bestimmten Marktbedingungen empfiehlt sich diese Methode nicht.

Damit die nichtlineare Preisbildung funktionieren kann, muß der Wiederverkauf durch den Käufer ausgeschlossen werden können. In gleicher Weise sollten Käufer daran gehindert werden, ihre Nachfrage zusammenzulegen. Wenn eine Person (ein Käufer oder Wiederverkäufer) die Nachfragemengen verschiedener Käufer bündeln kann, bekommt er attraktive Mengenrabatte und gibt sie an die anderen Käufer weiter, die damit keine hohen Einstiegspreise für die ersten Einheiten bezahlen müssen. Dies passiert sowohl in kleinem als auch in großem Rahmen. Beim Kauf von Heizöl ist es zum Beispiel üblich, daß verschiedene Nachbarhaushalte ein »Einkaufsbündnis« bilden, um größere Mengenrabatte zu erhalten. Anstatt daß jeder Haushalt 4000 Liter kauft, können drei Haushalte zusammen 12000 Liter kaufen. Bei der Lieferung bitten sie dann den Lkw-Fahrer, das Öl inoffiziell an ihre einzelnen Füllstutzen zu liefern, was er eigentlich nicht darf. Am 4. Januar 1996 hätte man durch diesen einfachen Trick in Deutschland 444 DM oder 8,7 Prozent sparen können. Selbst nach Abzug eines Trinkgelds für den Fahrer ist dieses »Einkaufsbündnis« attraktiv. Ein ähnliches Problem kommt bei Vielfliegermeilen vor, wo »Gutscheinzentralen« die Boni an- und verkaufen. Das hatten die Fluggesellschaften bestimmt nicht beabsichtigt.

Das Risiko des Wiederverkaufs und die Möglichkeiten zur Verhinderung müssen in jedem einzelnen Fall beurteilt werden. Verträge können ein wirksames Mittel sein, doch dabei fallen Kontrollkosten an. Das Risiko des Weiterverkaufs oder der Bündelung ist bei verderblichen Produkten geringer. In einem berühmten europäischen Fall untersagte United Brands seinen Wiederverkäufern, grüne Bananen zu verkaufen, die leicht weiterverkauft werden können. Es war ihnen nur erlaubt, gelbe Bananen weiterzuverkaufen, die schnell verderblich sind. Dieser Fall weist auch auf Vorratskäufe als eine Variante der Bündelung von Einkaufsmengen hin. Bei übertriebenen Vorratskäufen in Verbindung mit geringen Kosten für die Bestandshaltung lohnt sich nichtlineare Preisbildung nicht.

Persönliche Dienstleistungen bieten ideale Bedingungen für die Anwendung der nichtlinearen Preisbildung. Dienstleistungen sind die vergänglichsten Güter und daher für nichtlineare Preisbildung optimal geeignet. Dies trifft besonders für Dienstleistungen zu, bei denen die Person, die die Dienstleistung erhält, anwesend sein muß und identifiziert werden kann wie bei Fluggesellschaften, Hotels oder der Eisenbahn. Zur Vermeidung von Betrug enthält die BahnCard der Deutschen Bahn seit Juli 1995 ein Paßbild.

Jedes Unternehmen muß seine Fähigkeit zur Aufdeckung von Mißbrauch und seine Kontrollkosten einschätzen, um zu verhindern, daß die Bedingungen verletzt werden, unter denen nichtlineare Preisbildung profitabel ist. Wenn Wiederverkauf und Bündelung von Einkaufsmengen oder übertriebene Vorratskäufe nicht wirksam verhindert werden können, sind Einheitspreise vorzuziehen.

Ein weiterer sehr wichtiger Aspekt der Umsetzung ist die Zeit. Wie lang soll der Zeitraum sein, auf den sich die nichtlineare Preisbildung bezieht? Und welche Preise sollten wann verlangt werden? Bei Mengenrabatten ist zu fragen, ob der Käufer für die ersten Kaufeinheiten den höheren Preis oder den Preis der Rabattklasse, die ihm endgültig zusteht, zahlen sollte. Die Antwort hängt davon ab, wie leicht sich eine Rückerstattung abwickeln läßt. Im allgemeinen bevorzugen die Lieferanten, am Anfang hohe Preise zu verlangen und Rabatte zu gewähren, wenn die erforderlichen Kaufmengen tatsächlich erreicht werden. Angesichts der Einkaufsmacht großer Kunden ist das jedoch im Regelfall kaum durchsetzbar.

Wenn die Dauer eines zeitbezogenen Mengenrabattsystems zu lang ist, qualifizieren sich die meisten Kunden schließlich für den höchsten Rabatt. Wenn der Zeitraum zu kurz ist, erhalten nur wenige Kunden einen Rabatt. Ein längerer Zeitraum verstärkt die Kundenbindung, da immer mehr Kunden in die höchste Rabattklasse fallen. Der Bindungseffekt ist besonders stark, wenn die Rabatte oder Verkaufsboni progressiv ansteigen wie im Fall von Effem, dem Marktführer für Tiernahrung in Deutschland.

Für besondere Formen der nichtlinearen Preisbildung, wie zum Beispiel der Kinokarte, der BahnCard oder Mitgliedsbeiträgen, hängen der Nutzen und die Kundenbindung direkt von der Länge der Zeitperiode bzw. des Gültigkeitszeitraums ab. Trotzdem macht es wenig Sinn, die Länge der Gültigkeitsdauer zu maximieren, weil dadurch die Höhe des zu zahlenden Grundbetrags und die Unsicherheit steigen.

Besondere Aufmerksamkeit sollte der Kommunikation des nichtlinearen Preissystems geschenkt werden, damit die Kunden die Auswirkungen gut verstehen. Wenn sogar Verkäufer und Manager Schwierigkeiten haben, das komplexe System in allen Einzelheiten zu durchschauen, wie soll dies dann der Kunde schaffen können? Wenn die Kunden jedoch nicht verstehen, was passiert, werden sie wahrscheinlich nicht in der erwarteten Weise reagieren. Daher kann eine überzeugende Kommunikation für den Erfolg eines nichtlinearen Preisssystems entscheidend sein. Andererseits bietet die Komplexität auch die Möglichkeit, nichtlineare Preisbildung zur Verschleierung der eigenen Preisstellung einzusetzen. Teure Anbieter können ein solches Interesse haben. Preisvergleiche werden erschwert, wenn mehrere Preisparameter berücksichtigt werden müssen. Ist man zum Beispiel sicher, daß man den günstigsten Tarif beim Mobiltelefon erhält?

* * *

Bei starkem Wettbewerb sollten nichtlineare Preissysteme erst eingesetzt werden, wenn man sorgfältig über die Wettbewerbsreaktionen nachgedacht hat. Obgleich die Methode interessante Möglichkeiten im Wettbewerb eröffnet, beinhaltet sie auch Gefahren. Bei starkem Wettbewerb mit verschiedenen Preisparametern anstelle eines Einheitspreises zu operieren, ist zwar clever, doch der Wettbewerb kann schnell und heftig reagieren, wie wir im Fall des Vielfliegerprogramms und des Blocktarifs mit zwei Blöcken bei Mobiltelefonen gesehen haben. Infolge der Komplexität der Preisparameter kann ein Wettbewerber leicht einen großen Fehler machen, indem er zum Beispiel zu großzügige Rabatte anbietet. Wenn nichtlineare Preissysteme als aggressive Waffe eingesetzt werden, können sie den Abwärtstrend der Preisspirale genauso in Gang setzen wie normale Preissenkungen. Im Zusammenhang mit nichtlinearer Preisbildung ist der ganze Bereich des Wettbewerbs noch nicht vollständig untersucht. Daher sollte die nichtlineare Preisbildung von den Anhängern des »Power Pricing« wohlüberlegt eingesetzt werden.

Im Rahmen der nichtlinearen Preisbildung wird allen Kunden das gleiche Preissystem angeboten. Die Durchschnittspreise der Kunden unterscheiden sich jedoch, wenn sie unterschiedliche Mengen kaufen. Dies ist natürlich die Hauptquelle für höhere Gewinne infolge nichtlinearer Preisbildung, bedingt jedoch auch, daß sie als Preisdiskrimierung angesehen werden kann. In den USA verbietet der Robinson-Patman Act Preisdiskriminierung, wenn sie »den Wettbewerb wesentlich reduziert«. In dem Rechtsstreit *FTC gegen Morton Salt Co.* entschied das Gericht gegen das Unternehmen, weil die Rabatte, bezogen auf die Kaufmenge in einem Zeitraum, tatsächlich nur von wenigen Firmen erreicht werden konnten. Das Preissystem muß nicht nur für alle Kunden gleich sein, sondern die Rabatte müssen »praktisch auch erreichbar« sein.

In ähnlicher Weise wurde Effem gezwungen, sein System der Umsatzrückvergütung von Jahres- auf Quartalsbasis umzustellen. Man ging davon aus, daß das Jahr als Bemessungsgrundlage eine zu starke Wirkung auf die Kundenbindung ausübt und den Wettbewerb ernsthaft behindert. Der Schlüssel ist, daß die rechtlichen Vorschriften sich meist auf allgemeine Aspekte des Wettbewerbs beziehen. Die Zulässigigkeit der nichtlinearen Preisbildung kann jedoch nur im Einzelfall und in jedem einzelnen Land beurteilt werden.

Zusammenfassung

Nichtlineares Pricing ist eine der interessantesten und wirkungsvollsten Methoden der Preisdifferenzierung bei unterschiedlichen Kaufmengen. Die optimale Anwendung erfordert allerdings gründliche Überlegungen. Die folgenden Aspekte sollten dabei beachtet werden:

- Nichtlineares Pricing funktioniert sowohl bei gleichen als auch bei unterschiedlichen Kunden, obwohl es bei gleichen Kunden wirkungsvoller ist.
- Kosten- und Wettbewerbsaspekte verleihen dem nichtlinearen Pricing Vorteile im Vergleich zu Einheitspreisen und sollten daher gut verstanden werden.
- Nichtlineares Pricing kann vielfältige Formen annehmen. Daher ist eine sorgfältige Auswahl nötig. Die komplexeren Formen erlauben es, die Preisdifferenzierung besser abzustimmen, machen es jedoch erforderlich, mehrere Parameter festzulegen, und sind schwieriger umzusetzen.
- Die Informationsanforderungen für ein erfolgreiches nichtlineares Pricing sind hoch. Individuelle Preisabsatzkurven sollten im Detail bekannt sein. Ungenaue Informationen über individuelle Maximalpreise beinhalten ein großes Risiko, die Ausnutzung einer nicht ausgeschöpften Zahlungsbereitschaft zu übertreiben und Kunden zu verlieren.
- Im Hinblick auf die Umsetzung hat nichtlineares Pricing den großen Vorteil, daß die Kunden sich selbst einschätzen, das heißt, das gleiche Preissystem wird allen angeboten und das Kundenverhalten bestimmt den faktisch zu zahlenden Durchschnittspreis.
- Große Aufmerksamkeit muß der Kommunikation über nichtlineare Preissysteme geschenkt werden. Nur wenn die Kunden das Preissystem verstehen, werden sie in der gewünschten Weise reagieren.

- Die Anwendung erfordert die Einhaltung bestimmter Bedingungen, wie zum Beispiel die Untersagung eines Wiederverkaufs oder die Identifizierung der Anspruchsberechtigten. Diese Bedingungen werden am leichtesten im Dienstleistungsbereich erfüllt, die Anwendung des nichtlinearen Pricing beschränkt sich jedoch nicht auf Dienstleistungen.
- Mehrpersonen- oder Gruppenpreise sind besondere Formen des nichtlinearen Pricing, die zusätzliche Käufer anziehen und die Wettbewerbsposition einer Dienstleistung verändern können.
- Bei der Entscheidung darüber, Einheitspreise oder nichtlineares Pricing einzusetzen, müssen Kosten der Informationsbeschaffung, Umsetzung und Überwachung berücksichtigt werden. In der Praxis ist manchmal die Einfachheit von Einheitspreisen vorzuziehen.
- Wenn Rabatte angeboten werden, muß die Wirkung auf den Deckungsbeitrag sorgfältig analysiert werden. Die Rabattstruktur beeinflußt die Dekkungsbeiträge nachhaltig und sollte daher genau so sorgfältig geprüft werden wie die Grundpreise selbst.

Das gewaltige Gewinnpotential des nichtlinearen Pricing legt nahe, daß jedes Unternehmen die Anwendung dieser Strategie in Erwägung ziehen sollte. Die Informationsanforderungen und die Komplexitität eines solchen Systems sind hoch, doch die Belohnung für die Anhänger des »Power Pricing« ist noch größer.

Anmerkungen

1 Dolan, R. J.: »Quantity Discounts: Managerial Issues And Research Opportunities«, *Marketing Science*, 6 (Winter 1987), S. 12.
2 Dolan, R. J.: a.a.O., S. 13.
3 Gloede, B.: » Los Angeles Times to Fight Order«, *Editor and Publisher*, 3. Oktober 1981, S. 11.
4 Newport, J. P.: »Frequent-Flier Clones«, *Fortune*, 29. April 1985, S. 113.
5 Jeuland, A. P. und Shugan, S. M.: »Managing Channel Profits«, *Marketing Science*, 2 (Sommer 1983), S. 239–272.
6 Oren, S. S., Smith, S. A. und Wilson, R. B.: »Competitive Non-linear Tariffs«, *Journal of Economic Theory*, 29 (Februar 1993), S. 49–71.
7 Dolan, R. J.: a.a.O., S. 12.
8 Tacke, G.: *Nichtlineare Preisbildung*, Wiesbaden 1989.

Kapitel 8

Pricing für Produktgruppen

Wie wir in Kapitel 1 ausgeführt haben, leben wir heute im Zeitalter der Produktvielfalt. Wir haben die Fragmentierung des Massenmarktes und seinen Aufbruch in Marktsegmente beobachtet, deren Angehörige »maßgeschneiderte« Produkte wünschen und kaufen. Coca-Cola war das »überall und jederzeit verfügbare« Getränk, doch jetzt gibt es das Produkt in vielerlei Varianten: Coke, Diet-Coke, koffeinfreies Coke, Cherry-Coke usw. Dieses Nachfragephänomen in Verbindung mit Fortschritten in der Technik zur Flexibilisierung der Produktion haben das geschaffen, was Pine als »Maßgeschneiderte Produkte für den Massenmarkt: Die neue Herausforderung im Wettbewerb«[1] bezeichnet. In bezug auf diese neue Herausforderung bieten einzelne Unternehmen zahlreiche Produktvarianten an, die auf die Bedürfnisse bestimmter Marktsegmente abgestimmt sind. Das geht so weit, daß Sony 200 Modelle des Walkman auf dem Markt hatte.[2]

Nur wenige Firmen beschränken sich noch auf ein einziges Produkt. Die Strategie der Produktvielfalt wirft neue Fragen für die Preisfindung auf und bietet neue Chancen. Wie sie Preisentscheidungen beeinflußt, hängt von der Art der gegenseitigen Abhängigkeit zwischen den Produkten ab. Wenn die Produkte im Hinblick auf die Produktion und den Verkauf völlig unabhängig sind, kann die Preisbildung selbstverständlich isoliert erfolgen. Wenn jedoch gegenseitige Abhängigkeiten in der Produktion oder Nachfrage bestehen, müssen diese bei der Preisfindung einer Produktgruppe berücksichtigt werden. Im Mittelpunkt dieses Kapitels stehen wechselseitige Nachfragebeziehungen in Mehrproduktunternehmen.

In diesem Kapitel werden wir die folgenden Fragen behandeln:

1. Welche gegenseitigen Abhängigkeiten sind relevant für die Preisfindung in Mehrproduktunternehmen?
2. Wie beeinflussen komplementäre oder substitutive Produkte innerhalb einer Produktgruppe die optimalen Preise?

3. Welche Überlegungen müssen bei der Einführung und Positionierung zusätzlicher Produkte in einer Produktgruppe angestellt werden? Wie müssen die Preise existierender Produkte angepaßt werden?
4. Wie beeinflussen die zu erwartenden Serviceeinnahmen den Verkaufspreis eines Produktes?
5. Welche Erkenntnisse ergeben sich aus der Preisfindung für eine Produktgruppe – im Gegensatz zur Preisfindung für einzelne Produkte – für die Umsetzung?

Die Beantwortung dieser Fragen wird dazu beitragen,

- daß Sie erkennen können, wie wichtig es ist, gegenseitige Abhängigkeiten zwischen Produkten einer Produktgruppe im Rahmen der Preisfindung zu berücksichtigen;
- die Informationen zu strukturieren, zu erheben und aufzubereiten, die für eine erfolgreiche Preisbildung für Produktgruppen erforderlich sind;
- daß Sie unter Berücksichtigung der gegenseitigen Beziehungen zwischen den Produkten einer Produktgruppe die richtigen Preise festlegen;
- daß Sie die Organisation und den Ablauf der Preisfindung in Mehrproduktunternehmen richtig konzipieren.

Nachfragebeziehungen zwischen Produkten einer Produktgruppe

In Abbildung 8.1 sind vier mögliche Hauptnachfragebeziehungen innerhalb einer Produktgruppe dargestellt.

Die Pfeile 1 und 2 in Abbildung 8.1 zeigen, daß die Nachfrage für Produkt A die Nachfrage für das Produkt B direkt beeinflussen kann. Wenn dieser Zusammenhang positiv ist (Pfeil 1), führt eine Erhöhung der Nachfrage für A zu einer Nachfrageerhöhung bei B und wir bezeichnen A und B als *komplementäre* Produkte. Wenn der Zusammenhang negativ ist (Pfeil 2), bezeichnen wir A und B als *substitutive* Produkte. Ein klassischer Fall von Komplementärprodukten sind die Polaroid-Kamera und der Polaroid-Film. Ein Kunde, der die Polaroid-Sofortbildkamera kauft, muß auch den Polaroid-Film kaufen. Die berühmte Redensart von Rockefeller, daß man die Öllampen kostenlos abgeben solle, damit die Leute dann das Öl kauften, trifft den gleichen Sachverhalt. Wenn Maschinenbauer den Preis für ihre Maschinen festlegen, berück-

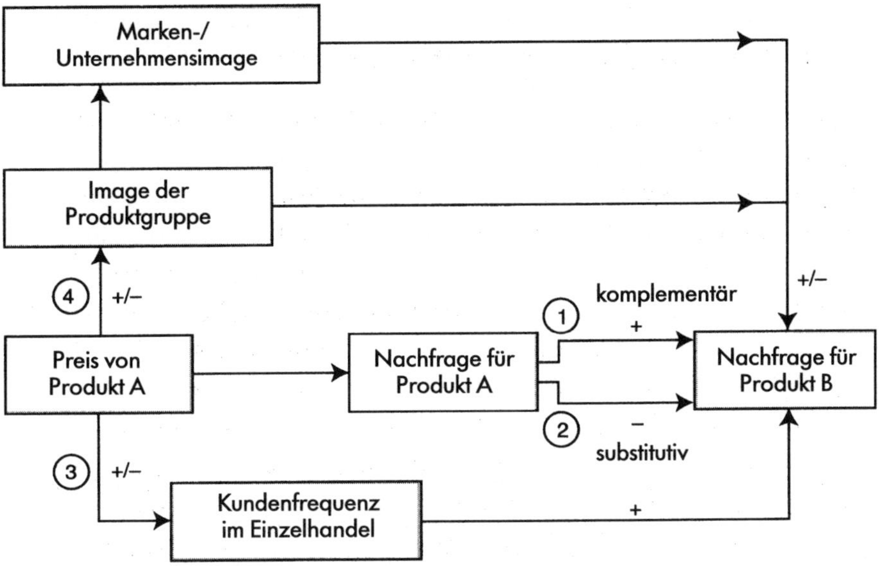

Abbildung 8.1: Mögliche Nachfragebeziehungen zwischen Produkten einer Produktgruppe – Auswirkung einer Preissenkung für Produkt A

sichtigen sie auch die Serviceumsätze. In vielen Fällen ist über die gesamte Nutzungsdauer eines Produktes der Serviceumsatz höher als der Produktumsatz. Ein großer Hersteller von Dieselmotoren verkauft seine Produkte zu sehr niedrigen Preisen, manchmal sogar zu negativen Deckungsbeiträgen, weil er in der nachfolgenden Wartung und mit dem Verkauf von Ersatzteilen gute Gewinne erzielt.

Zusatz- und Sonderausstattungen sind eine weitere Kategorie von komplementären Produkten. Im Automobilmarkt bieten die Hersteller ein »Grundmodell« und ein großes Sortiment von Sonderausstattungen zu Preisen an, die im Vergleich zu den Kosten dieser Sonderausstattungen relativ hoch sind. Die Deckungsbeiträge der Sonderausstattung sind normalerweise attraktiver als der Deckungsbeitrag für das Grundmodell. In vielen Unternehmen stammt ein überproportionaler Gewinnanteil aus Sonderausstattungen. Die Verkäufer nutzen die Tatsache aus, daß die Preiselastizitäten für das Grundmodell und die Sonderaustattung verschieden sind.

Banken bieten ein Full-Service-Konzept für Finanzdienstleistungen an, so nutzen sie beispielsweise die Beziehung zu ihren Bankkunden, um auch Versicherungen oder Immobilien zu verkaufen.

Substitutionsbeziehungen, wie sie Pfeil 2 in Abbildung 8.1 darstellt, kommen ebenfalls häufig vor. Autohersteller haben verschiedene Modelle, die einander substituieren können. Die Modelle, Klassen oder Varianten erlauben es ihnen, den Markt in Preissegmente aufzuteilen und eine Preisdifferenzierung durchzuführen. Hersteller wie Mercedes-Benz und BMW, die sich traditionell auf das Hochpreissegment beschränkt hatten, führen zunehmend preiswertere Modelle ein, um untere Preis- und Kaufkraftklassen besser anzusprechen. 1980 machte Mercedes-Benz den ersten derartigen Schritt und führte die C-Klasse ein. 1997 folgte noch eine preiswertere Kategorie, die A-Klasse. Und für 1998 ist die Einführung eines völlig neuartigen preiswerten Stadtautos, des sogenannten »Smart«, geplant – allerdings nicht unter der Marke Mercedes. Andererseits haben Unternehmen wie Toyota oder Nissan ihr Sortiment durch Einführung von Luxusautos wie Lexus und Infiniti nach oben ergänzt.

Viele Autohersteller verwenden verschiedene Marken, um ihre Autos in bezug auf die Dimensionen Preis und Leistung zu positionieren. Ein Hauptproblem dabei ist, daß diese verschiedenen Automodelle alle die gleiche Transportfunktion erfüllen, und sich daher substituieren können. Der Käufer eines Mercedes der C-Klasse wird nicht auch noch ein größeres Mercedes-Modell kaufen. Die Preispolitik derart komplexer Produktgruppen muß sehr sorgfältig gehandhabt werden. Zum Beispiel wurde berichtet, daß 1995/96 der neue Polo von Volkswagen große Umsatzsteigerungen erzielte, doch diese stammten zum Teil vom Flaggschiff Golf, dem am besten verkauften Auto in Europa. War der Polo zu dicht am Golf positioniert? Verzichtete Volkswagen auf Gewinne, weil der Polo größtenteils den Golf substituierte?

Substitution ist besonders dann ein Hauptproblem, wenn das Sortiment durch preiswertere Produktvarianten nach unten erweitert wird. Zweitmarken, »preiswertere Alternativen«, »Kampfmarken« werden von immer mehr Unternehmen eingeführt. Zum Beispiel hat W. L. Gore & Associates zusätzlich zu dem Premiumprodukt »Gore-Tex«, einem semipermeablen Gewebe, das für Schlechtwetterbekleidung, medizinische und industrielle Anwendungen eingesetzt wird, eine ganze Kollektion preiswerterer Marken wie Gore Light, Windstopper und Gore XCR eingeführt, um preisaggressive Wettbewerber wie Sympatex abzuwehren. BSHG, Nr. 2 bei Haushaltsgeräten in Europa, hat zwei Premium-Marken, Bosch und Siemens, und bietet verschiedene Linien preiswerterer Geräte an wie Constructa, Neff, Pitsos, Balay, Superser und Crolls. Hotelbetreiber führen in zunehmendem Maße Produkt- und Preisdifferenzierung durch. Accor, das größte Hotelunternehmen der Welt, bietet verschiedene Marken an, von den hochpreisigen Hotels Meridien, Novotel und Sofitel über die Mittelpreislage Ibis bis zu den unteren Preislagen Mercure,

Formule 1 und Motel 6. Bei solch einem umfassenden Sortiment können gefährliche Kannibalisierungseffekte eintreten, wenn die Preise nicht sorgfältig aufeinander abgestimmt sind.

Über Komplementaritäts- und Substitutionsbeziehungen zwischen den einzelnen Produkten eines Unternehmens hinaus lassen sich allgemeinere für die Preisfindung relevante Zusammenhänge beobachten, wie sie durch die Pfeile 3 und 4 in Abbildung 8.1 dargestellt sind.

Pfeil 3 in Abbildung 8.1 beschreibt die Möglichkeit, daß ein attraktiver Preis für Produkt A die Kundenfrequenz in Einzelhandelsgeschäften steigern kann. Ein niedrigerer Preis von Produkt A zieht mehr Kunden in den Laden, die dann auch das Produkt B kaufen. (Das negative Vorzeichen an Pfeil 3 bedeutet, daß die Kundenfrequenz im Einzelhandelsgeschäft steigt, wenn der Preis von A sinkt.) Dies ist das typische Ziel von Lockvogelangeboten oder »loss leaders«. Gewinne werden nicht mit dem niedrigpreisigen Produkt gemacht, sondern mit dem Verkauf anderer Produkte mit höherer Handelsspanne.

In vielen Ländern verkaufen Verbrauchermärkte erfolgreich Benzin viel billiger als die normalen Tankstellen der multinationalen Ölgesellschaften. Die Verbrauchermärkte können ihren Gesamtgewinn durch die äußerst niedrigen Benzinpreise steigern, weil die Tankkunden auch andere Produkte kaufen, an denen gut verdient wird. In Deutschland setzen die beiden Kaffeefilialisten Tchibo und Eduscho erfolgreich ihr Leitprodukt Kaffee ein, um Nachfrage für ein umfangreiches Sortiment von Nonfood-Artikeln zu schaffen.

Der vierte Effekt, der durch Pfeil 4 in Abbildung 8.1 dargestellt ist, bezieht sich auf das Image der Produktgruppe, der Marke oder des Unternehmens. Ein einzelner Produktpreis, der zum Image der größeren Einheit (Produktgruppe, Marke oder Unternehmen) paßt, kann eine positive, imageverstärkende Wirkung haben, während das Umgekehrte für einen Preis gilt, der mit dem Image nicht konsistent ist.

Es ist wichtig, zu wissen, ob das Preisimage eines Unternehmens vorwiegend durch die Preise weniger stark beachteter Produkte oder durch die Preise vieler Produkte – bzw. des ganzen Sortiments –, bestimmt wird. Diese Frage ist besonders für Einzelhändler erfolgsentscheidend, weil das Preisimage eines Geschäftes bestimmt, wie stark Kunden angezogen werden.[3]

Die Forschungsergebnisse zum Thema Imagebildung sind nicht eindeutig. Die neuere Auffassung ist, daß Verbraucher bei der Bildung eines Preisimages eine ziemlich große Zahl von Preisen einbeziehen. Daraus kann man schließen, daß die Preise innerhalb einer Produktgruppe konsequent aufeinander abgestimmt werden sollten. Das scheint besser, als nur einige ausgewählte Artikel zu attraktiven Preisen oder als Sonderangebote zu verkaufen. Erfolgreiche Unternehmen, wie Wal-Mart in den USA, Aldi in Europa oder Ikea weltweit, wenden dieses Prinzip generell günstiger Preise an.

Die Zusammenhänge innerhalb einer Produktgruppe oder eines Mehrproduktunternehmens können nach Art und Intensität sehr unterschiedlich sein. Folglich sind auch die Kreuzpreiselastizitäten verschieden. Der Firmenname ist eine bedeutende Klammer, deren Stärke von der Affinität der Produkte abhängt. Zum Beispiel ist der Einfluß der Waschmaschinenpreise von General Electric auf die Nachfrage nach Flugzeugtriebwerken von General Electric klein im Vergleich zu den Preiswirkungen zwischen PCs und Servern von Compaq. Ein weiterer Aspekt ist die Verwendung eines Markennamens als Dachmarke, wobei der Firmenname in den Hintergrund tritt. Das begründet im allgemeinen einen starken Zusammenhang, wie zwischen dem Pritt-Klebestift und dem Pritt-Kleber von Henkel.

Die Preispositionierung eines Produktes, das mit einem anderen Produkt im Zusammenhang steht, kann das andere Produkt benachteiligen. Black & Dekker stellte zum Beispiel fest, daß sein Geschäft mit Haushaltsprodukten einen negativen Einfluß auf das Geschäft mit professionellen Elektrowerkzeugen hatte. Der Markenname Black & Decker war einer der zehn bekanntesten Markennamen in den USA und erwies sich als wertvoll bei der Etablierung von Black & Deckers kleinen Haushaltsgeräten wie Kaffeemaschinen, Waffeleisen und Toastern. Diese Produkte waren als preiswerte Massenartikel positioniert. Der niedrige Preis der Haushaltsprodukte von Black & Decker hatte jedoch eine negative Wirkung auf das Markenimage seiner Elektrowerkzeuge im anspruchsvollen Handwerkersegment. Black & Decker war gezwungen, die Beziehung zwischen den Produktgruppen zu unterdrücken und einen neuen Markennamen in diesem professionellen Segment des Marktes für Elektrowerkzeuge zu verwenden.[4] Die Produkte werden jetzt unter der Marke DeWalt, die bei Handwerkern einen ausgezeichneten Namen besitzt, verkauft.

Innerhalb einer Produktgruppe muß man beachten, welches Preisimage ein bestimmtes Produkt für die gesamte Produktgruppe vermittelt. Die Rolle des Produktes geht in diesem Zusammenhang über die reine Umsatzbedeutung hinaus. Hartmann Luggage, ein bekannter amerikanischer Gepäckhersteller, will sich als Spitze mit einem ausgezeichneten Produkt darstellen. Diese Top-Premiumvariante kann in der Warenpräsentation des Einzelhandels einem potentiellen Kunden bewußt machen, wie eine teure Aktentasche von Spitzenqualität aussieht. Dieses Top-Produkt setzt einen Ankerpunkt bzw. den Standard für den Preis und die Produktqualität. Anschließend nimmt der Kunde Kompromisse gegenüber diesem Standard vor. Doch Hartmann bietet die glei-

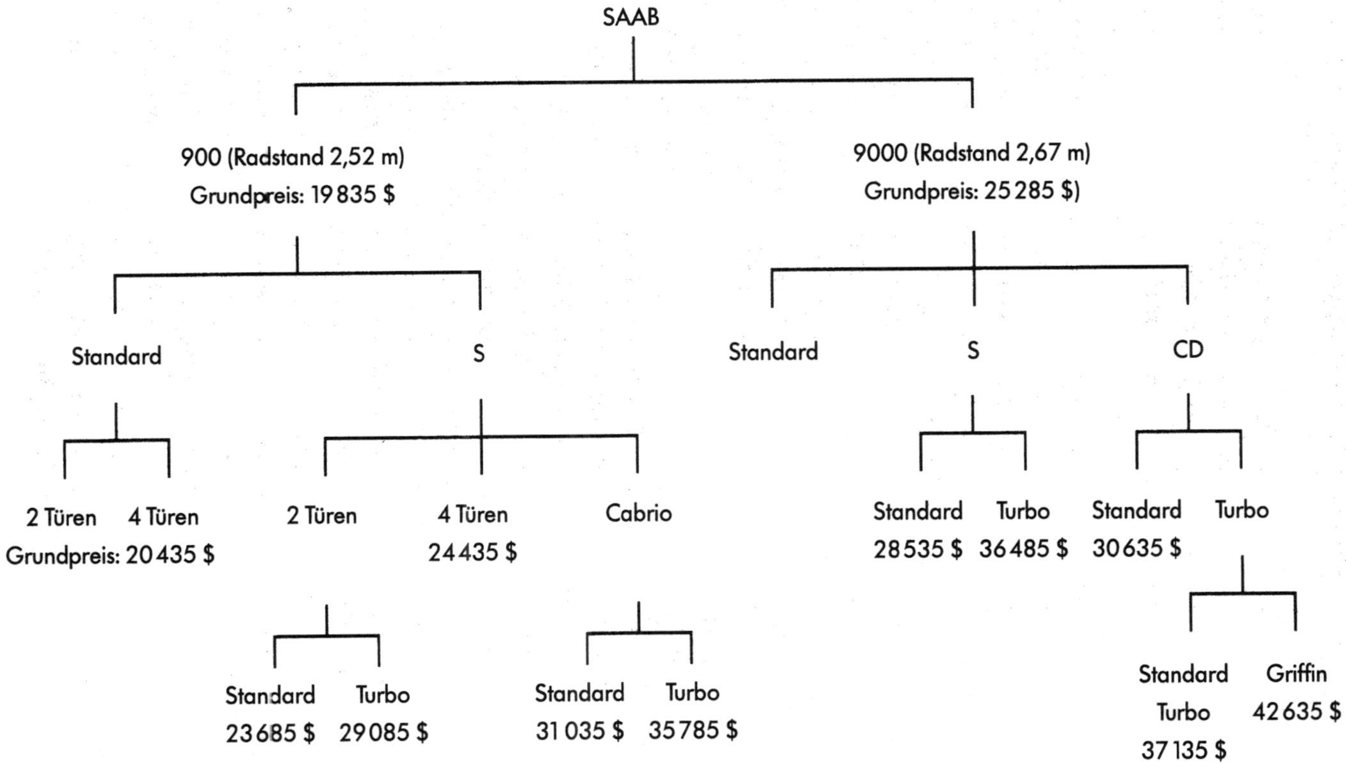

Quelle: Ward's Automotive Yearbook 1992, S. 270

Abbildung 8.2: Modellangebot und Preise von Saab in den USA 1992

che Konstruktion und Haltbarkeit bei allen seinen Gepäckstücken, das Obermaterial – Leder anstatt Stoff – ist der Hauptunterschied. Der hohe Preis für den Spitzenartikel vermittelt ein Image und fördert einen Lernprozeß beim Verbraucher, in dem das gewünschte Image für die ganze Produktgruppe kommuniziert wird.

Die Preisstrategie für Saab-Automodelle, die in Abbildung 8.2 dargestellt ist, beschreibt diese Taktik detaillierter.[5]

Saab versucht offensichtlich, auf beiden Seiten des Preisspektrums vertreten zu sein, und bietet 13 verschiedene Modelle an. Die Preisbandbreite reicht von 19835 Dollar bis 42635 Dollar. Das Grundmodell Saab 900 kostet weniger als 20000 Dollar. Eine besondere Version mit begrenzter Stückzahl ist das Modell Griffin, das 5000 Dollar teurer ist als jedes andere Modell. Die Stückzahl dieses Exklusivmodells bleibt sehr begrenzt. Die Idee ist offensichtlich, eher Image und Anziehungskraft zu vermitteln, als damit Umsatz bzw. Gewinn zu erzielen.

Es gibt also verschiedene Möglichkeiten, in welchem Zusammenhang die einzelnen Produkte eines Mehrproduktunternehmens stehen können. Im Rahmen der Preisfindung muß daher eine Abstimmung vorgenommen werden. In manchen Fällen ist die beste Strategie, Produkte zusammenzufassen und sie als Paket zu verkaufen. Angesichts ihrer Bedeutung für zahlreiche Branchen behandeln wir Paketpreise in Kapitel 9 separat. In diesem Kapitel steht die Ermittlung optimaler Preise für einzelne Produkte in einer Produktgruppe im Mittelpunkt. Wir beginnen mit einer Betrachtung komplementärer Produkte.

Preisfindung für komplementäre Produkte

Komplementarität bedeutet, daß eine Steigerung der Absatzmenge von Produkt A zu einer Erhöhung der Absatzmenge von Produkt B führt (siehe Pfeil 1 in Abbildung 8.1). Wie beeinflußt dies den optimalen Preis von A?

Wir stellen diesen Zusammenhang im oberen Teil von Abbildung 8.3 dar, indem wir zuerst den optimalen Preis für Produkt A bei isolierter Preisfindung betrachten. Beim »isolierten« Preis wird die Komplementaritätsbeziehung nicht berücksichtigt. Aus Kapitel 2 wissen wir, daß der optimale isolierte Preis bei linearer Preisabsatzkurve genau in der Mitte zwischen dem »Maximalpreis« und den »variablen Stückkosten« liegt.

Nehmen wir jetzt an, daß tatsächlich jeder Kunde, der Produkt A kauft, zusätzlich andere komplementäre Produkte kauft. Diese Produkte bringen

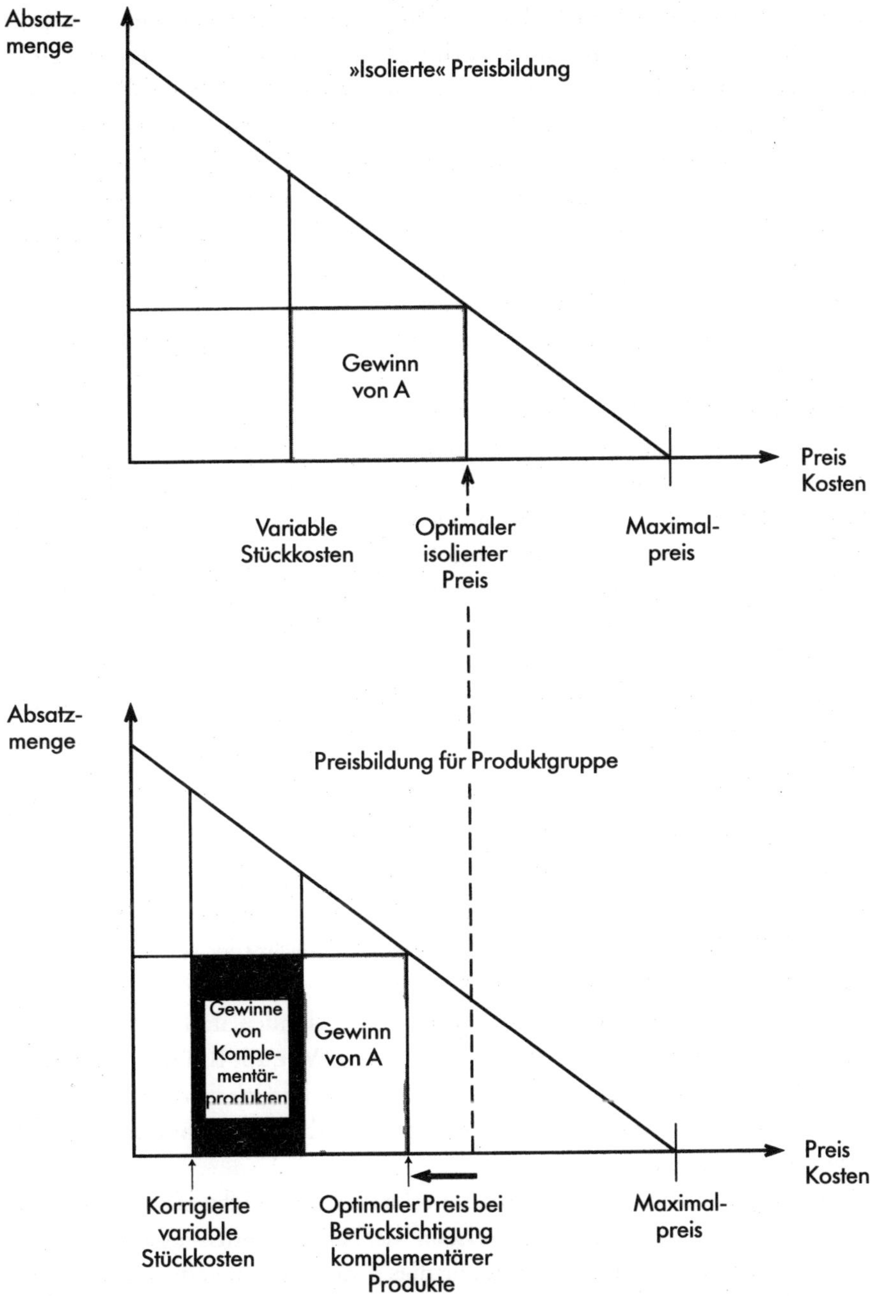

Abbildung 8.3: Isolierte Preisbildung im Vergleich zur Produktgruppen-Preisbildung für Komplementärprodukte

dem Unternehmen zusätzliche Deckungsbeiträge und einen Gewinn, der kausal auf den Verkauf von Produkt A zurückgeführt werden kann. Das ist gleichbedeutend mit einer Senkung der variablen Stückkosten von A. Wir können von »korrigierten variablen Stückkosten« sprechen, auf die wir uns beziehen, um den optimalen Preis der Produktgruppe zu ermitteln. Dies ist im unteren Teil der Abbildung 8.3 dargestellt. Der optimale Produktgruppenpreis für den Hauptartikel ist bei komplementären Produkten niedriger als der optimale isolierte Preis. Wir verzichten auf Gewinn bei A, um einen höheren Gesamtgewinn für die ganze Produktgruppe zu erzielen.

Um eine Situation mit komplementären Produkten zu erläutern, betrachten wir ein großes Geschäft für Herrenbekleidung. Gestützt auf eine einfache Analyse von Scannerdaten aus diesem Geschäft konnten wir feststellen, daß der Verkauf eines Anzugs zusätzliche Verkäufe von Oberhemden und Krawatten auslöst. Im Durchschnitt führte der Kauf eines Anzugs zum Kauf von 0,8 Oberhemden und 1,2 Krawatten. Die Deckungsbeiträge für Oberhemden und Krawatten lagen im Durchschnitt bei 15 DM beziehungsweise 10 DM. Die Preisabsatzkurve für Anzüge wurde durch Expertenbefragungen (siehe Kapitel 3) ermittelt und der optimale isolierte Preis – der Preis, der den Gewinn allein auf der Grundlage von Anzügen maximiert – lag bei ca. 350 DM pro Anzug. Bei diesem Preis war die Preiselastizität 2,33 und ungefähr 300 Anzüge wurden täglich verkauft. Bei durchschnittlichen Stückkosten von 200 DM pro Anzug war der Deckungsbeitrag pro Anzug 150 DM. Somit belief sich der Gesamtdeckungsbeitrag für Anzüge auf 150 DM × 300 Einheiten = 45 000 DM. Zusätzlich kauften die Anzugkäufer 240 Oberhemden mit einem Deckungsbeitrag von 15 DM pro Oberhemd mit einem Gesamtdeckungsbeitrag für Oberhemden von 15 DM x 240 = 3 600 DM und 360 Krawatten mit einem Deckungsbeitrag von 10 DM pro Krawatte mit einem Gesamtdeckungsbeitrag von 3 600 DM. Auf diese Weise wurden mit dem Verkauf von Anzügen in Verbindung mit den zusätzlichen Verkäufen von Oberhemden und Krawatten ein Gesamtdeckungsbeitrag von 45 000 DM + 3 600 DM + 3 600 DM = 52 200 DM erzielt. In diesem Fall stammen 86 Prozent des Deckungsbeitrags vom Hauptartikel – Anzügen –, weil der Deckungsbeitrag der Zusatzverkäufe im Vergleich zu den Anzügen niedrig war.

Der optimale isolierte Anzugpreis berücksichtigte nicht die zusätzlichen Deckungsbeiträge, die mit dem Verkauf der Oberhemden und Krawatten erzielt wurden. Unter Berücksichtigung dieser Zusammenhänge und des Ziels, den Gesamtgewinn aus dem Anzugverkauf und dem Verkauf komplementärer Produkte zu optimieren, ermittelten wir 338 DM als den optimalen Anzugpreis, ungefähr 5 Prozent unter dem optimalen isolierten Preis. Zu diesem

Preis verkauft das Unternehmen 324 Anzüge pro Tag, 24 mehr als bei einem Preis von 350 DM, der Gewinn mit den Anzügen geht jedoch infolge des niedrigeren Deckungsbeitrags leicht zurück – um etwa 1 Prozent auf 44712 DM. Dieser Gewinnverzicht bei den Anzügen wird durch die höheren Gewinne mit Oberhemden und Krawatten mehr als ausgeglichen. Sie steigen von 7200 DM auf 7775 DM. Insgesamt wird ein geringfügig höherer Gewinn erzielt, weil die Beziehungen zwischen diesen Komplementärprodukten beachtet wurden. Die Steigerung ist nur gering, weil der Umsatzanteil der Zusatzverkäufe in diesem Falle relativ niedrig ist.

Eine stärkere Wirkung und größere Kosten der Nichtberücksichtigung der Komplementarität konnten im Fall eines Autohändlers festgestellt werden. Das Ziel dieses Händlers war, unter Berücksichtigung zukünftiger Deckungsbeiträge aus Service und Wiederholungskäufen die optimalen Autopreise zu ermitteln. Der Preis für das beliebteste Automodell betrug 15000 DM, wenn die Wirkung des komplementären Service und die zukünftigen Wiederholungskäufe unberücksichtigt bleiben. Mit dieser Strategie wurde ein langfristiger Gewinn von 1,12 Millionen DM erzielt. Unter Berücksichtigung der Wirkungen höherer Absatzzahlen auf die Serviceumsätze und zukünftige Autoverkäufe ging der Autopreis um 12 Prozent auf 13200 DM zurück. Doch der langfristige Gewinn pro Jahr erhöhte sich um 5 Prozent auf 1,17 Millionen DM, denn der kurzfristige Gewinnentgang wurde durch die zukünftigen Erträge aus Service und Verkäufen mehr als ausgeglichen.

Eine noch größere Ergebniswirkung wurde in einer komplexen Studie für einen Arzneimittelhersteller und eine Produktgruppe, die aus fünf Artikeln bestand, festgestellt. Unter Berücksichtigung der komplementären Beziehungen zwischen verschiedenen Produkten und dynamischer Wirkungen (Kundentreue) war der Gewinn bei Produktgruppen-Preisfindung 10,1 Prozent höher als bei isolierter Preisfindung.[6]

Aus diesen Fällen und aus allgemeinen Überlegungen leiten wir die folgenden Empfehlungen ab: Der optimale Produktgruppen-Preis für komplementäre Produkte

- ist niedriger als der optimale isolierte Preis;
- nimmt mit der absoluten Größe der Kreuzpreiselastizität, das heißt der Stärke der Komplementärbeziehung, ab;
- nimmt mit zunehmenden Deckungsbeiträgen der Komplementärprodukte ab. Je höher der Gewinn der Komplementärprodukte ist, desto vorteilhafter ist es, auf Gewinne beim Hauptprodukt zu verzichten, um die Nachfrage nach Komplementärprodukten hochzutreiben.

Die Erweiterung einer Produktgruppe um ein komplementäres Produkt beeinflußt die optimalen Preise etablierter Produkte in der oben beschriebenen Richtung. Daher sind nach einer Sortimentserweiterung um ein komplementäres Produkt Preisanpassungen für die vorhandenen Produkte angeraten.

Komplementäre Beziehungen können den Gewinn stark beeinflussen. Für Produkte, die eine starke Komplementärbeziehung haben, wie zum Beispiel Polaroid-Kameras und -Filme, Mobiltelefone und Maschinen mit großem Servicebedarf, können die Kreuzpreiswirkungen wichtiger sein als die direkten Preiswirkungen. Solche Produkte können wegen der Nachfrage nach den komplementären Produkten oder Dienstleistungen durchaus mit negativen Dekkungsbeiträgen verkauft werden oder sogar kostenlos abgegeben werden. Mobiltelefonfirmen verkaufen das Handy zu äußerst niedrigen Preisen, wenn der Kunde einen Einjahresvertrag unterschreibt. Buchklubs bieten ihr erstes Buch praktisch kostenlos an, wenn der Kunde über eine gewisse Zeit zusätzliche Bücher kauft. In allen diesen Fällen ist es vernünftig, bei einem Produkt auf Gewinn zu verzichten oder sogar einen Verlust in Kauf zu nehmen, um insgesamt einen höheren Gewinn zu erzielen. Wenn der Preis für den »loss leader« richtig festgelegt wird, kann er tatsächlich ein »profit leader« (Gewinnbringer) werden.

Diese Überlegungen zeigen, daß das richtige Vorgehen darin liegt, die Betrachtung des »Produkt-Deckungsbeitrages« zugunsten der Betrachtung des »Kunden-Deckungsbeitrages« aufzugeben. Es sollte weniger im Mittelpunkt stehen, wieviel man mit einem bestimmten Produkt verdient, sondern wieviel Gewinn man aus einer Kundenbeziehung herausziehen kann.

Diese Betrachtung des Kundengewinns lenkt unsere Aufmerksamkeit vom Preis und Deckungsbeitrag der Produkte zum Kundendeckungsbeitrag. Diese Methode erfordert eine Deckungsbeitragsrechnung für Kunden, die in Branchen wie Banken, Versicherungen, Informationstechnologie und Industriegüter bereits weitverbreitet ist und die für viele andere Unternehmen vielversprechend ist.

Aus diesen Überlegungen ist zu ersehen, daß die Informationsanforderungen für Produktgruppen-Preisbildung hoch sind. Es kann schwierig sein, die Kausalzusammenhänge zwischen Produkten exakt zu quantifizieren. Doch diese Informationen sind unerläßlich, um die richtigen Preise zu ermitteln. Es ist auf jeden Fall besser, diese Beziehungen – vielleicht sogar nur näherungsweise – zu quantifizieren, als diese Zusammenhänge überhaupt nicht zu beachten, da dies mit der Behauptung gleichbedeutend ist, daß die Kausalzusammenhänge oder Kreuzelastizitäten gleich Null sind. Implizit oder explizit unterstellt man bei der Preisfindung immer einen gewissen Kreuzeffekt. Die Anhänger des »Power Pricing« schätzen diesen Kreuzeffekt genau ein und berücksichtigen ihn bei der Preisfindung.

Preisfindung für substitutive Produkte

Die Preisfindung für substitutive Produkte verursacht in manchen Firmen Schwierigkeiten, hauptsächlich wegen der ungenauen Defintion der Art der Substitution. Die erste Überlegung sollte sein, den wahren Zusammenhang zwischen den Komponenten einer Produktgruppe, die aus ähnlichen Artikeln besteht, zu verstehen. Abbildung 8.4 stellt fünf grundsätzlich verschiedene Situationen dar, die ganz unterschiedliche Folgen für die Preisfindung haben. Die ersten drei behandeln wir nur kurz, die übrigen zwei eingehender.

In Situation 1, »Unterschiedliche Spezifikation«[7], vermarktet ein Unternehmen eine Gruppe von ähnlichen Artikeln, um die unterschiedlichen Bedürfnisse seiner Kunden zu erfüllen. Zum Beispiel hat ein Rohrlieferant ein umfassendes Sortiment, das ein bestimmtes Rohr mit unterschiedlichen Durchmessern enthält: ½ Zoll, 1 Zoll, 2 Zoll, 3 Zoll, 5 Zoll, 6 Zoll, 8 Zoll, 12 Zoll, 18 Zoll, 24 Zoll usw. bis zu einem Durchmesser von mehr als einem Meter. Der Grund für die vielen verschiedenen Rohrgrößen liegt darin, daß der Hersteller Kunden mit unterschiedlichen Anforderungen beliefert. Und in diesem Fall sind diese Spezifikationen »eng«, das heißt, wenn ein Installateur 1,83 m eines 4-Zoll-Rohrs für eine Reparatur benötigt, braucht er eben 1,83 m eines 4-Zoll-Rohrs – und nicht 0,9 m eines 5-Zoll- und 0,9 m eines 3-Zoll-Rohres; auch folgender Vorschlag würde nicht funktionieren: »Ich gebe Ihnen ein 5-Zoll-Rohr, berechne aber nur 4 Zoll.« Der Kunde wechselt zwischen den Rohrgrößen nicht nach dem Preis. Er erwartet, daß die Preisstellung der einzelnen Artikel in der Produktgruppe logisch ist, daß zum Beispiel ein Rohr mit einem Durchmesser von 12 Zoll teurer ist als ein Rohr mit 8 Zoll, weil der Materialverbrauch höher ist. Obwohl die Produkte in gewisser Hinsicht »ähnlich« sind, sind sie jedoch nicht substituierbar; infolge des Preisverhältnisses wechselt kein Käufer von einer Spezifikation zu einer anderen. Folglich lautet die Schlußfolgerung für die Preisfindung in derartigen Situationen nur: Die Preise der Einzelartikel müssen in einem logischen Verhältnis zueinander stehen.

Situation 2 beschreibt die Marktsegmentierung nach Absatzwegen. In dieser Situation vertreibt ein Unternehmen viele »ähnliche« Artikel, indem es das gleiche Grundmodell in leicht unterschiedlicher »Handelsaufmachung« oder mit Untermarken führt, um den Wettbewerb zwischen den Handelskanälen zu reduzieren. In manchen Fällen garantieren Einzelhändler den Verbrauchern »den niedrigsten Preis« für jeden Artikel, den sie anbieten. Die beste Möglichkeit für einen Einzelhändler zur Erfüllung dieses Versprechens wäre, sicherzustellen, daß er den Artikel als einziger verkauft. Sony bietet Einzelhändlern eine Vielzahl von Fernsehgeräten an, die sich durch das Design und die techni-

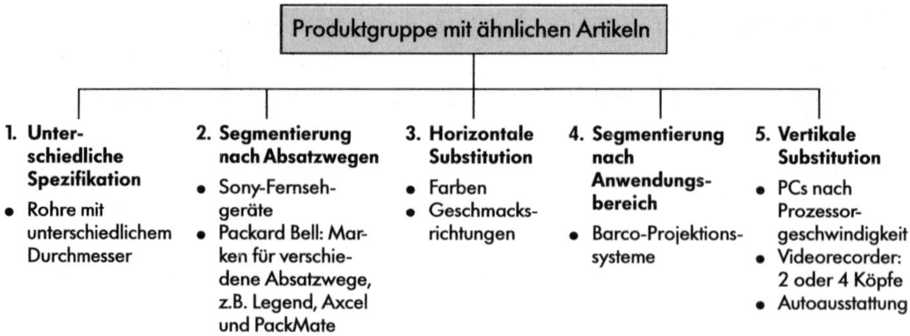

Abbildung 8.4: Fünf Arten von Beziehungen zwischen ähnlichen Produkten und Beispiele

sche Ausstattung etwas unterscheiden. Eine Produktionstechnologie, die es erlaubt, ein Produktgrundmodell um Bausteine zu ergänzen, ermöglicht diese Flexibilität bei geringen Herstellkosten. Mit nur vier nebensächlichen Ausstattungsmerkmalen, um die ein Grundmodell wahlweise erweitert werden kann oder nicht, kann der Hersteller tatsächlich 2 × 2 × 2 × 2 = 16 verschiedene Produkte innerhalb einer Produktgruppe schaffen.

Andere wie der PC-Hersteller Packard Bell Electronics, Inc. und verschiedene Hersteller von Fitneßgeräten verkaufen in verschiedenen Absatzwegen unter verschiedenen Marken oder Teilmarken. Viele Einzelhändler in den USA möchten sich zum Beispiel dem direkten Preisvergleich mit dem Handelsriesen Wal-Mart entziehen. Mit der Verwendung unterschiedlicher Markennamen kann der Hersteller jene Einzelhandelskunden befriedigen, die »etwas anderes haben wollen als Wal-Mart«. Die Idee ist, den Preiswettbewerb auf den gleichen Absatzweg zu beschränken. Da die Markennamen nur bei bestimmten Absatzwegen oder Kunden auftauchen, sind diese Produkte im Rahmen der internen Betrachtung des Herstellers keine Substitutionsprodukte. Auch hier besteht jedoch die Notwendigkeit, die Preise aufeinander abzustimmen.

Situation 3 beschreibt eine »horizontale Substitution« durch Kunden. Mit »horizontal« meinen wir, daß die Qualität der Artikel gleich ist und der Kunde die Auswahl nach seinem Geschmack trifft, zum Beispiel seine Auswahl zwischen einem blauen und grünen BMW 525i. Im Rahmen der Preisfindung müssen die Preise sorgfältig unter Berücksichtigung der Beziehungen zwischen den Produkten aufeinander abgestimmt werden.

Mit den Situationen 1-3 kann man relativ einfach fertigwerden. Infolge der besonderen Art der Beziehungen zwischen den Produkten ist eine sensible

Abstimmung der Preise das wichtigste. In den Situationen 4 und 5 treten komplexere Fragestellungen der Preispolitik auf. In beiden Situationen stellt das Unternehmen Produkte unterschiedlicher Qualität her. Damit meinen wir einfach die Tatsache, daß alle Kunden der Zielgruppe, die die Produkte kennen, einen bestimmten Artikel vorziehen würden, wenn alle Artikel zum gleichen Preis angeboten würden. Unter der Annahme, daß alle anderen Merkmale gleich sind, würde zum Beispiel jeder einen Viderecorder mit vier Köpfen dem Gerät mit zwei Köpfen vorziehen; einen schnelleren PC dem langsameren; ein Produkt mit längerer Lebensdauer einem solchen mit kürzerer Lebensdauer usw. Selbstverständlich können die Kunden unterschiedliche Auffassungen darüber entwickeln, wie wichtig die Qualitätsunterschiede für sie sind. Für Großeltern, die einen Videorecorder für ihr Ferienhaus kaufen, der nur benutzt werden soll, um beim Besuch der Enkelkinder Videofilme vorzuführen, ist der relative Wert eines Videorecorders mit vier Köpfen im Vergleich zu einem Gerät mit zwei Köpfen gering. Für einen anspruchsvollen Video-Fan ist ein Gerät mit vier Köpfen hingegen ein Muß.

Der Unterschied zwischen den Situationen 4 und 5 ist zwar nicht groß, jedoch wichtig. Situation 4 nennen wir »Segmentierung nach Anwendungsbereich«. Hierbei werden Produkte so konzipiert, daß sie die Bedürfnisse verschiedener Anwendungen erfüllen. Zum Beispiel hat Barco, der belgische Hersteller von gewerblichen Projektoren, drei verschiedene Projektionssysteme für die Marktsegmente Video, Daten und Grafik.[8] 1989 wurden die Produkte zu folgenden Preisen angeboten:

Marktsegment	*Produkt*	*Lesegeschwindigkeit*	*Preis (Bfr)*
Video	BV 600S	16 kHz	360000
Daten	BD 600	45 kHz	480000
Grafik	BG 400	72 kHz	1000000

Die einzelnen Segmente verlangen unterschiedliche Leistung – insbesondere im Hinblick auf die Lesegeschwindigkeit. Das Video-Segment – zum Beispiel Filmvorführungen in Flugzeugen – stellt die geringsten Anforderungen, und diese werden durch das Modell BV 600S mit einer Lesegeschwindigkeit von 16 kHz angemessen erfüllt. Das Spitzengerät BG 400 muß die hohen Anforderungen des grafischen Segments erfüllen, das heißt eine Lesegeschwindigkeit von 72 kHz haben. Die Geräte BV 600 S oder BD 600 können für eine grafische Anwendung nicht eingesetzt werden, weil ihre Lesegeschwindigkeit einfach nicht ausreicht. Der Grafik-Anwender kann sich nicht mit Geräten von 45 kHz oder 16 kHz begnügen, unabhängig davon, wie attraktiv er ihre Preise im Vergleich zum Preis des BG 400 findet. Ein Datenkunde könnte das BG 400 als Gerät mit größerer Leistung wählen, wenn er davon ausgeht, daß er eines Tages vielleicht eine Lesegeschwindigkeit von 72 kHz benötigt, obwohl für seine gegenwärtigen Anforderungen 45 kHz ausreichen. Doch andere Wahlmöglichkeiten bestehen nicht. Die Anwendungen definieren die Anforderungen, die erfüllt werden müssen; die Kunden können sich für Produkte mit größerer Leistung entscheiden, jedoch nicht umgekehrt.

In Situation 5, »Vertikale Substitution«, sind die Verhältnisse weniger eindeutig. Die Kunden vergleichen das Preis-Leistungs-Verhältnis aller Angebote. Zum Beispiel ziehen die Kunden eine höhere Geschwindigkeit einer niedrigen vor. Sie sind bereit, dafür zu bezahlen; doch weil sie die höhere Geschwindigkeit nicht benötigen, treffen sie eine Abwägung von Leistung und Preis. Wie diese ausgeht, hängt vom Einzelfall ab.

Jetzt wollen wir eine einfache Situation vorstellen, um den Einfluß dieser Nachfragebeziehungen auf die Preisfindung für Produktgruppen zu beschreiben.

Erläuterung der Wirkung von Beziehungen zwischen Produkten

In Kapitel 3 haben wir die Anwendung der Conjoint-Analyse behandelt, um den optimalen Preis und die Ausprägung einer bestimmten Eigenschaft zu ermitteln, die ein Produkt haben sollte. Die obere Grafik in Abbildung 8.5 ähnelt Abbildung 3.10, die wir verwendet haben, um das Konzept der Zielpreise (Target Pricing) zu beschreiben. In diesem Fall verwenden wir lineare Nutzenkurven, um die Berechnungen und Erklärungen zu vereinfachen – ohne die Aussagefähigkeit der Argumentation einzuschränken. Hier steht nur eine Eigenschaft im Mittelpunkt: die Geschwindigkeit des Computers, gemessen in Megahertz (MHz). Mit zunehmender Geschwindigkeit steigen der Nutzen des professionellen Kunden aber auch die Kosten des Anbieters. Wie wir aus der Diskussion in Kapitel 3 wissen, ist die optimale Geschwindigkeit S1 in der oberen Grafik in Abbildung 8.5. Das ist der Punkt, an dem der Abstand zwischen der Nutzenkurve des Kunden und der Kostenkurve des Anbieters am größten ist. Wenn der PC diese Geschwindigkeit hat und der Preis dem Nutzen des professionellen Kunden entspricht, entspräche das Ergebnis dieser maximalen Entfernung.

Die mittlere Grafik von Abbildung 8.5 zeigt jetzt, was passiert, wenn wir

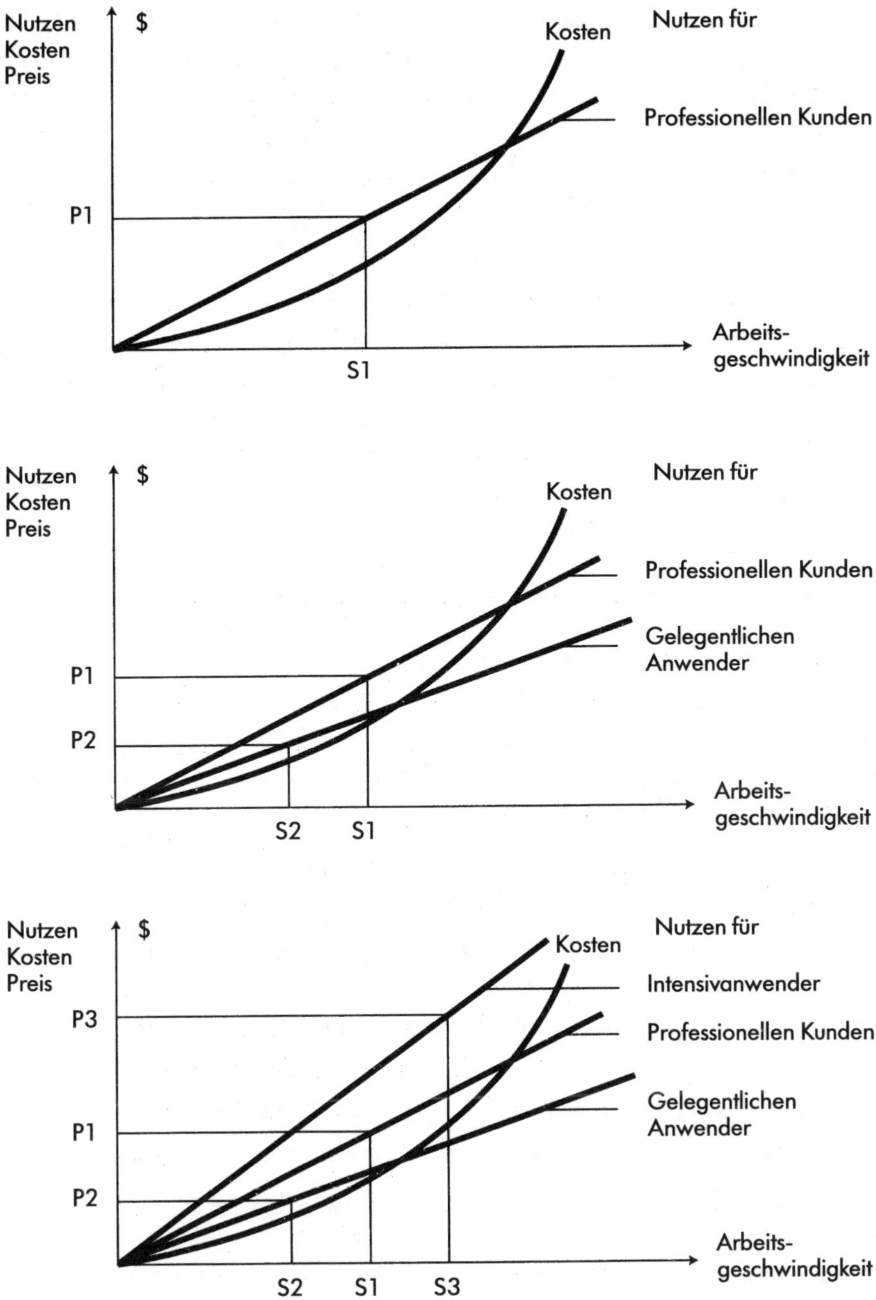

Abbildung 8.5: Arbeitsgeschwindigkeit, Kosten und Nutzen für drei verschiedene PC-Anwender

zusätzlich einen gelegentlichen Anwender berücksichtigen, der eine niedrigere Anforderung und damit eine andere Nutzenkurve hat. Bei isolierter Betrachtung der beiden Kunden erreichen wir den maximalen Gewinn, indem wir dem gelegentlichen Anwender einen langsameren PC zu einem niedrigeren Preis verkaufen. Auf der Grundlage der Nutzen- und Kostenkurven stimmt das Unternehmen die Produkte und die Preise auf die einzelnen Kundengruppen ab. Es verkauft einen PC mit der Geschwindigkeit S1 zum Preis P1 an den professionellen Kunden und einen anderen PC mit der Geschwindigkeit S2 zum Preis P2 an den gelegentlichen Anwender. Solange das Unternehmen die Märkte zwischen den Firmenkunden und privaten Anwendern trennen, d.h. »Barrieren« errichten kann, funktioniert das gut. In der unteren Grafik von Abbildung 8.5 berücksichtigen wir noch eine dritte Anwendergruppe, die Intensivanwender, mit einer anderen Nutzenkurve. Für diese Kunden empfehlen sich eine höhere Geschwindigkeit und ein höherer Preis.

Lassen Sie uns einen konkreten Fall betrachten. UNIPRO, ein PC-Hersteller, muß das Produktprogramm und die Preisstrategie für drei Gruppen von Anwendern festlegen: Intensivanwender, professionelle Kunden und gelegentliche Anwender. Der Nutzen der gelegentlichen Anwender für Geschwindigkeit beträgt 10 Dollar pro MHz, das heißt, ein gelegentlicher Anwender ist bereit, 1000 Dollar für einen PC mit 100 MHz zu bezahlen. Der Nutzen der professionellen Kunden für Geschwindigkeit beträgt 20 Dollar pro MHz und derjenige von Intensivanwendern 30 Dollar pro MHz. Dies entspricht den Nutzenkurven, die im unteren Teil von Abbildung 8.5 dargestellt sind. Dargestellt ist auch die Kostenkurve von UNIPRO, die zum Ausdruck bringt, daß die Stückkosten eines PCs mit dem Quadrat der Geschwindigkeit steigen, also Kosten = S^2.

Es ist leicht zu erkennen, daß das Unternehmen bei diesen Kurvenverläufen »eine Barriere zwischen diesen Anwendergruppen aufbauen« kann. Um es in der Terminologie von Kapitel 5 auszudrücken, sollte es drei Produkte anbieten:

- 150 MHz zu 4500 Dollar für Intensivanwender
- 100 MHz zu 2000 Dollar für Firmenkunden
- 50 MHz zu 500 Dollar für gelegentliche Anwender.

Jedes dieser Produkte maximiert den Abstand zwischen der Nutzenkurve seiner Käufergruppe und der Kostenkurve.

Unsere Situation 4 in Abbildung 8.4, »Segmentierung nach Anwendungsbereichen«, betrifft einen solchen Bau von Barrieren. Für den grafischen Kunden von Barco hat das Produkt überhaupt keinen Wert, wenn es nicht mit einer Lesegeschwindigkeit von 72 MHz arbeitet. UNIPRO möchte jetzt das gleiche

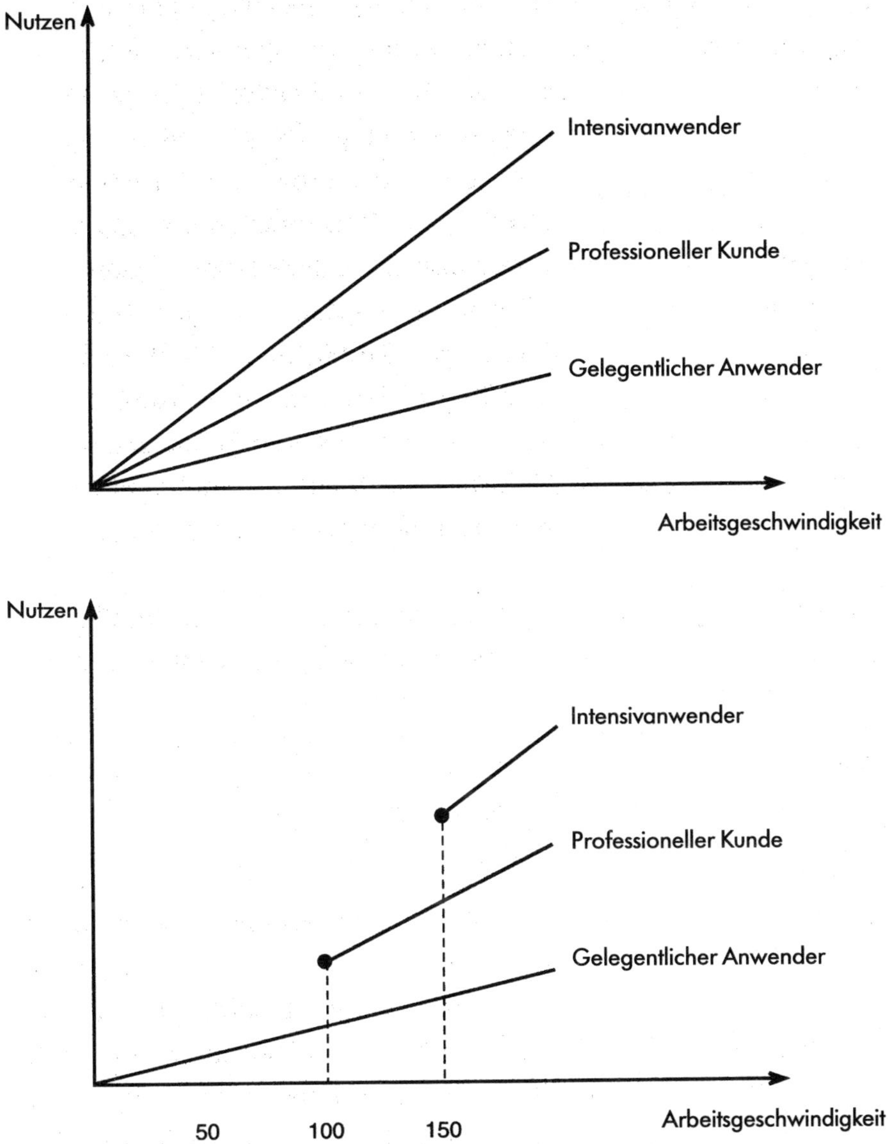

Abbildung 8.6: Errichtung von Barrieren in einer Produktgruppe

machen wie Barco, nämlich den Intensivanwender davon abzuhalten, den für den professionellen Kunden konzipierten PC überhaupt in Betracht zu ziehen, und den professionellen Kunden daran hindern, den PC für gelegentliche Anwender zu betrachten. In ähnlicher Weise sollte Daimler-Benz darauf abzielen, daß Unternehmensvorstände nur die S-Klasse und nicht die E-Klasse in Erwägung ziehen. Konzeptionell lautet die Aufgabenstellung, eine Barriere aufzubauen, die die Nutzenkurven so trennt, wie in Abbildung 8.6 dargestellt. Wenn es keine Barrieren gibt, ist der Intensivanwender besser beraten, das Modell für den professionellen Kunden zu kaufen – damit vergibt der Anbieter eine Gewinnchance. Im oberen Teil von Abbildung 8.6 liegt die Wertschätzung des Intensivanwenders für den UNIPRO-PC unter einer Geschwindigkeit von 150 MHz. Im unteren Teil von Abbildung 8.6 beginnt die Kurve des Intensivanwenders erst bei 150 MHz, das heißt, nach seiner Auffassung ist dies die Minimalgeschwindigkeit, die es ihm erlaubt, »seine Aufgabe zu erledigen«, ähnlich wie bei dem Grafikkunden des Barco-Projektors.

Situation 4 in Abbildung 8.4 bezieht sich darauf, Barrieren durch unterschiedliche Anwendungen aufzubauen. Wie wir bereits gesehen haben, kann es für die Gewinnerzielung entscheidend sein, solche Barrieren zu errichten. Situation 5 in Abbildung 8.4 bezieht sich auf eine unbestimmtere Situation, in der man keine Barrieren aufbauen kann und die Kunden sich selbst die verfügbaren Produkte nach deren Funktionalität und Preis aussuchen. Wenn man keine Barrieren aufbauen kann – das bedeutet, die Nutzenkurven unverändert zu lassen bzw. nicht zu trennen, wie im oberen Teil der Abbildung 8.6 dargestellt –, hat das einen großen Einfluß auf die Produktgruppe und die Preisentscheidungen. Wenn es überhaupt keine Barrieren gäbe, würde sich der Intensivanwender eventuell für den PC mit 100 MHz zum Preis von 2000 Dollar entscheiden. Da seine Wertschätzung 30 Dollar pro MHz beträgt, wäre er mit diesem Kauf tatsächlich besser dran. Der Prozeß zur Festlegung der optimalen Produkte und Preise ist in dieser unsicheren Situation ein wenig schwierig[9], doch wenn gelegentliche Anwender 20 Prozent, Intensivanwender 30 Prozent und die Firmenkunden 50 Prozent des Marktpotentials ausmachen, lautet die optimale Strategie:

1. Reduzierung des Produktangebots durch Aufgabe des PCs mit 50 MHz.
2. Herabstufung des PCs mit 100 MHz auf 80 MHz zu einem Preis von 1600 Dollar.
3. Beibehaltung des PCs mit 150 MHz und Senkung des Preises auf 3700 Dollar. Auf diese Weise präferieren die Intensivanwender dieses PC-Modell im Vergleich zu dem PC-Modell mit 80 MHz.

Dies reduziert zwar den Gewinn im Vergleich zu dem Fall mit effektiven Barrieren, doch es bedeutet eine Gewinnsteigerung von 10 Prozent im Vergleich zur besten Einzelprodukt-Strategie, bei der ein PC mit 100 MHz zum Preis von 1000 Dollar angeboten wird. Dieses einfache Beispiel zeigt, daß Barrieren die beste Lösung sind. Es macht dabei nichts, daß diese Barrieren bis zu einem gewissen Grade nur in der Vorstellung der potentiellen Kunden bestehen. Eine Produktgruppe kann nicht zuletzt dazu dienen, den Kundenstamm zu segmentieren und den Gewinn zu steigern. Dafür ist es erforderlich, das Produktkonzept und den Preis der Einzelprodukte gleichzeitig festzulegen. Jetzt wollen wir einige praktische Beispiele betrachten.

Anschauliche Beispiele

In der chemischen Industrie führte ein Unternehmen eine neue Spezialchemikalie, die wir einfach NEU nennen, ein. Es wurde angenommen, daß dieses neue Produkt das etablierte Produkt des Unternehmens mit der Bezeichnung ALT teilweise substituieren würde. Beide Produkte wurden in der Papierindustrie eingesetzt. ALT hatte einen Marktanteil von 39 Prozent und war der Marktführer. Die Anbieterstruktur war ein Oligopol mit Preisstabilität, die das Unternehmen nicht stören wollte. Daher legte sich das Unternehmen die Beschränkung auf, den Preis von ALT nicht zu reduzieren, weil eine derartige Maßnahme Wettbewerbsreaktionen hätte auslösen können. NEU hatte im Vergleich zu ALT und anderen etablierten Produkten klare Vorteile im Hinblick auf den Umweltschutz, die Herstellkosten waren jedoch höher. Die Unterneh-

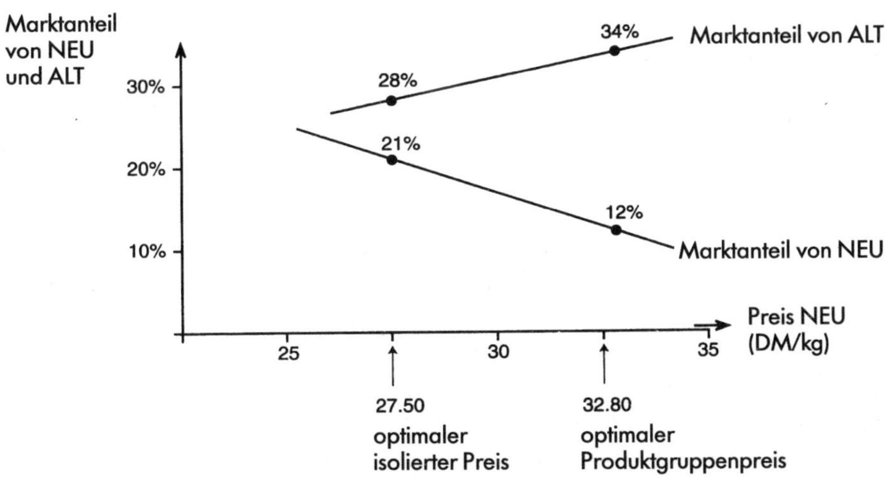

Abbildung 8.7: Preisbildung für Substitutionsprodukte – Fallstudie von zwei Feinchemikalien

mensleitung verlangte, daß der Preis für NEU so festgelegt werden sollte, daß der Gewinn der Produktgruppe maximiert werde.

Es wurde eine Analyse nach der Methode des Conjoint Measurement durchgeführt, um die Preisreaktion und Kreuzpreisreaktion der Nachfrage in Bezug auf NEU, ALT und Wettbewerbsprodukte zu ermitteln. Auf der Grundlage dieser Ergebnisse entwickelten wir die in Abbildung 8.7 dargestellten Marktanteilskurven.

Die Kurven zeigen, daß der Marktanteil von NEU von 12 Prozent auf 21 steigen würde, wenn der Preis mit 27,50 DM pro Kilogramm festgesetzt würde anstatt mit 32,80 DM pro Kilogramm. Doch die Marktanteilssteigerung um 9 Prozentpunkte für NEU stammt größtenteils von ALT, das 6 Marktanteilspunkte oder 17,6 Prozent (6/34) seines früheren Geschäfts verlöre. Die Kreuzpreiselastizität zwischen dem Preis von NEU und dem Marktanteil von ALT ist 1,09. Zwischen beiden Produkten findet eine starke Kannibalisierung statt.

Tabelle 8.1: Isolierte und Produktgruppen-Preisbildung für NEU und ALT

	Optimale Werte	
	Produktgruppe	Isolierte Preisbildung
Preis NEU	32,80 DM/kg	27,50 DM/kg
Marktanteil NEU	12 %	21 %
Gewinn NEU	177,60	199,50
Marktanteil ALT (Preis ALT 18,50 DM/kg)	34 %	28 %
Gewinn ALT	289	238
Gesamtgewinn	466,60	437,50

Dieser Zusammenhang hat eine klare Auswirkung auf den optimalen Preis von NEU. Wenn der Preis für NEU isoliert ermittelt wird, das heißt unter der Zielsetzung, den Deckungsbeitrag von NEU zu maximieren, beträgt er 27,50 DM pro Kilogramm. Wenn wir den Kannibalisierungseffekt berücksichtigen und den Gesamtgewinn für NEU und ALT maximieren wollen, erhalten wir einen optimalen Preis von 32,80 DM. Tabelle 8.1 faßt die Konsequenzen der isolierten Preisfindung und der Produktgruppen-Preisfindung zusammen. Natürlich wird bei der Produktgruppen-Preisfindung auf einen Teil des Gewinns von NEU verzichtet. Doch der Zusatzgewinn, den wir für ALT erhalten, ist größer als dieser Verzicht. Insgesamt ist der Gewinn bei Produktgruppen-

Preisfindung 6,7 Prozent größer (466,60 DM im Vergleich zu 437,50 DM). Über den höheren Preis für NEU hinaus versuchte das Unternehmen mit Kommunikationsmaßnahmen, die beiden Produkte möglichst weit auseinander zu positionieren, um die Kannibalisierung zu minimieren. Eine Preisreaktion der Wettbewerber konnte tatsächlich vermieden werden, und das Marktgleichgewicht wurde nach der Einführung von NEU aufrechterhalten.

Aus diesem Fall und einer allgemeinen Ableitung von Optimalitätsbedingungen[10] können wir die folgenden Empfehlungen geben. Für substitutive Produkte gilt:

- Der optimale Preis eines Produktes ist am oberen Ende der Preisskala bei Produktgruppen-Preisbildung höher als bei isolierter Preisoptimierung.
- Der optimale Preis eines Produktes nimmt bei Produktgruppen-Preisbildung mit der Kreuzpreiselastizität, das heißt mit der Stärke der Substitutionsbeziehung, zu.
- Der optimale Preis eines Produktes steigt bei Produktgruppen-Preisbildung mit den Deckungsbeiträgen der Substitutionsprodukte an; je mehr Gewinn die Substitutionsprodukte bringen, desto kostspieliger wird die Kannibalisierung und desto stärker sollte sie vermieden werden.
- Der optimale Preis eines Produktes ist am unteren Ende der Preisskala bei Produktgruppen-Preisbildung im allgemeinen niedriger als der optimale isolierte Preis. (Dies gilt nicht in allen Fällen, doch meistens.) Daher unterscheiden sich die Preise von zwei Produkten stärker, wenn sie Substitutionsprodukte sind, also zur gleichen Produktgruppe gehören, als wenn sie nicht zu der gleichen Produktgruppe gehören.
- Die Ergänzung einer Produktgruppe durch ein Substitutionsprodukt beeinflußt die optimalen Preise der etablierten Produkte in der oben beschriebenen Weise.

In vielen Fällen müssen mehr als zwei Produkte bei der Produktgruppen-Preisbildung berücksichtigt werden. Dies kann die Preisfindung sehr komplex machen. In einer Analyse im Auftrag eines Automobilherstellers berücksichtigten wir ein Dutzend seiner Modelle und eine noch größere Anzahl von Wettbewerbsmodellen. Es wurde ein komplexes Decision Support-System entwikkelt, das aufzeigte, wie bestimmte Preismaßnahmen sich auf die betreffende Produktgruppe und auf Wettbewerbsmodelle auswirken. Das hohe Ausmaß von projizierter Kannibalisierung überraschte die Unternehmensleitung stark und verhinderte verschiedene beabsichtigte Preissenkungen, die hauptsächlich eigene Modelle kannibalisiert und den Gesamtgewinn deutlich verschlechtert hätten.

Qualitative Aspekte der Produktgruppen-Preisbildung

Neben den quantifizierbaren Zusammenhängen gibt es zahlreiche qualitative und strategische Aspekte, die im Zusammenhang mit der Preisfindung in Mehrproduktunternehmen berücksichtigt werden müssen. Einige dieser Aspekte haben wir in Kapitel 5 im Rahmen der allgemeinen Preisdifferenzierung behandelt. In diesem Kapitel beschränken wir uns auf spezielle und drängende Probleme der Preisbildung in Mehrproduktunternehmen.

Preiswertere Alternativen, Zweitmarken, Kampfmarken

Eines der häufigsten Probleme von Premium-Marken ist, wie sie mit aggressiven »No names« und Handelsmarken umgehen sollen. Eine mögliche Antwort lautet, die Preise dauerhaft zu senken und zu sogenannten Dauerniedrigpreisen überzugehen. Diesen Weg wählte Procter & Gamble für einige seiner Produkte. Eine zweite Alternative besteht darin, die Preise vorübergehend zu senken und dies häufiger zu wiederholen, um aggressive Wettbewerber in Schach zu halten. Dies ist die klassische Aktionspolitik, die von vielen Herstellern kurzlebiger Konsumgüter angewendet wird (Wir behandeln sie ausführlich in Kapitel 10.).

Eine dritte Alternative ist, eine preiswertere Alternative (PA) in Form einer Zweitmarke, eines generischen oder no name-Produktes oder der Handelsmarke eines Einzelhändlers einzuführen. Die kritischste Überlegung im Rahmen der Entscheidung über die PA und ihren Preis betrifft die Wirkung auf die restliche Produktgruppe. Kannibalisiert die PA hauptsächlich die Premium-Marke oder nimmt sie vor allem den preisaggressiven Wettbewerbern Marktanteile weg? Wie können die Kannibalisierungswirkungen minimiert werden durch Unterschiede im Produktdesign, Trennung der Absatzwege, Ausschluß von Service usw.? Welches ist der optimale Preisunterschied zwischen der Marke und der PA einerseits bzw. der PA und den preisaggressiven Wettbewerbern andererseits? Besteht das Risiko, daß das Image der Premium-Marke leidet, wenn bekannt wird, daß die PA vom gleichen Hersteller stammt? Oder wird die PA von der Übertragung des Goodwill profitieren und schließlich die Premium-Marke ersetzen?

Ein führender Beleuchtungshersteller entschied sich 1994 für die PA-Strategie, weil dies als einzig mögliche Verteidigung gegen äußerst billige Importe aus China erschien. Eine Preissenkung des Hauptproduktes war keine realistische

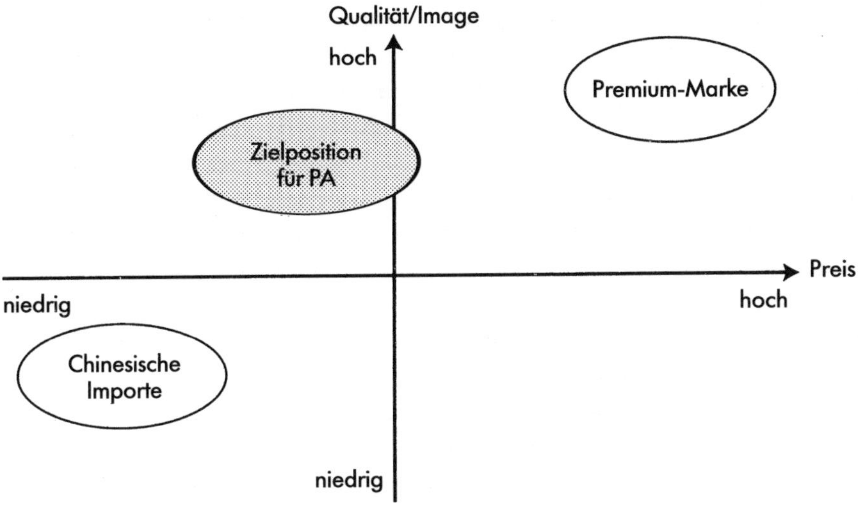

Abbildung 8.8: Produktgruppen-Preisbildung – Fallstudie einer preiswerteren Alternative (PA)

Alternative. Im Vergleich zur Premium-Marke war die PA geringfügig modifiziert und wurde hauptsächlich durch eine Angebotsdruck-Strategie verkauft. Abbildung 8.8 zeigt die Positionierung der Produkte. Obgleich der Preis der PA ungefähr 40 Prozent unter dem Preis der Premium-Marke lag, vermied es das Unternehmen, die chinesischen Produkte zu aggressiv anzugreifen (deren Preise 60–70 Prozent unter dem Preis der Premium-Marke lagen). Gleichzeitig bemühte sich das Unternehmen darum, das Qualitätsimage der PA deutlich über dem der Billigimporte anzusiedeln, und schenkte der Trennung der Absatzwege für die Premium-Marke und das PA-Angebot viel Aufmerksamkeit. Dies ist vergleichbar mit Kodaks Strategie für den Funtime-Film – einem preiswerteren Produkt, das nur in Großpackungen zu bestimmten Zeiten im Jahr angeboten und nicht durch Werbung unterstützt wird.

Die vorliegende PA-Strategie beschränkte sich jedoch nicht auf den Preis, sondern setzte die verschiedensten Differenzierungsinstrumente ein. Nach drei Jahren scheint die Strategie ein Erfolg zu sein, das Unternehmen hat deutliche Marktanteile zurückerobert. Ungefähr 40 Prozent der PA-Absätze stammen von der Premium-Marke, hingegen 60 Prozent von den Importen. Die Zeit wird zeigen, ob die Strategie beibehalten werden kann und ob die Premium-Marke eine lebensfähige Position verteidigen kann. Der Preisdruck nimmt weiter zu.

Einige Unternehmen setzen gegen preisaggressive Wettbewerber bewußt »Kampfmarken« oder Handelsmarken ein. Nach einem Bericht der *Business Week* »breiten sich Kampfmarken überall aus und sind erfolgreich«[11]. Ein entsprechender Fall ist Storck, ein führender deutscher Bonbonhersteller. Zusätzlich zu einigen sehr bekannten Marken wie Nimm 2 oder Toffifee verfügt Storck über verschiedene wenig bekannte preiswertere Marken, deren Hauptzweck es ist, Wettbewerber in Niedrigpreis-Absatzwegen in Schach zu halten. Kampfmarken werden weniger nach ihrem eigenen Deckungsbeitrag beurteilt als nach ihrer Wirkung, den Hauptmarken den Rücken gegenüber Wettbewerbern freizuhalten. Deshalb wird ihr Preis hauptsächlich nach den Anforderungen des Wettbewerbs festgelegt.

In vielen Fällen erwiesen sich preiswertere Alternativen jedoch als ein Fehlschlag. Viele F&E-orientierte pharmazeutische Unternehmen haben entweder selbst Generikageschäfte gestartet oder solche übernommen, jedoch nur wenige von ihnen waren bisher erfolgreich. Viele dieser Aktivitäten wurden Mitte der neunziger Jahre eingestellt. Selbstverständlich erfordert die Führung eines preisaggressiven Geschäftes mit niedriger Kostenbelastung andere Kompetenzen als die Fähigkeiten, die F&E- oder markenorientierte Unternehmen beherrschen. Ein wichtiger Aspekt, der in diesem Zusammenhang berücksichtigt werden muß, ist, ob die PA die Marke beeinträchtigen kann. Auf die Frage, ob sie plane, eine zweite preiswertere Marke einzuführen, antwortete Jil Sander, die führende Designerin für teure Mode: »Es ist immer der Anfang vom Ende, eine preiswertere Linie einzuführen. Kurzfristig erreicht man eine Umsatzsteigerung, doch schließlich verliert man seine Kunden, mit denen man Gewinn macht«.[12] Wenn wir Marken betrachten, die einmal eine Preisstellung als Premium-Marke hatten und diese verloren, trifft es tatsächlich zu, daß sie entweder Massenprodukte wurden (Lacoste-Hemden, Perrier-Mineralwasser) oder ihr Sortiment um PAs erweiterten (z.B. Hotelketten). Daher muß die »Trade-down«-Entscheidung, eine PA einzuführen, sorgfältig überlegt werden.

Einstiegsprodukte

Eine Variante der PAs sind Einstiegsprodukte. Damit meinen wir den preiswertesten Artikel in einer Produktgruppe. Der Hauptzweck von Einstiegsprodukten ist nicht, preisaggressive Wettbewerber abzuwehren, sondern Kunden anzuziehen, die auch bei ihren zukünftigen Käufen Kundentreue zeigen. Einstiegsprodukte zielen besonders auf junge Kunden und spielen in der Automobilindustrie eine immer wichtigere Rolle. Die sehr erfolgreiche Strategie von BMW in den letzten dreißig Jahren basierte auf diesem Konzept. Jahrelang benutzte BMW in Deutschland den Slogan »Das Auto für Aufsteiger«, und die hervorragende Marktstellung von BMW wurde auf diese Weise aufgebaut. In ähnlicher Weise hatte die Einführung der C-Klasse durch Mercedes-Benz in den achtziger Jahren das Ziel, das Einstiegspreisniveau zu senken. Wie wir in der Einleitung dieses Kapitels erwähnt haben, hat man diesen Weg fortgesetzt und 1997 das Sortiment um ein noch preiswerteres Modell, die A-Klasse, ergänzt, deren Preis bei etwa 30000 DM liegt. Mitte der neunziger Jahre kündigte der Sportwagenhersteller Porsche eine ähnliche Strategie an: »1997 wird Porsche ein Coupé unter 39950 Dollar einführen und damit die Einstiegshürde für Porsche-Käufer weiter verringern»[13]. Mit seinen tief gestaffelten Produktgruppen und der Einführung der Produktgruppe »Mein erstes Sony« für Kinder verfolgte Sony eine ähnliche Strategie.

Das Konzept von Einstiegsprodukten im Rahmen der Produktgruppen-Preisfindung ist für viele Branchen sowohl im Produktsektor (PCs, Haushaltsprodukte, Konsumelektronik) als auch im Dienstleistungsbereich (Information, Kommunikation, Tourismus) relevant. Es berücksichtigt, daß sich die Kaufkraft der Verbraucher im Zeitablauf verändert.

Sortimentserweiterung durch Premium-Produkte

Das Gegenteil einer Sortimentserweiterung durch ein preiswerteres Produkt ist die Hinzufügung eines Premium-Produktes zur Produktlinie. Dies wird manchmal als Trading-up bezeichnet. Diese Aufwärtsbewegung auf der Preisskala ist im allgemeinen schwer durchzusetzen, weil das Image der Produktgruppe in der Vergangenheit in einer niedrigeren Preiskategorie angesiedelt war. Daher muß eine Entscheidung getroffen werden, ob die bestehende Marke für das Premium-Produkt eingesetzt oder eine neue Marke eingeführt werden soll. Audi versuchte 15 Jahre, seine Produkte auf dem deutschen Markt in höheren Preis- und Prestigeklassen zu repositionieren. Erst Mitte der neunziger Jahre scheint dies mit dem erfolgreichen A8-Modell zu gelingen. Die japanischen Automobilhersteller gingen anders vor und erzielten schnellere Erfolge, als sie ihre neuen Luxusmodelle Acura (Honda), Lexus (Toyota) und Infiniti (Nissan) Ende der achtziger Jahre einführten. Allerdings waren die Erfolge nach Märkten sehr unterschiedlich (Erfolge insbesondere in den USA), und Mitte der neunziger Jahre zeigen diese jungen Premium-Marken deutliche Schwächeerscheinungen gegenüber den länger etablierten Konkurrenten Mercedes-Benz und BMW. Die amerikanischen Autofirmen wählten einen dritten Weg durch Übernahme von europäischen Prestigemarken wie Jaguar (Ford) oder Lotus und Saab (General Motors). Die Risiken des Trading-up sind für die bestehenden Produkte gering, da die teureren Produkte die preiswertere alte Produktgruppe nur wenig kannibalisieren – falls das jedoch passiert, kommt es nicht ungelegen, da mit den teureren Modellen höhere Deckungsbeiträge erzielt werden.

Preisvarianten und Sonderausstattungen

Sollten verschiedene Varianten eines Produktes zum gleichen oder einem anderen Preis verkauft werden? Sollten bestimmte Sonderausstattungen für ein Produkt in den Grundpreis eingeschlossen sein oder getrennt berechnet werden? Und wenn sie getrennt berechnet werden, sollten ihre Deckungsbeiträge höher oder niedriger als die des Hauptproduktes sein?

Offensichtlich haben einzelne Unternehmen zu diesen Fragen ganz unterschiedliche Auffassungen. In Abbildung 8.9 sind die Preisaufschläge für Kombis im Vergleich zu Limousinen in Deutschland dargestellt.

Bei Ford Mondeo, Volvo 850 und Renault Laguna gibt es den Kombi zum gleichen Preis wie die Limousine (trotz unterschiedlicher Herstellkosten). Andere Hersteller wenden eine differenzierte Preisstrategie an und verlangen für den Kombi des gleichen Modells einen deutlichen Preisaufschlag. Es ist schwierig, diese Diskrepanzen in Einklang zu bringen. Nach unseren Erkenntnissen ist die Wertschätzung der Verbraucher, die einen Kombi kaufen wollen, für diese Variante höher als für die Limousine. Die vorliegenden Befunde weisen darauf hin, daß diese Art von Produktgruppen-Preisfindung noch stark verbessert werden kann. Wir halten insbesondere die Politik von Ford, Volvo und Renault für fragwürdig.

Sonderausstattungen sind eine weitere interessante Herausforderung für die Preisfindung. Einige Aspekte dieses Problems werden wir im nächsten Kapitel über Preisbündelung behandeln. Eine allgemeine Empfehlung ist nicht möglich, doch aus unseren Erfahrungen lassen sich einige bewährte Regeln ableiten. Häufig scheint die Preiselastizität für Sonderausstattungen geringer zu sein als für das Grundprodukt. Dies spricht dafür, daß die Sonderausstattungen einen höheren Deckungsbeitrag erbringen sollten. Es kann auch ratsam sein, die Sonderausstattung in den Grundpreis einzubeziehen anstatt den Grundpreis zu senken. Darum erhalten Kunden häufig Extras oder Zugaben an Stelle von Preiszugeständnissen. Die Anhänger des »Power Pricing« ent-

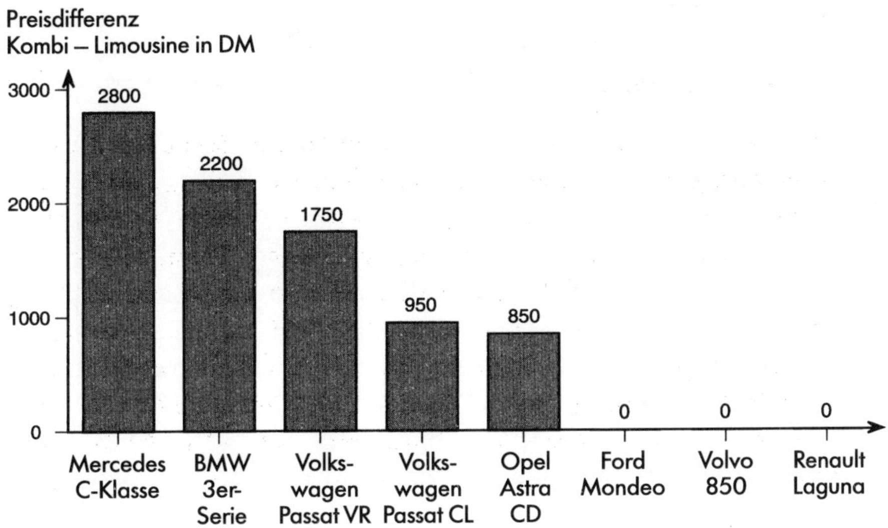

Abbildung 8.9: Preisunterschiede für Kombis und Limousinen für verschiedene Autohersteller 1995

wickeln ein tiefes Verständnis des diesbezüglichen Kundenverhaltens, um diese komplexen Fragen zu lösen.

Produktgruppen-Preisbildung unter Berücksichtigung des Lebenszyklus

Bei Industriegütern wie Lastwagen oder Maschinen ist die Bedeutung des Kaufpreises relativ zu den gesamten Kosten für den Lebenszyklus zu sehen. Letztere werden beeinflußt von den Preisen für Ersatzteile, Service, den Wiederverkaufswert und die Betriebskosten. Viele dieser Faktoren hängen von den Preisentscheidungen für die verschiedenen Komponenten der Produktgruppe eines Herstellers ab. Daher muß die Wirkung jeder einzelnen Preisentscheidung auf die Lebenszykluskosten eines Produktes berücksichtigt werden.

In manchen Fällen kann es wichtig sein, Produkt- und Servicepreise sorgfältig aufeinander abzustimmen. Einige Organisationen, wie zum Beispiel Krankenhäuser, haben häufig begrenzte Investitionsbudgets für neue Ausrüstungen doch ausreichende Budgets für die Wartung. In solch einem Fall sollte der

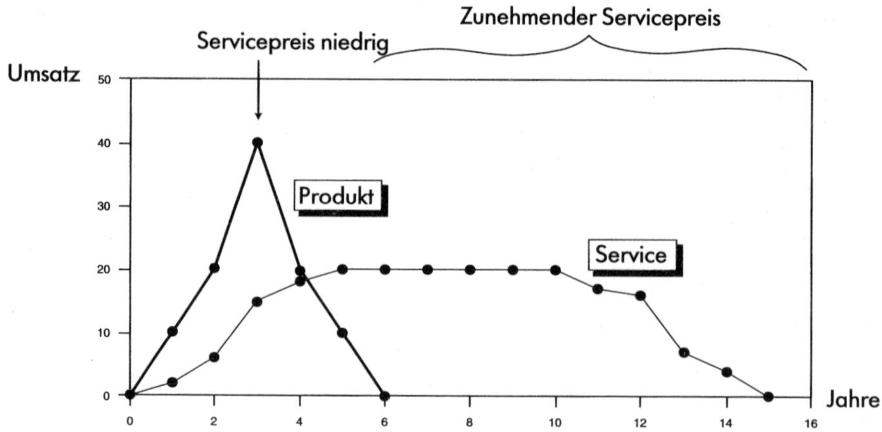

Abbildung 8.10: Produkt- und Servicepreise während des Lebenszyklus

Anbieter von Ausrüstungsgütern den Preis der Maschine offensichtlich niedrig halten – innerhalb der Etatgrenzen – und höhere Preise für Wartung berechnen, damit der Gesamtgewinn maximiert werden kann.

Ein weiterer Aspekt betrifft die Preisstellung im Verlauf des Lebenszyklus. Der Service-Lebenszyklus folgt dem Produkt-Lebenszyklus. Im Verlauf dieser Entwicklung ändern sich die relativen Bedingungen für die Preise von Produkt und Service. Als Beispiel wollen wir eine Maschine betrachten, die einen Verkaufs-Lebenszyklus von fünf Jahren hat und die in Abbildung 8.10 dargestellten Umsätze erzielt. Die Lebensdauer der einzelnen Maschine betrage 10 Jahre. In dieser Zeit muß die Maschine regelmäßig gewartet werden. Der jährliche Serviceumsatz beträgt 20 Prozent des Produktpreises.

Wie Abbildung 8.10 zeigt, ist der Service-Lebenszyklus in diesem Beispiel dreimal länger als der Produkt-Lebenszyklus. In manchen Fällen, wie zum Beispiel bei Aufzügen, kann der Service-Lebenszyklus sogar zehnmal länger sein.

Die Preispolitik für das Produkt hat offensichtlich einen direkten Einfluß auf den Serviceumsatz. Doch die Preispolitik für den Service hat auch einen Einfluß auf die Produktverkäufe. Wenn der Servicepreis zu Anfang zu hoch ist, werden die Kunden (besonders jene, die die Lebenszyklus-Kosten als Entscheidungsgrundlage verwenden) das Produkt nicht kaufen. Daraus kann abgeleitet werden, daß der Servicepreis zu Anfang niedrig sein sollte und daß dieser Preis nicht zu früh erhöht werden darf. Das Hauptziel in der ersten Phase ist, so viele Produkte wie möglich zu verkaufen und einen Kundenstamm (»installed base«) für den Service aufzubauen. Wenn die Produktabsätze später zurückgehen, kann eine Preiserhöhung für den Service in Erwägung gezogen werden. Eine negative Wirkung auf die Produktabsätze ist jetzt weniger relevant, und der Kunde hat vielleicht wenig Wahlmöglichkeiten im Hinblick auf den Service. In der abfallenden Phase des Service-Lebenszyklus kann der Servicepreis weiter erhöht werden. Ein zusätzliches Motiv kann sein, den Kunden zu ermutigen, zu einem Nachfolgeprodukt zu wechseln. In einem Beispiel in der Computerindustrie war der jährliche Servicepreis in den achtziger Jahren höher als der Kaufpreis eines neuen Produktes mit gleicher Leistung. Man sollte natürlich darauf achten, die Kunden nicht durch Ausnutzung der Serviceabhängigkeit zu verärgern. Der Einfluß des Produkt- und Servicepreises auf das Kundenverhalten muß voll verstanden und berücksichtigt werden.

Umsetzungsaspekte bei der Produktgruppen-Preisbildung

Offensichtlich setzt Produktgruppen-Preisbildung voraus, daß bei der Preisfestlegung verschiedene Produkte einbezogen werden müssen und daß man bei zumindest einem Produkt auf Gewinn verzichtet, um einen höheren Gesamtgewinn zu erzielen. Diese Anforderung kann im Widerspruch zu der organisatorischen Trennung in Profitcenter stehen und ist daher eine mögliche Konfliktursache.

Dies war bei einem großen Hersteller von medizinischen Geräten der Fall, bei dem der Produktvertrieb und der Kundendienst jeweils eigene Profitcenter waren. Selbstverständlich wollte kein Leiter eines Profitcenters im Interesse des Gesamtunternehmens auf einen Teil seiner Gewinne verzichten. Es gab auch keinen Mechanismus, die Gewinne intern zu transferieren. Um eine optimale Produktgruppen-Preisbildung zu erreichen, mußten die Profitcenter in der Weise neu definiert werden, die diese Zusammenhänge berücksichtigte. Eine zu starke Dezentralisierung wird eine Produktgruppen-Preisfindung in aller Regel beeinträchtigen. Der einzige Ausweg ist dann, das Problem der Preisfestlegung auf die nächst höhere hierarchische Ebene zu verlagern, auf einen Manager, der den Preisspielraum der Profitcenter einschränkt und die Verantwortung für die Preisabstimmung übernimmt. Das Problem ist vergleichbar mit der Preisfindung für internationale Märkte, wenn einzelne Länder ihre eigenen Ziele verfolgen. Es läßt sich jedoch im allgemeinen durch organisatorische Maßnahmen einfacher lösen, da man Profitcenter leichter als Länder zusammenlegen kann.

Ein weiterer Umsetzungsaspekt betrifft die Sammlung von Informationen. Wie bereits erwähnt, erfordert die Produktgruppen-Preisbildung einen hohen Informationsstand über Sachverhalte, die sich nur schwer messen lassen. Heute erfolgt die Produktgruppen-Preisbildung eher auf der Grundlage subjektiver Annahmen als auf gut fundierten objektiven Daten. Diese Situation verbessert sich jedoch allmählich. Im Einzelhandel erlauben Scannerdaten Analysen über den Sortimentsverbund. Man sieht, welche Produkte zusammen mit bestimmten anderen Produkten gekauft werden. Einige Supermarktbetreiber nutzen dieses leistungsfähige Instrument bereits professionell. Der Internet-Buchhändler Amazon weist sogar schon aus, welche Titel häufig zusammen mit einem bestimmten Buch gekauft werden. Das ist »cross selling« der hohen Schule. Bessere Wettbewerbsmodelle, häufig gestützt auf Conjoint Measurement, ermöglichen Kannibalisierungseffekte zwischen Produkten vorherzusagen und die Preise unter Berücksichtigung der Kreuzpreiselastizitäten zu optimieren. Doch die höheren Gewinne, die durch besser abgestimmte Preise erzielt werden können, sind nur durch bessere Informationen erreichbar.

Zusammenfassung

Die meisten Firmen sind Mehrproduktunternehmen. Die Anhänger des »Power Pricing« berücksichtigen Nachfrage- und Kosteninterdependenzen zwischen den angebotenen Produkten. Der Preis eines Produktes sollte abhängig von der Stärke des Nachfragezusammenhangs in der Produktgruppe angepaßt werden. In gleicher Weise können Erweiterungen und Verkleinerungen der Produktgruppe die Preise aller Produkte beeinflussen. Im Rahmen der Produktgruppen-Preisbildung sind folgende Punkte zu beachten:

- Produktgruppen-Preisbildung bedeutet, daß man bei einem einzelnen Produkt auf einen Teil des Gewinns verzichtet, um einen höheren Gesamtgewinn für die Produktgruppe zu erzielen.
- Zuverlässige, im Idealfall quantitative Informationen über die Zusammenhänge innerhalb einer Produktgruppe sind unverzichtbar.
- Im Rahmen der Produktgruppen-Preisbildung sollten nur starke und eindeutige Komplementaritäts- oder Substitutionsbeziehungen explizit berücksichtigt werden.

- Substitutionsbeziehungen führen zu Produktgruppenpreisen, die höher sind als die optimalen isolierten Preise am oberen Ende der Preisskala. Am unteren Ende der Preisskala kann der Produktgruppen-Preis niedriger sein, um die Produkte differenzierter zu positionieren und Kannibalisierung zu vermindern.
- Komplementaritätsbeziehungen führen zu Produktgruppenpreisen, die niedriger sind als die optimalen isolierten Preise. Komplementaritätsbeziehungen sind häufig asymmetrisch (wie bei Anzügen und Krawatten). In diesen Fällen reicht es aus, den Zusammenhang bei der Preisfestlegung für das Hauptprodukt zu berücksichtigen.
- Nicht alle Aspekte der Produktgruppen-Preisfindung und -Positionierung können realistischerweise quantifiziert werden. Daher ist es wichtig, diese Probleme auch in einem strategischen Wettbewerbszusammenhang zu betrachten. Das ist besonders wichtig, wenn es um preiswertere Alternativen (PAs), Zweit- oder Kampfmarken, Einstiegsprodukte oder eine Erweiterung der Produktgruppe durch ein Premium-Produkt geht.
- Die Preise für Produktvarianten und Sonderausstattungen sollten nicht nur Kostenunterschiede widerspiegeln, sondern vor allem die Wertschätzung der Produkte durch die Verbraucher und die Preiselastizitäten berücksichtigen. Sehr häufig unterscheiden sich die Preiselastizitäten für das Grundprodukt und die Sonderausstattungen beträchtlich.
- Im Rahmen der Produktgruppen-Preisbildung sollten dynamische Effekte wie der Einfluß von Produktverkäufen auf zukünftige Kundendienstumsätze berücksichtigt werden. Die sich verändernde Rolle von Produkt und Kundendienst im Verlauf des Lebenszyklus sollte bei der Festlegung und Änderung von Preisen für diese Komponenten berücksichtigt werden.
- Produktgruppen-Preisbildung erfordert eine Abstimmung zwischen Produkten. Dies kann erschwert werden, wenn die Verantwortung für diese Produkte organisatorisch getrennt ist. Wenn starke wechselseitige Beziehungen bestehen, muß eine organisatorische Lösung gefunden werden, die die Abstimmung sicherstellt bzw. ermöglicht.

Erfolgreiche Produktgruppen-Preisbildung ist wahrscheinlich eine der schwierigsten Herausforderungen für die Preisdifferenzierung, weil die Informationsanforderungen hoch und die Zusammenhänge sehr komplex sein können. Daher ist eine perfekte Optimierung schwer erreichbar. Es hilft jedoch bereits, wenn man die Richtung der erforderlichen Preisanpassung erkennt. Die Anhänger des »Power Pricing« lernen, wie man mit diesen Schwierigkeiten fertig wird und die Produktgruppenpreise im Lauf der Zeit optimiert.

Anmerkungen

1 Pine II, B.: *Mass Customization: The New Frontier in Business Competition*, Boston 1993.

2 Wheelwright, S. und Clark, K.: *Revolutionizing Product Development: Quantum Leaps in Speed, Efficiency and Quality*, New York 1992.

3 Bezüglich einer eingehenden Diskussion dieses Aspekts siehe Nyström, H.: *Retail Pricing – An Integrated Economics and Psychological Approach*, (Stockholm School of Economics: Economic Research Institute, 1979).

4 Für Einzelheiten siehe Dolan, R.: »Black & Decker Corporation A: Power Tool Division«, Harvard Business School Case 9-595-057.

5 Die Preise und Daten stammen aus Ward's Automotive Yearbook (1992), S. 270.

6 Simon, H.: *Goodwill und Marketingstrategie*, Wiesbaden 1985, S. 175. Wenn andere Marketinginstrumente berücksichtigt wurden, war der Gewinnunterschied sogar noch größer.

7 Professor Ben Shapiro von der Harvard Business School stellte uns dieses Beispiel und die Terminologie vor.

8 Bezüglich Einzelheiten siehe McQuade, K. und Moriarty, R.: »Barco Projection Systems (A)«, Harvard Business School Case 9–591133.

9 Bezüglich der Methoden, auf die sich dieses Beispiel stützt, siehe Lilien, G., Kotler, P. und Moorthy, S.: *Marketing Models*, Englewood Cliffs/NJ 1992.

10 Bezüglich der Ableitung der Bedingungen für das Optimum siehe Simon, H.: *Preismanagement – Analyse, Strategie, Umsetzung*, Wiesbaden 1992, Kapitel 11.

11 »Attack of the Fighting Brands«, *Business Week*, 2. Mai 1994, S. 22.

12 Rohwedder, C.: »Jil Sander Lays Out Pattern for Success amid Fashion Slump«, *Wall Street Journal Europe*, 15. Januar 1996, S. 1.

13 Suris, O.: »Porsche Hopes Lower-Priced Cars Will Push '90s Sales to '80s Level«, *Wall Street Journal Europe*, 4./5. Februar 1994, S. 5.

Kapitel 9

Preisbündelung

Im vorigen Kapitel haben wir die Preisfindung für Mehrproduktunternehmen behandelt. Ein Mehrproduktunternehmen hat jedoch Möglichkeiten der Preisfindung, die über die Preisfestlegung für die Einzelprodukte hinausgehen. Eine Möglichkeit zur Gewinnverbesserung liegt nicht nur darin, Preise für einzelne Produkte festzulegen, sondern auch zu entscheiden, ob Preise für das Einzelprodukt oder mehrere Produkte zusammen (Produktpakete) festgesetzt werden. Sollte ein Computerhersteller den Computer zusammen mit dem Monitor verkaufen oder getrennt? Sollte Software installiert werden und als Teil des Systems oder einzeln angeboten werden? Und sollte die Wartung bereits im Kaufpreis des Systems berücksichtigt werden?

Die Bildung von Produktbündeln oder Paketen steht im Mittelpunkt verschiedener Unternehmensstrategien. Ein bekannter Fall ist Vobis, der größte PC-Einzelhändler in Europa. Seit Gründung Mitte der achtziger Jahre hat dieses Unternehmen ständig Pakete, die sich aus Computer, Monitor und Drucker zusammensetzten, zu sehr attraktiven Preisen angeboten und diese Angebote in der Werbung stark herausgestellt. Im August 1995 betrug der Preis eines solchen Pakets, das aus einem Sky-Tower 500 ZE-75, einem 17-Zoll Monitor und einem CD-ROM-Laufwerk bestand, 3 998 DM. Beim Kauf des Pakets sparte der Kunde 466 DM oder 10,4 Prozent der Summe der Preise für die Einzelkomponenten, die 4 465 DM betrug.

Die Preisbündelung ist auch in der Softwarebranche sehr beliebt. Das Paket »Office« von Microsoft enthält die drei Programme Word 6.0 für Windows, Excel 5.0 und Powerpoint, von denen jedes einzeln 829 DM kostet. Das Bündel mit den drei Programmen kostet 1 269 DM, das entspricht einem Rabatt von 49 Prozent auf die Summe der Einzelpreise. »Office Pro«, das zusätzlich Access 2.0 enthält, wird für 1 599 DM verkauft, das entspricht einem Rabatt von 52 Prozent auf die Summe der Einzelpreise. Intuit, mit seinem Produkt Quicken der amerikanische Marktführer für PC-Finanzsoftware, schließt in den Produktverkauf kostenlose Kundenunterstützung ein. Black & Decker ergänzte vor kurzem die Ein-Jahres-Garantie, die bei Elektrowerkzeugen üblich ist, für seine Standardprodukte wie für DeWalt, die neue Elektrowerkzeuglinie für professionelle Anwender, um kostenlosen Kundendienst für ein Jahr – zum Beispiel Reinigung, Ölen und allgemeine Wartung.

1995 bot Ford für seinen Lieferwagen ein »Transit Plus«-Paket, das ABS, elektrische Fensterheber, Zentralverriegelung, Airbags und andere Sonderausstattungen enthielt, zum Preis von 1 500 DM an. Die Einzelpreise dieser Sonderausstattungen addieren sich zu 4 220 DM, so daß der Rabatt für das Paket 64,5 Prozent beträgt. Wenn der Hersteller solche Pakete anbietet, erreicht er im Vergleich zu der Situation, in der jeder Kunde aus zahlreichen Einzelwahlmöglichkeiten seine Auswahl treffen kann, eine erhebliche Standardisierung in der Produktion. Dies kann die Wirtschaftlichkeit der Herstellung enorm verbessern.[1]

Ab 1996 begann BMW in Südafrika im Neuwagenpreis eine Versicherung gegen Diebstahl und Überfall einzuschließen. Die *Financial Times* berichtete:

> Diese Entscheidung wurde als Reaktion auf die explodierenden Preise der Versicherungsgesellschaften getroffen, die der Auffassung waren, daß die Autos von BMW ein beliebtes Ziel für Diebe sind. Die Kosten der Versicherungspolice betrugen für BMW ungefähr 5 bis 10 Prozent des Neuwagenpreises, doch diese Maßnahme erhöhte in den Augen der Kunden den Nutzen enorm.[2]

Sowohl in den USA als auch in Deutschland ist McDonald's mit Paketangeboten sehr erfolgreich, in denen Hamburger und Pommes Frites zusammen mit einem Getränk zu einem Rabatt von 15 Prozent angeboten werden. Viele Restaurants verfolgen eine ähnliche Strategie wie McDonald's: Komplette Menüs, die aus Vorspeise, Hauptgericht und Nachtisch bestehen, sind billiger als die Summe der einzelnen Gänge. Ein Restaurant in Chicago schließt in den Menüpreis eine Kinoeintrittskarte ein und bildet so ein Paket aus Abendessen und anschließender Unterhaltung.

In der pharmazeutischen Industrie, besonders in den USA, sind Paketpreise im Rahmen der Veränderung der Einkaufsprozesse ein beliebtes Instrument geworden. Das *Wall Street Journal* berichtete: »Unternehmen, die ihre Markenprodukte im Bündel mit Generika anbieten, haben eine größere Preisflexibilität und werden von den Einkäufern der Health Maintenance Organizations positiv beurteilt«.[3] Ähnliche Praktiken herrschen im Bereich der Pflanzenschutzmittel vor, indem die Anbieter versuchen, den Landwirten ein Paket verschiedener Produkte zu verkaufen. Im Regelfall umfassen solche Pakete ein »führendes Produkt«, das besser ist als die Wettbewerbsprodukte, und einige Produkte, deren Wettbewerbsposition schwächer ist.

Preisbündelung ist auch im Dienstleistungsbereich beliebt. Pauschalangebote wie diejenigen von Club Med umfassen Flug, Hotel und Vollpension. Die Mannheimer Versicherung bietet Paketpolicen für verschiedene Berufe wie zum Beispiel Rechtsanwälte, Künstler usw. an, die alle spezifischen Risiken dieser Gruppen zu einem günstigen Gesamtpreis abdecken.

Zeitungs- und Zeitschriftenverlage offerieren den Werbetreibenden sogenannte »Titelkombinationen«. Ein Unternehmen, das in verschiedenen Zeitschriften des gleichen Verlages Anzeigen schaltet, erhält beträchtliche Rabatte. Das gleiche gilt für Fernsehsender, die verschiedene Programme oder Kanäle betreiben.

Eine besondere Form der Paketpreise ist die sogenannte Blockbuchung, die seit Jahrzehnten in der Filmindustrie gebräuchlich ist. Der Filmverleiher liefert den Kinos keine einzelnen Filme – diese würden höchstwahrscheinlich nur die attraktiven Titel ausleihen, sondern offeriert ihnen einen »Block« bzw. ein Paket, das aus attraktiveren und weniger attraktiven Filmen besteht.

Bei einigen Formen der Preisbündelung muß sich der Käufer verpflichten, von dem gleichen Lieferanten auch andere Produkte zu kaufen. Mobiltelefongesellschaften bieten Handys zu niedrigen Preisen an, vorausgesetzt, der Käufer unterschreibt einen Vertrag, in dem er sich verpflichtet, den Telefonservice für eine bestimmte Zeit zu nutzen (in der Regel ein oder zwei Jahre).

Die meisten dieser Fälle betreffen komplementäre Produkte, das heißt Produkte, die irgendwie zusammen verwendet oder verbraucht werden. Auch wenn Komplementarität die Bildung von Paketpreisen fördert, so ist sie für die Anwendung dieser Strategie keine notwendige Vorbedingung. Im allgemeinen liegt der Paketpreis unter der Summe der Einzelpreise. Ein Rabatt ist jedoch nicht immer Bestandteil der Preisbündelung. Wenn die Einzelprodukte allein dem Anwender nur einen geringen Nutzen bieten und man sie nur im System verwenden kann, sind manche Kunden bereit, im Vergleich zu den Preisen der Einzelkomponenten einen Aufschlag für die Sicherheit zu zahlen, daß die Systemelemente voll kompatibel sind. Auch wenn einige Komponenten schwer zu bekommen sind, kann ein Aufschlag für das ganze System verlangt werden.

In diesem Kapitel behandeln wir die folgenden Fragen:

1. Welches sind die relevanten Formen der Preisbündelung?
2. Unter welchen Bedingungen und warum ist Preisbündelung optimal?
3. Welche Informationen sind notwendig, um die optimalen Paketpreise festzulegen?
4. Welche Aspekte sind bei der Umsetzung der Preisbündelung zu beachten?

Die Beantwortung dieser Fragen wird dazu beitragen, daß Sie:

- besser verstehen, wann und wie Preisbündelung als Technik zur Preisdifferenzierung anzuwenden ist;
- die richtige Form der Preisbündelung auswählen;
- die notwendigen und relevanten Daten sammeln;
- wissen, wann die Preisbündelung aufzugeben ist;
- Preisbündelung erfolgreich anwenden und Schwierigkeiten vermeiden können.

Formen der Preisbündelung

Die obigen Beispiele zeigen, daß Preisbündelung viele Formen haben kann. Die wichtigsten sind in der Praxis:

- *Reine Preisbündelung:* Es wird nur das Paket angeboten. Die Produkte können nicht einzeln gekauft werden. Blockbuchung ist eine solche Form.
- *Gemischte Preisbündelung:* Hier werden sowohl das Bündel als auch die Einzelprodukte zum Verkauf angeboten. Normalerweise werden die Preise für jedes Einzelprodukt und für das Paket festgelegt. Microsoft setzt diese Form für sein »Office«-Programmpaket ein. Alternativ kann ein Rabatt auf das zweite Produkt gewährt werden, wenn für das erste Produkt (»Leitprodukt«) der volle Preis bezahlt wird. Ein Unternehmen in Deutschland wendet diese Form bei Tierarzneimitteln an. Das »Leitprodukt« ist innovativ und hochpreisig, während das zweite Produkt me-too-Charakter hat und jenen Kunden preiswert angeboten wird, die das »Leitprodukt« gekauft haben.
- *Koppelgeschäfte:* Der Käufer des Hauptproduktes erklärt sich bereit, ein oder mehrere Komplementärprodukte, die notwendig sind, um die Leistung zu erbringen, ausschließlich vom gleichen Lieferanten zu kaufen. Häufig ist das Hauptprodukt ein langlebiges Gut – eine Maschine, ein Kopiergerät, ein Computer –, während die Komplementärprodukte Verbrauchsgüter sind wie Toner, Papier, Filme usw. Die typischen Angebote von Mobiltelefongesellschaften fallen in diese Kategorie – ein Paket aus einem preiswerten Handy und einer geringen Freischaltgebühr, wenn der Kunde sich verpflichtet, den Service dieser Gesellschaft für eine Mindestdauer, normalerweise ein oder zwei Jahre, zu benutzen. Einige Güter sind automatisch aneinander gebunden – eine Polaroid-Sofortbildkamera funktioniert zum Beispiel nur in Verbindung mit dem Film von Polaroid.

- *Umsatzbonus:* Häufig bieten Firmen ihren Kunden zum Jahresende einen Bonus auf den Jahresumsatz aller gekauften Produkte an. Diese Boni verfolgen hauptsächlich das Ziel, die Kundentreue zu verstärken. Insgesamt liegen Umsatzboni zwischen Paketpreisen und nichtlinearer Preisbildung, da es keine Rolle spielt, ob der Umsatz mit einem oder verschiedenen Produkten erzielt wurde.
- *Kreuzcoupons:* Amerikanische Konsumgüterhersteller setzen häufig Coupons ein, um den Verkauf anderer Produkte aus ihrem Sortiment zu fördern. Zum Beispiel sprach Coca-Cola die Verwender von Diätgetränken dadurch an, daß sie Gutscheine für Diet Minute Maid mit ihrer 2-Liter-Flasche Diet Coke verteilten. Die Verteilung von Gutscheinen für andere Produkte wird oft eingesetzt, um neue Produkte einzuführen und/oder den Absatz schwacher Produkte zu steigern, indem man sie mit etablierten Produkten des Unternehmens verbindet.[5] Dies ist strukturell mit Preisbündelung vergleichbar, weil ein Käufer, der sowohl Diet Coke als auch Diet Minute Maid unter Vorlage des Coupons kauft, weniger bezahlt als die Summe der Einzelpreise. Eine detailliertere Behandlung der wirtschaftlichen Grundlagen für Paketpreise findet sich bei Adams und Yellen sowie Schmalensee.[6]

Aus der Tatsache, daß Preisbündelung häufig in der Praxis eingesetzt wird, kann geschlossen werden, daß es eine erfolgreiche Strategie ist. Warum ist das so? Wann sollte man Bündel bilden und wann nicht? Welche Informationen sind erforderlich? Wie setzen die Anhänger des »Power Pricing« Preisbündelung ein? Dies sind die Fragen, die wir nachfolgend behandeln und an Beispielen aus verschiedenen Branchen illustrieren wollen.

Ein Beispiel für reine Preisbündelung

Wir erläutern die Begründung für Preisbündelung an einem Fall aus der Mobiltelefonbranche. Zusätzlich zum Mobiltelefonservice bot das Unternehmen eine Reihe von Mehrwertdiensten an, u.a. einen Ansagedienst und eine Hotline für Kundenberatung. Welche Preise sollten für diese Zusatzdienstleistungen berechnet werden? Während hohe fixe Kosten für jede dieser Dienstleistungen anfallen, sind die variablen Kosten pro Kunde gering und werden daher für die Preisfindung mit Null angesetzt, das heißt, der Umsatz für diese beiden Dienstleistungen soll maximiert werden.

Zur Erleichterung der Darstellung vereinfachen wir den Fall, ohne die Aussagefähigkeit wesentlich einzuschränken. Eine Marktstudie ergab, daß eine große Zahl von Kunden den beiden Dienstleistungen zusammen einen Wert von weniger als 5 DM pro Monat beimaß. Diese Kunden wurden als uninteressant angesehen und daher von der weiteren Analyse ausgeschlossen. Die verbleibenden vier Kundengruppen zeigten unterschiedliche Wertschätzungen für die beiden Dienste. Die Maximalpreise für Ansagedienst und Hotline, die diese vier Gruppen zu zahlen bereit waren, sind in Tabelle 9.1 dargestellt. Die Kundengruppe 1 mißt dem Ansagedienst einen hohen Nutzen zu, hatte jedoch nur eine geringe Wertschätzung für die Hotline, während für Gruppe 4 genau das Gegenteil zutraf. Die Gruppen 2 und 3 lagen dazwischen. Die vier Gruppen hatten ungefähr die gleiche Größe. Die Zahlungsbereitschaft für beide Dienstleistungen zusammen wurde durch Addition der beiden Maximalpreise ermittelt.

Tabelle 9.1: Maximalpreise für Ansagedienst und Hotline-Service

Kundengruppe	*Maximalpreise (DM pro Monat)*		
	Ansagedienst	*Hotline*	*Ansagedienst und Hotline*
1	9,00	1,50	10,50
2	8,00	5,00	13,00
3	4,50	8,50	13,00
4	2,50	9,00	11,50

Die optimalen Preise für die einzelnen Dienstleistungen lassen sich leicht berechnen. Für den Ansagedienst sind dies 8 DM pro Monat. Die Kundengruppen 1 und 2 kaufen zu diesem Preis und der Umsatz (= Gewinn) ist 16 DM. Entsprechend beträgt der optimale Preis für die Hotline 8,50 DM pro Monat. Bei diesem Preis kaufen Gruppe 3 und 4 den Hotline-Service und es ergibt sich ein Umsatz (= Gewinn) von 17 DM. Wenn also die Preise für die beiden Dienstleistungen getrennt festgelegt werden, erhält man einen Umsatz von 33 DM.

Wenn wir die reine Preisbündelung anwenden und die beiden Dienstleistungen nur zusammen verkaufen, beträgt der optimale Paketpreis 10,50 DM pro Monat. Wie aus der letzten Spalte in Tabelle 9.1 zu ersehen ist, kaufen alle vier Gruppen zu diesem Paketpreis und es wird ein Umsatz (= Gewinn) von 42 DM erreicht, eine Steigerung um 27,2 Prozent gegenüber den optimalen Einzelpreisen.

Abbildung 9.1 beschreibt die Situation. In der oberen Grafik sehen wir die Wirkung der separaten Preisbildung, bei der die Gruppen 1 und 2 nur den

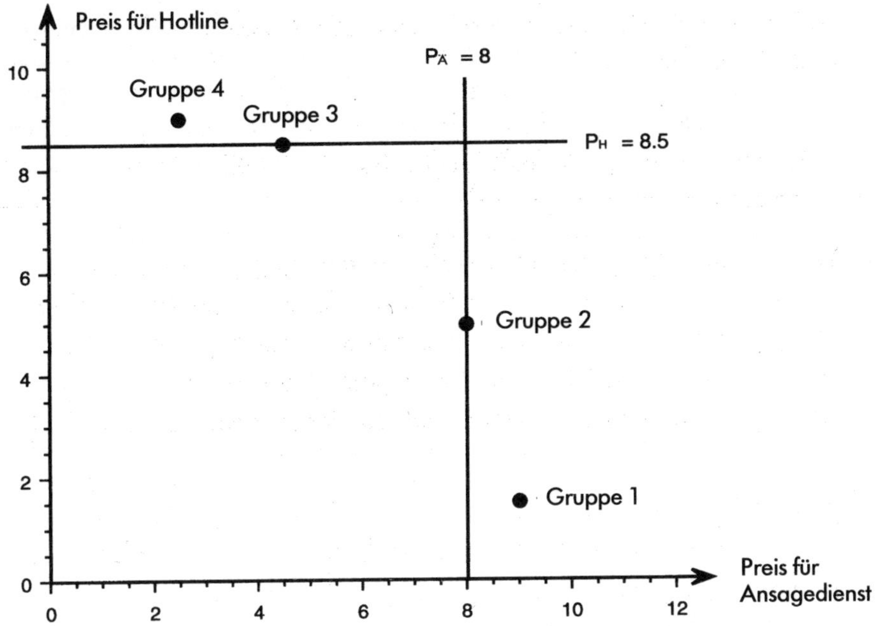

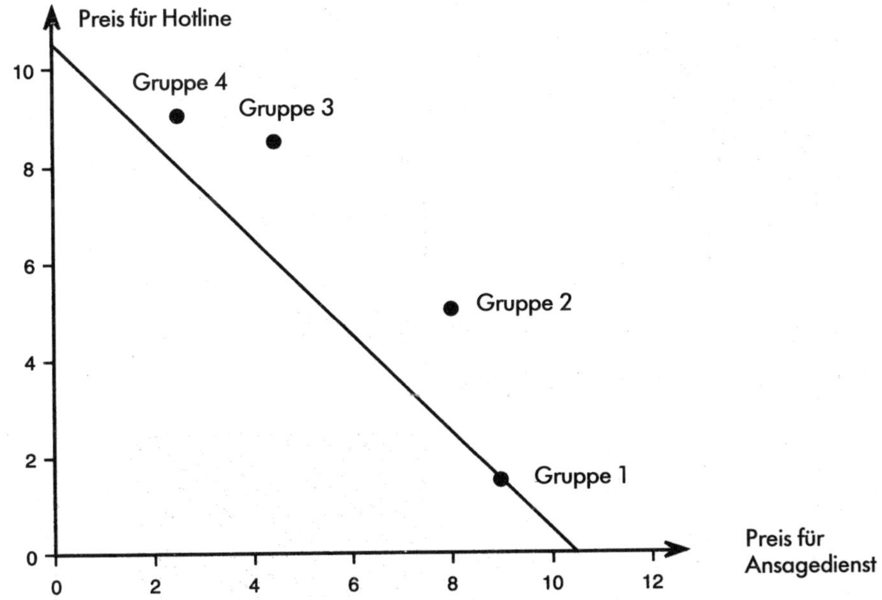

Abbildung 9.1: Einzelpreisstellung und Preisbündelung für Ansagedienst und Hotline

Ansagedienst kaufen und die Gruppen 3 und 4 nur die Hotline. Der untere Teil zeigt die Situation bei reiner Preisbündelung. Alle Gruppen kaufen das Paket.

Warum führt die Preisbündelung zu einer solchen Gewinnsteigerung? Die Unterschiede in der Bewertung der einzelnen Dienstleistungen durch die Kundengruppen verursachen für die Bildung von Einzelpreisen zwei Probleme. Betrachten wir die Kundengruppe 1. Diese Kunden sind bereit, 9 DM für den Ansagedienst zu bezahlen, müssen jedoch nur 8 DM bezahlen, weil es für die Firma optimal ist, die Preise so festzulegen, daß auch Kundengruppe 2 zum Kauf veranlaßt wird. Bei Zugrundelegung optimaler Einzelpreise verzichtet das Unternehmen bei Gruppe 1 auf 1 DM. Zweitens ist Gruppe 1 bereit, 1,50 DM für die Hotline zu bezahlen. Die variablen Kosten für die Hotline sind Null. Gruppe 1 kauft jedoch nicht, weil der optimale Preis für die Hotline 8,50 DM ist, um maximale Umsätze mit den Gruppen 3 und 4 zu erreichen. Wenn wir die beiden Dienstleistungen jedoch im Paket anbieten, weist die Wertschätzung der Gruppen keine großen Unterschiede mehr auf – die Werte in Spalte 3 der Tabelle 9.1 schwanken weniger als die Werte in den Spalten 1 und 2. Preisbündelung erlaubt uns, die nicht ausgeschöpfte Zahlungsbereitschaft der Kunden von einem auf den anderen Service zu übertragen. Wenn wir den Paketpreis für Ansagedienst und Hotline auf 10,50 DM festlegen, veranlassen wir Gruppe 1, beide Dienstleistungen zu kaufen, weil die Summe ihrer Maximalpreise 10,50 DM ist. Dies gilt entsprechend für die anderen Gruppen.

Außer der Übertragung der Zahlungsbereitschaft von einem Produkt auf das andere ist der optimale Paketpreis normalerweise niedriger als die Summe der Einzelpreise (in unserem Fall 10,50 DM im Vergleich zu 16,50 DM). Infolge der kombinierten Wirkung des niedrigeren Preises und der Übertragung der Zahlungsbereitschaft wird das Paket von vielen Kunden gekauft.

Zahlt es sich aus, Dienstleistungen sowohl einzeln als auch im Paket zu verkaufen?

Obgleich das Unternehmen mit einem reinen Paketpreis ein viel besseres Ergebnis erzielt als mit Einzelpreisen, ist das Bild noch nicht vollständig. Die Kunden in Gruppe 2 und 3 kommen zu gut weg, das heißt, sie erhalten Dienstleistungen, deren Wert nach ihrer Einschätzung bei 13 DM liegt, für nur 10,50 DM. Das Unternehmen kann durch gemischte Preisbündelung den Umsatz weiter steigern, indem es sowohl das Paket als auch die einzelnen Dienste verkauft. Betrachten wir zum Beispiel folgende Preisstruktur: 9 DM für den

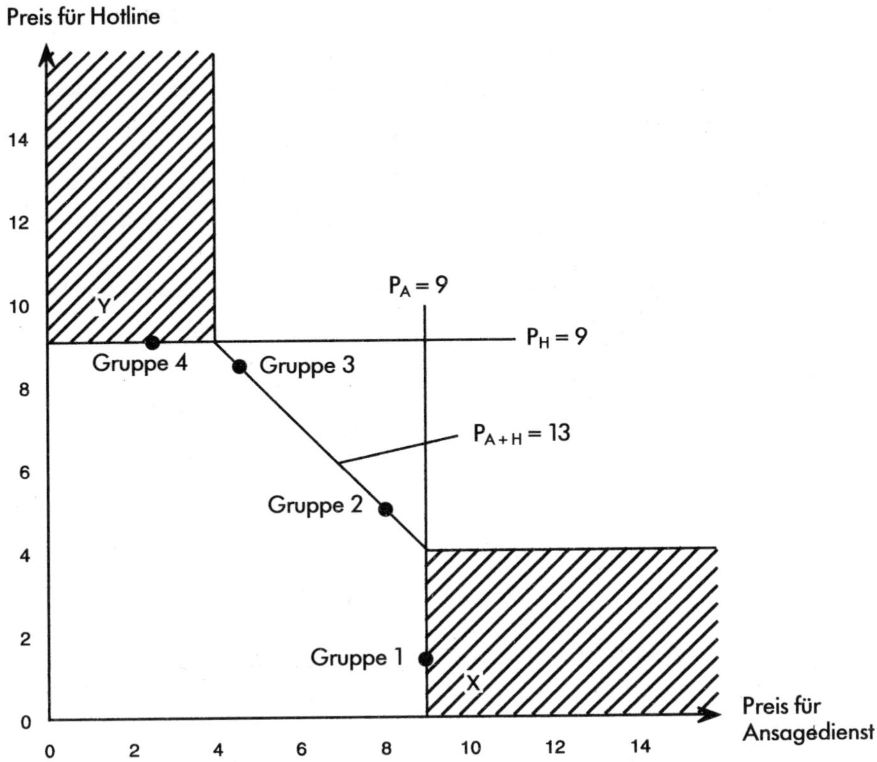

Abbildung 9.2: Gemischter Paketpreis für Ansagedienst und Hotline

Ansagedienst allein, 9 DM für die Hotline allein und 13 DM für das Paket. Die Kundengruppen 2 und 3 würden jetzt das Paket kaufen, Gruppe 1 kauft nur den Ansagedienst und Gruppe 4 kauft nur den Hotline-Service. Der Gewinn beträgt nun 44 DM – ungefähr eine Steigerung von 5 Prozent im Vergleich zur reinen Preisbündelung. Abbildung 9.2 stellt die Situation für die gemischte Preisbündelung dar.

Allgemein formuliert gilt, daß Kunden mit Maximalpreisen in den Rechtekken X und Y in Abbildung 9.2 nur eines der Produkte kaufen. Gemischte Preisbündelung ermöglicht eine feinere Segmentierung des Marktes in vier Gruppen: Nichtkäufer, Käufer der Hotline, Käufer des Ansagedienstes sowie Käufer des Ansagedienstes und der Hotline.

Tabelle 9.2 gibt einen Überblick über die drei Optionen: Einzelpreisbildung, reine Preisbündelung und gemischte Preisbündelung für die beiden Mehrwertdienste des Mobiltelefonanbieters. In diesem Fall führt die gemischte

Preisbündelung zum höchsten Gewinn. Es ist jedoch nicht möglich, eine generelle Empfehlung über die Optimalität einer der Methoden zu geben; die Optimalität hängt von der Verteilung der Maximalpreise ab. Die folgenden Regeln geben einen Anhaltspunkt.

- Wenn alle Kunden dahingehend eine ähnliche Wertschätzung haben, daß sie einem Produkt einen hohen Wert und dem anderen Produkt einen niedrigen Wert zumessen, ist Einzelpreisbildung die günstigste Form.
- Wenn der Markt durch zwei Kundengruppen mit unterschiedlicher Wertschätzung für die einzelnen Produkte gekennzeichnet ist, ist reine Preisbündelung zu empfehlen.
- Wenn der Markt durch eine Kombination von Kunden gekennzeichnet ist – sowohl solche mit »extremen« Präferenzen als auch solche mit »ausgeglichenen« Präferenzen (die für beide Produkte die gleiche Wertschätzung haben) –, ist wahrscheinlich gemischte Preisbündelung das beste Konzept.

Tabelle 9.2: Optimale Preise, Absatzmengen und Umsätze für verschiedene Preisformen

Preisform	*Optimale Preise*			*Absatzmenge*			*Umsatz (= Gewinn)*
	Ansage-dienst	Hotline	Paket	Ansage-dienst	Hotline	Paket	Index
Einzelpreis-bildung	8,0	8,5	–	2	2	–	33 (100)
Reine Preisbündelung	–	–	10,5	–	–	4	42 (127)
Gemischte Preisbündelung	9,0	9,0	13,0	1	1	2	44 (133)

Begründung für Koppelgeschäfte

Bei Koppelgeschäften verpflichtet sich der Käufer des Hauptproduktes (Leitprodukt), ein oder mehrere Komplementärprodukte, die notwendig sind, um das Hauptprodukt zu verwenden, ausschließlich bei dem selben Lieferanten zu kaufen. Im allgemeinen ist das Hauptprodukt ein langlebiges Gut (zum Beispiel ein Kopiergerät), während die Komplementärprodukte kurzlebige Güter wie Toner, Papier oder Dienstleistungen sind.

Ein berühmtes Beispiel für Koppelgeschäfte, das die wirtschaftliche Wirkung und die Begründung für solche Geschäfte illustriert, ist das frühere Preissystem von IBM für Lochkarten. In den dreißiger Jahren hatte IBM eine monopolähnliche Stellung bei Tabelliermaschinen und zwang seine Tabelliermaschinen-Kunden, alle ihre Lochkarten auch bei IBM zu kaufen. Lochkarten wurden auch von verschiedenen anderen Anbietern angeboten. In den dreißiger Jahren hatten Lochkarten bei IBM einen Umsatzanteil von 30 Prozent[7]. Durch diese Bindung differenzierte IBM seine Preise nach Kunden. Der Verbrauch an Lochkarten mißt die Maschinennutzung und liefert somit einen guten Maßstab für den Nutzen, den die Tabelliermaschine für den Kunden hat: Je mehr Lochkarten ein Kunde verwendet, desto höher ist der Nutzen der Tabelliermaschine für ihn. Durch das Koppelgeschäft wird der Preis in Abhängigkeit von der Intensität der Machinennutzung differenziert. Wenn es den Kunden erlaubt gewesen wäre, die Lochkarten auch von anderen Lieferanten zu kaufen, hätten die Wertunterschiede allein durch den Maschinenpreis abgeschöpft werden müssen. Es wäre wesentlich schwieriger gewesen, eine Preisdifferenzierung allein über den Maschinenpreis durchzusetzen. Obgleich die Kunden über ihren Lochkartenverbrauch entscheiden, bestimmen sie tatsächlich den »Gesamtpreis« (oder Paketpreis), den sie für die Tabellierleistung bezahlen. Auf diese Weise legen sie den Nutzen offen, den sie aus der Tabellierung erhalten. 1936 untersagte der Oberste Gerichtshof der USA diese Praxis. IBMs Behauptung, daß das Unternehmen alleiniger Lochkartenlieferant sein müsse oder die Maschinen würden nicht einwandfrei funktionieren, würden beschädigt und IBMs Ansehen würde beeinträchtigt, wurde zurückgewiesen. IBM führte die Preisbündelung jedoch in anderen Bereichen fort.

So bot die Firma Computer und Dienstleistungen bis Ende der sechziger Jahren nur zu Paket- oder Systempreisen an. Thomas J. Watson jun., damaliger Vorstandsvorsitzender von IBM, wirft ein Licht auf die zentrale Bedeutung dieser Praxis für IBM und die Gründe für die Umstellung auf Einzelpreise:

Es war bei IBM üblich, wann auch immer wir eine Maschine vermieteten oder verkauften, alles in einem einzigen Preis zusammenzufassen – Hardware, Software, Wartung und sogar Training für die Mitarbeiter des Kunden. Diese Praxis stamme aus der Zeit von Hermann Hollerith, dem Erfinder der Lochkartenmaschine, und es war eine erfolgreiche Methode, damit die Kunden sich sicher genug fühlten, Computer auszuprobieren, als die Technologie noch ganz neu und schwer zu verstehen war. Burke Marshall [ein Rechtsanwalt von IBM] war jedoch schockiert, als er feststellte, daß IBM das Geschäft auf diese Weise abwickelte. Er betrachtete die Preisbündelung als eine eklatante Verletzung der Antitrust-Gesetze im Sinne von Koppelgeschäften, vergleichbar mit dem Versuch der Stromversorgungsunternehmen zu diktieren, welche elektrischen

Haushaltsgeräte der Verbraucher kaufen müsse. Dadurch, daß wir die Kunden zwangen, unsere Produkte im Paket zu kaufen, machten wir es für unabhängige Unternehmen fast unmöglich, sich zum Beispiel im Softwarebereich zu spezialisieren, um in unsere Märkte einzubrechen. Zunächst hatten die Mitarbeiter von IBM Schwierigkeiten, dies zu verstehen. Niemand konnte den Einwand von Marshall nachvollziehen – Paketpreise waren bei IBM ein Glaubensbekenntnis und da wir unser Geschäft als Verkauf einer Dienstleistung verstanden, schien es völlig natürlich, daß es einen Systempreis geben mußte, der alle Leistungen beinhaltete... Ich entschied, daß wir eher dem Rat von Burke folgen sollten als eine Kraftprobe vor Gericht zu riskieren. Im Juni 1969, nach Monaten hektischer Vorbereitung unter dem treffenden Codenamen »Neue Welt«, kündigten wir Einzelpreise für Serviceleistungen, Kundentraining und Teile unserer Software an. Einige Führungskräfte glaubten, wir würden unsere Fundamente aufgeben, und daß der Verzicht auf Paketpreise das Ende des Systemverkaufs, auf dem mein Vater das Geschäft von IBM aufgebaut hatte, bedeuten würde. Doch für mich war Preisbündelung einfach eine weitere Tradition, die über Bord mußte, genauso wie wir 1956 entschieden hatten, unsere Maschinen sowohl zu verkaufen als auch zu vermieten und an andere Unternehmen Lizenzen zu vergeben.[8]

Dieses Zitat beschreibt die Eignung der Preisbündelung, die Marktstellung eines Unternehmens zu stärken und Konkurrenten außen vor zu halten.

Die Grundfrage, ob die Kontrolle des Koppelgeschäftes für die Gesamtqualität entscheidend ist, spielt in rechtlicher Hinsicht eine große Rolle.[9] Wegen der Möglichkeit, den Wettbewerb im Markt für das gebundene Gut zu beschränken, wurden Koppelgeschäfte von den Bundesgerichten in den USA im allgemeinen untersagt. Die Gerichte haben Koppelgeschäfte jedoch erlaubt, wenn es eine Begründung für das Argument der Qualitätskontrolle gab. Wenn das Unternehmen bei dem Hauptprodukt allerdings eine marktbeherrschende Stellung hat und der Wettbewerb von einem beträchtlichen Umsatz bei den Komplementärprodukten ausgeschlossen wird, sind die Gerichte sehr kritisch. Man sollte jedoch berücksichtigen, daß viele Vereinbarungen, die praktisch wie Koppelgeschäfte funktionieren, ganz selbstverständlich entstehen. In einem abgelegenen Hotel für Urlauber sind mit der Miete des Zimmers Vollpension und Gebühren für die Benutzung der Sporteinrichtungen verbunden. Und so zieht man häufig den technischen Kundendienst des Herstellers einem unabhängigen Dienstleister, der das Produkt nicht hergestellt hat, vor.[10]

Kostenersparnisse

Preisbündelung kann auch zu Kostenersparnissen führen, da der Kunde Zeit und Geld spart, wenn er ein Paket kauft. Im Februar 1996 startete zum Beispiel Alamo Rent-A-Car eine neue Werbekampagne zur Förderung seiner Paketpreise im Gegensatz zu einer Preispolitik, die Kunden verwirrt und irritiert hatte mit getrennten Gebühren für Haftpflichtversicherung, Kindersitze, Benzin, Rückführungsgebühren usw. Die Kosten des Herstellers können infolge gestiegener Umsätze (Größendegression) sinken, wenn die verbundenen Produkte in Wechselbeziehung stehen.[11] Ein weiterer Kostenvorteil kann sich aus der Reduzierung der Komplexitätskosten ergeben. In der Automobilindustrie wird die Komplexität der Montage und Logistik beachtlich reduziert, wenn mehr Kunden Pakete an Stelle von einzelnen Sonderausstattungen kaufen. Preisbündelung kann auch eine erfolgreiche Methode sein, um den Markteintritt zu erschweren, wie in dem vorstehenden Zitat von Watson klar wurde.[12]

Anwendungen der Preisbündelung

Nachdem wir die Theorie und die Begründung für die Preisbündelung erläutert haben, zeigen wir jetzt an Anwendungsbeispielen ihren möglichen Nutzen in verschiedenen Branchen.

Fallstudie 1: Produkt- und Servicepaket – Werkzeugmaschinen

Ein Hersteller von Werkzeugmaschinen mußte die Monatsraten für Leasing und Wartung seiner Hochpräzisionsfräsmaschinen festlegen. Für die Maschinenwartung kamen auch die Besitzer von Konkurrenzfabrikaten als potentielle Kunden in Betracht. Im Rahmen der Preisfindung mußten also Einzelpreise für Leasing, Wartung sowie ein Paketpreis für beide zusammen festgelegt werden.

Mit Hilfe der Methode der direkten Befragung, die wir in Kapitel 3 beschrieben haben, wurden die Maximalpreise ermittelt, die gegenwärtige und potentielle Kunden für die Einzelleistungen und das Paket zu zahlen bereit waren. Es wurde die Annahme getroffen, daß die Zahlungsbereitschaft für das Leistungspaket der Summe der Zahlungsbereitschaften für Leasing und Wartung entspricht. Anhand der Ergebnisse der Erhebung wurden die Kunden in vier Segmente unterschiedlicher Größe eingeteilt, wie in Tabelle 9.3 dargestellt. Jede der in dieser Abbildung aufgeführten Kundengruppen hatte für jede Leistung Bedarf. Ihre Zahlungsbereitschaft für das Leasing der Maschine reichte von 1 080 DM bis 1 450 DM pro Monat und für die Maschinenwartung von 540 DM bis 1 030 DM pro Monat. Die Kunden, deren Zahlungsbereitschaft für Maschinenleasing größer war, hatten bei Wartung eine kleinere Zahlungsbereitschaft. Wie in der Abbildung dargestellt, betrugen die Grenzkosten des Anbieters für Maschinenleasing 550 DM und für Wartung 470 DM.

Tabelle 9.3: Preisbereitschaften für Leasing und Wartung einer Maschine

Markt-segment	*Segmentgröße* (% des Marktes)	*Maximalpreise pro Monat (DM)*			*Bemerkungen*
		Maschinen-leasing	Wartung	Paket (beides)	
1	12	1 250	990	2 310	
2	23	1 450	540	1 750	Unternehmen mit eigenen Kunden-diensttechnikern
3	22	1 080	1 030	2 090	Sehr starke Benutzung
4	43	1 390	870	2 350	
	Grenzkosten	550	470	1 020	

In Tabelle 9.4 sind die optimalen monatlichen Preise für Maschinenleasing und Wartung entsprechend den drei Strategien Einzelpreise für jede Leistung, reine Preisbündelung, bei der Maschinenleasing und Wartung nur zusammen angeboten werden, sowie gemischte Preisbündelung, bei der sowohl Einzelleistungen als auch das Paket offeriert werden. Bei Einzelpreisbildung beträgt der optimale Preis für das Leasing 1 390 DM, da die Kundengruppen 2 und 4 bei diesem Preis die Maschine leasen würden. Wenn der Preis auf 1 250 DM gesenkt würde, um die Kunden der Kundengruppe 1 zum Leasing zu veranlassen, würde der Gesamtdeckungsbeitrag sinken. Die Grenzkosten pro Maschine betragen 550 DM. Folglich ist der Deckungsbeitrag pro Maschine 1 390 DM – 550 DM = 840 DM. 66 Prozent der potentiellen Kunden schließen einen Leasingvertrag ab. Wenn man zur Ermittlung des Gewinnindex annimmt, daß ein Prozentpunkt einer Maschine entspricht, dann werden 66 Maschinen verkauft und der Gewinnindex ist 840 DM x 66 = 55 440 DM. Bei Einzelpreisbildung ist der optimale Preis für die Wartung der Maschine 870 DM pro Monat. Zu diesem Preis schließen die Kundengruppen 1, 3 und 4 laut Tabelle 9.3 Wartungsverträge ab. Diese Gruppen repräsentieren 77 Prozent des Marktes. Die Grenzkosten der Wartung betragen 470 DM pro Maschine, wie in Tabelle 9.4 dargestellt ist. Unter der gleichen Annahme, daß ein Prozentpunkt dem Abschluß eines Wartungsvertrages für eine Maschine entspricht, beträgt der Gewinnindex für Maschinenwartung entsprechend diesen Abschlüssen 870 DM – 470 DM = 400 DM × 77 = 30 800 DM.

Die Kundengruppe 4 schließt also sowohl einen Leasingvertrag als auch einen Wartungsvertrag ab; Gruppe 2 kauft nur einen Leasingvertrag und Gruppe 3 nur einen Wartungsvertrag. Der gesamte Gewinnindex für alle diese Transaktionen ergibt sich als 55 440 DM + 30 800 DM = 86 240 DM.

Bei reiner Preisbündelung, wie in Zeile 2 der Tabelle 9.4 dargestellt, ist der optimale Preis für das Paket 2 090 DM. Zu diesem Preis werden an die Kundengruppen 1, 3 und 4 aus Tabelle 9.3 Leistungspakete verkauft, die Maschinenleasing und Wartungsverträge umfassen. Die Grenzkosten pro verkaufter Einheit betragen 1 020 DM. Folglich ist der Gewinnindex für den Paketverkauf 2 090 DM – 1 020 DM = 1 070 × 77 = 82 390 DM. In diesem Fall erkennen wir, daß bei reiner Preisbündelung nur 96 Prozent des Gewinnes bei Einzelpreisbildung erzielt werden. Die letzte Spalte von Tabelle 9.4 zeigt diesen Gewinnanteil.

Tabelle 9.4: Verschiedene Preisformen für eine Werkzeugmaschine

Preisform	*Optimaler Preis (DM)*			*Absatzmenge (%)*			*Gewinn relativ zu Einzelpreisbildung*	
	Leasing	Wartung	Paket	Leasing	Wartung	Paket	Index	(%)
Einzelpreisbildung	1 390	870	–	66	77	–	86 240	100
Reine Preisbündelung			2 090	–	–	77	82 390	96
Gemischte Preisbündelung	1 450	1 030	2 310	23	22	55	103 970	121
Grenzkosten	550	470	1 020					

Gemischte Preisbündelung bietet jedoch eine beachtliche Chance zur Gewinnsteigerung. Bei dieser Strategie ist der optimale Paketpreis 2 310 DM – zusätzlich werden Maschinenleasing einzeln für 1 450 DM und Maschinenwartung einzeln für 1 030 DM angeboten. Die Kundengruppen 1 und 4 in Tabelle 9.3 kaufen das Paket, Kundengruppe 2 schließt nur einen Leasingvertrag für die Maschine ab, und Kundengruppe 3 kauft nur Wartung. Mit den Paketverkäufen an die Kundengruppen 1 und 4 wird ein Gewinnindex von 2 310 DM – 1 020 DM = 1 290 DM x 55 = 70 950 DM erzielt; die Verträge mit Kundengruppe 2 für Maschinenleasing allein ergeben 1 450 DM – 550 DM =

900 DM × 23 = 20700 DM; die Wartungsverträge mit Kundengruppe 3 allein führen zu 1030 DM – 470 DM = 560 DM x 22 = 12320 DM. Der gesamte Gewinnindex aller drei Transaktionsarten beläuft sich auf 103970 DM, das entspricht einer Steigerung von 21 Prozent im Vergleich zum Gewinn bei Einzelpreisbildung.

Obgleich bei diesen Preisen der maximale Gewinn erzielt würde, wollte der Anbieter die Kunden aus strategischen Gründen ermutigen, ein Paket zu kaufen. Daher setzte das Unternehmen tatsächlich mit 2250 DM pro Monat einen etwas geringeren Paketpreis und etwas höhere Preise für die Einzelleistungen fest, das heißt 1490 DM für Maschinenleasing und 1050 DM für Wartung.

Fallstudie 2: Paket von Systemkomponenten – Computer

Ein PC besteht aus drei Hauptkomponenten: dem Zentralprozessor (CPU), dem Monitor und dem Drucker. Im Rahmen der Beratung eines großen Computerhändlers wurde die direkte Befragungstechnik angewendet, um die maximale Zahlungsbereitschaft der Kunden für die einzelnen Komponenten und das Paket zu ermitteln.

Die maximale Zahlungsbereitschaft für das Paket war meistens geringer als die Summe der einzelnen Maximalpreise. Dies kann durch die starke Werbung für das Paket erklärt werden. Unter der Bedingung, daß der Paketpreis kleiner sein muß als die Summe der Preise für die Einzelkomponenten, erhielten wir die optimalen Werte, die in Tabelle 9.5 dargestellt sind.

Tabelle 9.5: Einzelpreisbildung und Preisbündelung – Computerindustrie

	Einzelpreisbildung			*Reine Preisbündelung*	*Gemischte Preisbündelung*			
	CPU	*Farbmonitor*	*Drucker*		*CPU*	*Farbmonitor*	*Drucker*	*Paket*
Preis	1500	700	600	2700	1500	>900	600	3000
Grenzkosten	1100	500	450	2050	1100	500	450	2050
Absatzmenge	20	11	20	15	12	0	12	8
Gewinn	8000	2200	3000	9750	4800	0	1800	7600
Gesamtgewinn	13200			9750	14200			

Wie im vorhergehenden Beispiel ist die reine Preisbündelung wiederum den Einzelpreisen unterlegen. Der höchste Gewinn wird mit gemischter Preisbündelung erzielt, das heißt eine Steigerung von 7,7 Prozent gegenüber Einzelpreisbildung. Die CPU und der Drucker werden im Rahmen der optimalen Strategie auch einzeln angeboten, der Monitor jedoch nicht. Wie in Tabelle 9.5 dargestellt, kann der Preis für den Monitor beliebig über 900 DM festgelegt werden. Ein Preis von ca. 1 100 DM würde den Vorteil des Paketpreises noch stärker hervorheben. Hohe Einzelpreise wie im Falle des Programmpakets »Office« von Microsoft können ein starker Anreiz für die Kunden sein, das Paket zu kaufen. Man sollte jedoch darauf achten, daß hohe Einzelpreise für Komponenten nicht zu einem ungünstigen Preisimage bei den Kunden führen.

Fallstudie 3: Sonderausstattungen für Autos

Ein drittes Beispiel stammt aus der Automobilindustrie. Das Unternehmen überlegte, »Sonderausstattungspakete«, die auf bestimmte Bedürfnisse abgestimmt waren, anzubieten, anstatt Sonderausstattungen einzeln zu verkaufen. Man dachte an drei unterschiedliche Pakete mit den Bezeichnungen »Komfort«, »Sport« und »Sicherheit«.

Eine Analyse mit Hilfe des Conjoint Measurement ergab, daß die Kunden im Vergleich zum Einzelkauf der Sonderausstattungen fühlbar auf den Rabatt der Pakete reagierten und daß Pakete eine gute Chance für Umsatzsteigerungen boten. Abgesehen von der Auswirkung auf die Nachfrage können infolge günstigerer Einkaufspreise für die Komponenten und Vereinfachung der Logistik sowie der Montage beträchtliche Kostensenkungen realisiert werden. Die Unternehmensleitung wollte jedes der drei Pakete mit dem gleichen Rabatt auf die Einzelpreise der Sonderausstattungen anbieten. Abbildung 9.3 veranschaulicht die Gewinnwirkung der Paketpreise mit verschiedenen Rabattsätzen. Für verschiedene Paketrabatte zeigt die Abbildung den Gewinn aus Sonderausstattungen, die in keinem der Pakete enthalten waren, und den Gewinn für jedes Paket. Wenn die Pakete »günstiger« werden, sinkt der Gewinn, den das Unternehmen mit den Sonderausstattungen zu Einzelpreisen macht. Wie die Abbildung verdeutlicht, wird der maximale Gesamtgewinn bei einem Paketrabatt von 21 Prozent erzielt. Der Gewinn aus den Sonderausstattungen zu Einzelpreisen sank im Indexwert von 100 auf 80, während der Gesamtgewinn sich auf den Indexwert von 124 erhöhte. Folglich wurde ein Drittel der Gewinne mit Sonderausstattungspaketen (ein sehr hoher Anteil am Gesamtgewinn der Automobilindustrie) erzielt. In diesem Fall war das »Komfort«-Paket am beliebtesten.

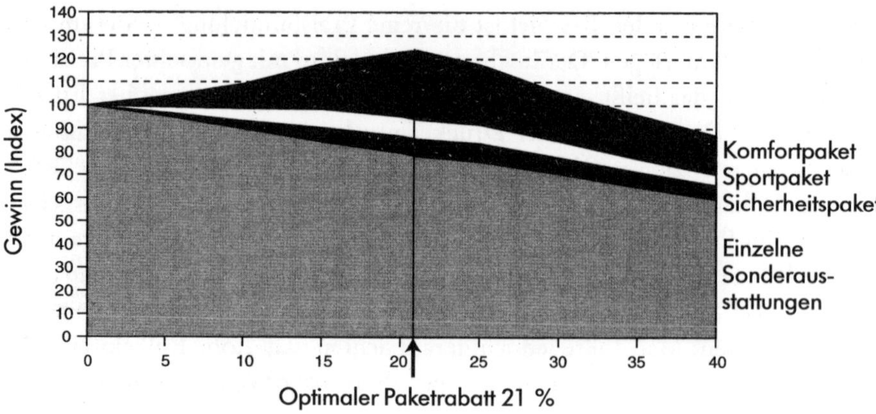

Abbildung 9.3: Optimaler Paketrabatt und Gewinn – Automobilindustrie

Fallstudie 4: Sensibilität der Käufer für Preiselemente – Mobiltelefon

Zu wissen, wie wichtig welche Elemente für den Kunden sind, kann im Rahmen der Preisbündelung erfolgsentscheidend sein. Das Paket einer Mobiltelefongesellschaft bestand aus vier Elementen: (a) einem Nokia-Handy zum Preis von 188 DM, (b) einer einmaligen Freischaltgebühr von 49 DM, (c) einem Einjahresvertrag mit einer festen monatlichen Grundgebühr von 44 DM und (d) einem Preis pro Minute von 1,94 DM. Wie wichtig war jedes dieser Preiselemente für die Kunden? Die angenommenen Bedeutungsgewichte dieser vier Elemente wurden im Rahmen von 1000 Interviews mit Hilfe des Conjoint Measurement ermittelt. Für jedes Preiselement wurde eine Schwankungsbreite von ±25 Prozent berücksichtigt. In Abbildung 9.4 werden die Bedeutungsgewichte der vier Preiselemente mit ihrem tatsächlichen Kostenanteil für einen Kunden mit jährlichen Telefonkosten von 2500 DM – ein Durchschnittswert – dargestellt.

Aus Abbildung 9.4 ist zu ersehen, daß das Bedeutungsgewicht des Preises für den Telefonapparat bei den gegenwärtigen Preisen mehr als doppelt so hoch ist wie sein tatsächlicher Kostenanteil (18,9 Prozent im Vergleich zu 7,5 Prozent). Der Kunde schenkt diesem Preiselement mehr Aufmerksamkeit als es verdient. Im Gegensatz dazu beträgt der Anteil des Minutenpreises an den Jahresgesamtkosten 69,4 Prozent, während sein Bedeutungsgewicht nur 50,6 Prozent ausmacht. Es ist äußerst wichtig, solche Fakten zu kennen, um die Preise in diesem Zusammenhang richtig festlegen zu können. In diesem Fall muß der

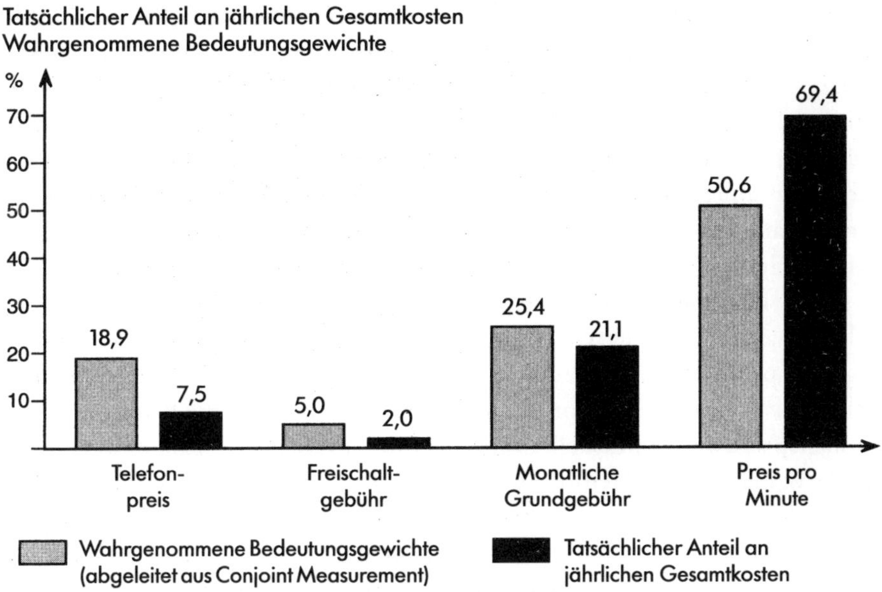

Abbildung 9.4: Wahrgenommene Bedeutungsgewichte und Kostenanteil von vier Preiselementen – Mobiltelefon

Preis für den Telefonapparat – angesichts der Bedeutung aus Sicht der Kunden – so niedrig wie möglich angesetzt werden. Dies ist genau die gegenwärtige Praxis. Handys werden manchmal kostenlos oder zu einem sehr niedrigen Preis abgegeben, um möglichst viele Anschlüsse zu verkaufen. Quelle, einer der größten Einzelhändler für Mobiltelefone in Deutschland, bietet einen Telefonapparat zusammen mit einem Jahresvertrag für 29 DM an. Ohne den Jahresvertrag ist der Apparat 27 mal teurer und kostet 799 DM.

Meß- und Umsetzungsprobleme

Für die Festlegung gut fundierter Paketpreise ist es erforderlich, die Maximalpreise der Kunden sowohl für die Einzelprodukte als auch das Paket zu kennen. Wie unsere vier Fallstudien zeigen, können verschiedene Methoden angewendet werden, um diese Variablen zu messen, zum Beispiel direkte Befragung (unsere Beispiele Werkzeugmaschine und Computer) oder Conjoint Measurement (unsere Beispiele Auto und Mobiltelefon).

Bei der Anwendung von Conjoint Measurement werden Leistungsverbunde bzw. Pakete in die Präferenzvergleiche einbezogen. Die wahrgenommenen Nutzen der Kunden und die Maximalpreise werden indirekt berechnet, wie in Kapitel 3 beschrieben. Der Entwurf des Fragebogens ist in dieser Situation ziemlich schwierig, und die Fähigkeit der Befragten, mit dieser Komplexität fertig werden zu können, muß berücksichtigt werden. In jedem Fall sollte man die Anzahl der Leistungsverbunde/Pakete, die untersucht werden sollen, gering halten.

Eine dritte mögliche Methode ist die Expertenbefragung. Im Gegensatz zur Schätzung der aggregierten Preisabsatzkurve müssen hier jedoch zumindest segmentspezifische Maximalpreise ermittelt werden. Für die Ermittlung von Paketpreisen sind mehr Informationen erforderlich als für die Ermittlung von Einheitspreisen und dies stellt hohe Anforderungen an die Expertenbefragungen bzw. macht diese Methode problematisch.

Bei kleineren Problemen läßt sich die Optimierung »manuell« durchführen. Dies gilt auch, wenn die individuellen Maximalpreise zu einer kleinen Zahl von Segmenten zusammengefaßt wurden. Die Optimierung der Einzel- und Paketpreise bei einer großen Zahl von Befragten und Komponenten ist ein komplexes Problem. Hanson und Martin[13] entwickelten ein Optimierungsprogramm, das sowohl den Preis als auch die Zusammensetzung des Leistungsverbundes/Pakets berücksichtigt. Dieses Programm vergleicht Einzelpreisbildung, reine sowie gemischte Preisbündelung und bestimmt das Gesamtoptimum. Für die Anwendung des Programms müssen die Maximalpreise der Kunden für alle möglichen Leistungsverbunde/Pakete, die Größe der Kundensegmente und die Kosten für die Belieferung von Kunden in jenem Segment bekannt sein.

Rechtliche Probleme und Restriktionen

Wie wir bereits bei der Diskussion von Koppelgeschäften erwähnt haben, gibt es bei der Preisbündelung rechtliche Probleme und Beschränkungen. Gewisse Praktiken sind nicht erlaubt. In den USA mußte die Blockbuchung für Filme nach einer Gerichtsentscheidung im Jahre 1962 aufgegeben werden[14]. Wie beschrieben, mußte IBM die Koppelung von Tabelliermaschinen und Lochkarten 1936 einstellen. 1969 gab IBM angesichts einer drohenden Klage wegen Verletzung der Antitrust-Gesetze auch Paketpreise für Computer auf. Die Grundfrage ist, ob der Anbieter mit dem Produkt, dessen Absatz er durch Paketpreise steigern will, »wirtschaftliche Macht« schafft. Wenn das der Fall ist, dann wird diese Praxis wahrscheinlich beanstandet werden. Falls nicht – wie im Fall der Sonderausstattungspakete bei Autos und dem Computerhändler – ist es unwahrscheinlich, daß diese Praktiken in Frage gestellt werden.

In Europa beurteilen die Kartellbehörden Preisbündelungen in ähnlich kritischer Weise. In Deutschland mußte der Marktführer bei Tiernahrung, die Effem GmbH, ein Tochterunternehmen von Mars, sein System der Jahresboni ändern. Es wurde dem Unternehmen jedoch erlaubt, pro Quartal einen Umsatzbonus zu gewähren, weil die Gerichte davon ausgingen, daß dieser die Kunden weniger binden würde und damit den Markteintritt von Wettbewerbern weniger behindern würde.[15] Der Europäische Gerichtshof ordnete an, daß Hoffmann-La Roche sein Treuebonussystem für Vitamine einstellen mußte. Das deutsche Kartellamt untersuchte Titelkombinationen bei Zeitungen, die attraktive Rabatte anboten, wenn Anzeigenraum in verschiedenen Zeitungen, die von einem Verlag herausgegeben wurden, belegt wurde. Der 1. FC Köln durfte keine Blockkarten verkaufen, die den Besuch von Spitzenspielen und weniger attraktiven Spielen koppelten. Die rechtlichen Beschränkungen treffen vor allem auf Unternehmen mit einer marktbeherrschenden Stellung zu. Generell sollte vor der Realisierung von Preisbündelung eine Rechtsauskunft über die Zulässigkeit der geplanten Maßnahmen eingeholt werden.

Trend zur Entbündelung

Es gibt keine allgemeine Regel, die besagt, ob Preisbündelung oder Einzelpreisbildung optimal ist. Infolge von Marktveränderungen kann es sinnvoll sein, von einer Methode auf die andere überzugehen. In einigen Fällen stellen wir einen Trend zur Entbündelung fest. Tabelle 9.6 zeigt dies am Beispiel des Softwarepaketes SPSS, das früher als Paket angeboten wurde und für das die Preisbündelung Mitte der achtziger Jahre aufgegeben wurde.

Mit der Programmversion 2 wurde ein neues Basisprodukt definiert. Dabei ging es im wesentlichen darum, daß die Bausteine für höhere Statistik und Tabellenerstellung, die in Programmversion 1 enthalten waren, aus dem Grundprodukt herausgenommen wurden. Um in der Programmversion 2 über die gleichen Funktionen verfügen zu können, mußte der Kunde zwei zusätzliche Module zum Preis von jeweils 530 DM kaufen – das entspricht einer Preissteigerung von 38 Prozent. Version 3 bietet einen größeren Leistungsumfang. Sehr häufig wird bei Entbündelung das Produkt modifiziert oder ein neues Produkt eingeführt. Solch eine Kombination von Produkt- und Preisänderungen ist im wesentlichen eine andere Form der Preisdifferenzierung und kann empfehlenswert sein – insbesondere wenn bei Aufgabe der Preisbündelung der Preis erhöht wird, wie im Fall SPSS.

Tabelle 9.6: Ein Fall von Entbündelung – Das Programm SPSS

	Produkt	*Preis (DM)*
Version 1 *1984*	SPSS/PC +	1800
Version 2 *1985*	SPSS/PC +	
	– SPSS/PC +	1430
	– SPSS/PC + Advanced Statistics	530
	– SPSS/PC + Tabellen	530
		2290
Version 3 1986	SPSS/PC +	
	– SPSS/PC +	3000
	– SPSS/PC + Advanced Statistic	1000
	– SPSS/PC + Tabellen	1000
	– SPSS/PC + Grafik	1250
	– SPSS/PC + Dateneingabe	1000
		7250

Welches sind die Gründe für den Trend zur Entbündelung? Eine der Hauptursachen ist der zunehmende und spezialisiertere Wettbewerb.[16] Unter den folgenden Bedingungen kann es angezeigt sein, auf Paketpreise zu verzichten:

- *Größere Deckungsbeiträge bei Entbündelung:* Die höheren Deckungsbeiträge können sich infolge einer geringeren Preiselastizität der Einzelprodukte ergeben. Diese Situation kann eintreten, wenn der Paketpreis sehr hoch ist. Dies könnte im Fall von SPSS gegolten haben.
- *Marktausweitung durch Entbündelung:* In einigen Fällen können neue Märkte entstehen, wenn die Einzelprodukte verkauft werden. Mitte der achtziger Jahre änderte Cummins, ein führender Dieselhersteller, die Politik seiner Geschäftsbereiche für Komponenten. Während diese Geschäftsbereiche früher nur konzernintern zulieferten, durften sie jetzt auch auf dem offenen Markt anbieten. Durch diese Maßnahme stiegen die Umsätze stark.
- *Zunehmende Standardisierung und Kompatibilität:* Je stärker Teile standardisiert und kompatibel werden, desto riskanter ist die reine Preisbündelung. Kunden können jetzt ihr eigenes System aus Teilen bauen, die sie von verschiedenen Lieferanten kaufen. Infolge einer starken Präferenz für ein

bestimmtes Teil kann sich der Kunde ganz von einem Lieferanten abwenden, wenn dieser nur komplette Systeme oder Pakete verkauft. Ein Computerhersteller, der zum Beispiel CPU und Monitor im Paket anbietet, riskiert, den CPU-Umsatz infolge der Präferenz des Kunden für einen anderen Monitor zu verlieren. In dieser Situation besteht ein Dilemma zwischen der Abschottung gegenüber dem Wettbewerb und der Öffnung des Systems zur Ausweitung des Marktes. Im Verlauf des Produktlebenszyklus kann die Marktdynamik dafür sprechen, zu entbündeln.

- *Auftauchen unabhängiger Produkte/Verschiebung im Beitrag zur Wertschöpfung:* In vielen Branchen verschiebt sich die Wertschöpfung von der Hardware zur Software und zu Dienstleistungen. Information, technische Beratung, Anwendungs-Know-how, Engineering, Training für Kunden usw. gewinnen im Vergleich zur Hardware an Bedeutung. Traditionell wurden diese Services nicht getrennt berechnet, sondern waren im gesamten Systempreis enthalten. Diese traditionelle Praxis wird zunehmend problematisch, wenn einige Wettbewerber nur wenig Zusatzservice anbieten und der Kunde im Rahmen seiner Kaufentscheidung nur den Hardwarepreis sieht. Die Entbündelung kann die Wettbewerbsposition stärken und zu einer besseren Preistransparenz führen. Ein weiteres Argument für die Aufgabe von Paketpreisen ist, daß einige Kunden versuchen, Dienstleistungen kostenlos zu erhalten, ohne später durch Hardwarekäufe dafür zu bezahlen. In einem Fall bat ein Gerätehersteller ein Chemieunternehmen, für ein neues anwendungstechnisches Zentrum eine kostenaufwendige Planung zu liefern. Das Chemieunternehmen ging davon aus, daß der Gerätehersteller ein treuer Kunde bleiben würde. Doch diese Erwartung erwies sich als falsch. Kurz nachdem das neue System installiert war, wechselte der Gerätehersteller zu einem billigeren Lieferanten von Chemikalien. Kunden nehmen manchmal an, daß sie für etwas bezahlen müssen, das sie gar nicht wollen, weil es im Paket enthalten ist. Oracle ging zur Preispolitik »Bezahlung nach Nutzung« über, indem die Leistung des Basissystems ausgedünnt und Zusatzmodule wie Datenbanken und Parallelserver angeboten wurden. Dies beseitigte die Unzufriedenheit von Kunden, die meinten, sie müßten für Datenservices bezahlen, ohne sie zu benutzen. Solche Situationen können Kunden veranlassen, andere Lieferanten zu suchen.[17] Deshalb ist hier Entbündelung angezeigt.

Die Bedeutung dieser Faktoren ist nach Branchen unterschiedlich. Deshalb müssen Manager sorgfältig prüfen, ob und wie sich die Vor- oder Nachteile der Preisbündelung im Zeitablauf ändern.

Zusammenfassung

Preisbündelung ist eine sehr interessante Methode, das Gewinnpotential besser auszuschöpfen und die Gewinne in einem Mehrproduktunternehmen zu maximieren. Es muß jedoch sehr sorgfältig analysiert werden, ob das Konzept auf die spezifische Situation paßt. Die Informationsanforderungen sind hoch, doch die Gewinne können auch nachhaltig steigen. Bei der Anwendung dieser Preisstrategie sollten die folgenden Punkte beachtet werden:

- Preisbündelung funktioniert, wenn sich die Kunden in ihrer Zahlungsbereitschaft, das heißt ihren Maximalpreisen, unterscheiden. Die Methode kann optimal sein, weil eine bei einem Produkt nicht ausgenutzte Zahlungsbereitschaft auf ein zweites Produkt übertragen wird.
- Preisbündelung erfordert einen relativ hohen Informationsstand über Einzelkunden oder Kundensegmente. Die Ermittlung der Preisabsatzfunktion für Pakete bzw. Leistungsverbunde ist komplex. Manchmal ist die direkte Kundenbefragung die einzig anwendbare Methode. Wir haben die Leistungsfähigkeit des Conjoint Measurement in Kapitel 3 beschrieben, doch die Anwendung dieses Verfahrens bei der Ermittlung von Paketpreisen ist manchmal zu kompliziert.
- Preisbündelung kann in reiner oder gemischter Form eingesetzt werden. Welches die beste Form ist, hängt von der Verteilung der Maximalpreise ab.
- Koppelgeschäfte sind eine Form der Preisbündelung, deren rechtliche Zulässigkeit sorgfältig geprüft werden muß, da sie manchmal zur Übertragung einer marktbeherrschenden Stellung von einem auf ein anderes Produkt führt. Koppelgeschäfte können ein effektiver Weg sein, den Preis nach Verwendung zu differenzieren.
- Nach unseren Erfahrungen erreicht man durch Preisbündelung häufig eine Gewinnsteigerung von 20 bis 30 Prozent.
- Unter besonderen Umständen kann es vorteilhaft sein, zu entbündeln. In dynamischen Märkten muß die Frage, ob Paketpreise beibehalten oder aufgegeben werden sollten, in regelmäßigen Abständen geprüft werden.
- Infolge der rechtlichen Vorschriften kann Preisbündelung für marktbeherrschende Unternehmen nur eingeschränkt zulässig oder ganz unzulässig sein.

In jedem einzelnen Fall muß sorgfältig untersucht werden, ob und welche Form der Preisbündelung die bessere Lösung ist und wie der Vergleich mit der Einzelpreisbildung ausfällt. Es gibt keine allgemeinen oder einfachen Regeln, doch Preisbündelung bietet für die Anhänger des »Power Pricing« die Chance, besseres Know-how in höhere Gewinne zu verwandeln.

Anmerkungen

1 Eppen, G., Hanson, W. und Martin, R. berichten in: »Bundling – New Products, New Markets, Low Risk«, *Sloan Management Review* (Sommer 1991), S. 7–14, das Chrysler mit dieser Strategie die Kosten um 1 000 Dollar pro Wagen reduzierte.
2 Matthews, R.: »BMW to Tackle Car Criminals in South Africa«, *Financial Times*, 17. Januar 1996, S. 4. Diebstahl und Überfälle auf Luxusautos sind ein ernstes Problem in Südafrika, so daß die Versicherungsprämien außergewöhnlich hoch sind.
3 Tanouye, E.: »Hoechst Celanese Offer for Copley Stake Confirms New Clout of Generic Drug Makers«, *Wall Street Journal Europe*, 12. Oktober 1993, S. 3.
4 Guiltinan, J.: »The Price Bundling of Services: A Normative Framework«, *Journal of Marketing*, 51 (April 1987), S. 74–78.
5 Foster, I.: »Cross-Couponing as Bundling«, Dissertation (Ann Arbor, MI: University Microfilms International, 1991).
6 Adams, W. und Yellen, J.: »Commodity Bundling and the Burden of Monopoly«, *Quarterly Journal of Economics*, 90 (August 1976), S. 475–498; Schmalensee, R.: »Gaussian Demand and Commodity Bundling«, *Journal of Business*, 57 (Januar 1984), S. 211–230.
7 Simon, H.: *Preismanagement – Analyse, Strategie, Umsetzung*, Wiesbaden 1992.
8 Watson jr., T.: *Father, Son & Co.: My Life at IBM and Beyond*, New York 1990.
9 Für einen guten Überblick über die relevanten gesetzlichen Bestimmungen in den USA siehe Stern, L. und Eovaldi, T.: *Legal Aspects of Marketing Strategy*, Englewood Cliffs, NJ 1984.
10 Ibid.
11 Paroush, J. und Peles, Y.: »A Combined Monopoly and Optimal Packaging«, *European Economic Review*, 15 (1981), S. 373–383; Friege, C.: Angebot und Zusammenstellung von effizienten Leistungsverbunden auf der Basis von Economies of Scope«, *Arbeitspapier*, Dezember 1994, S. 1–35.
12 Porter, M.: *Competitive Advantage*, New York 1985; Guiltinan, J.: »The Price Bundling of Services: A Normative Framework«, *Journal of Marketing*, 51 (April 1987), S. 74–85; Lawless, M.: »Commodity Bundling for Competitive Advantage: Strategic Implications«, *Journal of Management Studies*, 28 (Mai 1991), S. 267–280.
13 Hanson, W. und Martin, R.: »Optimal Bundle Pricing«, *Management Science*, 36 (Februar 1990), S. 155–174.
14 Phlips, L.: *The Economics of Price Discrimination*, Cambridge 1989.
15 Möschel, W.: »Umsatzbonussysteme und der Mißbrauch marktbeherrschender Stellungen«, *Marketing – Zeitschrift für Forschung und Praxis*, 3 (1981), S. 225–232.
16 Wilson, L., Weiss, A. und John, G.: »Unbundling of Industrial Systems«, *Journal of Marketing Research*, 27 (Mai 1990), S. 123–138.
17 »Oracle Policy Prompts Pricing Worries«, *Computerworld*, 23. März 1992.

Kapitel 10

Kurzfristige Preisaktionen

Jeder Preis ist eine bestimmte Zeit lang gültig. Manche Produktpreise werden lange Zeit nicht verändert. Zum Beispiel blieb der Preis für eine Swatch-Uhr seit ihrer Einführung in den amerikanischen Markt 1982 unverändert bei 40 Dollar. Andere Produktpreise sind eher kurzlebig. Viele amerikanischen Restaurants senken ihre Preise für frühe Gäste täglich für einige Stunden. In den nächsten beiden Kapiteln behandeln wir die zeitliche Anpassung des Preises. In diesem Kapitel steht die kurzfristige Preisanpassung im Mittelpunkt und im nächsten geht es um langfristige Preisstrategien. Kurzfristige Preisaktionen sind weit verbreitet, wie die folgenden Beispiele belegen:

1. In den USA verteilen Firmen jedes Jahr 300 Milliarden Gutscheine, in denen sie zeitlich begrenzte Rabatte anbieten, die von 25 Cents für einen 6er-Pack Limonade bis zu mehreren Tausend Dollar für ein Auto reichen. Im Durchschnitt werden nur 4 Prozent dieser Gutscheine tatsächlich eingelöst.
2. Hersteller bieten Einzelhändlern für einen bestimmten Zeitraum »Aktionsrabatte« an. Die Hersteller kündigen diese Preisaktionen jeweils einzeln an oder stimmen sie mit dem Einzelhändler in einem Jahresaktionsplan ab. Colgate-Palmolive gewährte zum Beispiel für das Waschmittel Ajax für einen Zeitraum von sechs Wochen einen Rechnungsrabatt von 5,60 Dollar pro Karton, das entsprach einer Preissenkung um 28 Prozent.[1]
3. Ausgelöst durch die Händlerrabatte, aber auch ohne solche Anreize, führen Einzelhändler häufig Preisaktionen für ausgewählte Artikel durch. Lechmere Sales, ein Einzelhändler für Elektrogeräte, hat praktisch jeden Sonntag eine Beilage in den Bostoner Zeitungen, in der Hunderte von Aktionsartikeln für die Folgewoche angepriesen werden – zum Beispiel: »Farbfernseher – regulär 249,99 Dollar, Sie sparen jetzt 50 Dollar und zahlen 198,98 Dollar«; »Kaffeemaschine für 12 Tassen – regulär 49,99 Dollar, Sie sparen jetzt 10 Dollar und zahlen 39,98 Dollar«.

4. Unternehmen, die im Zeitablauf starken Schwankungen der Nachfrage ausgesetzt sind, passen ihre Preise entsprechend an. Stromversorgungsunternehmen wenden zum Beispiel eine Preispolitik an, die sich am Stromverbrauch orientiert und durch unterschiedliche Tages- und Nachttarife die Kunden veranlassen soll, ihren Stromverbrauch zeitlich zu verlagern.
5. Anspruchsvolle Systeme zum Ertrags-, Revenue- oder Yieldmanagement werden von Fluggesellschaften, Hotels und anderen Branchen eingesetzt, um durch Anpassung der Preise an die Kapazitätsauslastung die Nachfrage optimal auszuschöpfen. Amercian Airlines schätzt, daß der jährliche Zusatzumsatz durch sein Revenuemanagement über 500 Millionen Dollar beträgt.[2]
6. »Besondere Einführungspreise« werden eingesetzt, um die Anfangsnachfrage nach neuen Produkten zu stimulieren, und »Räumungsverkäufe« werden durchgeführt, um Ladenhüter loszuwerden. In den USA werden im Januar modische Herrenoberhemden, die in der Hauptsaison nicht verkauft wurden, mit Rabatten von über 40 Prozent angeboten. In Deutschland sind »Winterschlußverkauf« und »Sommerschlußverkauf« bei den Verbrauchern beliebt, weil Rabatte bis zu 80 Prozent gewährt werden, um saisonale Restbestände zu räumen. Einige Hersteller setzen Aktionen ein, um Lager abzubauen und für neue Modelle Platz zu schaffen. Ende 1995 reduzierte Saab seine Autobestände in den USA, indem je nach Modell Gutscheine von 1000–3000 Dollar verteilt wurden.

Aktionspreise gibt es überall. 1988 betrug der Umsatzanteil von Preisaktionen bei der Einzelhandelskette Sears 55 Prozent.[3] Bis zu 75 Prozent elektrischer Haushaltsgroßgeräte werden zu Sonderpreisen gekauft, und bei einigen Konsumgütern beträgt der Umsatzanteil von Preisaktionen 90 Prozent. In Deutschland liegen die Umsatzanteile typischer Sonderangebotsartikel wie Schokolade oder Kaffee oft bei 60 Prozent oder mehr. Dies wirft zwei Fragen auf. Deren erste lautet, ob dieses Preisverhalten sinnvoll ist. Welches sind die zugrundeliegenden Motive und Bedingungen, die kurzfristige Preisaktionen empfehlenswert machen? Obwohl kurzfristige Preisaktionen weit verbreitet sind, kann diese zeitliche Anpassung negative Auswirkungen haben. Zum Beispiel haben sich einige Kunden so an Aktionspreise gewöhnt, daß sie nicht mehr zum »Normalpreis« kaufen. Wie kann man angesichts dieser Praxis beurteilen, ob eine kurzfristige Preisaktion für die jeweilige Situation empfehlenswert ist? Die zweite Frage lautet: Wenn eine zeitliche Preisanpassung angezeigt ist, wie führt man sie am besten durch? Wenn die Preisaktionen nicht gut geplant werden, können sie starke Nachfrageschwankungen verursachen – und damit in der Produktion, Distribution und Lagerhaltung ein Chaos verursachen. Eine gut geplante und durchgeführte Preisaktion kann dagegen den Gewinn wesentlich erhöhen. Die Anhänger des »Power Pricing« setzen Preisaktionen vorausschauend ein und vermeiden auf diese Weise sowohl Lieferengpässe als auch unausgelastete Kapazitäten. Von Anfang an berücksichtigen sie Aktionspreise in ihrer Preisstrategie, indem sie Zielsetzung, Auslösemechanismus, Durchführung und Rahmenbedingungen von Preisaktionen sorgfältig festlegen.

In diesem Kapitel behandeln wir die folgenden Fragen:

1. Welche Motive liegen kurzfristigen Preisaktionen zu Grunde? Wir beschreiben drei Gründe, um mögliche Zielsetzungen von Preisaktionen zu klären.
2. Wie kann man erkennen, wann Preisaktionen zweckmäßig sind? Was spricht dagegen? In letzter Zeit sind viele Firmen, vor allem Procter & Gamble, zu »Dauerniedrigpreis«-Strategien an Stelle von wiederholten kurzfristigen Preisaktionen übergegangen. Welches sind die Vor- und Nachteile dieser Strategie ohne zeitliche Preisvariation?
3. Wenn eine kurzfristige Preisaktion ratsam ist, wie sollte man dann die Aktionspreise ermitteln, die Durchführung und den Zeitpunkt festlegen?

Die Beantwortung dieser Fragen wird dazu beitragen, daß Sie:

- verstehen, welche Informationen für erfolgreiche kurzfristige Preisaktionen erforderlich sind;
- wissen, ob und wann eine kurzfristige Preisaktion zweckmäßig ist;
- Beginn und Dauer einer Preisaktion richtig bestimmen können;
- den Umfang der Preisvariation fundiert beurteilen können;
- das Durchführungsprogramm so festlegen können, daß sie erfolgreich sind.

Wir beginnen mit einer Betrachtung der verschiedenen Zielsetzungen für kurzfristige Preisaktionen. Eine klare Festlegung der Ziele ist eine entscheidende Voraussetzung zur optimalen Gewinnausschöpfung. In diesem Kapitel werden wir Fälle erfolgreicher Preisaktionen vorstellen. Zum Schluß geben wir allgemeine Empfehlungen zur Durchführung kurzfristiger Preisaktionen.

Gründe für kurzfristige Preisaktionen

Wie die Verschiedenartigkeit der Beispiele in der Einleitung zu diesem Kapitel zeigt, gibt es völlig unterschiedliche Gründe für kurzfristige Preisaktionen. Abbildung 10.1 listet insgesamt sieben verschiedene Gründe auf. Die erste Verzweigung betrifft die Kenntnis der Kundennachfrage. Wenn wir der Darstellung von links nach rechts folgen, können wir verschiedene Fälle unterscheiden. Wenn die Informationen über die Nachfrage begrenzt sind, können Preisaktionen entweder eingesetzt werden, um etwas über die Nachfrage zu lernen (A. Analyse der Nachfrage, Nr. 6) oder auf die sich zeigende Nachfrage zu reagieren (B. Ertrags- und Yieldmanagement Nr. 7). Im oberen Teil des Baumes bei bekannter Nachfrage unterscheiden sich die Möglichkeiten deutlicher. Die erste Verzweigung bezieht sich darauf, ob sich das Kaufverhalten im Zeitablauf ändert oder nicht. Ein Beispiel für zeitabhängiges Kaufverhalten ist die Nachfrage nach Hotelzimmern in einem Skigebiet, die im Frühjahr mit Beginn der Schneeschmelze zurückgeht. Wenn die Nachfrage zeitabhängig ist, sollten die Preise dem Saisonverlauf folgen und zu Saisonbeginn erhöht werden (A. Saison- oder Zeitspitze, Nr. 4) oder unter Berücksichtigung der Spitze angepaßt werden, doch mit der zusätzlichen Absicht, einen Teil der Spitzennachfrage auf eine schwächere Zeit zu verschieben (B. Saison-/Zeitspitze mit Verschiebung der Nachfrage, Nr. 5).

Wenn die Nachfrage nicht zeitabhängig ist (der obere Teil des Baums), können zeitliche Preisanpassungen, besonders in der Form von kurzfristigen Preisaktionen, dennoch aus drei Gründen sinnvoll sein:

1. Versuch bzw. Probieren (Nr. 1), um den Widerstand von Kunden gegen das Probieren eines Produktes zu überwinden, mit dem sie nicht vertraut sind – diese Bemühungen zur Gewinnung neuer Kunden können sich auf ein neues oder auf ein bestehendes Produkt beziehen.
2. Beschleunigung des Einkaufs bzw. Vorratskaufs (Nr. 2), um einen Kunden zu veranlassen, jetzt mehr zu kaufen, anstatt zu warten, zum Beispiel Hilfs- und Betriebsstoffe für 60 Tage einzukaufen statt, wie er es normalerweise tun würde für 30 Tage.
3. Potentialaufbau (Nr. 3), um durch vorübergehende Preissenkung jene potentiellen Kunden zum Kauf zu veranlassen, die ein langlebiges Gebrauchsgut noch nicht zum Normalpreis gekauft haben. Es kann wichtig sein, bei einem solche Produkt eine ausreichend große »installed base« zu schaffen, um z.B. eine Serviceorganisation auszulasten bzw. ausreichende Demonstrationseffekte zu bewirken.

Wie in Abbildung 10.1 dargestellt, liefert die jeweilige Nachfragesituation sieben verschiedene Hauptgründe für kurzfristige Preisaktionen. Nachstehend wollen wir diese sieben Gründe diskutieren, um aufzuzeigen, wie man mit »Power Pricing« den Gewinn durch kurzfristige Preisanpassung in jeder dieser Situationen optimieren kann.

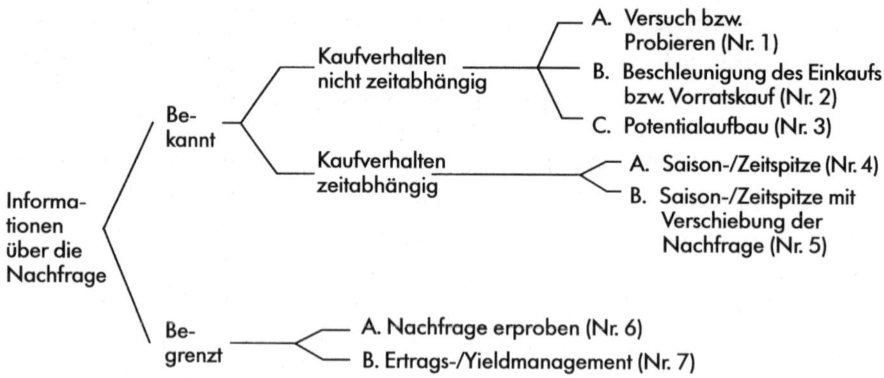

Abbildung 10.1: Sieben Gründe für kurzfristige Preisaktionen

Nachfrage: bekannt und nicht zeitabhängig

Am Sonntag, den 26. November 1995, bot die Beilage von Lechmere Sales im *Boston Globe* fünf Rollen Fuji-Film (24 Aufnahmen), dessen Normalpreis 15,98 Dollar beträgt, zu einem Rabatt von 10 Dollar in Form eines Gutscheins an, der bis zum 30. Dezember 1995 befristet war. Die Beilage stellte Fujis Nettopreis von 5,98 Dollar oder 1,20 Dollar pro Film heraus – ein Rabatt von beinahe 60 Prozent des Normalpreises. Der Einzelhändler Lechmere zeigte dieses Sonderangebot als Hauptattraktion, um den Filmabsatz zu steigern und vielleicht, um die Kundenfrequenz und die Nachfrage für andere Produkte in seinen Geschäften zu stimulieren, wie in Kapitel 8 behandelt. Doch warum bietet der Hersteller Fuji solch eine kurzfristige Preissenkung an? Opfert die Firma Fuji hier nicht viel mehr an Deckungsbeitrag als sie durch höhere Absatzmengen herausholen kann?

Fuji verfolgt wahrscheinlich Absicht Nr. 1 aus Abbildung 10.1 und setzt die zeitlich begrenzte Preissenkung ein, um Kunden zu veranlassen, vom langjährigen Marktführer Kodak überzuwechseln und den Fuji-Film auszuprobieren. Fuji ist seit 1984 auf dem amerikanischen Markt vertreten. Fuji wurde damals der »offizielle Film« der olympischen Sommerspiele in Los Angeles. Doch Fujis Marktanteil in den USA betrug auch in den neunziger Jahren nur 11 Prozent im Vergleich zu Kodaks Marktanteil von 70 Prozent. Das Marktvolumen in den USA ist riesig und beträgt ca. 670 Millionen Filme (24 Aufnahmen). Die überwiegende Mehrheit der Verbraucher zeigte Markentreue für den traditionellen Marktführer Kodak, obwohl die Normalpreise von Fuji 10-15 Prozent niedriger waren und eine Analyse in der Zeitschrift *Consumer Reports* lobend erwähnte, daß zwischen den konkurrierenden Filmen kaum Qualitätsunterschiede festzustellen seien. Wenn es Fuji gelänge, die Markenpräferenz für Kodak zu brechen und die Verbraucher zu veranlassen, den Fuji-Film auszuprobieren, könnten die Kunden vielleicht zu der Auffassung gelangen, daß der Fuji-Film genauso gut wie der Kodak-Film sei und – unter Berücksichtigung des niedrigeren Normalpreises – zum Fuji-Film als der »normalen Marke« wechseln, selbst wenn Kodak und Fuji zu Normalpreisen angeboten werden.

Fuji verfolgt auch Ziel Nr. 2: Beschleunigung des Kaufs bzw. Vorratskauf. Der Preis von 1,20 Dollar für den Einzelfilm, unterstützt durch eine 5er-Pakkung, zieht Käufe vor. Nur wenige Familien haben vier Filme vorrätig. Preis und Verpackung bewirken eine Vorratshaltung der Verbraucher, die sonst im Einzelhandel erfolgt. Dieser Vorratskaufeffekt, wie er besonders bei Anbietern von kurzlebigen Konsumgütern bekannt ist, könnte vielleicht auch die günstige Wirkung haben, den Filmverbrauch des Verbrauchers zu steigern – weil keine Gelegenheiten für Schnappschüsse infolge Filmmangels verpaßt werden. Doch genauso wichtig ist nach Auffassung von Fuji, daß der Verbraucher sich bis zum nächsten Filmkauf über einen viel längeren Zeitraum von Fujis guter Filmqualität überzeugen kann. Ein nachhaltiger Lerneffekt ist möglich. Die Vorratskäufe begrenzen Kodaks Fähigkeit erfolgreich, den Kunden kurzfristig zurückzugewinnen, denn er ist für mehrere Monate mit Filmen versorgt.

Fuji führte diese Preisaktion wie folgt durch: Der Kunde mußte bei Lechmere den Normalpreis von 15,98 Dollar bezahlen und dann die Quittung an Fuji schicken, um den Rabatt erstattet zu bekommen – ein offensichtlich etwas kompliziertes Verfahren, dem sich sicher nicht alle Kunden unterwerfen. Andere Formen der Durchführung von Preisaktionen sind:

1. *Gutscheine/Coupons:* Dabei ist es erforderlich, daß der Verbraucher den Gutschein sieht, ausschneidet und im Geschäft einlöst. Dies verhindert Impulskäufe, erlaubt dem Kunden jedoch, an der Kasse nur den endgültigen Nettopreis zu zahlen.
2. *Senkung der Regalpreise:* Hierbei ist keine Mitwirkung der Verbraucher erforderlich, sondern alle Kunden kommen in den Genuß des Rabatts, unabhängig von ihrem Einsatz bezüglich der Gutschein- oder Rabatteinlösung.

Rabatte oder Gutschein oder Coupon unterscheiden sich von der Regalpreissenkung in zweifacher Hinsicht. Marktforschungsergebnisse[5] haben gezeigt, welche Bedeutung ein »Ankerpreis« bei der Kaufentscheidung der Verbraucher hat. Wenn der Kunde wahrgenommen hat, daß er 1,20 Dollar für den Fuji-

Film bezahlt hat, kann dies vielleicht der Ankerpreis werden, mit dem er die zukünftigen Fuji-Preise vergleicht. Wenn Fuji dann zu seinem Normalpreis zurückkehrt, könnte dieser Preis so verstanden werden, daß »er viel höher ist als beim letzten Kauf«. Möglicherweise berücksichtigt der Kunde hingegen nicht, daß der Fuji-Film 10-15 Prozent billiger ist als der Kodak-Film. So kann eine Aktion durch Setzung eines niedrigen Ankerpreises eine negative Wirkung auf den zukünftigen Absatz haben. Gutscheine oder Geldrabatte können eher als Regalpreissenkungen verhindern, daß sich in der Vorstellung des Verbrauchers nachteilige niedrige Ankerpreise bilden.

Zweitens kann ein Coupon oder Gutschein gezielter eingesetzt werden als eine Regalpreissenkung. Im Falle einer Regalpreissenkung erhalten alle Käufer die Ersparnisse sofort. Allgemein (z.B. auf der Packung) zugängliche Gutscheine sind der Regalpreissenkung ähnlich, alle Kunden können sie prinzipiell in Anspruch nehmen. Allerdings muß sich der Kunde der Anstrengung unterziehen, Kaufbelege oder Formulare zu sammeln und sie an den Hersteller einzuschicken. Preisbewußtere Verbraucher werden Quittungen und Kaufbelege einsenden, während weniger preisbewußte Verbraucher dies nicht tun. Gutscheine können aber auch selektiv durch verschiedene Medien verteilt werden. Dies erleichtert es, den Rabatt nur jenen anzubieten, die das Produkt sonst nicht kaufen würden. Falls Fuji Gutscheine in diesem Sinne einsetzen wollte, müßte die Firma versuchen, die Coupons stärker an Kodak-Verwender als an gegenwärtige Fuji-Verwender zu verteilen. Der entscheidende Punkt zur Gewinnerzielung mit Gutscheinen ist, in welchem Umfang sie Zusatzumsätze bewirken, anstatt den Deckungsbeitrag der Umsätze, die das Unternehmen ohnehin gemacht hätte, zu verschlechtern. Die Gefahr der Kannibalisierung und von Mitnahmeeffekten ist bei diesen Aktionen stets gegeben.

In verschiedenen Studien wurde das Profil der Gutscheineinlöser analysiert. Neslin und Clarke[6] analysierten in einem Feldtest verschiedene Gutscheine und stellten fest, daß mehr als 50 Prozent der Gutscheine von Kunden eingelöst wurden, die das Produkt »fast immer« sowieso gekauft haben. Nur 14 Prozent der Gutscheine wurden von neuen Kunden eingelöst. In diesem Experiment wurde jedoch nicht versucht, die Gutscheine selektiv an frühere Nichtverwender zu verteilen.

Bawas und Shoemakers[7] Analyse von Paneldaten ist in Tabelle 10.1 zusammengefaßt. Sie belegt die Tatsache, daß Stammverwender Gutscheine eher einlösen als bisherige Nichtverwender. Dies unterstreicht erneut die Notwendigkeit, Gutscheine – falls möglich – selektiv an bisherige Nichtverwender zu verteilen. Der geringe Bevölkerungsanteil der Intensivverwender der analysierten Marken

Tabelle 10.1: Profil von Gutscheineinlösern

Kundentyp	*Wahrscheinlichkeit der Einlösung*	*Anteil aller Gutscheineinlösungen*
Nichtverwender	4,2 %	28,5 %
Gelegentliche Verwender	17,8 %	50,4 %
Intensivverwender	31,3 %	21,1 %

bedeutet, daß – trotz ihrer höheren Wahrscheinlichkeit zur Gutscheineinlösung – auf die Intensivverwender nur 21 Prozent der Einlösungen entfallen.

Ehrenberg, Hammond und Goodhardt[8] haben analysiert, in welchem Umfang Preisaktionen für etablierte Konsumgüter wie Waschmittel, Zahnpasta und Suppen, neue Kunden anziehen. Sie stellten fest, daß 80 Prozent der Kunden im Aktionszeitraum die Marke bereits im Jahr zuvor gekauft hatten. Ihre Schlußfolgerung lautet, daß die Umsatzsteigerung infolge einer Preisaktion durch Kunden verursacht wurde, die »lediglich diese bereits bekannte Marke anstelle einer anderen bekannten Marke ausgewählt haben, die sie sonst bei dieser besonderen Gelegenheit gekauft hätten«. Daher scheinen Preisaktionen, die auf Motiv Nr. 1 gerichtet sind und durch Gutscheine, Rabatte oder Regalpreissenkungen durchgeführt werden, am besten für Produkte mit einem niedrigen Marktanteil oder neue Produkte geeignet zu sein. Motiv Nr. 2, das auf Vorratskäufe abzielt, scheint sich besser für Produkte mit einem großen Marktanteil und hohem Bekanntheitsgrad zu eignen. Diese Marken hatten in empirischen Studien von Aktionen im allgemeinen größere Preiselastizitäten als kleine Marken.

Motiv Nr. 3, Potentialaufbau, die letzte der nicht zeitabhängigen Nachfragesituationen, erläutern wir an dem Beispiel der Kaffeemaschine, die für eine Woche zum Aktionspreis von 39,98 Dollar angeboten wurde und dann auf den Normalpreis von 49,99 Dollar zurückkehrte. Das Ziel dieser zeitlichen Anpassung ist, bei einem zunehmenden Teil der Kunden, die zum Normalpreis nicht kaufen würden, den Preis durchzusetzen, der ihrer maximalen Zahlungsbereitschaft entspricht.[9] In Abbildung 10.2 ist die optimale Zeitplanung für kurzfristige Preisaktionen von langlebigen Konsumgütern dargestellt.

Das Phänomen »Potentialaufbau« wird durch jene Kunden verursacht, die bei dem Normalpreis, der in den Perioden 1 und 2 berechnet wurde – nicht kaufen, aber eine Kaffeemaschine brauchen. Nehmen wir zum Beispiel an, daß die potentiellen Kunden für eine Kaffeemaschine aus zwei Gruppen bestehen, deren Wertschätzung für das Produkt 60 bzw. 40 Dollar beträgt. Eine gleiche Anzahl – sagen wir 100 – jeder Gruppe wird in jeder Periode zu potentiellen

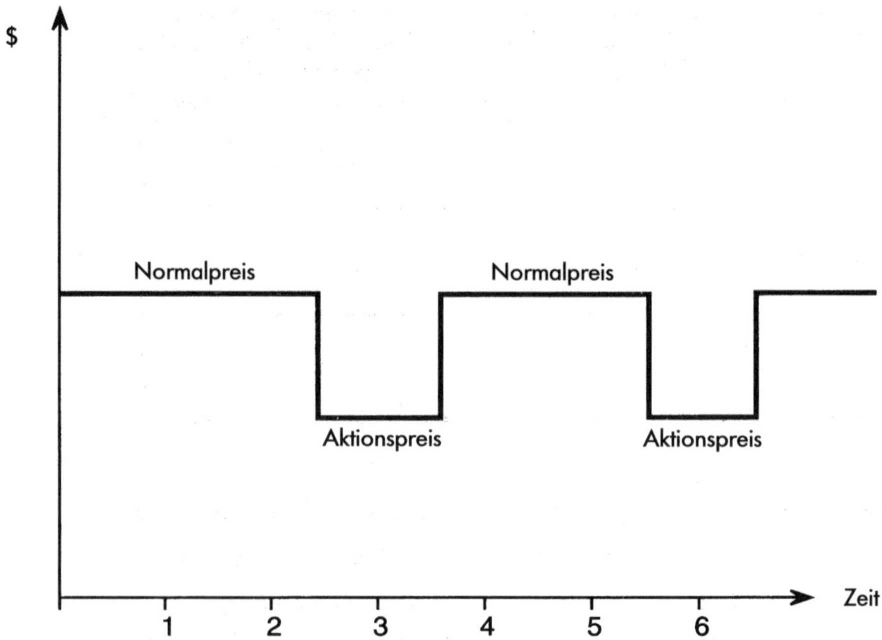

Abbildung 10.2: Zeitplanung für kurzfristige Preisaktionen

Kunden infolge von Abnutzung der alten Kaffeemaschine. Der einzelne Kunde beachtet eine einfache Regel: Er kauft, wenn der Preis in der Periode geringer ist als seine maximale Zahlungsbereitschaft. Wenn der Preis ihm zu hoch ist, kauft er nicht und gibt sich noch eine gewisse Zeit mit seiner alten Kaffeemaschine zufrieden. Wenn der Preis für ihn akzeptabel ist, kauft er. In diesem Beispiel betragen die Stückkosten des Unternehmens 32 Dollar.

Tabelle 10.2 zeigt die Preisentwicklung. In Periode 1 werden 100 aus jeder Kundengruppe potentielle Käufer, weil sich ihre Kaffeemaschine abnutzt. Das Unternehmen kann einen Preis von 60 Dollar verlangen – in diesem Fall werden nur die 100 Kunden mit hoher Wertschätzung kaufen; oder es kann einen Preis von 40 Dollar verlangen, in diesem Fall werden sowohl die Kunden mit hoher Wertschätzung als auch die Kunden mit geringer Wertschätzung kaufen. Bei einem Preis von 60 Dollar für jeden der 100 Kunden beträgt der Deckungsbeitrag pro Stück 28 Dollar; bei einem Preis von 40 Dollar für alle 200 potentiellen Kunden beträgt der Deckungsbeitrag pro Stück 8 Dollar. In Periode 1 ist der optimale Preis folglich 60 Dollar, wie durch den Stern in Tabelle 10.2 angedeutet. In Periode 2 werden infolge der Abnutzung der Kaffeemaschine weitere 100 Kunden aus jeder Gruppe potentielle Käufer, die sich den 100 Kunden mit geringer Wertschätzung anschließen, die in Periode 1 nicht gekauft haben. In Periode 2 lautet die optimale Strategie immer noch, einen Preis von 60 Dollar zu verlangen, da die Erzielung eines Deckungsbeitrags pro Stück von 28 Dollar bei jedem der 100 Kunden mit hoher Wertschätzung einen höheren Gewinn erbringt, als ein Deckungsbeitrag pro Stück von 8 Dollar bei allen 300 potentiellen Kunden. In Periode 3 kommen 100 aus jeder Kundengruppe dazu. Dieses Mal schließen sie sich den 200 Kunden mit niedriger Wertschätzung an, die weder in Periode 1 noch in Periode 2 gekauft haben. Jetzt, da die Kundengruppe mit niedriger Wertschätzung dreimal so groß geworden ist wie die Kundengruppe mit hoher Wertschätzung, ist es optimal, den Preis auf 40 Dollar zu senken, um die Gruppe der Preisbewußten zum Kauf zu veranlassen und bei allen 400 Kunden einen Deckungsbeitrag pro Stück von 8 Dollar und einen Gesamtdeckungsbeitrag von 3200 Dollar zu erzielen – im Vergleich zu 2800 Dollar bei einem Preis von 60 Dollar. In Periode 4 kommen wieder je 100 Kunden aus jeder Kundengruppe hinzu. Diese Situation ist identisch mit Periode 1. Und so wiederholt sich der Zyklus.

Tabelle 10.2: Preisentwicklung

	Anzahl potentieller Kunden, die in dieser Periode eine Wertschätzung haben von ...		*Deckungsbeitrag*	
Periode	*60 $*	*40 $*	*P = 60 $*	*P = 40 $*
1	100	100	2800 $*	1600 $
2	100	200	2800 $*	2400 $
3	100	300	2800 $	3200 $*
4	100	100	2800 $*	1600 $
5	← Wie Periode 2 →			
6	← Wie Periode 3 →			

* = Maximaler Deckungsbeitrag

Um die zugrundeliegende Dynamik möglichst klar zu erläutern, haben wir Probleme nicht berücksichtigt wie Kunden, die auf die Preisaktion warten, Diskontierung von Cash-flows oder daß die Absatzmenge in dem Nachfrageverlauf 100, 100, 400, 100, 100, 400 einen Höchststand von 400 erreicht und dies Auswirkungen auf Produktion bzw. Lagerhaltung hat. Diese Faktoren würden die Analyse ein wenig schwieriger machen, doch die Grundaussage bleibt gültig, daß es sich lohnt, regelmäßig wiederkehrende Preissenkungen vorzunehmen, um die Kunden mit geringer Wertschätzung, deren Zahl im Zeitablauf zugenommen hat, zum Kauf zu veranlassen. Einige Möbelhersteller, die sich auf Firmenkunden konzentrieren, wenden dieses Vorgehen an. Eine wachsende Gruppe von privaten Kunden mit niedrigerer Wertschätzung wird regelmäßig wiederkehrend durch die Preisaktion angesprochen. Für eine zeitliche Preisanpassung dieser Art muß man die Neigung verschiedener Kundengruppen kennen, »jetzt zu kaufen « oder vielleicht auf die nächste Preisaktion zu warten. Bewußt geplante Unregelmäßigkeiten in der Zeitplanung von Preisaktionen können helfen, sich gegen Kunden zu schützen, die gezielt auf die nächste Preisaktion warten.

Die Analyse der ersten Gruppe von Motiven – Nachfrage: bekannt und nicht zeitabhängig – zeigt, selbst wenn sich das Kaufverhalten nicht mit der Zeit verändert, daß es zur Erzielung optimaler Gewinne sinnvoll sein kann, die Preise zeitlich anzupassen. Niedrige Preise können zum Probieren anregen und die Nachfrage positiv beeinflussen. Dies ist wahrscheinlich die intuitiv einleuchtendste Anwendung der zeitlichen Preisanpassung im Fall der nicht zeitabhängigen Nachfrage. Preisaktionen können auch Nachfrage vorziehen (Vorratskäufe). Selbst wenn dies die zukünftige Nachfrage negativ beeinflußt, kann diese Taktik zur Gewinnerzielung angezeigt sein, da sie die Kosten der Bestandshaltung vom Anbieter auf den Kunden verlagert. Zum Abschluß zeigen wir, wie regelmäßig wiederkehrende Preisaktionen optimal sein können, selbst wenn sich die einzelnen Kunden nicht ändern – die frühere Preispolitik jedoch die Zusammensetzung der potentiellen Käufer verändert.

Nachfrage bekannt und zeitabhängig

Die Motive Nr. 4 und Nr. 5 in Abbildung 10.1 betreffen eine Situation, in der die Wertschätzung eines einzelnen Kunden für ein Produkt sich im Zeitablauf verändert. Ein Unternehmen wird für Elektrizität während der Betriebszeit eine höhere Wertschätzung haben als in der Nacht und benötigt die Dienstleistung des Wirtschaftsprüfers stärker zum Abschluß des Geschäftsjahres als zu einer anderen Zeit. Die Wertschätzung einer Führungskraft aus der Computerindustrie für ein Hotelzimmer in Hannover während der CEBIT-Messe ist höher als danach. Eine Familie hat für ein Essen in einem Restaurant um 19.00 Uhr eine höhere Wertschätzung als um 16.30 Uhr und ist bereit, für eine Eigentumswohnung in einem Skiort während der Schulferien eine höhere Miete zu bezahlen als zu anderen Zeiten.

Es ist sinnvoll, die Preise unter Berücksichtigung der sich verändernden

Tabelle 10.3: Beispiele für unterschiedliche Wertschätzungen zu verschiedenen Zeitpunkten

		Beispiel
Tageszeit	– Veränderung der Wertschätzung mit dem Status Arbeit/Freizeit	NYNEX-Tarife für die erste Minute eines Telefongespräches – 0,098 $ Nacht (23–8 Uhr) – 0,178 $ Abend (17–23 Uhr) – 0,290 $ Werktag (8–17 Uhr)
Wochentag	– Arbeitstag oder Wochenende. Höhere Gebühren für Skilifte und Golfplätze am Wochenende; die Gebühren für Leihwagen sind am Wochenende niedriger	Breakers Resort in West Palm Beach, Florida »Centennial Package« – Sonntag–Donnerstag: 279 $/Nacht – Freitag–Samstag: 295 $/Nacht
Woche	– Urlaubszeit: Vor-/Nebensaison- und Sainsonpreise – Erste/letzte Woche eines Monats (Gehaltszahlung)	EuroDisney Hotel (siehe Tabelle 10.4)
Monat	– Hochsaison für Urlaubsorte, Nachfrage durch Wetter beeinflußt	Hilton Head – 3 Schlafzimmer Suite – Seeblick – März – August 2100 $ – September – Oktober: 2000 $ – November – Februar: 1450 $
Sonder-ereignis	– Massenveranstaltungen: Sportveranstaltungen, Kongresse	Haus mit 4 Schlafzimmern in Atlanta im Internet angeboten für 1200 $ pro Tag während der Sommerolympiade 1996

Nachfrage zu erhöhen oder zu senken. Tatsächlich passen Stromversorgungsunternehmen, Wirtschaftsprüfer, Restaurants und Skiorte ihre Preise unter Berücksichtigung der veränderten Wertschätzung der Kunden im Zeitablauf an. Wie in Tabelle 10.3 dargestellt, kann die zeitabhängige Wertschätzung nach Tageszeit, Wochentag, Woche, Monat oder einem besonderen Ereignis unterschiedlich sein. Zum Beispiel nimmt die Wertschätzung für ein geschäftliches Telefongespräch nach Geschäftsschluß ab. Folglich senkt die amerikanische Telefongesellschaft NYNEX ihren Preis für die erste Minute eines Telefongesprächs um 39 Prozent von 0,29 Cents auf 0,178 Cents für Gespräche vor 23.00 Uhr und um 66 Prozent für Gespräche zwischen 23.00 und 8.00 Uhr. Der Wochentag beeinflußt die Wertschätzung für viele Dinge. Freizeiteinrichtungen, die auf lokale Kunden ausgerichtet sind, haben zum Beispiel am Wochenende höhere Preise, während Geschäftshotels am Wochenende besonders preisgünstige Angebote machen.

Im Zeitraum von November 1995 – März 1996 verwendete EuroDisney fünf

Tabelle 10.4: EuroDisney-Preise für Weihnachtssaison 1995/96

Hotel-Kategorie	*Hotel*	*Einzelzimmer (FF)*		*Saison*
		Vor-/Nachsaison	*Saison*	*Aufschlag*
****	Hotel New York	2395	2480	6 %
****	Disneyland Hotel	2035	2455	21 %
***	Newport Bay Club	965	1330	38 %
***	Sequoia	865	1230	42 %
**	Hotel Cheyenne	735	1120	52 %
**	Hotel Santa Fe	635	1020	61 %

verschiedene Preissysteme. Die Zimmerpreise waren in der Urlaubsperiode vom 22. Dezember bis zum 7. Januar teurer als im vorhergehenden und nachfolgenden Zeitraum.

Tabelle 10.4 zeigt, daß der Preisanstieg sehr unterschiedlich ist und im umgekehrten Verhältnis zur Hotelkategorie steht. Daraus kann geschlossen werden, daß die boomende Saisonnachfrage die Zahlungsbereitschaft für die preisgünstigeren Hotels kräftiger anhebt. Die absoluten Preisunterschiede zwischen den Hotels, zum Beispiel der Unterschied von 100 FF zwischen dem Newport Bay Club und dem Sequoia, sind in beiden Zeiträumen ungefähr gleich.

Entsprechend ändern sich die Preise im Jahresverlauf, da das Wetter die Attraktivität der Standorte beeinflußt. Das Hilton Head ist im März 45 Prozent teurer als im Februar. Und besondere Ereignisse wie die Olympischen Spiele oder unerwartete Lieferengpässe für einige Materialien können die Zahlungsbereitschaft der Kunden verändern. Für das eintägige Formel-1-Rennen am Nürburgring erhöhte ein Hotel seine Preise um den Faktor 4 auf 800 DM pro Nacht und akzeptierte darüber hinaus nur Gäste mit Buchungen für mindestens vier Nächte.

Die meisten dieser Beispiele beziehen sich auf Dienstleistungen, weil die Bedeutung der zeitlichen Preisanpassung für jene Situationen am größten ist, in denen das Gut wirtschaftlich nicht für den Verkauf in der Saison bzw. in der Spitzenzeit gelagert werden kann. Das Grundprinzip für die zeitliche Preisanpassung ist klar. Wenn die Nachfrage in einem Zeitraum relativ hoch ist, wird der Preis, der den Gewinn des Unternehmens maximiert, ebenfalls sehr hoch. Wenn die Nachfrage relativ niedrig liegt, ist der Preis zur kurzfristigen Gewinnmaximierung auch relativ niedrig. Lassen Sie uns eine Saisonperiode mit 100 potentiellen Kunden und einer Nachfrage, wie in Abbildung 10.3a dargestellt, betrachten, das heißt, die Wertschätzungen der Kunden verteilen sich

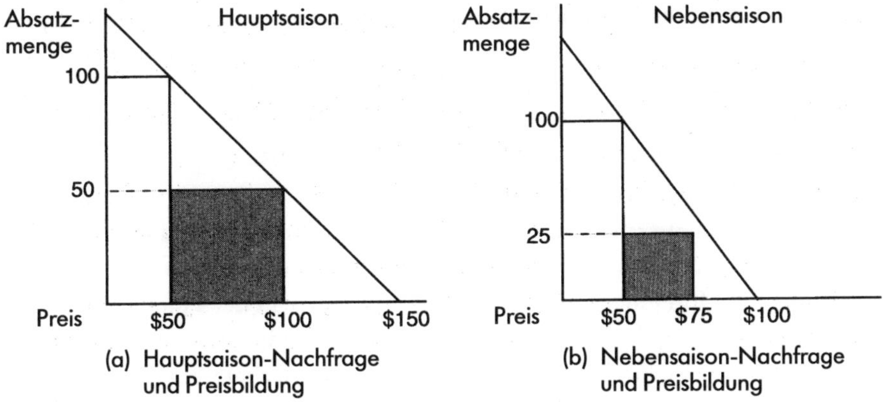

Abbildung 10.3: Preisbildung für Hauptsaison und Nebensaison

einheitlich zwischen 50 und 150 Dollar; eine Person hat für das Gut bzw. den Service eine Wertschätzung von 150 Dollar, eine von 149 Dollar, eine von 148 Dollar usw. bis zu der letzten Person mit einer Wertschätzung von 50 Dollar. Dies ist der Fall der linearen Preisabsatzkurve, den wir in Kapitel 2 diskutiert haben (das Beispiel POWERSTAR) und auch im Beispiel der Fluggesellschaft in Kapitel 5 verwendet haben. Wenn die Stückkosten des Unternehmens 50 Dollar sind, wissen wir aus Kapitel 2, daß das maximale Gewinnrechteck bei einem Preis von 100 Dollar erreicht wird, dies ist der mittlere Punkt zwischen den Kosten von 50 Dollar und dem Maximalpreis von 150 Dollar. Jetzt wollen wir einen Fall der Nebensaison betrachten, wie er in Abbildung 10.3b dargestellt ist. Jetzt beträgt der optimale Preis 75 Dollar.

Das beste, was man in der Hauptsaison tun kann, ist – wie Abbildung 10.3 zeigt –, den Preis auf 100 Dollar festzulegen und 50 Einheiten zu verkaufen. Das beste, was man in der Nebensaison tun kann, ist, den Preis um 25 Prozent auf 75 Dollar zu senken – doch selbst dann beträgt die Absatzmenge in der Nebensaison nur 25 Einheiten – die Hälfte des Hauptsaisonabsatzes.

Dieser Fall deckt die einfache Situation ab, in der ein Kunde sowohl in der Haupt- als auch in der Nebensaison potentiell kauft. Dies entspricht Motiv Nr. 4 in Abbildung 10.1, Motiv Nr. 5 ist Hauptsaisonnachfrage mit Nachfrageverschiebung. In diesem Fall kauft ein Kunde nur in der Haupt- oder Nebensaison, doch nicht in beiden Perioden. Die Familie fährt zum Beispiel nur einmal in Urlaub. In dieser Situation haben die relativen Preise in der Haupt- und Nebensaison die Wirkung, die Nachfrage zwischen Haupt- und Nebensaison zu verschieben.

Diese Überlegung kann man mit einer Situation erklären, die dem Beispiel mit der Kaffeemaschine ähnelt, das wir für Motiv Nr. 3 diskutiert haben. Es gibt zwei Kundengruppen: Eine Gruppe von 100 Kunden hat für das Produkt in der Hauptsaison eine Wertschätzung von 60 Dollar und eine andere Gruppe von 100 Kunden hat in der Hauptsaison eine Wertschätzung von 40 Dollar.[10] Für die Kunden mit hoher Wertschätzung erscheint es als sehr unbequem, in die Nebensaison auszuweichen. Tatsächlich sinkt ihre Wertschätzung für das Produkt in der Nebensaison auf Null. Die Kunden mit der geringeren Wertschätzung von 40 Dollar würden das Produkt lieber in der Haupt- als in der Nebensaison haben, doch für sie ist es nicht ganz so unbequem, das Produkt in der Nebensaison zu konsumieren. Für sie sei die Wertschätzung in der Nebensaison 5 Dollar geringer und beträgt daher 35 Dollar. (Dies ist voll vergleichbar mit dem Verhalten von Geschäfts- und Privatreisenden.) Jeder Verbraucher kennt den Preis sowohl in der Haupt- als auch in der Nebensaison, bevor er seine Entscheidung trifft. Was sollte die Firma tun? Ist es sinnvoll, Haupt- und Nebensaisonpreise festzulegen?

Die Wertschätzungen sind die folgenden:

	Anzahl	*Hauptsaison*	*Nebensaison*
Kunden mit hoher Wertschätzung	100	60 $	0 $
Kunden mit niedriger Wertschätzung	100	40 $	35 $

Wenn die Kosten in Relation zu diesen Werten niedrig sind, ist die optimale Preisstrategie klar: Der Preis in der Hauptsaison wird auf 60 Dollar festgelegt und in der Nebensaison auf 35 Dollar. Diese Preise verschieben die Nachfrage der Kundengruppe mit niedriger Wertschätzung auf die Nebensaison. Tatsächlich sind die unterschiedlichen Preise für Haupt- und Nebensaison eine Preisdifferenzierung nach der Wertschätzung der Kunden. Beachten Sie, daß in dieser Situation die Umsätze in der Nebensaison größer sein können als in der Hauptsaison. Wenn die Zahl der Kunden mit geringer Wertschätzung geringfügig größer als 100 wäre, würde sich die Preisstrategie nicht ändern, und die Nachfrage in der Nebensaison wäre größer als in der Hauptsaison.

Damit Saisonpreise sinnvoll sind, muß der Unterschied zwischen Kunden mit hoher und niedriger Wertschöpfung nicht so stark sein. Das Entscheidende ist, daß es für Kunden mit geringerer Wertschöpfung weniger unbequem ist, in der Nebensaison zu konsumieren.

Die Deutsche Bahn, deren BahnCard wir in Kapitel 7 als ein Beispiel für eine erfolgreiche Anwendung der nichtlinearen Preisbildung behandelt haben, hat nach diesem Prinzip ein »Guten-Abend-Ticket« eingeführt, das nach 19.00 Uhr gültig ist. Für eine Strecke von 400 km kostet es zweiter Klasse 69 DM anstatt 96 DM. Der Geschäftsreisende, der um 17.00 Uhr von der Arbeit nach Hause fährt, reagiert empfindlich auf die Zeit, und für ihn käme eine Bahnfahrt zwei Stunden nach seiner gewünschten Abfahrtzeit nicht in Frage. Für einen Privatreisenden, der viel Zeit hat, ändert sich die Wertschätzung kaum, und er kann daher später fahren. In einer Analyse haben wir festgestellt, daß eine Preissenkung von 25 Prozent bewirkt, daß 14 Prozent jener, für die es denkbar war, ihre Abfahrtzeit zu verschieben, das auch taten. Folglich war die Zeitelastizität des Preises:

$$\frac{\text{Prozentuale Veränderung der Normalnachfrage}}{\text{Prozentuale Preisveränderung}} = \frac{0{,}14}{0{,}25} = 0.56$$

Nachfrage: Unbekannt oder unsicher

Eine Preisaktion ist eine natürliche Antwort auf die Unsicherheit, wieviel die potentiellen Kunden für das Produkt zu zahlen bereit sind. Wenn man zu Anfang hohe Preise nimmt und diese im Zeitablauf senkt, erkennt man die zugrundeliegende Nachfrage und vermeidet den kostspieligen Fehler, zu einem Preis zu verkaufen, der unter der Preisbereitschaft der Kunden liegt. Wenn der hohe Preis nicht genügend Umsatz bringt, gibt es einen Lerneffekt: Die richtige Schlußfolgerung ist, daß die Wertschätzung des Marktes für das Produkt geringer ist als angenommen und der Preis daher gesenkt werden sollte. Filene's Basement in Boston bietet ein bekanntes Beispiel für eine derartige Verkaufsstrategie. Die Politik der dort praktizierten »automatischen Preissenkung« funktioniert wie folgt: Der Preis eines Artikels, der im Verkaufsraum präsentiert wird, fällt um:

- 25 % nach 7 Verkaufstagen,
- 50 % nach 14 Verkaufstagen,
- 75 % nach 21 Verkauftstagen
- und die Ware wird nach 28 Verkaufstagen für wohltätige Zwecke gestiftet.

Der Kunde weiß, daß der Preis eines von ihm begehrten Artikels fallen wird – er riskiert jedoch, ihn an andere Kunden zu verlieren, wenn er zu lange wartet. Wenn ein Herrenanzug für 400 Dollar nach sieben Tagen nicht verkauft ist, ist das eine nützliche Information für das Unternehmen, welche Wertschätzung

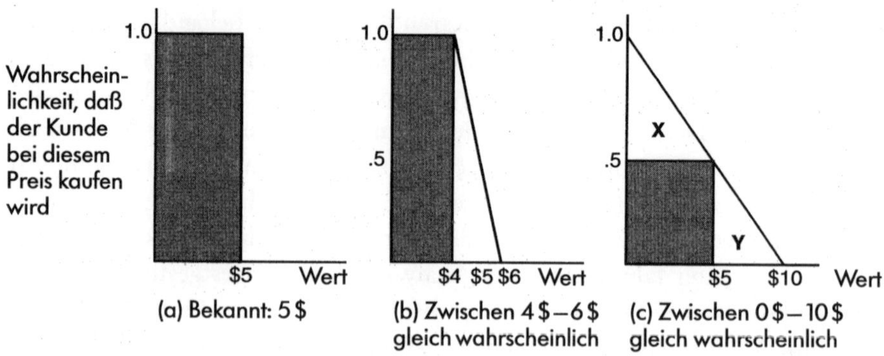

Abbildung 10.4: Drei Szenarien für die Unsicherheit über die Wertschätzung

die Stammkunden für diesen Anzug haben. Es ist dann sehr unwahrscheinlich, daß die Wertschätzung der Kunden über 400 Dollar beträgt. Nach sieben Tagen hat Filene mehr Informationen als zum Zeitpunkt der Preisfestlegung, und der Preissenkungsplan ist der Anpassungsmechanismus. Preisanpassungen können auf diese oder eine ähnliche Weise eingesetzt werden, um die zugrundeliegende Wertschätzung der Kunden zu erkennen und die optimale Preisveränderung zu ermitteln.

Ein einfaches Beispiel kann diese Prinzipien demonstrieren.[11] Nehmen wir an, daß ein Produkt an einen einzigen Kunden verkauft wird, und betrachten wir drei Szenarios für die Information über die Wertschätzung eines potentiellen Kunden für das Produkt, wie in Abbildung 10.4 dargestellt.

1. Man weiß sicher, daß seine Wertschätzung für das Produkt 5 Dollar beträgt. Das ist dargestellt in Teil (a) von Abbildung 10.4.
2. Man weiß, daß seine Wertschätzung zwischen 4 und 6 Dollar beträgt und jede Wertschätzung in dieser Bandbreite gleich wahrscheinlich ist. Wenn der Preis also 4 Dollar beträgt, kauft er; bei einem Preis von 5 Dollar ist die Kaufwahrscheinlichkeit 50 Prozent; bei einem Preis von 6 Dollar oder mehr kauft er nicht. Dies ist in Teil (b) von Abbildung 10.4 dargestellt.
3. Man weiß, daß seine Wertschätzung zwischen 0 und 10 Dollar liegt und daß innerhalb dieser Bandbreite jede Wertschätzung gleich wahrscheinlich ist. Dies ist in Grafik (c) von Abbildung 10.4 dargestellt. Es handelt sich um den gleichen Sachverhalt wie im Fall der linearen Nachfragekurve in Kapitel 2.

Man beachte, daß der Mittelwert der Wertschätzung in jedem Szenario 5 Dollar ist, das heißt, es ist gleich wahrscheinlich, daß der Kunde eine höhere oder niedrigere Wertschätzung als 5 Dollar hat. Es geht darum, eine Einheit des Gutes an ihn zu verkaufen. Wenn der Angebotspreis unter seiner Wertschätzung liegt und es keine Verhandlung gibt, kauft er. Die Grenzkosten des Produktes seien Null. Wie lautet der Preis, der den erwarteten Umsatz maximiert?

Die Aussage von Grafik (a) ist offensichtlich trivial. Da Sie wissen, daß seine Wertschätzung 5 Dollar beträgt, bieten Sie das Produkt zu 5 Dollar an, er kauft das Produkt, und der Umsatz beträgt 5 Dollar. In den Szenarien der Teile (b) und (c) suchen wir den Preis, der die maximale Fläche unter der Preisabsatzkurve erzeugt.

Für Szenario 2 in Teil (b) ist der optimale Preis 4 Dollar, um das abgebildete schattierte Rechteck zu erreichen. Für Szenario 3 in Teil (c) ist der beste Preis 5 Dollar, das heißt der Mittelpunkt zwischen dem maximal möglichen Wert von 10 Dollar und den Kosten von 0 Dollar. Die Wahrscheinlichkeit, daß eine Transaktion stattfindet, ist 50 Prozent, so daß der erwartete Umsatz 2,50 Dollar beträgt.

Obgleich jedes Szenario mit 5 Dollar die gleiche mittlere Wertschätzung der Kunden für das Produkt aufweist, drückt die Unsicherheit über die Wertschätzung auf die Gewinne. In Tabelle 10.5 werden der optimale Preis, die Wahrscheinlichkeit einer Transaktion und der erwartete Umsatz für verschiedene Höhen der Unsicherheit um den Mittelwert von 5 Dollar zusammengefaßt.

Tabelle 10.5: Preise und Umsätze bei verschiedenen Graden der Unsicherheit

Mittelwert	*Bandbreite Wertschätzung*	*(1) Optimaler Preis*	*(2) Wahrscheinlichkeit der Transaktion*	*(1) × (2) Umsatzerwartung*
5 $	5 $	5,00 $	1	5,00 $
5 $	5 $ ± 1 $	4,00 $	1	4,00 $
5 $	5 $ ± 2 $	3,50 $	0.875	3,06 $
5 $	5 $ ± 3 $	4,00 $	0.667	2,66 $
5 $	5 $ ± 4 $	4,50 $	0.563	2,53 $
5 $	5 $ ± 5 $	5,00 $	0.500	2,50 $

Die Spalte »Bandbreite Wertschätzung« repräsentiert die Unsicherheit. »5$ ± 1 $« ist unser Szenario 2 in Grafik (b), wo die Wertschätzung irgendwo zwischen 4 und 6 Dollar liegt und jeder Wert gleich wahrscheinlich ist; »5$ ± 2$« ist eine Situation, in der die Wertschätzung zwischen 3 und 7 Dollar variiert usw. bis zu unserem Szenario 3 in Grafik (c), hier als Bandbreite »5$ ± 5$« bezeichnet.

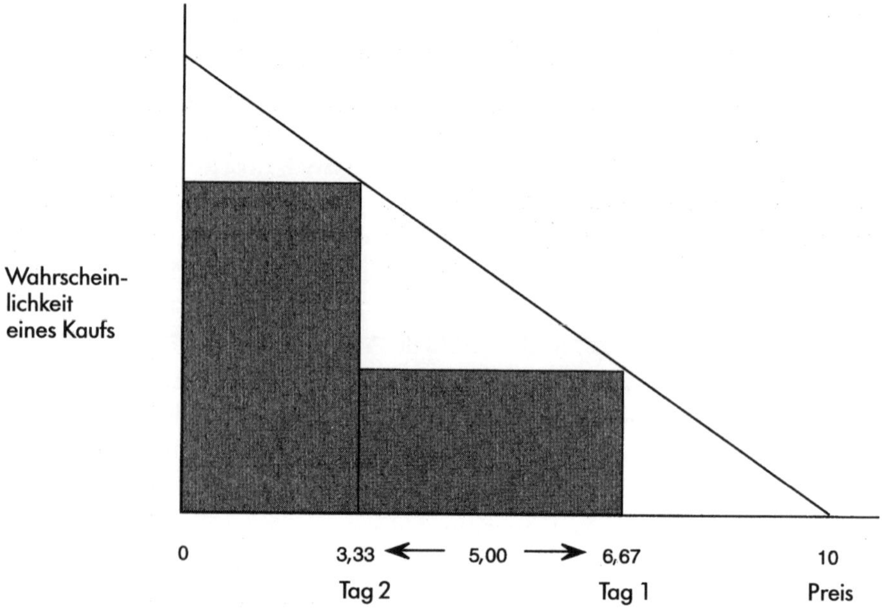

Abbildung 10.5: Optimale Preise für zwei Tage

Bei der hohen Unsicherheit von Szenario 3 Grafik (c) bieten wir zwar zu einem Preis von 5 Dollar an, doch erwarten wir, nur 2,50 Dollar zu erzielen. Die Interpretation der Dreiecke, die sich bei Einheitspreisen ergeben und die wir in Kapitel 5 entwickelt haben, kann hier verwendet werden, um zu erklären, was infolge der Unsicherheit passiert. Dreieck X in Grafik (c) ist der verlorene Umsatz: Wir berechnen 5 Dollar – doch es geschieht nichts, weil der Preis zu hoch ist. Dreieck Y ist das Geld, auf das wir verzichtet haben. Jetzt wollen wir in diesem Szenario annehmen, daß wir gestern einen Preis von 5 Dollar verlangt und keinen Umsatz gemacht haben, doch unerwarteterweise stoßen wir heute auf den gleichen potentiellen Kunden. Was machen wir jetzt?

Das gibt uns die Möglichkeit, aus dem Dreieck X ein Rechteck auszuschneiden. Bei einem Preis von 2,50 Dollar erhalten wir das maximale Rechteck. Wenn wir also eine zweite Chance erhielten, würden wir auf den ersten Angebotspreis von 5 Dollar, der nicht akzeptiert wurde, einen Rabatt von 50 Prozent gewähren.

Wenn wir wüßten, daß wir am Anfang zwei Chancen erhalten werden, um Preise anzubieten, ist die Analyse die gleiche, die wir in Kapitel 5 für die Ausweitung des Angebots der Fluggesellschaften von Economy Class zu Economy und First Class vorgenommen haben. Genauso wie wir es in Kapital 5 für zwei Klassen getan haben, würden wir die beiden Preise herausgreifen, bei denen die kleinste Fläche in den Dreiecken übrigbleibt, wie in Abbildung 10.5 dargestellt. Die optimale Strategie ist, am ersten Tag einen Preis von 6,67 Dollar zu verlangen; wenn bei diesem Preis kein Umsatz gemacht wird, sollte der Preis am zweiten Tag um 50 Prozent gesenkt werden. Der Gewinn, der mit dieser Strategie erzielt wird, lautet: 1/3 (6,67) + 1/3 (3,33) = 3,33 Dollar oder 33 Prozent mehr als bei der Einzelpreispolitik mit 2,50 Dollar.

Ertrags-, Revenue- oder Yieldmanagement, Motiv Nr. 7 in Abbildung 10.1, ist eine anspruchsvollere Version der hier diskutierten Strategie, die Preisbereitschaft abzuschöpfen. Die bekanntesten Anwender von Systemen des Revenuemanagement sind Fluggesellschaften und Hotels. American Airlines führte das Konzept Ende der siebziger Jahre als erste Fluggesellschaft ein und bezeichnete Anfang der neunziger Jahre Revenuemanagement als »unverzichtbar für ein profitables Geschäft«. Der quantifizierbare Nutzen des Revenuemanagements bei American im Zeitraum 1989–1991 wurde auf 1,4 Milliarden Dollar geschätzt. Das ist bemerkenswert, wenn man berücksichtigt, daß die Muttergesellschaft AMR im gleichen Zeitraum nur einen Nettogewinn von 892 Millionen Dollar machte.[12] Während das Motiv Nr. 6 zur Untersuchung der Nachfrage in Abbildung 10.1 mit einem einzigen Kunden oder homogenen Kundengruppen funktioniert, wurden Systeme zum Revenuemanagement entwickelt, weil verschiedene Arten von Kunden das gleiche Produkt kaufen wollen. Privatreisende und Geschäftsreisende unterscheiden sich im allgemeinen in wichtigen Belangen, wie z. B.:

Privat	*Geschäft*
• Frühzeitige Buchung	• Kurzfristige Buchung
• Preisbewußt	• Weniger preisbewußt
• Flexibel bezüglich des Flugplans	• Unflexibel bezüglich des Flugplans

Privatreisende buchen frühzeitig im voraus, wollen jedoch nicht so viel wie Geschäftsreisende bezahlen. Aus der Sicht der Fluggesellschaften würde das Flugzeug im Idealfall erst abheben, wenn es voll ist – und gleichzeitig würden weniger preisbewußte Geschäftsreisende im letzten Augenblick keinen Platz bekommen können. Die Aufgabe des Revenuemanagements ist, die Preise für besondere Tarifarten festzulegen und ihre Verfügbarkeit sicherzustellen, wenn sich eine Nachfrage nach einem bestimmten Flug zeigt. Es gibt z.B. einen Vorgabewert, wie die Flugzeugauslastung X Tage vor dem Abflug sein sollte. Wenn die Zahl der Buchungen über dem Vorgabewert liegt, ist dies ein Signal, Tarife mit hohen Rabatten nicht mehr anzubieten. Wenn die Buchungen unter dem Vorgabewert liegen, ist dies ein Zeichen, daß es notwendig ist, die Preise zu senken oder den betroffenen Flug anders zu vermarkten.

Im Autoverleihgeschäft liefert das Yieldmanagement-System von Hertz eine detaillierte Prognose der Nachfrage pro Stadt/Tag/Wagentyp/Mietdauer.[13] Diese Vorhersage ist eine Kombination aus Vergangenheitsdaten für diesen Tag und den neuesten Buchungsdaten. Die neuesten Buchungsdaten sind mit dem Motiv der Nachfrageerforschung vergleichbar. Auf der Grundlage der gültigen Preise gehen die Reservierungen ein. Das Yieldmanagement-System verarbeitet diese Informationen in eine Nachfrageprognose und gibt zum Schluß Preise aus, die den Mindestnettoumsatz berücksichtigen, den Hertz jeweils pro Stadt/Tag/Wagentyp/Mietdauer anstrebt. Diese Nettoumsätze werden im Zeitablauf auf der Grundlage der jeweils neuesten Buchungsdaten dynamisch aktualisiert. Nach eingehender Prüfung der Reservierungsdaten werden die Preise nach oben oder unten angepaßt.

Bedeutung der zeitlichen Preisanpassung

In Abbildung 10.1 haben wir sieben verschiedene Szenarien vorgestellt, für die eine kurzfristige Preisanpassung zweckmäßig sein kann. Erfolgreiche zeitliche Preisanpassungen sind für das Überleben in manchen Geschäften (zum Beispiel Fluggesellschaften, Autoverleiher) entscheidend. In anderen Branchen können sie den Gewinn massiv verbessern.

Der Autoverleiher Hertz berichtet, daß das Unternehmen mit seinem Yieldmanagement-System den Durchschnittsumsatz pro Vermietung um 5 Prozent gesteigert hat. Dies hat eine große Wirkung auf den Gewinn, da wir aus Kapitel 1 wissen, daß eine Erhöhung des Nettoerlöses um 1 Prozent den Gewinn im Durchschnitt um 11 Prozent erhöht.

Die Anhänger des »Power Pricing« beachten bei der zeitlichen Preisanpassung folgende Gesichtspunkte:

1. Sie kennen die Motive, die ihrem Programm zugrunde liegen. Welche Überlegung aus Abbildung 10.1 zutrifft, ist entscheidend für seine Entwicklung, Umsetzung und Bewertung.
2. Sie legen Ziele und Kennzahlen fest, mit denen der Erfolg des Programmes beurteilt werden kann. Allgemein übliche Kennzahlen sind der Durchschnittserlös pro Transaktion und die Kapazitätsauslastung.

3. Sie setzen das Programm kostenbewußt um, und im Mittelpunkt steht die Erhöhung des Deckungsbeitrages.
4. Sie bereiten detaillierte Kundendaten auf, die notwendig sind, um über die zeitliche Durchführung und die Höhe der Preisanpassung entscheiden zu können.
5. Sie betrachten die Konsequenzen der zeitlichen Preisanpassung für das ganze System.
6. Sie stellen sicher, daß das Programm der zeitlichen Preisanpassung und/oder die Präsentation dieses Programms keine Einstellungen oder kein Verhalten der Kunden bewirken, die für das Unternehmen langfristig nachteilig sind.

Praktische Vor- und Nachteile der zeitlichen Preisanpassung

In einigen Fällen ist die praktische Vorteilhaftigkeit einer zeitlichen Preisanpassung offensichtlich. Die Absatzwirkung auf den Kunden ist groß, doch die wertmäßigen Konsequenzen erfordern eine sorgfältige Analyse. Blattberg und Wisniewski berichten zum Beispiel, daß die Aktionselastizitäten viel größer sind als normale Preiselastizitäten. In den von ihnen analysierten Warengruppen waren die Preiselastizitäten ungefähr 2,5, während die Aktionselastizitäten (d.h. die Absatzwirkung kurzfristiger Preisaktionen) zwischen 8 und 11 lagen.[14] Dies bedeutet, daß eine kurzfristige Preissenkung von 1 Prozent im allgemeinen zu einer Absatzsteigerung von 8–11 Prozent führte. Es ist jedoch die Frage aufzuwerfen, woher dieser Zusatzumsatz stammt. Stammt er von Wettbewerbern oder sind es vorgezogene zukünftige Umsätze (»Borgen aus der Zukunft«)? Trotz der großen Wirkung von kurzfristigen Preisaktionen auf das Verhalten der Handelspartner und der Verbraucher erheben einige Experten gegen diese Preisstrategie Bedenken. Im Titel eines Artikels im Oktober 1992 bezog sich *Fortune*[15] auf die starke Verbreitung von kurzfristigen Preisaktionen im Lebensmittelhandel und bezeichnete diese Praxis als »die dümmste Marketingmasche« (»The Dumbest Marketing Ploy«). In dem Artikel wird die Unwirtschaftlichkeit der extremen Kaufbeschleunigung beschrieben, die durch kurzfristige Preisaktionen ausgelöst wird.

In den USA sind Procter & Gamble auf der Herstellerseite und Wal-Mart auf der Einzelhandelsseite die bekanntesten Befürworter einer Dauerniedrigpreisstrategie anstelle kurzfristiger Preisaktionen. Ein regionaler Supermarktbetreiber in Deutschland hat in 30 Jahren nicht eine einzige Preisaktion durchgeführt. Die Marktführerschaft dieses Unternehmens beruht auf der Kundentreue, die dadurch hervorgerufen bzw. bestärkt wird, daß dauerhaft ein gutes Preis-Leistungs-Verhältnis geboten wird. Der Kunde muß nicht immer nach dem Geschäft mit dem jeweils besten Schnäppchen suchen. Ortmeyer, Quelch und Salmon[16] erwähnen vier Hauptgruppen von Vorteilen als Folge einer Stabilisierung der Preise an Stelle kurzfristiger Aktionen:

1. *Bestandssenkung:* Konstante Preise stabilisieren die Nachfrage. Das reduziert den erforderlichen Sicherheitsbestand und vermeidet Vorratslücken. (Dies trifft nur zu, wenn der Wettbewerb nicht in großem Umfang kurzfristige Preisaktionen durchführt. In diesem Fall können eigene Preisaktionen zum Ausgleich notwendig sein, wenn man eine stabile Nachfrage im Zeitablauf erreichen will.)
2. *Effizienterer Personaleinsatz:* Es wird weniger Zeit damit verbracht, die Preisauszeichnungen der Ware zu ändern und mit der Spitzennachfrage fertig zu werden, die durch eine kurzfristige Preisaktion ausgelöst wird.
3. *Rolle und Kosten der Werbung:* Im Mittelpunkt der Werbung können eher der Produktwert und das Unternehmensimage als der Preis stehen.
4. *Verbesserung der Kundenbeziehungen:* Weniger Vorratslücken bedeuten weniger Unzufriedenheit. Verzicht auf Preisaktionen mit Tiefstpreisen bedeutet, daß der Kunde nicht verärgert ist, weil die Preise höher waren, als er kaufte. Häufige Preisaktionen gefährden die Glaubwürdigkeit einer Marke. Sie können den Ankerpreis nach unten drücken.

Jedesmal wenn ein Unternehmen überlegt, eine kurzfristige Preisaktion durchzuführen, müssen die möglichen negativen Konsequenzen berücksichtigt werden. Die Hauptüberlegungen in diesem Zusammenhang sind die folgenden.

1. Zusatz- oder Substitutionsumsätze

Wenn eine kurzfristige Preisaktion durchgeführt wird, ist ein Kernpunkt, ob Umsätze kannibalisiert werden, die man sonst zu höheren Preisen getätigt hätte. Wie bereits erwähnt, zeigen Studien über die Einlösung von Gutscheinen, daß die Einlöser von Gutscheinen großenteils bereits Stammverwender sind.

2. Kosten der zeitlichen Preisanpassung

Ein Preissystem mit zeitlichen Preisaktionen ist schwieriger zu kommunizieren und umzusetzen als ein System mit Einheitspreisen. Das seit 1996 geltende Preissystem der Deutschen Telekom hat zum Beispiel vier Entfernungszonen und sechs Zeitstufen. Selbst gewerbliche Kunden kennen nicht alle Preise – ganz abgesehen von den Verbrauchern. Bei Einsatz von Gutscheinen darf man nicht nur ihren Nennwert berücksichtigen, sondern muß auch die Distributionskosten und die Bearbeitungsgebühren bedenken. Bei einer durchschnittlichen Einlösungsquote für Gutscheine von 4 Prozent können die Kosten pro Einlösung eine wichtige Überlegung sein. Der Einsatz von kurzfristigen Preisaktionen in der Werbung und im persönlichen Verkauf kann andere Ziele der Kommunikation beeinträchtigen, insbesondere die Vermittlung des Produktwertes. Das Potential zur Umsatzsteigerung reicht häufig aus, um diese Kosten zu rechtfertigen, wie wir gezeigt haben, doch die zeitliche Preisanpassung muß groß genug sein, um die Kosten auszugleichen. The Breakers, das Urlaubshotel in Florida, das wir in Tabelle 10.3 erwähnt haben, hat eine schöne Broschüre, die überzeugend erklärt, welche Vorteile ein Paar von dem Paketangebot zu 279 Dollar pro Nacht hat. Die Aufzählung der Vorteile wird jedoch durch den Hinweis gestört, daß der Preis von 279 Dollar pro Nacht nicht am Freitag und Samstag gilt – dann steigt der Preis auf 295 Dollar pro Nacht an. Ist es gerechtfertigt, die Information über Vorteile zu stören, um die Preise für zwei Nächte um 5 Prozent zu erhöhen – besonders wenn die Verbraucher denken, daß es unfair ist, die Preise für eine feste Kapazität zu erhöhen, nur weil eine größere Nachfrage vorhanden ist? Solche begrenzten zeitlichen Preisanpassungen versuchen, den durchschnittlichen Zimmerpreis von 279 Dollar auf 5/7 (279 $) + 2/7 (295 $) = 283,57 Dollar anzuheben, das entspricht einer Steigerung von 1,6 Prozent. Wäre The Breakers mit einem Preis von 285 Dollar für alle Nächte besser beraten? Das Hotel Elysée in Hamburg scheint so zu denken und hat einen Festpreis von 270 DM pro Nacht.

Die meisten Pläne zur zeitlichen Preisanpassung haben ehrgeizigere Ziele zur Umsatzsteigerung als beim Hotel The Breakers und können daher höhere Kosten zur Kommunikation und Umsetzung verkraften. Der Kostenaspekt muß jedoch bei der Beurteilung, ob eine zeitliche Preisanpassung zweckmäßig ist, immer erkannt und berücksichtigt werden.

3. Systemeffekte

Eine große Steigerung der Absatzmenge ist vielleicht nicht das erwünschte Ergebnis. Alle Auswirkungen auf Produktion, Bestandshaltung und andere Kosten müssen berücksichtigt werden. Ein begrenzter Vorratskauf des Handels kann wünschenswert sein; doch im Extremfall kann er die ganze Logistik durcheinanderbringen. Im Rahmen einer Betrachtung des ganzen Systems müssen die Auswirkungen auf jene Beteiligten, die Bestände halten, eingeschätzt werden. Buzzell, Quelch und Salmon[17] haben geschätzt, daß durch Vorratskäufe, die durch Handelsaktionen ausgelöst wurden, die Gesamtkosten der Herstellung und Distribution von nichtverderblichen Lebensmitteln in den USA um einen Betrag erhöhen, der zwischen 1,15 Prozent und 2,0 Prozent des Einzelhandelsumsatzes liegt.

Was die Verbraucherpsychologie anbelangt, müssen drei wichtige Wirkungen berücksichtigt werden.

a. Wirkung auf Bezugs- oder Ankerpreis

Schaffen niedrige Preise im Rahmen von kurzfristigen Preisaktionen in der Vorstellung der Verbraucher neue Bezugs- oder Ankerpreise, die es schwierig machen, in Zukunft wieder höhere Preise durchzusetzen? Zum Beispiel haben Preiskriege der amerikanischen Fluggesellschaften viele Verbraucher veranlaßt, zu denken, daß 99 Dollar ein fairer Preis für den Flug von Boston nach Orlando sind. Jeder höhere Preis scheint danach inakzeptabel. Die Verbraucher denken so: »Wenn sie bereit waren, mich für 99 Dollar dorthin zu bringen, sollten sie auch bereit sein, es wieder zu tun.« Der 99-Dollar-Preis in der Vergangenheit hat eine negative Wirkung auf die gegenwärtige Nachfrage, falls der gegenwärtige Preis höher ist als 99 Dollar, weil die Verbraucher einen Preis von mehr als 99 Dollar für zu hoch halten. Forschungsergebnisse haben diese Wirkung allgemeiner beschrieben. Gutscheine können ein erfolgreiches Mittel sein, den Preis zu senken, ohne den direkten Einfluß auf den Bezugspreis, der von einer Senkung des Regal- oder Listenpreises ausgeht. Durch Bedingungen für den Aktionsverkauf – zum Beispiel: Güter müssen in einer Mindestmenge von 10 Einheiten gekauft werden – kann die Bildung unerwünschter Bezugspreise verhindert werden.

b. Schnäppchenjäger

Ein Geschäft verwendet den Slogan: »Bei uns zahlen Sie nie den vollen Preis«. Unter dem Einfluß der ausufernden Preisaktionen glauben manche Verbraucher, daß man tatsächlich nie den vollen Preis bezahlen muß. Irgendwo gibt es immer ein Schnäppchen. Der Versuch, Kunden von Rabatten abzubringen, war zum Beispiel ein großes Problem für die Autoindustrie in den USA, seitdem überhöhte Bestände eine Flut von Rabattangeboten auslösten. In einigen Fällen wollen die Anbieter, daß bestimmte Kunden mit ihrer Nachfrage auf Perioden mit niedrigen Preisen warten, zum Beispiel beim Telefonieren oder beim Stromverbrauch zum Nachttarif. In anderen Situationen muß jedoch sorgfältig darauf geachtet werden, den Verbraucher darüber zu informieren, wie er am besten kaufen sollte. Ein Mechanismus, um der Tendenz zu begegnen, daß der Kunde auf das nächste Sonderangebot wartet, ist als »Meistbegünstigungsklausel« bekannt. Darin wird dem Kunden garantiert, daß er in den Genuß jeder zukünftigen Preissenkung kommt. Lechmere Sales, der Elektrogeräte-Einzelhändler, bietet – wie andere Unternehmen auch – einen Preisschutz für 30 Tage. Als Chrysler Ende 1989 zum ersten Mal Rabatte von 1 000 Dollar auf seinen Minivan gewährte, garantierte das Unternehmen den Kunden, daß sie auch den zusätzlichen Rabatt erhalten werden, wenn das Unternehmen im Zeitraum Februar bis Oktober 1990 höhere Rabatte gewähren würde.[18]

c. Fairness

Man muß sicher sein, daß die Form und Präsentation der zeitlichen Preisanpassung so ist, daß keine Konflikte oder Animositäten zwischen den Kunden und dem Anbieter entstehen. Als American Airlines sein »Value Pricing« 1992 einführte, erkannte der Vorstandsvorsitzende Robert Crandall die Bedeutung einer Tarifstruktur, die der Kunde für fair hielt. Wie bereits erwähnt, war die zeitliche Preisanpassung bei den Fluggesellschaften so kompliziert, daß die Unternehmen Computerprogramme entwickelten, mit deren Hilfe die kostengünstigsten Flugtarife selbst mit bizarren Umwegen gefunden werden konnten. Für eine einzige Reise kauften einige Fluggäste zwei verschiedene Rückflugtickets und warfen dann die Hälfte davon weg. Die Preiskriege spielten sich nicht einfach zwischen Delta und American ab, sondern auch zwischen dem Fluggast und American.

Marketing- und Vertriebsleute müssen darüber nachdenken, was die Verbraucher als fair betrachten und welche zeitliche Preisanpassung angemessen ist. Ein Zuschlag für Spitzenzeiten wird manchmal nicht als fair angesehen, doch ein Rabatt für verkehrs- oder verbrauchsschwache Zeiten kann akzeptabel sein. Die Aufhebung eines Rabattes wird vielleicht als akzeptabel angesehen, eine Preiserhöhung jedoch nicht.[19] Allgemein gilt, je besser der Kunde vor dem Kauf über den Zeitplan für Preisaktionen informiert ist, desto größer ist die Wahrscheinlichkeit, daß die neue Situation als fair betrachtet wird. Langfristig ist es wichtig, als »fair« zu gelten, um ein schädliches Kaufverhalten und eine Konfliktbeziehung zwischen Anbieter und Kunden zu vermeiden, wie sie 1992 in der Luftfahrt in den USA herrschte.

Zusammenfassung

Kurzfristige Preisaktionen können den Gewinn nachhaltig steigern. Eine erfolgreiche Umsetzung erfordert jedoch einen auf Daten basierenden und gut durchdachten Plan.

- Verschiedene Nachfragesituationen – wie in Abbildung 10.1 beschrieben – können eine erfolgreiche zeitliche Preisanpassung sinnvoll machen.
- Die Anhänger des »Power Pricing« setzen kurzfristige Preisaktionen geplant und vorausschauend ein und sehen darin nicht einfach eine Möglichkeit zum Abbau von Lagerbeständen. Die der Aktion zugrundeliegende Zielsetzung wird klar verstanden und im ganzen Unternehmen kommuniziert.
- Die Informationsanforderungen für eine optimale Aktionspolitik sind beträchtlich. Den Managern werden komplizierte Fragen gestellt, wie zum Beispiel: Wie groß ist die Vorratskauf-Elastizität? Subjektive Beurteilungen sind oft nicht ausreichend. Es werden fundierte Methoden benötigt, die auf die Erhebung und Auswertung von Primärdaten setzen. Obgleich zeitliche Preisanpassungen potentielle Vorteile haben, können die Umsetzungskosten signifikant sein und müssen gegen die potentiellen Vorteile abgewogen werden.
- Zeitliche Preisanpassung kann zu Störungen in der Produktion und Distribution führen, insbesondere wenn die Nachfrage im wesentlichen über die Zeit stabil ist, so daß die Aktionen nur zu Zeitverschiebungen im Abfluß der Produkte führen.
- Vor der Umsetzung von Aktionen muß man die wirtschaftliche und emotionale Reaktion der Kunden gründlich bedenken.

Kurzfristige Preisaktionen sind ein weit verbreitetes Instrument, um höhere Gewinne zu erzielen. Nach unseren Erfahrungen ist dies aber auch ein Gebiet, auf dem die Praxis gründlich überprüft werden muß. Mit Ausnahme einiger Revenue- und Yieldmanagement-Systeme, die speziell für diese Zwecke entwickelt wurden, stützen sich die angewendeten Praktiken großenteils auf Adhoc-Entscheidungen und unvollständige Informationen. Deshalb gibt es bei kurzfristigen Preisanpassungen erhebliche Verbesserungspotentiale.

Anmerkungen

1 Blattberg, R. und Neslin, S.: *Sales Promotion Concepts, Methods and Strategies*, Englewodd Cliffs, NJ 1990, S. 319.
2 Die zugrundeliegende wirtschaftliche Theorie wird beschrieben in Lazear, E.: »Retail Pricing and Clearance Sales«, *American Economic Review*, März 1986, S. 14–32.
3 Berichtet in Ortmeyer, G., Quelch, J. A. und Salmon, W.: »Restoring Credibility to Retail Pricing«, *Sloan Management Review*, Herbst 1991, S. 55–66.
4 Wilkie, W. und Dickson, P.: »Shopping for Appliances: Consumers' Strategies and Patterns of Information Search«, Working Paper des Marketing Science Institute, November 1985.
5 Doob, A., Carlsmith, J., Feedman, J., Landauer, T. und Soleng, T.: »Effect of Initial Selling Price on Subsequent Sales«, *Journal of Personality and Social Psychology*, 11:4 (1969), S. 345–350.
6 Neslin, S. und Clarke, D.: »Relating the Brand Use Profile of Coupon Redeemers to Brand and Coupon Characteristics«, *Journal of Advertising Research*, 27:4, (Februar-März 1987), S. 23–32. Siehe auch die allgemeine Diskussion in Kapitel 10 von Blattberg und Neslin: a.a.O.
7 Bawa, K. und Shoemaker, R.: »The Coupon-Prone Consumer: Some Findings Based on Purchase Behavior Across Product Classes«, *Journal of Marketing*, 51:4 (Oktober 1987), S. 99–110.
8 Ehrenberg, A., Hammond, K. und Goodhardt, G.: »The After-Effects of Price-Related Consumer Promotions«, Arbeitspapier, März 1994.
9 Die diesem Prozeß zugrundeliegende wirtschaftliche Theorie wird beschrieben in Conlisk, J., Gerstner, E. und Sobel, J.: »Cyclic Pricing by a Durable Goods Monopolist«, *The Quarterly Journal of Economics*, August 1984, S. 489–505, und erweitert in Sobel, J.: »The Timing of Sales«, *Review of Economic Studies*, August 1984, S. 353–368.
10 Die Diskussion bezieht sich auf ein Modell von Gerstner, E. und Holthausen, D.: »Profitable Pricing When Market Segments Overlap«, *Marketing Science*, 5:1 (Winter 1986), S. 55–69. Gerstner und Holthausen behandeln das Problem verschiedener Märkte, doch ihr Argument kann leicht für die Anwendung auf Zeitperioden umformuliert werden.
11 Lazear, E.: a.a.O.
12 Das System von American Airlines wird beschrieben in Smith, B., Leimkuhler, J. und Darrow, R.: »Yield Management at American Airlines«, *Interfaces*, 22:1 (Januar-Februar 1992), S. 9–30.
13 Das System von Hertz wird beschrieben in Carroll, W. und Grimes, R.: »Evolutionary Change in Product Management: Experiences in the Car Rental Industry«, *Interfaces*, 25:5 (September-Oktober 1995), S. 84–104.
14 Blattberg, R. und Wisniewski, K.: Arbeitspapier. Ergebnisse werden vorgestellt in Blattberg und Neslin: *a.a.O.*, S. 351–357.
15 Sellers, P.: »The Dumbest Marketing Ploy«, *Fortune*, 5. Oktober 1992, S. 88ff.
16 Ortmeyer, G., Quelch, J. und Salmon, W.: »Restoring Credibility to Retail Pricing«, *Sloan Management Review*, Herbst 1991, S. 55–66.
17 Buzzell, R., Quelch, J. und Salmon, W.: »The Costly Bargain of Trade Promotion«, *Harvard Business Review*, März-April 1990, S. 141–149.
18 Guiles, M.: »Chrysler's New Incentives on Minivans Take Their Cue from Appli-

ance Stores«, *Wall Street Journal*, 18. Dezember 1989, S. B5. Die zugrundeliegende wirtschaftliche Theorie wird diskutiert in Png, I.: »Most Favored-Customer Protection versus Price Discrimination over Time«, *Journal of Political Economy*, 99:5 (Oktober 1991), S. 1010–1028.

19 Die Zulässigkeit von Revenuemanagementsystemen in der Hotelbranche wird behandelt in Kimes, S.: »Perceived Fairness of Yield Management«, *The Cornell H.R.A. Quarterly*, Februar 1994, S. 22–29.

Kapitel 11

Langfristige Preisstrategien

In Kapitel 10 haben wir kurzfristige Preisaktionen behandelt. In diesem Kapitel erläutern wir, wie Preisentscheidungen über die Zeit miteinander zusammenhängen, und betrachten die langfristige Entwicklung der Preise auf dem Markt. In Abbildung 11.1 ist der Systemzusammenhang zur Betrachtung langfristiger Preisstrategien dargestellt. Alle gegenwärtigen Wirkungszusammenhänge sind in dem gestrichelten Kasten enthalten. Der »gegenwärtige Preis« wirkt über die Preisabsatzkurve auf die »gegenwärtige Absatzmenge« – die per Größendegression unsere »gegenwärtigen Kosten« beeinflußt und zu dem »gegenwärtigen Deckungsbeitrag« führt. Abbildung 11.1 zeigt zudem vier dynamische Haupteffekte, durch die heutige Preisentscheidungen den zukünftigen Kontext für Preisbildung und Marketing-Mix beeinflussen. Wenn diese dynamischen Effekte ignoriert werden, geht das zu Lasten des langfristigen Gewinns. Wie wir zeigen werden, entwickelt der Anhänger des »Power Pricing« eine langfristige Strategie, die diese Effekte berücksichtigt. Die Berücksichtigung dieser dynamischen Effekte kann zu einer Preisentwicklung führen, die sich völlig von der kurzfristig gewinnmaximalen Preispolitik unterscheidet.

Drei der vier dynamischen Effekte, die in Abbildung 11.1 abgebildet sind, beeinflussen die zukünftige Lage der Preisabsatzkurve:

- Die gegenwärtige Absatzmenge kann die zukünftige Nachfrage positiv oder negativ beeinflussen – positiv, wenn gegenwärtige Verwender des Produktes in Zukunft wieder kaufen oder günstig über das Produkt sprechen; negativ, wenn sie ungünstig darüber sprechen oder Marktsättigung auftritt.
- Wie wir bei der Diskussion von Gutscheinen im Vergleich zu Regalpreissenkungen in Kapitel 10 erwähnt haben, kann der gegenwärtige Preis die Erwartungen der Kunden über zukünftige Preise beeinflussen und die Auffassung darüber, was fair ist. Kunden bilden einen Bezugspreis, der ein Maßstab ist, an dem zukünftige Preise beurteilt werden.

- Wie in Kapitel 4 ausgeführt, kann der gegenwärtige Preis den Markteintritt von Wettbewerbern, die Kapazitäten, Preise oder andere Marketingentscheidungen beeinflussen.

Der andere potentiell wichtige dynamische Einfluß betrifft die Kostenposition. Empirische Daten zeigen, daß die Kosten häufig mit steigender Absatzmenge durch Lern- oder Erfahrungskurven-Effekte sinken. Daraus folgt, daß mit einem niedrigeren gegenwärtigen Preis die zukünftigen realen Kosten sinken.

In diesem Kapitel diskutieren wir diese dynamischen Zusammenhänge und zeigen, wie man unter Berücksichtigung dieser Effekte den Preis anpassen sollte. Einige dynamische Effekte sind für den langfristigen Gewinn günstig und sollten unterstützt werden; andere sind es nicht, aber vielleicht unvermeidbar. Trotzdem ist die Vernachlässigung dieser Effekte gefährlich. Außerdem betrachten wir die langfristige Entwicklung sowohl der Wettbewerber als auch der Kunden, die vielleicht vom Unternehmen nicht direkt beeinflußt werden kann, jedoch zumindest antizipiert und so weit wie möglich gesteuert werden sollte.

In diesem Kapitel behandeln wir die folgenden Fragen:

1. Welches sind die langfristigen Wirkungen der Preisbildung und wie kommen diese Effekte zustande?
2. Welche Auswirkungen haben diese dynamischen Effekte auf die Entwicklung einer optimalen langfristigen Preisstrategie?
3. Wie kann man diese Effekte am besten steuern?
4. Wie entwickeln sich die Wettbewerbsbedingungen typischerweise im Zeitablauf?

Die Beantwortung dieser Fragen wird dazu beitragen, daß Sie:

- die Abwägung zwischen der Mitnahme kurzfristiger Gewinne und der Investition in die zukünftige Marktposition besser treffen können;
- eine langfristige Preisstrategie auswählen können, um die kontrollierbaren Faktoren in diesem System richtig zu steuern;
- die wahrscheinliche Entwicklung der Preise und Deckungsbeiträge in der Branche vorab einschätzen können;
- die Entwicklung des Wettbewerbs soweit möglich beeinflussen können;
- den langfristigen Gewinn sichern und eine Prognose für die Deckungsbeiträge, die langfristig erreichbar sind, erstellen können.

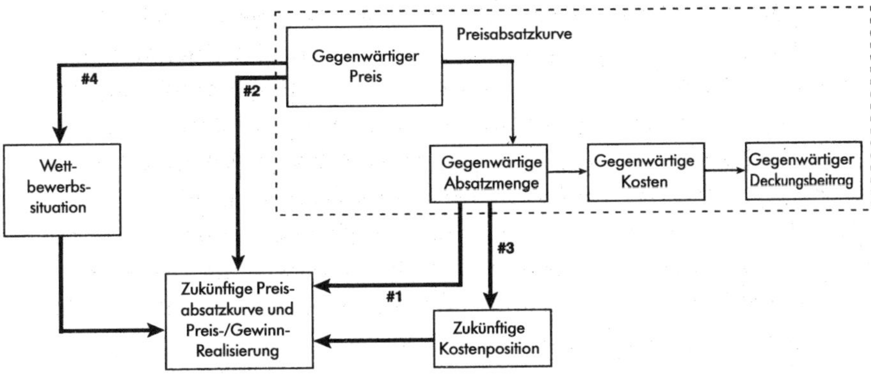

Abbildung 11.1: Systemzusammenhang für die langfristige Preisstrategie: die vier dynamischen Haupteffekte

Zusammenhang zwischen gegenwärtiger Absatzmenge und zukünftiger Nachfrage

In Abbildung 11.1 besteht ein dynamischer Zusammenhang (siehe Pfeil Nr. 1) zwischen der gegenwärtigen Absatzmenge und der zukünftigen Lage der Preisabsatzkurve. Eine Steigerung der gegenwärtigen Absatzmenge kann die zukünftige Nachfrage entweder positiv oder negativ beeinflussen. Die wichtigsten Zusammenhänge dieser Art sind in Tabelle 11.1 aufgeführt.

Tabelle 11.1: Einfluß der gegenwärtigen Absatzmenge auf die zukünftige Nachfrage

Positiver Einfluß	*Negativer Einfluß*
1. Schaffung von Bekanntheitsgrad	1. Negative Mundpropaganda
2. Verringerung der Unsicherheit – positive Mundpropaganda	2. Marktsättigung
3. Stammkunden mit hoher Kundenbindung	3. Verlust der Exklusivität
4. Aufbau von Markenpotential	
5. Netzwerkeffekte	

Wenn die gegenwärtige Absatzmenge eine positive Wirkung auf die zukünftige Preisreaktion der Nachfrage hat, sollte der Preis niedriger sein als der Preis, der den kurzfristigen Gewinn maximiert. Wenn umgekehrt eine negative Wirkung auftritt, sollte der jetzige Preis höher sein. Positive und negative Effekte können gleichzeitig wirken und die sich daraus ergebende Nettowirkung muß ermittelt werden.

Der erste positive Effekt in Tabelle 11.1 ist eine Steigerung der Absatzmenge, die dazu beiträgt, den Bekanntheitsgrad des Produktes zu erhöhen. Dieses trifft besonders dort zu, wo die Verwendung des Produktes für andere sichtbar ist, wie bei Autos oder Golfschlägern. Obgleich der Bekanntheitsgrad nur der erste Schritt zur Annahme eines Produktes ist, bildet er eine notwendige Voraussetzung. Zweitens kann eine Steigerung der Absatzmenge dazu beitragen, die Unsicherheit der Kunden über die Leistung des Produktes zu verringern – was entweder zu neuen Verwendern des Produktes oder Wiederholungskäufen durch Stammverwender führt. Intuit bei Computersoftware und Lexus bei Autos verfolgten beide die Strategie, bei der Erschließung des Marktes den Preis niedrig zu halten, um Kunden zu gewinnen und günstige Mundpropaganda zu erzeugen. Intuit führte sein Finanzprogramm Quicken zu einem Preis von 35–45 Dollar ein, wobei der Kunde zunächst nur Versandkosten bezahlte und den Produktpreis erst entrichten mußte, wenn er es nach einer Testperiode behalten wollte. Das Unternehmen verlangte nicht einmal, daß das Programm zurückgeschickt wurde, wenn der Kunde nicht damit zufrieden war. Intuits erklärte Strategie ist, daß die Anwender des Programms »Apostel« werden, die mit wenigstens fünf Freunden oder Bekannten über Quicken sprechen. Marktforschungserhebungen des Unternehmens haben ergeben, daß das »Apostel«-Programm funktioniert und die Hauptquelle für den Bekanntheitsgrad des Programms und für Produktinformationen ist. Quicken wurde Marktführer und hatte eine so starke Marktstellung, daß Microsoft sein konkurrierendes Finanzprogramm abstieß und versuchte, Intuit für mehr als 1,5 Milliarden Dollar zu kaufen.[1]

1989 führte Toyota den Lexus in den USA im Segment Luxusautos ein. Obgleich Lexus ein neuer Markenname war und in der Werbung kein Zusammenhang mit Toyota hergestellt wurde, war allgemein bekannt, daß der Lexus von dem Unternehmen stammte, das in letzter Zeit pro Jahr mehr als eine Million Autos in den USA verkauft hatte. Toyota erzielte Spitzenumsätze mit dem Corolla und dem Camry – Autos mit einem hervorragenden Ruf für Zuverlässigkeit und hohem Wert, jedoch kaum die Grundlage, um zu glauben, daß Toyota ein Luxusauto liefern könnte. 1989 betrug der Preis für den Lexus LS400 35 000 Dollar und es wurden 16 000 Stück verkauft. In Abbildung 11.2 ist die Preisentwicklung für das Modell LS400 in den USA dargestellt. Bemerkenswert ist, daß der Preis im Zeitraum 1989 bis 1995 um 48 Prozent erhöht wurde. 1990 sprangen die Verkäufe auf 63 000 Stück. Frühere Käufer des LS400 mach-

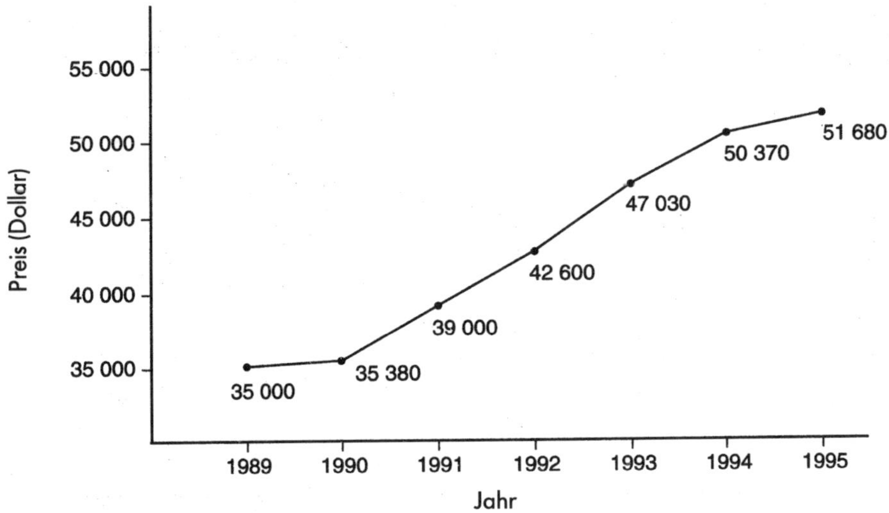

Abbildung 11.2: Preisentwicklung des Lexus LS400 in den USA 1989–1995

ten äußerst positive Mundpropaganda für das Produkt. 1992 wurde der LS400 in der jährlichen Autoausgabe des *Consumer Reports* begeistert beschrieben: »Verbindet fortgeschrittene Technik mit fast jedem denkbaren Komfort, Sicherheit und Ausstattung, die diesen Wagen zu dem am besten bewerteten Auto machen, das wir je getestet haben.« Der LS400 wurde der Standard für ein günstiges Preis-Leistungsverhältnis im Luxussegment und führte regelmäßig die Ranglisten der Kundenzufriedenheit an. Die anfängliche Unsicherheit, die Kunden darüber empfanden, ob Toyota ein wirkliches Luxusauto bauen könnte, verschwand. Toyota erhöhte ständig die Preise. Der niedrige Preis 1989 erleichterte es dem Lexus, schnell in den Markt einzudringen, Aufmerksamkeit zu erlangen und eine gute Wertschätzung zu schaffen. Dies ist ein klassisches Beispiel einer Penetrationspreisstrategie. Mit 35 000 Dollar war der Preis des Lexus 1989 zu niedrig, um den Gewinn für 1989 zu maximieren. Nur wenn der Einführungspreis von 35 000 Dollar als Instrument zum Ausbau der zukünftigen Marktposition betrachtet wird, kann er als Beispiel für »Power Pricing« verstanden werden.

Ein anderes Beispiel für den Abbau der Unsicherheit durch einen niedrigen Preis und einen hohen Absatz stammt aus dem Arzneimittelmarkt in den USA. Wie in Abbildung 11.3 dargestellt, erhöhte Glaxo in den USA den Preis für Zantac, ein Präparat gegen Magengeschwüre, allmählich. Im Laufe der Zeit

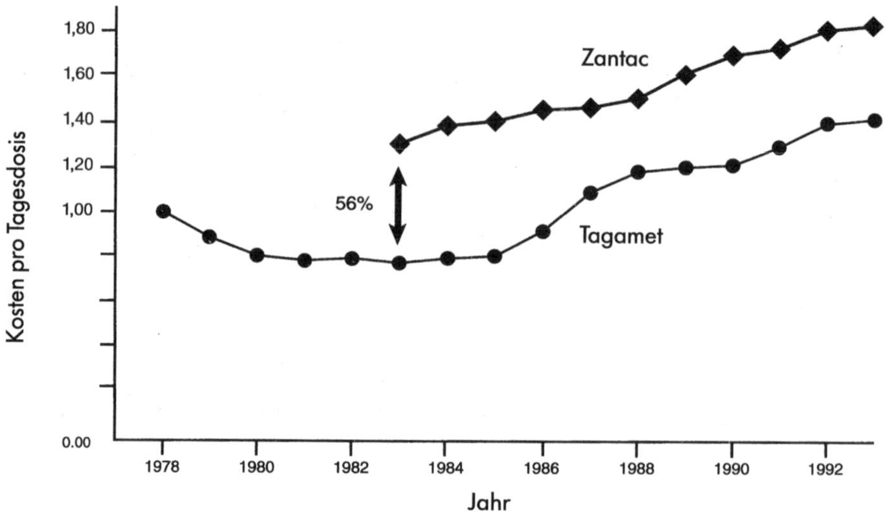

Abbildung 11.3: Preisentwicklung einer Tagesdosis von Tagamet und Zantac (reale Preise in Dollar; Basis: 1982–1984)

wurde die Leistung des Produktes stärker anerkannt und die Unsicherheit der verschreibenden Ärzte und der Patienten ging zurück.[2]

In Kapitel 1 haben wir die Preispolitik von Glaxo als ein gutes Beispiel für die Berücksichtigung der Kundenwertschätzung im Rahmen der Preisfindung erwähnt. Vor der Einführung von Zantac war Tagamet – der konkurrierende H_2-Antagonist von SmithKline – das am stärksten verkaufte Arzneimittel auf der Welt. Der Preis von Tagamet fiel in den USA von 1977 bis 1982 um 20 Prozent. Bei Glaxo waren einige Manager der Auffassung, daß Zantac als zweites Präparat im Preis unter dem Pionier Tagamet liegen sollte.[3] Sir Paul Girolami, der seinerzeitige Vorstandsvorsitzende, erkannte jedoch die Überlegenheit von Zantac und entschied, daß Zantac teurer verkauft werden sollte als Tagamet. Bei der Einführung in den USA lag der Preis von Zantac 56 Prozent über dem Preis von Tagamet. Glaxo und sein amerikanischer Marketingpartner Roche, Inc. unternahmen die notwendigen Marketinganstrengungen, um Zantacs überlegene Leistung zu kommunizieren. Allmählich wurde das Sicherheitsprofil von Zantac durch Besuche von Außendienstmitarbeitern bei Ärzten und die zunehmende Zahl von klinischen Studien überzeugend ausgebaut. Seine Wirksamkeit wurde in der täglichen Behandlung von Patienten bestätigt, die jetzt weniger Beschwerden und weniger Angst vor einer Magenoperation hatten. Obgleich es ein mutiger strategischer Zug von Glaxo war, den Einführungspreis für das neue Produkt 56 Prozent über dem Preis des Pioniers Tagamet anzusetzen, war es genauso klug, den Preis in Übereinstimmung mit der steigenden Wertschätzung für das Produkt durch die Kunden zu erhöhen. Der Preis stieg real fast kontinuierlich und lag im zehnten Jahr 50 Prozent über dem Einführungspreis. Dies konnte erreicht werden, obgleich nach 1986 weitere konkurrierende Präparate von Merck und Lilly eingeführt wurden.

Der dritte positive Effekt in Tabelle 11.1 sind die Stammkunden bzw. die Verstärkung der Kundenbindung. Eine Preispolitik, die es ermöglicht, bei einem Kunden »den Fuß in die Tür zu bekommen«, kann ein zweckmäßiges Vorgehen sein. Intuits niedriger Preis war begründet mit dem »Apostel«-Effekt, wie wir bereits erwähnt haben, jedoch auch durch die Tatsache, daß ein Käufer von Quicken 2.0 ein guter Kandidat für den Wechsel zu Version 3.0, 4.0 usw. ist, sowie auch für komplementäre Produkte wie elektronische Überweisung eine hohe Kaufwahrscheinlichkeit entwickelt. Daher kann ein günstiger Einführungspreis als Investition in die Kundenbeziehung betrachtet werden. Als Computer Associates den Markt betrat, um Intuit herauszufordern, verschenkten sie ihr Produkt an die erste Million Kunden, um eine Stammkundschaft aufzubauen. Die Fluggesellschaft, die als erste einen neuen Flugzeugtyp einführt, erhält im allgemeinen einen Vorzugspreis. Universitäten werden häufig attraktive Angebote für Hard- und Software gemacht. Zum einen können Hochschulen sehr gut als Referenz verwendet werden, zum anderen wird die Entwicklung der zukünftigen Nachfrage günstig beeinflußt, weil die Studenten mit den Produkten vertraut sind und sie später verwenden.

Im Zusammenhang damit steht der vierte Einfluß: das Markenpotential. Im allgemeinen wächst die Stärke einer Marke mit ihrer Präsenz im Markt. Wenn eine Marke zu den führenden Produkten einer Branche gehört, kann dies die Wertschätzung der Kunden für dieses Produkt entscheidend verbessern. Um die führende Position zu erreichen, kann ein günstiger Eintrittspreis sinnvoll sein.

Der Netzwerkeffekt trifft schließlich auf jene Situationen zu, in denen die Nützlichkeit eines Produktes mit der Anzahl der Leute steigt, die es haben. Ein frühes Beispiel dafür ist das Telefon. Aktuellere Beispiele gibt es im Bereich der Software, wo Word der Industriestandard für Textverarbeitung wurde. Der weitverbreitete Einsatz dieses Programms schuf einen Wert für den einzelnen Anwender, der in der Nähe Hilfe finden konnte und Dateien innerhalb seines Unternehmens oder mit anderen Unternehmen austauschen konnte. Entsprechend steigt die Chance, E-mail-Nachrichten senden zu können, mit der Anzahl der Systemteilnehmer. Um die Entwicklung eines Netzwerkes voranzubringen, werden die Preise unter dem Niveau gehalten, das den kurzfristigen Gewinn maximieren würde.

In der Literatur werden vielerlei allgemeine Empfehlungen für die Preispolitik im Verlauf des Produktlebenszyklus ausgesprochen. Diese allgemeinen Konzepte sind jedoch nicht sehr nützlich. Empirische Analysen haben gezeigt, daß es sehr von der spezifischen Situation abhängt, ob die Preiselastizität im Verlauf des Produktlebenszyklus steigt oder zurückgeht. Daher sollte jeder Einzelfall geprüft werden, um die relative Bedeutung der fünf dynamischen Effekte abschätzen zu können. Diese Bedeutungen verändern sich im Zeitablauf. In der Regel sind diese Effekte in den Anfangsphasen des Produktlebenszyklus am stärksten. Während der Einführung eines Produktes können die dynamischen Effekte es rechtfertigen, wesentlich unter dem Preis zu verkaufen, der den gegenwärtigen Gewinn maximieren würde – vielleicht sogar unter den Kosten, wie es Computer Associates tat, als sie die erste Million Kopien des Programms CA-Simple Money verschenkten. Der angemessene Reduktionsfaktor sinkt jedoch im Zeitablauf, und das Entscheidende ist, nicht so lange mit aggressiven Einführungspreisen zu operieren, bis der Markt verschwunden ist, bevor Gewinne erzielt werden. In Märkten mit kurzen Produktlebenszyklen können Penetrationspreise riskant sein. Man kommt nie dazu, die anfänglichen Investitionen zu ernten, da der Markt verschwindet oder das Preisniveau noch weiter absinkt.

Zusätzlich zu den fünf positiven Effekten, die wir gerade diskutiert haben, zeigt Tabelle 11.1 drei mögliche negative Einflüsse. Die Gefahr einer negativen Mundpropaganda muß stets einkalkuliert werden. Ein niedriger Einführungspreis, der den Absatz stimuliert, kann eventuell mehr Nachfrage schaffen als zuverlässig befriedigt werden kann. Falls es noch Unsicherheiten oder mögliche Fehler im Produkt gibt, kann eine langsamere Produkteinführung – die durch hohe Preise gesteuert wird – angezeigt sein. Ein Arzneimittelhersteller erwartete bei einem neuen Präparat bei einer Million Anwendungen ein bis zwei Fälle mit ernsthaften Komplikationen. Das Unternehmen glaubte, daß es mit wenigen Fällen dieser Art fertig werden könne, da man im Zuge der Erfahrungen lernte, den Einsatzbereich für dieses Präparat und mögliche Nebenwirkungen näher zu spezifizieren. Folgerichtig wollten sie einen Einführungspreis haben, der nicht mehr als eine Million Verschreibungen pro Jahr induzierte. Ein Manager dieses Unternehmens drückte es so aus: »Wenn unser Preis zu niedrig ist und wir zehn Millionen Verschreibungen auslösen, müssen wir uns sicherlich mit zehn bis zwanzig ernsthaften Problemfällen auseinandersetzen. Das würde das Ende für dieses Präparat sein.«

Ein einfaches Beispiel demonstriert den zweiten möglichen negativen

Effekt: Marktsättigung. Betrachten wir eine Gruppe von potentiellen Verwendern eines langlebigen Gutes, die dem Produkt folgenden Wert beimessen:

% der Kunden	*Wert ($)*
25	100
25	90
25	70
25	40

Die entsprechende Preisabsatzkurve ist in Abbildung 11.4 dargestellt. Nehmen wir an, die Stückkosten betragen 20 Dollar. Ein Preis von 70 Dollar maximiert den Gewinn kurzfristig. Da es sich um ein langlebiges Produkt handelt, sind die einzigen, die noch als Käufer in Frage kommen, jene 25 Prozent, deren Zahlungsbereitschaft 40 Dollar ist. Demnach wäre die empfehlenswerte Strategie, den Preis später auf 40 Dollar zu senken. Bei angenommenen Stückkosten von 20 Dollar ergibt sich ein durchschnittlicher Deckungsbeitrag pro Stück in Höhe von 0,75 × 50 + 0,25 × 20 = 42,50 Dollar.

Der Einführungspreis von 70 Dollar, der zwar den kurzfristigen Gewinn maximiert, hat jedoch einen zu großen Teil der zukünftigen Nachfrage abgeschöpft. Eine bessere Strategie wäre, den Einführungspreis auf 90 Dollar zu setzen und zunächst nur an 50 Prozent der potentiellen Kunden zu verkaufen. Der Gewinn in der Anfangsphase wäre dann zwar 7 Prozent geringer, doch 50 Prozent des Marktes könnten in Zukunft noch bearbeitet werden. Wenn dann an die 25 Prozent der potentiellen Kunden, deren Wertschätzung für das Produkt 70 Dollar beträgt, zu diesem Preis verkauft würde, erhält man einen durchschnittlichen Deckungsbeitrag pro Stück von 0,5 × 70 + 0,25 × 50 = 47,50 Dollar. Selbst wenn man nicht an die restlichen potentiellen Kunden mit einer Wertschätzung von 40 Dollar verkauft, erhöht sich der Deckungsbeitrag um 12 Prozent, weil man das begrenzte Marktvolumen und den Marktsättigungseffekt berücksichtigt hat. Falls durchführbar, ist es selbstverständlich die beste Strategie, den Preis in Übereinstimmung mit der Preisabsatzkurve über die Zeit anzupassen, das heißt den Preis sukzessiv von 100 auf 90 auf 70 auf 40 Dollar zu senken und bei jedem Schritt an 25 Prozent der Kunden zu verkaufen. Damit wird ein durchschnittlicher Deckungsbeitrag pro Stück von 55 Dollar erzielt, das entspricht einer Steigerung von 29 Prozent im Vergleich zum Deckungsbeitrag, der den kurzfristigen Gewinn maximiert.

Der dritte mögliche negative Effekt ist der Verlust der Exklusivität. Einige Produkte leiten einen Teil ihres Wertes für ihre engere Zielgruppe aus der Tatsache ab, daß ihr Preis so angesetzt ist, daß sie für viele Kunden zu teuer sind. Die

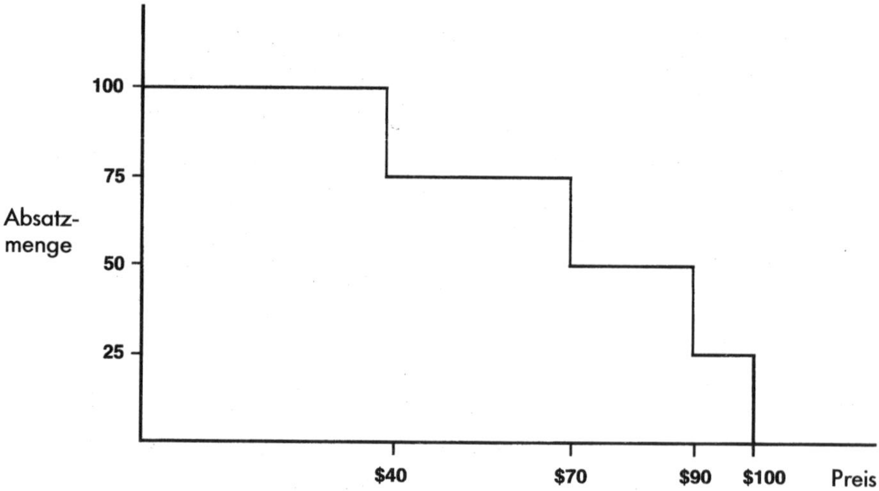

Abbildung 11.4: Preiabsatzkurve für ein langlebiges Konsumgut

Werbung eines Herstellers von Luxusgepäck verzichtet zum Beispiel auf den üblichen Text: »Erhältlich in feinen Geschäften überall auf der Welt«, sondern signalisiert Exklusivität, indem das Unternehmen stolz bemerkt: »Nicht überall erhältlich«. Eine Preissenkung für ein Prestigeprodukt wie eine Hermes-Krawatte, einen Mercedes der S-Klasse oder einen Aufenthalt im Hotel Bristol in Paris kann zwar den kurzfristigen Gewinn steigern – doch geht das zu Lasten des zukünftigen Wertes in den Augen der langfristigen Stammkunden.

Wie bereits erwähnt, können verschiedene der dynamischen Faktoren gleichzeitig wirken und ihre Stärke kann sich im Zeitablauf ändern. Diese Effekte zu erkennen und damit fertig zu werden, zeichnet die Bemühungen der Anhänger des »Power Pricing« aus.

Direkter Einfluß des gegenwärtigen Preises auf die zukünftige Nachfrage

Häufig kommt die Frage auf: »Wenn ich den Preis erhöhen muß, sollte ich dann mehrere kleine oder wenige große Preiserhöhungen vornehmen?« Ein Lieferant von Chemikalien, der mit diesem Problem konfrontiert war, erzählte uns vor kurzem: »Ich muß meine Preise dieses Jahr um 8 Prozent erhöhen – ich würde viel lieber versuchen, dies in zwei Schritten mit Preiserhöhungen von jeweils 4 Prozent zu tun als mit einer einzigen Erhöhung von 8 Prozent.« Dies zeigt die praktische Problematik von Bezugspreisen, die wir in Kapitel 10 behandelt haben. Der gegenwärtige Preis spielt in der Beurteilung der Kunden eine große Rolle. Abweichungen von der Preisvorstellung des Kunden können eine stark negative Wirkung auf den Absatz haben. Betrachten wir zum Beispiel ein Unkrautbekämpfungsmittel, dessen Preis in dieser Verkaufssaison 12 DM beträgt. Im Rahmen einer statischen Betrachtung würden wir sagen, daß dieser Preis von 12 DM zu einer bestimmten Absatzmenge führt und unsere Analyse darauf beschränken. Jedoch kann der Absatz bei dem Preis von 12 DM in dieser Verkaufssaison davon abhängen, ob der Preis im letzten Jahr 12 DM betrug – also keine Preisänderung stattfand, ob er 8 DM betrug – und somit eine Preiserhöhung von 50 Prozent eintritt, oder bei 16 DM lag – der Preis dieses Jahr also um 25 Prozent gesenkt wird.

Die Preiserhöhung um 50 Prozent unterscheidet sich wahrscheinlich von den anderen Szenarien, obwohl alle in dieser Saison den gleichen Preis von 12 Dollar beinhalten. Die Adaptionstheorie[4], die in verschiedenen Verhaltensstudien bestätigt wurde, vertritt die Auffassung, daß die Reaktion auf einen Stimulus (gegenwärtiger Preis) nicht nur durch die Stärke des Reizes, sondern auch durch die Beziehung dieses Reizes zu vorhergehenden Reizen (frühere Preise) bestimmt wird. Dieser Effekt wurde in Feldexperimenten[5] nachgewiesen, in denen zwei Szenarien verglichen wurden:

Szenario A: Das Produkt wurde zum »Normalpreis« eingeführt und auf diesem Niveau gehalten.

Szenario B: Das Produkt wurde für einen kurzen Zeitraum zu einem Preis eingeführt, der unter dem »Normalpreis« lag, und dann wurde der Preis auf das Normalpreisniveau von Szenario A angehoben.

Wie theoretisch zu erwarten war, erzielten die niedrigen Preise des Szenarios B in der Einführungsphase höhere Absätze als die Preise von Szenario A. In den Phasen, in denen jedoch in beiden Gruppen zu »Normalpreisen« angeboten wurde, waren die Absätze in Szenario B für alle fünf Produkte, die analysiert wurden, trotz gleicher Preise *geringer* als in Szenario A. Die Preiserhöhung in Szenario B hatte also einen negativen Einfluß. Blattberg und Neslin[6] weisen darauf hin, daß es verschiedene mögliche Erklärungen für dieses Ergebnis gibt. Die Beobachtungen stimmen jedoch mit der Adaptionstheorie überein, die im wesentlichen die Auffassung vertritt, daß in Szenario B der niedrige Einführungspreis für einige Kunden zum Bezugspreis geworden war. Nachdem auf den »Normalpreis« angehoben wurde, erfolgte ein Vergleich mit dem niedrigen Einführungspreis. Der Absatz in Szenario B zum »Normalpreis« wurde durch die Tatsache gedrückt, daß »dies mehr ist als man vorher bezahlt habe«.

Abbildung 11.5 zeigt eine allgemein bekannte Beziehung zwischen Preiserhöhung bzw. Preissenkung und Absatzwirkung.[7] Der Kunde entwickelt einen Bezugspreis, der die Grundlage wird, von der aus er beurteilt, wie günstig ein aktueller Preis ist. Wie der steile untere Teil der Kurve in Abbildung 11.5 zeigt, ist die negative Wirkung einer »Preiserhöhung« im Vergleich zum Bezugspreis größer als die positive Wirkung einer entsprechenden »Preissenkung«, das heißt, die Wirkung ist asymmetrisch. Wenn der aktuelle Preis höher ist als der Bezugspreis, betrachtet der Kunde dies als einen »Verlust« oder »Nachteil« – weil er mehr Geld ausgeben muß, als er erwartete. Die zugrundeliegende Prospekttheorie vertritt die Auffassung, daß solche Verluste mehr »schmerzen« als gleich große Gewinne »erfreuen«. Wie der Kunde diesen »Bezugspreis« entwickelt, hängt von der Situation und den Maßnahmen des Unternehmens ab. In einem Wettbewerbsmarkt mit vielen ähnlichen Alternativen, unter denen man wählen kann, und leicht verfügbaren Preisinformationen neigt der Kunde dazu, die Konkurrenzpreise als Hauptinput zur Entwicklung eines Bezugspreises zu verwenden, zum Beispiel: »Ein Sony-Fernsehgerät darf 5 Prozent mehr kosten als ein vergleichbares Gerät von Hitachi oder RCA.« In Märkten, in denen der Kunde in einer Beziehung zum Verkäufer steht und es wenig gleichartige Wettbewerber gibt oder Informationen über deren Preise nur schwer zu bekommen sind, übernehmen die eigenen Preise des Unternehmens in der Vergangenheit die Bezugsfunktion: »Weil die Personalkosten letztes Jahr um drei Prozent gestiegen sind, werde ich eine Preissteigerung von zwei bis drei Prozent im Vergleich zum Vorjahr akzeptieren, mehr ist einfach nicht akzeptabel.«

Die Anhänger des »Power Pricing« berücksichtigen diese Zukunftseffekte bei der Festlegung und Kommunikation von Preisen. Wenn die Kunden die früheren Preise des Anbieters verwenden, um Bezugspreise zu bilden, spricht dies für häufigere kleine Preissteigerungen und gegen wenige große Preiserhöhungen. Darüber hinaus steuern die Anhänger des »Power Pricing« die Bildung von Bezugspreisen, indem sie den Markt vorab informieren. Zum Beispiel kann der Markt über Steigerungen der Faktorkosten, wie in dem vorstehenden Zitat eines Kunden angesprochen, informiert werden. Diese Umsetzungsaspekte werden wir detailliert in Kapitel 12 behandeln. Für die Elektroindustrie stellte Sultan fest: »Die Energieversorgungsunternehmen verlangten, daß die Preiserhöhungen für ihre Turbinen durch die Kostenentwicklung begründet seien. Die Steigerung der Faktorpreise galt als Maßstab dafür, was als gerechtfertigte und vernünftige Preiserhöhung angesehen werden könne. ...

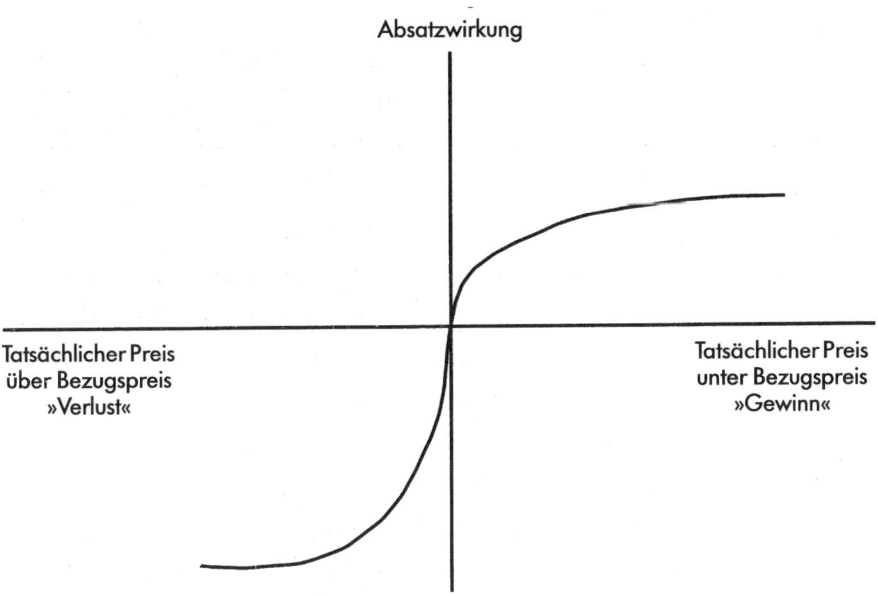

Abbildung 11.5: Asymmetrischer Einfluß der Preise, die über und unter dem Bezugspreis liegen

[Dies] bestimmte im wesentlichen den Aufwärtstrend für die Preise von Turbinengeneratoren unter günstigen Marktbedingungen.«[8] Obgleich zusätzliche Informationen über die Preise bei der Bildung von Bezugspreisen sehr nützlich sein können, sind im allgemeinen der zuletzt vom Kunden bezahlte Preis und seine Auffassung über die neue Preispolitik (selbst wenn er keine Marktbeobachtungen gemacht hat) entscheidend und es ist gefährlich, diesen dynamischen Effekt zu ignorieren. Wie bereits erwähnt, können niedrige Einführungspreise wie beim Toyota Lexus eine kluge Strategie sein. Man sollte jedoch bei der Festlegung von niedrigen Preisen sehr vorsichtig sein, weil diese zum Hemmschuh für die zukünftige Preispolitik werden können. Die ausdrückliche Kennzeichnung als »Einführungspreise« oder »Einführungsrabatt« kann dazu beitragen, diese Gefahr zu mildern.

Die gegenwärtigen Preise haben in diesem Zusammenhang eine zweite Wirkung auf die zeitliche Verteilung der Einkäufe. Hierzu paßt die bekannte Geschichte von einem potentiellen PC-Käufer, der sagt: »Ganz gleich, was ich kaufe oder was ich bezahle, ich weiß, ich werde einen großen Fehler machen – weil ich einen solchen PC in sechs Monaten 25 Prozent billiger bekommen kann.« Nach den Daten der Europäischen Beobachtungsstelle für Informationstechnologie fiel der Einzelhandelsverkaufspreis eines Pentium-PC, der in Europa Mitte 1993 6000 Dollar kostete, bis Mitte 1994 um 46 Prozent und von Mitte 1994 bis Mitte 1995 erneut um 30 Prozent. Einige Experten beschreiben die Computerindustrie durch eine »2 Prozent pro Monat«-Regel; das heißt, sie nehmen an, daß die Preise für ein bestimmtes Modell um 2 Prozent pro Monat oder ungefähr 25 Prozent pro Jahr sinken werden. Was würde passieren, wenn der Kunde ebenfalls dieser Auffassung ist? Sofern ein Kunde nicht dringend einen Computer braucht, wie soll er entscheiden können, ob jetzt der richtige Zeitpunkt für den Kauf ist? Die ständige Folge von Preissenkungen kann die kurzfristige Nachfrage aushöhlen, weil die Kunden versuchen, den Kauf so lange wie möglich aufzuschieben. Selbst wenn ihre Wertschätzung für das Produkt über den gegenwärtigen Preisen liegt, sehen sie einen Vorteil darin, weiter auf fallende Preise zu warten.

Es gibt keine allgemeine Antwort auf die Frage nach dem besten Vorgehen bei Preiserhöhungen, mit der wir diesen Abschnitt begonnen haben. Es hängt alles davon ab, wie Bezugspreise gebildet werden, und dieser Aspekt variiert mit der Situation. Die Anhänger des »Power Pricing« erkennen die Bedeutung der Bildung von Bezugspreisen, verstehen diesen Prozeß, steuern ihn und beurteilen Preise vor diesem Hintergrund.

Gegenwärtiger Preis und zukünftige Kosten

Der dritte Zusammenhang in Abbildung 11.1 ist die indirekte Wirkung des Preises auf die zukünftigen Kosten:

$$\text{Preis} \rightarrow \text{Absatzmenge} \rightarrow \text{zukünftige Kosten.}$$

Eine bekannte Form dieses Einflusses ist die Erfahrungskurve, die Anfang der siebziger Jahre durch die Boston Consulting Group weit verbreitet wurde. Wie in Abbildung 11.6 dargestellt, nimmt dieses Modell an, daß zwischen den Stückkosten und der kumulierten Produktionsmenge ein kausaler Zusammenhang besteht, das heißt, die Stückkosten sinken mit jeder Verdoppelung der kumulierten Produktionsmenge um einen festen Prozentsatz. In vielen Branchen wurde diese Hypothese durch empirische Untersuchungen bestätigt, mit Kostensenkungen, die etwa zwischen 15 Prozent und 25 Prozent bei jeder Verdoppelung der kumulierten Produktion liegen.

Der genaue Zusammenhang zwischen kumulierter Produktionsmenge und

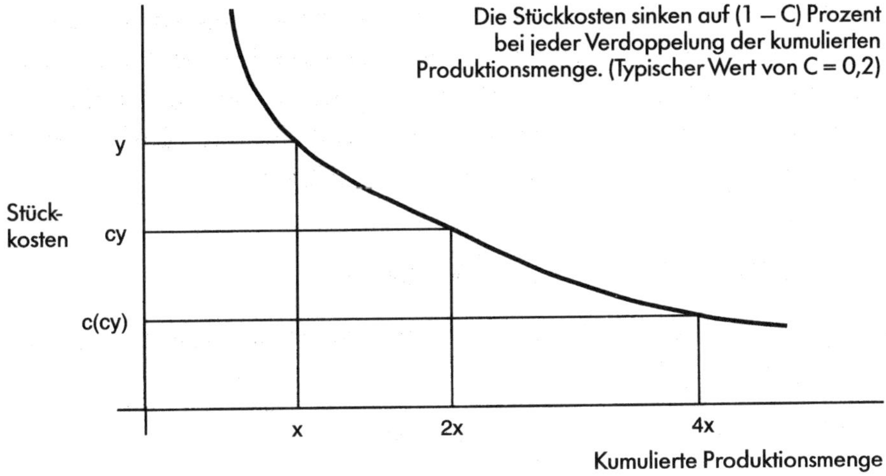

Abbildung 11.6: Modell der Erfahrungskurve

Stückkosten ist situationsspezifisch. Der wichtige Punkt ist: Falls es einen Zusammenhang gibt, nach dem die Stückkosten systematisch mit der kumulierten Produktionsmenge sinken, dann führt eine Preisstrategie, die den langfristigen Gewinn maximiert, zu niedrigeren Preisen als jene, die kurzfristig den Gewinn maximieren.

Man sollte die Preise so festlegen, daß man sich auf der Lernkurve nach unten bewegt. Dolan und Jeuland[9] zeigen, daß die Preispolitik die durch die Erfahrungskurve bedingten Kostensenkungen vorwegnehmen sollte, wenn sich die Nachfragesituation nicht wesentlich verändert. Daher ist die optimale Strategie, zu jedem Zeitpunkt einen Preis zu setzen, der unter dem Preis liegt, der den kurzfristigen Gewinn maximieren würde. Preise sollten niedrig angesetzt werden, um den Markt zu durchdringen – wobei die kurzfristig niedrigeren Deckungsbeiträge in Zukunft sowohl durch größere Absatzmengen als auch niedrigere Kosten ausgeglichen werden.

Preisfindung auf der Grundlage der Erfahrungskurve kann ein guter Weg zu langfristigem Gewinn sein. Die Product Portfolio Matrix der Boston Consulting Group mit ihren Cash Cows, die durch hohe Marktanteile und geringes Marktwachstum gekennzeichnet sind, war ein Instrument, das aus dem Erfahrungskurven-Denken abgeleitet wurde. Brock[10] beschreibt in seiner Analyse der amerikanischen Computerindustrie die Zusammenhänge zutreffend: »Den Marktanteil kann man als eine Form von Guthaben betrachten, das durch aggressive Strategien gebildet wird und das durch spätere Anhebung der Preise eingelöst werden kann...« Naive Anwendungen von Preiskonzepten in Anlehnung an die Erfahrungskurve endeten jedoch für einige Unternehmen katastrophal, da sie blind das Marktanteilsziel verfolgten; sie wurden Marktführer, dies war jedoch ein Pyrrhus-Sieg, weil sie dabei keinen Gewinn erzielten. Der Kampf um Marktanteile führte zu Preiskriegen und zum Preisverfall. Die in den späteren Phasen des Produktlebenszyklus erwarteten Gewinne kamen nie zustande.

Einfluß des gegenwärtigen Preises auf den Wettbewerb

In Kapitel 4 haben wir das Wechselspiel der Wettbewerbspreise behandelt. Wir wiesen insbesondere darauf hin, daß die Anhänger des »Power Pricing« wahrscheinliche Reaktionen der Wettbewerber bei ihrer Preis- und Marktstrategie berücksichtigen und dabei die Gewinnsituation der gesamten Branche im Auge behalten. Wie im dynamischen Effekt Nr. 4 in Abbildung 11.1 gezeigt, kann der gegenwärtige Preis einen Einfluß auf die Entscheidung potentieller Wettbewerber über ihren Markteintritt und die Kapazitätsplanung der Marktteilnehmer haben. Diese Faktoren beeinflussen ihrerseits die zukünftige Preisentwicklung.

Wir haben aufgezeigt, daß die Kapazitätsauslastung einer Branche in zahlreichen Situationen der Schlüssel zum Preiswettbewerb ist; in diesem Zusammenhang verweisen wir auf Sultans[11] detaillierte Studie über des Oligopol in der amerikanischen Elektroindustrie, die Preisaspekte mit der Wettbewerbsintensität verband. Diese Intensität wurde wiederum durch die Situation der Produktion, das heißt durch Auftragsbestand und Kapazitätsauslastung beeinflußt. In der amerikanischen Reifenindustrie fiel der mittlere Endpreis für Pkw-Reifen während der achtziger Jahre um mehr als 25 Prozent, eine Ursache: die Kapazitätsauslastung sank auf 76 Prozent.[12]

Die Preise für Speicherchips sanken 1992 um mehr als 25 Prozent. Der Preis eines 4 MB DRAM-Chips ging von 38 Dollar im Jahre 1990 auf weniger als 12 Dollar in 1992 zurück. Von 1992 bis 1995 stabilisierten sich die Preise jedoch und stiegen geringfügig auf knapp über 12 Dollar, da die weltweite Nachfrage sich in diesem Zeitraum vervierfachte. Dieser Nachfrageboom überstieg die Möglichkeiten der Anbieter, die Kapazität kurzfristig zu erhöhen, und das Ungleichgewicht zwischen Angebot und Nachfrage trug in diesen vier Jahren zur Stabilisierung der Preise bei. Anfang 1996 ergab sich jedoch bei Speicherchips infolge vieler neuer Kapazitäten ein Angebotsüberhang, der den Preis auf dem Spotmarkt von 12,50 Dollar im November 1995 auf 8,50 Dollar im Februar 1996 fallen ließ.[13]

Die Auffassungen potentieller Wettbewerber über die »Attraktivität einer Branche« beeinflussen Entscheidungen über den Markteintritt und die Investitionen in Kapazitäten. Scherer[14] erwähnt Reynolds International Pen Corporation, jenes Unternehmen, das den Kugelschreiber, den es als Pionier eingeführt hatte, zu Preisen von 12 Dollar und mehr verkaufte – damals das 15fache der Herstellungskosten. Diese Preispolitik lockte ungefähr 100 neue Wettbewerber in den Markt. Scherer zitiert ähnliche Fälle in den verschiedensten Branchen, die von Kartoffelpüree bis zu Aluminium reichen. Obgleich es meist schwierig ist, potentielle Wettbewerber von einem Markteintritt abzuhalten, wenn man nicht über Patentschutz oder einen dauerhaften Kostenvorteil verfügt, beeinflussen die Auffassungen der Wettbewerber über die voraussichtlich zu erzielenden Deckungsbeiträge deren Entscheidungen über Kapazitäten und Markteintritt bzw. Marktaustritt.

Auch hier muß die Preisstrategie die rechtlichen Bestimmungen beachten. Insbesondere in den USA sind nach dem Sherman Act Versuche, einen Markt zu monopolisieren, nicht erlaubt. Eine weitere unzulässige Maßnahme ist die sogenannte räuberische Preispolitik (»predatory pricing«), sie »beinhaltet Preissenkungen auf ein unvernünftiges oder ein unrentables Niveau in Märkten mit dem Ziel, Wettbewerber aus dem Markt zu drängen«[15]. Die Beurteilung, wann eine Maßnahme »räuberisch« ist oder nicht, erweist sich jedoch als schwierig.

Die Anhänger des »Power Pricing« versuchen, die Anzahl der Wettbewerber, die Kapazitäten und das Ausmaß der Produktdifferenzierung in ihrer Branche zu beeinflussen, soweit dies rechtlich zulässig ist. Die Struktur für den Markteintritt neuer Anbieter in einer Branche ist situationsspezifisch und hängt von der Verbreitung des Know-how, dem Auslauf des Patentschutzes und den Innovationen ab. Abbildung 11.7a zeigt zum Beispiel die Anzahl von Anbietern von H_2-Antagonisten zur Behandlung von Magengeschwüren in den USA, während Abbildung 11.7b die Anzahl von Anbietern einer Spezialchemikalie von der Einführung bis zur Marktreife des Produktes darstellt. In dem Chemiebeispiel kam in den ersten vier Jahren nur ein weiterer Anbieter hinzu, während in den letzten beiden Jahren, als das Produkt seine Reifephase erreichte, zwölf neue Anbieter in den Markt eintraten.[16]

Es gibt drei Faktoren, die die Möglichkeiten zur Differenzierung des *Kernproduktes* einschränken. Zum einen entwickeln sich in vielen Situationen Branchenstandards, die alle Anbieter einhalten müssen. Dies wird verstärkt durch das Verhalten bestimmter Kunden, die ihre eigenen Spezifikationen genau festlegen. Die Haltung entspricht dem japanischen »atarimae hinshitsu«, das bedeutet: »Qualität wird als selbstverständlich betrachtet.«[17]

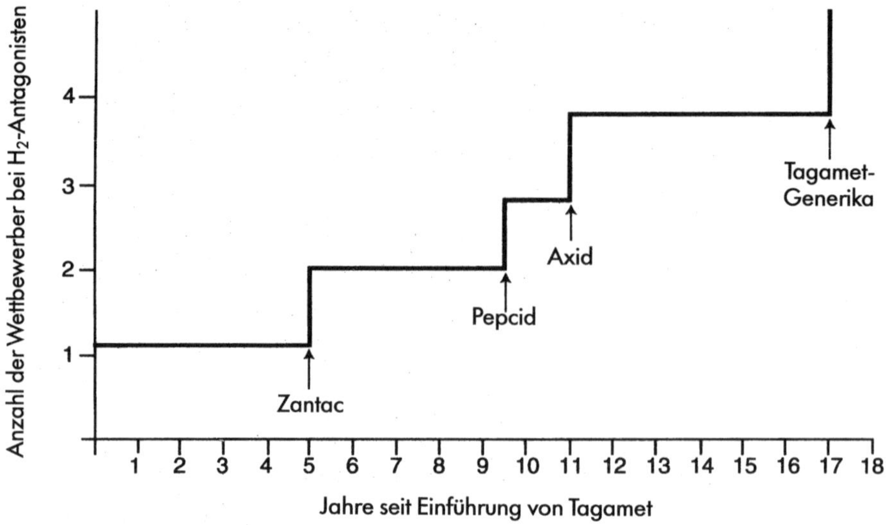

Abbildung 11.7a: H_2-Antagonisten zur Behandlung von Magengeschwüren in den USA – Anzahl der Konkurrenzpräparate seit Einführung von Tagamet 1977

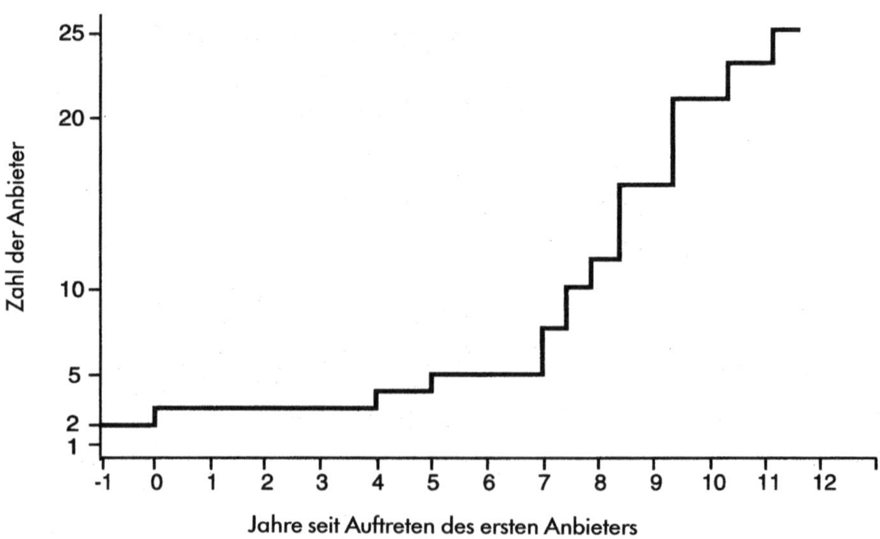

Abbildung 11.7b: Anzahl der Anbieter einer Spezialchemikalie

Zweitens verbreitet sich die Fähigkeit, Qualität zu produzieren. In vielen Branchen finden die wichtigsten Innovationen eher auf der Ebene der Komponenten als auf der Ebene der Endprodukte statt und diese Komponenten sind jedem Wettbewerber zugänglich. Wenn man in das PC-Geschäft einsteigen will, muß man Chips von Intel beziehen. Falls man Kameras produzieren möchte, kommt man an den automatischen Kameraverschlüssen von Honeywell nicht vorbei. Drittens und damit zusammenhängend können »Nachahmer« Produkte schneller imitieren und gute Qualität liefern. In vielen Konsumgüter-Warengruppen produzieren jetzt Hersteller von Handelsmarken Qualitäten, die für die Verbraucher akzeptabel sind, man denke z. B. an die Produkte von Aldi. Dies hat in vielen Märkten zu einem gewaltigen Druck auf die Preise und die Deckungsbeiträge geführt.

Northern Telecom verlor zum Beispiel in drei Jahren 60 Millionen Dollar mit seinem Vantage-Tastentelefon, da asiatische Hersteller die Preise ständig nach unten trieben. Selbst in einer High-Tech-Branche wie Düsentriebwerken sind die Möglichkeiten zur Differenzierung des *Kernproduktes* begrenzt und »viele Triebwerke sind fast schon Commodities geworden, obgleich es sich um Produkte im Wert von mehreren Millionen Dollar handelt«[18]. Dies hat zu intensivem Preiswettbewerb zwischen den drei großen Anbietern General Electric, Pratt & Whitney und Rolls-Royce geführt, besonders deshalb, weil die Anzahl neuer Aufträge von 1989 bis 1994 um 80 Prozent zurückging. Brancheninsider behaupteten, daß Rolls-Royce einen Auftrag von Singapore Airlines über 1,8 Milliarden Dollar für Triebwerke für 61 Boeing-Flugzeuge des Typs 777 nur zu Preisen hereinholen konnte, die unter den Kosten lagen. Bayus[19] analysierte Preistrends für verschiedene langlebige Konsumgüter (siehe Tabelle 11.2).

Tabelle 11.2: Jährliche Preissenkungen für langlebige Konsumgüter

	Durchschnittliche Preissenkung pro Jahr
Fernsehgeräte	
schwarzweiß 1971–1984	3,5 %
Farbe 1971–1984	4,0 %
Stereoanlagen	
Plattenspieler 1978–1989	4,5 %
CD-Player 1983–1989	20,0 %
Telefone	
Stationäres Telefon 1978–1989	8,0 %
Schnurloses Telefon 1980–1989	14,0 %
Mobiltelefon 1986–1989	30,0 %

Was kann man dagegen tun? Der erste Schritt ist selbstverständlich, die voraussichtliche Entwicklung der Wettbewerbsintensität und den sich daraus ergebenden Preisdruck zu erkennen. Man muß verstehen, ob die Entwicklung der Branche zu einer Aushöhlung der Preise und Deckungsbeiträge führt – oder ob es Kräfte gibt, die dazu neigen, das Preisniveau zu stützen.

Dieses Verständnis muß auf der Stufe des *Marktsegments* entwickelt werden – nicht des Gesamtmarktes –, da die Preisentwicklung in den einzelnen Marktsegmenten unterschiedlich sein kann. Abbildung 11.8 zeigt zum Beispiel die Entwicklung der durchschnittlichen Verkaufspreise für PCs nach Marktsegmenten.[20]

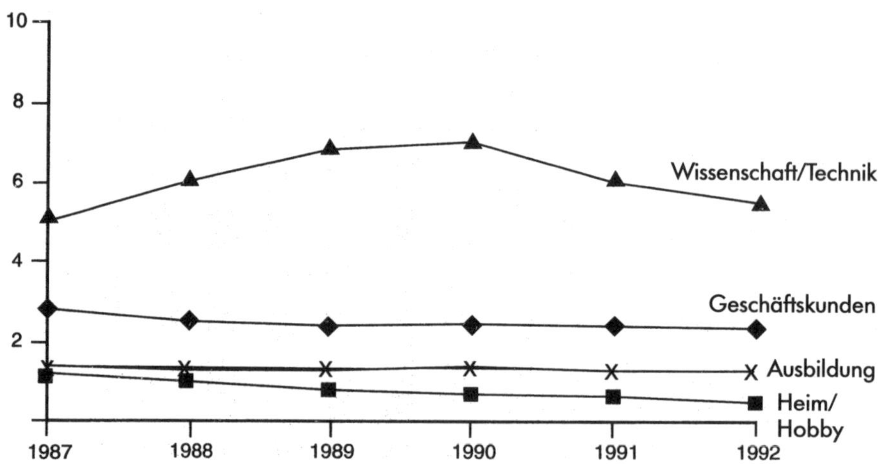

Abbildung 11.8: Durchschnittliche PC-Verkaufspreise nach Marktsegmenten (in 1000 Dollar)

Während der Preis im Heim-/Hobby-Markt im Zeitraum 1987–1992 um 40 Prozent sank, stieg er im Segment Wissenschaft/Technik um 17 Prozent. Der Heim-/Hobby-Markt ist durch Kostensenkungen und intensiven Wettbewerb gekennzeichnet. Doch im Segment Wissenschaft/Technik konnte der Preis infolge verbesserter Leistungen der Computer steigen. Man muß verstehen, ob Kosten oder Nutzen der dominante Bestimmungsfaktor der Nachfrage sind. Abbildung 11.9 zeigt die Entwicklung der Durchschnittspreise für Neuwagen in Deutschland im Zeitraum 1980–1991. Das Auto des Jahres 1991 ist in Leistung und Zuverlässigkeit wesentlich verbessert, die Aufwärtsentwicklung der Preise wird durch den höheren Kundennutzen getrieben. Im Gegensatz dazu zeigt Abbildung 11.10 die Preisentwicklung für Weizen. Produktivitätssteigerungen führen hier zu kontinuierlich sinkenden Preisen.

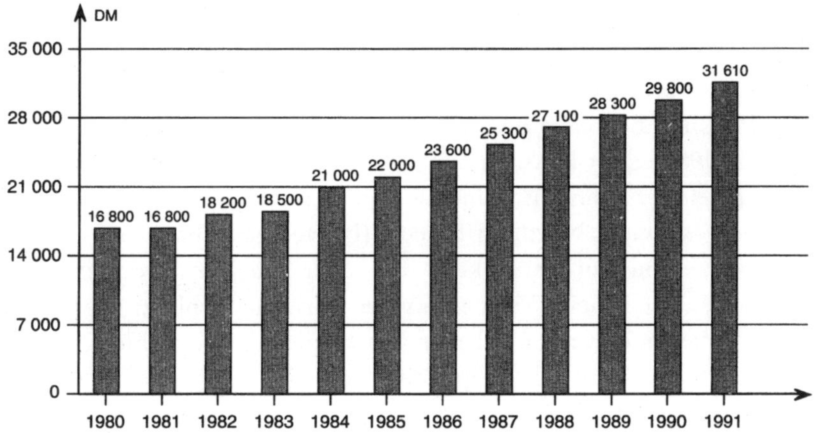

Abbildung 11.9: Durchschnittlicher Neuwagenverkaufspreis in Deutschland

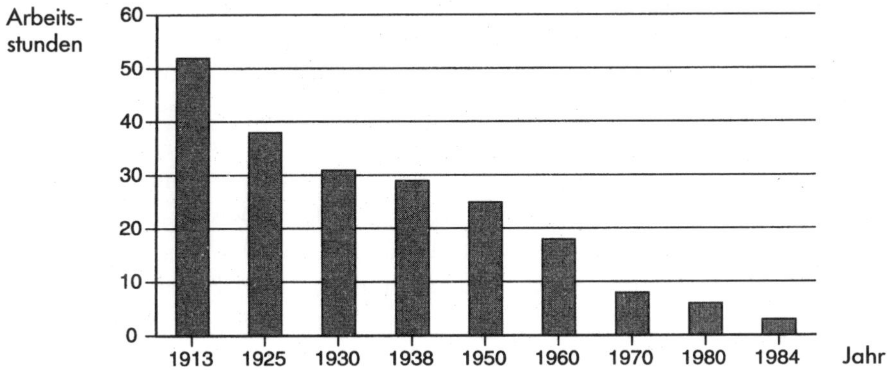

Abbildung 11.10: Realpreise für Weizen (pro 100 kg)

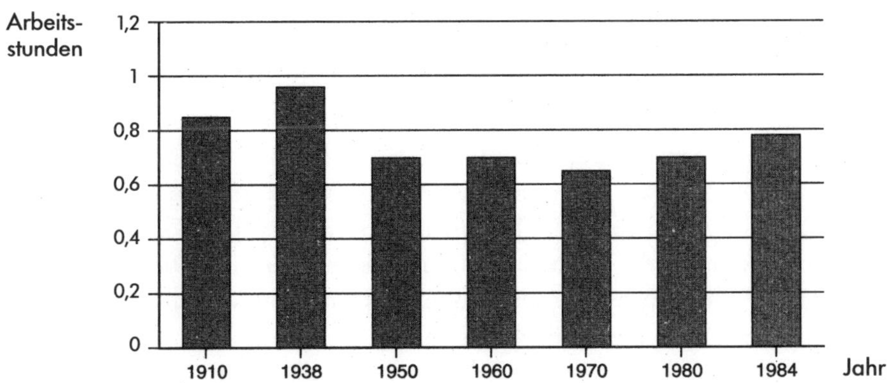

Abbildung 11.11: Realpreise für einen Haarschnitt in Deutschland

Abbildung 11.11 gibt die Entwicklung des Realpreises für einen Haarschnitt wieder – eine Dienstleistung, bei der keine großen Produktivitätssteigerungen, Produktverbesserungen oder Veränderungen der Wertschätzung der Kunden möglich sind. Bei realer Betrachtung blieb der Preis dieser Dienstleistung von 1910 bis 1984 relativ konstant.

Ein weiterer Schritt ist, eine »Gesamtbetrachtung« des Produktes vorzunehmen – so wie es Northern Telecom (Nortel) getan hat –, um eine wirksame Differenzierung zu entwickeln, die über das Kernprodukt hinausgeht. Gestützt auf ein tiefes Verständnis der Wirtschaftlichkeitsüberlegungen der Käufer (die wir in Kapitel 13 behandeln werden) definierte Nortel das Produkt völlig neu: Aus dem Telefonapparat wurde ein »Tastentelefon, das innerhalb von 48 Stunden nach der Auftragserteilung an den Auftraggeber zu liefern ist und dessen Installationszeit 25 Prozent niedriger als bisher liegt«. Ein ernstes Problem für Wiederverkäufer waren die Lieferzeiten und der Bestand, den sie halten mußten – wenn die Preise regelmäßig fielen und neue Produkte eingeführt wurden. Nortel reagierte darauf, indem man den Kunden der Wiederverkäufer Direktbelieferung anbot und so die Bestandshaltung der Wiederverkäufer überflüssig machte. Obgleich die Zuverlässigkeit des von Nortel hergestellten Kernproduktes geringfügig verbessert wurde, war es entscheidend, durch Ergänzung des Kernproduktes um Dienstleistungen, für die Kunden zu zahlen bereit waren, einen höheren Kundennutzen zu liefern. Diese Differenzierung befreite Nortel von dem Preisdruck der asiatischen Hersteller, da diese den neu definierten Leistungsverbund aus Produkt und Service nicht darstellen konnten. Obgleich die Branchenpreise weiter fielen, konnte Nortel seine Preise stabilisieren, während die Kosten weiter sanken, und so konnten die Deckungsbeiträge verbessert werden.

Der entscheidende Teil einer Differenzierung durch Dienstleistungen mit höherer Wertschöpfung ist, daß diese Dienstleistungen tatsächlich einen höheren Kundennutzen haben, als ihre Bereitstellung kostet. Ein Hersteller von medizinischen Instrumenten bot zum Beispiel folgenden Servicevertrag an: (a) Service spätestens am nächsten Tag, (b) Serviceverfügbarkeit von 9.00 bis 17.00 Uhr an Werktagen, (c) keine besondere Service-Hotline. Die Kunden beschwerten sich, und wenn sie gefragt wurden, was sie wünschten, antworteten sie: (a) Service innerhalb von 30 Minuten, (b) Serviceverfügbarkeit 24 Stunden am Tag und 7 Tage in der Woche und (c) eine spezielle Hotline. Die richtige Einsicht wurde jedoch durch die Anwendung des Conjoint Measurement, wie in Kapitel 3 beschrieben, gewonnen. Die Analyse zeigte insbesondere die *Wertschätzung* der Kunden – bzw. ihre Zahlungsbereitschaft – für alternative Grade der Servicedifferenzierung, wie in Abbildung 11.12 dargestellt. Eine Service-

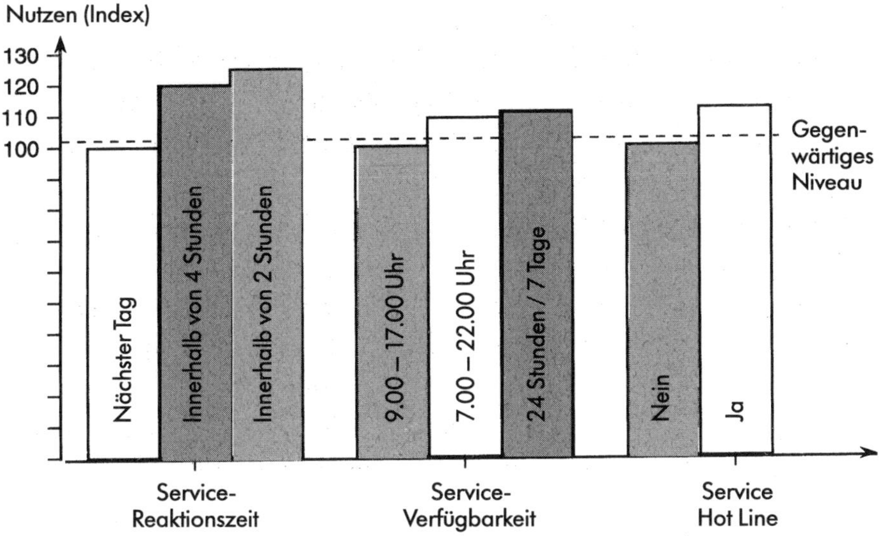

Abbildung 11.12: Servicenutzen – Fallstudie aus dem Bereich Medizintechnik

Reaktionszeit »innerhalb von vier Stunden« ergab im Verhältnis zu den Kosten eine signifikante Verbesserung, doch der zusätzliche Nutzen der Reduktion der Reaktionszeit auf zwei Stunden hätte die höheren Kosten nicht rechtfertigen können. Für das Merkmal Serviceverfügbarkeit war es entsprechend ratsam, den Service auf die Zeit von 7.00 bis 22.00 Uhr auszudehnen; doch der Übergang zum höchstmöglichen Servicegrad von 24 Stunden am Tag/7 Tage pro Woche hätte hohe Kosten und eine nur leichte Erhöhung des Nutzens bzw. der Zahlungsbereitschaft der Kunden beinhaltet. Die Einrichtung einer Hotline führte zu deutlich höherem Nutzen, der die geringen zusätzlichen Kosten mehr als rechtfertigte. Dies ist also ein Beispiel dafür, daß eine Differenzierung durch *Maximierung* aller Servicedimensionen bedeutet hätte, in eine verhängnisvolle Falle zu laufen: Differenzierung um ihrer selbst willen und Verursachung von Kosten, die über den zusätzlichen Kundennutzen hinausgehen.

Um die voraussichtliche Entwicklung der Branche und mögliche Maßnahmen, sie zu beeinflussen, einschätzen zu können, ist es notwendig, die zugrundeliegenden Faktoren für den Markteintritt neuer Wettbewerber zu verstehen, wie Auslauf des Patentschutzes, Verfügbarkeit von Komponenten und Globalisierung. Vom Preisdruck des Wettbewerbs kann man sich eventuell durch Innovationen im Kernprodukt befreien. Fehlende Innovationen können langfristig nicht durch »Power Pricing« ausgeglichen werden. Dauerhafte Differenzierung im Kernprodukt ist im allgemeinen zunehmend schwerer zu erreichen, und man muß bei der Hinzufügung von Dienstleistungen den zusätzlichen Nutzen für die Kunden berücksichtigen, was eine genaue Analyse der Kostenstruktur der Kunden und ihrer Zahlungsbereitschaft erfordert.

Es gibt verschiedene Faktoren, die die Entwicklung der Angebots- und Nachfragebedingungen im Zeitablauf beeinflussen. Die Anhänger des »Power Pricing« sind nicht kurzsichtig; sie stellen nicht nur kurzfristige Gewinne in den Mittelpunkt. Sie verstehen die voraussichtliche Entwicklung von Faktoren, die sie nicht beeinflussen können, wie das verfügbare Einkommen der Verbraucher oder rechtliche Vorschriften. Darüber hinaus berücksichtigen sie die vier dynamischen Wirkungen, die wir in Abbildung 11.1 dargestellt und in diesem Kapitel diskutiert haben. Diese dynamischen Wirkungen verbinden die Gegenwart und die Zukunft. Die Früchte jetzt zu ernten und in die Zukunft zu investieren, sind sich gegenseitig ausschließende Alternativen, zwischen denen das »Power Pricing« einen Mittelweg finden muß.

Zusammenfassung

In Kapitel 10 haben wir kurzfristige Preisaktionen behandelt und in diesem Kapitel standen langfristige Preisstrategien im Mittelpunkt. Zusammenfassend halten wir fest:

- Die Anhänger des »Power Pricing« berücksichtigen sowohl die dynamische als auch die gegenwärtige Wirkung ihrer Preispolitik.
- Die vier wichtigen dynamischen Wirkungen des gegenwärtigen Preises, wie in Abbildung 11.1 dargestellt, sind:
  - Die Bildung von Bezugspreisen, die die Beurteilung zukünftiger Preise bestimmen.
  - Beeinflussung der zukünftigen Nachfrage durch die gegenwärtige Absatzmenge. Es können sowohl positive als auch negative Einflüsse einer hohen Anfangsabsatzmenge auftreten.
  - Die zukünftige Wettbewerbssituation, da Entscheidungen über einen Markteintritt und Kapazitäten von der Preispolitik und der daraus resultierenden Attraktivität einer Branche abhängen.
  - Die zukünftigen Kosten werden durch die gegenwärtige Absatzmenge und Preispolitik beeinflußt. In vielen Branchen hat sich gezeigt, daß die Kosten der Erfahrungskurve folgen. Dies spricht für folgende Strategie: niedrige Preise in der Anfangsphase zur Durchdringung des Marktes,

Ausbau des Marktanteils und Erreichen einer günstigen Kostenposition. Allerdings ist Vorsicht angezeigt, da sich anfängliche Hoffnungen oft nicht erfüllten.

- Im Hinblick auf die langfristige Gewinnerzielung kann es sehr nachteilig sein, wenn diese dynamischen Wirkungen nicht beachtet werden.
- Auf den heutigen Märkten kann man sich nur durch Innovation vom Preisdruck des Wettbewerbs befreien. Eine kluge Preispolitik ist kein Ersatz für fehlende substantielle Innovationen, die die Wertschätzung des Kunden für das Angebot des Unternehmens erhöhen. Es wird jedoch immer schwieriger, eine signifikante Differenzierung des Kernproduktangebots zu erreichen und aufrechtzuerhalten. Es besteht die Möglichkeit, sich durch Dienstleistungen mit höherer Wertschöpfung zu differenzieren. Dies erfordert eine gründliche Analyse, um sicherzustellen, daß tatsächlich ein Kundennutzen geliefert wird und die zusätzlichen Kosten den Vorteil nicht auffressen.

Die Anhänger des »Power Pricing« tragen dazu bei, daß die Branchenteilnehmer einen langfristigen Preispfad erkennen, der die Gewinnsituation der Branche verbessert. Ein wichtiger Schlüssel dafür sind ihre Kenntnisse und die Beeinflussung der dynamischen Effekte.

Anmerkungen

1 Das Justizministerium befürchtete, daß die Akquisition durch Microsoft gegen die Antitrust-Vorschriften verstieß. Angesichts eines drohenden langwierigen Rechtsstreits zog Microsoft schließlich sein Angebot zurück.
2 Berndt, E., Bui, L., Reily, D. und Urban, G.: »Information, Marketing and Pricing in the U.S. Anti-Ulcer Drug Market«, Arbeitspapier des Massachusetts Institute of Technology (1994), lieferte die Daten, auf denen diese Abbildung basiert.
3 Eine interessante Darstellung der globalen Auseinandersetzung zwischen Tagamet und Zantac findet sich in: Angelmar, R. und Pinson, C.: »Zantac (A)«, INSEAD Case 592-045-1. Fontainebleau.
4 Eine kurze Beschreibung dieser Theorie ist zu finden bei Winer, R.: »Behavioral Perspectives on Pricing: Buyers' Subjective Perceptions of Price Revisited«, Kapitel 2 in: Devinney, T.: *Issues in Pricing: Theory and Research*, Lexington, MA 1988.
5 Doob, A., Carlsmith, J., Freedman, J., Landauer, T. und Soleng, T.: »Effect of Initial Selling Price on Subsequent Sales«, *Journal of Personality and Social Psychology* 11:4 (1969), S. 345–350.
6 Blattberg und Neslin: *a.a.O.* (siehe Kapitel 10).
7 Die hier zugrundeliegende Theorie ist die Prospect Theory. Für eine kurze Beschreibung siehe Winer: *a.a.O.* Eine detailliertere Beschreibung ist zu finden bei Kahnemann, D. und Tversky, A.: »Prospect Theory: An Analysis of Decision Under

Risk«, *Econometrica*, 47 (März 1979), S. 263–291, oder Thaler, R.: »Mental Accounting and Consumer Choice«, *Marketing Science*, 4:3 (Sommer 1985), S. 199–214.

8 Sultan, R.: *Pricing in the Electrical Oligopoly*, Vol. I, *Competition or Collusion*, Cambridge, MA 1974, S. 185.

9 Dolan, R. und Jeuland, A.: »Experience Curves and Dynamic Demand Models: Implications for Optimal Pricing Strategies«, *Journal of Marketing*, 45 (Winter 1987), S. 52–62.

10 Brock, G.: *The U.S. Computer Industry: A Study of Market Power*, Cambridge, MA 1975.

11 Sultan: *a.a.O.*, S. 190.

12 Isaacson, B.: »Goodyear: The Aquatred Launch«, Harvard Business School case 9–594106.

13 Carroll, P.: »Prices of Memory Chips Slide as Output Proliferates«, *Wall Street Journal*, 14. Februar 1996, S. B4.

14 Scherer, F.: *Industrial Market Structure and Economic Performance*, Chicago 1980, S. 240.

15 Stern, L. und Eovaldi, T.: *Legal Aspects of Marketing Strategy*, Englewood Cliffs, NJ 1984, S. 257.

16 Simon, H.: *Price Management*, Amsterdam 1989.

17 Sherman, S.: »How to Prosper in the Value Decade«, *Fortune*, 30. November 1992, S. 93.

18 Ingrassia, L. und Carley, W.: »Rolls-Royce's Victory in Landing Engine Job Highlights Industry Ills«, *Wall Street Journal*, 2. Januar 1996, S. 1ff.

19 Bayus, B.: »Dynamic Pricing of Next Generation Consumer Durables«, *Marketing Science*, 11:3 (Sommer 1992), S. 251–265.

20 Steffens, J.: *New Games: Strategic Competition in the PC Revolution*, Oxford 1994, S. 228f.

Teil III
Umsetzung im Unternehmen

Kapitel 12

Anpassung der Organisation an die Erfordernisse des »Power Pricing«

Haben Unternehmen die richtige Organisation und die notwendigen Informationen, um »Power Pricing«-Strategien entwickeln und umsetzen zu können? Normalerweise sieht es diesbezüglich nicht allzu gut aus – wie unsere Untersuchungsergebnisse zeigen und die Literatur bestätigt!

In vielen Fällen sind die benötigten Informationen nicht im Unternehmen vorhanden. In einer Studie bei einem bekannten Unternehmen aus der Liste der zehn am meisten bewunderten amerikanischen Firmen der jährlichen *Fortune*-Erhebung stellten wir zum Beispiel fest, daß quantitative Informationen über die Preisreaktion der Nachfrage nur in ungefähr 30 Prozent der Geschäftseinheiten vorhanden waren. Der für die Preisfindung bei Lastwagen verantwortliche Manager von Navistar International beschrieb die Einführung eines neuen Preissystems ähnlich. Er berichtete, daß »das erste und schwierigste Problem bei der Entwicklung einer gewinnorientierten Preisstrategie der Mangel an grundlegenden Informationen war«[1]. Nachdem eine sorgfältige Analyse durchgeführt worden war, stellte Navistar fest, daß die wichtigste Annahme über den Zusammenhang zwischen Preishöhe und Gewinn falsch war. Preiswerte Lastwagen mit wenig Sonderausstattung erzielten höhere Dekkungsbeiträge als teure Lastwagen mit vielen Extras! In der Analyse wurde weiter festgestellt: »Die Ursachen für den beobachteten Zusammenhang zwischen Preis und Gewinn waren nicht bekannt. Dies deutete auf gravierende Unzulänglichkeiten in der Kostenrechnung, im Rechnungswesen und in den Berichtssystemen hin.« Wir haben festgestellt, daß solche Probleme weitverbreitet sind. Insbesondere tun sich viele Firmen schwer, die Kosten und die Wertschätzung der Kunden für Sonderleistungen – Optionen oder Produkte, die nicht zum Standardsortiment gehören – zu verstehen, und daher legen sie ihre Preise für solche Sonderausstattungen oft zu niedrig fest.

»Power Pricing« erfordert die Beteiligung verschiedener Funktionen mit unterschiedlichem Informationshintergrund, es können jedoch Probleme entstehen, wenn die Einbeziehung dieser Funktionen nicht sorgfältig gesteuert wird. Die Erfahrungen eines großen Elektronikunternehmens sind typisch. Drei Funktionen – Controlling, Marketing und Vertrieb – waren an der Preisfindung beteiligt. Keine dieser Funktionen hatte jedoch vollständige Informationen. Das Controlling wußte wenig über die Wirkung des Preises im Markt, das Marketing war unzulänglich über den Zusammenhang von Mengen und Kosten informiert, und der Vertrieb war mit der Methodik der Preisfindung nicht vertraut. Keine Funktion verstand die Gesamtsituation gut genug oder sah es als ihre Verantwortung an, alle Einzelaspekte zusammenzuführen. In dieser Umgebung verließ sich jede Gruppe auf mechanische Formeln. Die Controlling-Mitarbeiter orientierten sich an den Kosten, die Vertriebsmitarbeiter achteten hauptsächlich auf konkurrenzfähige Preise und das Marketing schaffte es nicht, die Kundenseite wirkungsvoll zu vertreten oder alle relevanten Informationen zu integrieren. Das Ergebnis war ein Chaos mit sich widersprechenden Preisempfehlungen, und es fehlte die Grundlage oder ein Forum, um das Problem umfassend diskutieren zu können.

Ein Chemieunternehmen litt unter dem gleichen Mangel an Koordination: Es hatte einen Preisfindungsprozeß, in dem das Marketing den Listenpreis für die Produkte festlegte. Die Verkaufsorganisation wendete dann im Außendienst das Rabattsystem unter einer gewissen Aufsicht durch das Finanz- und Rechnungswesen an. Zwischen 1990 und 1994 erhöhte das Marketing die Listenpreise um 22 Prozent. Unter dem Druck des Wettbewerbs reagierte die Verkaufsorganisation jedoch auf diese Erhöhungen der Listenpreise durch Gewährung höherer Rabatte und sogar durch Erfindung neuer Rabatte! Wie sah das Ergebnis aus? Der tatsächliche Erlös erhöhte sich nur um 3,5 Prozent. Die anderen 18 Prozent der Erhöhung der Listenpreise wurden einfach durch Rabatte konterkariert – und die Unternehmensleitung merkte viel zu spät, was da passierte. Die Unternehmensleitung entschied später, die Kompetenzen des Außendienstes im Rahmen der Preisfestlegung einzuschränken, um den Rabattdschungel radikal zurückzuschneiden. In diesem Unternehmen steht jetzt an Stelle der Listenpreise der tatsächlich erzielte Nettoerlös im Mittelpunkt der Betrachtung. Die Preisdurchsetzung hat sich erheblich verbessert.

Ein Hersteller von Produkten der Medizintechnik erzielte eine ähnliche Verbesserung der Preisdurchsetzung, indem er die Entscheidungskompetenz vom Außendienst in die Zentrale zurückholte. Ein neuer General Manager führte ein Berichtssystem ein, um die Gewährung hoher Rabatte anzuzeigen. Er kommentierte:

Als ich hier vor einem Jahr begann, verlangte ich einen täglichen Ausdruck aller Aufträge mit den niedrigsten Preisen unter Gewährung unserer Rabatte und genehmigten

Preiszugeständnisse. In den ersten Monaten standen täglich Hunderte von Artikeln auf dieser Liste. Heute enthält der Ausdruck ungefähr zehn solcher Geschäfte pro Tag, und diese habe ich gewöhnlich selbst genehmigt. Trotz dieser strikteren Politik haben wir nur sehr wenig Kunden verloren, doch unser Gewinn hat sich stark verbessert.

In einer englischen Studie über Preisentscheidungen konnten 20 Prozent der Befragten nicht angeben, wo die Kompetenz zur Preisfestsetzung in ihrem Unternehmen angesiedelt war.[2] Diese Feststellung deckt sich mit unseren eigenen Erfahrungen, daß es fast nie klar ist, wer an der Entscheidung zur Preisfestlegung beteiligt ist, welche Rolle die Beteiligten spielen und welche relative Macht sie haben. In vielen Fällen beschweren sich Manager in einem Funktionsbereich darüber, daß sie nicht wissen, wie andere Funktionen den Preis beeinflussen und daß solche Informationen absichtlich zurückgehalten würden, um die eigene Position zu stärken. Zielkonflikte bei der Preisfindung sind normal. Während das Finanz- und Rechnungswesen dazu neigt, nach hohen Deckungsbeiträgen zu streben, verfolgen Vertriebsmitarbeiter meistens Absatz- oder Umsatzziele. Häufig verursachen Außendienstprämiensysteme Widersprüche. In vielen Unternehmen wird der Außendienst nach Umsatz und nicht nach Deckungsbeitrag bezahlt, trotzdem hat er einen gewissen Preisspielraum und somit einen Einfluß auf den Deckungsbeitrag. Abbildung 12.1 zeigt zum Beispiel das Vergütungssystem für den Außendienst eines Unternehmens, das dem Außendienst die Kompetenz zur Rabattgewährung beläßt. Der Provisionssatz sinkt mit der Höhe der gewährten Rabatte, pendelt sich jedoch bei 3 Prozent ein. Auch bei hohen Rabatten gibt es immer noch 3 Prozent Provision. Folglich hatte der Außendienst keinen Anreiz, den Rabatt zu begrenzen, wenn er ein hohes Niveau erreichte – was bei Großkunden häufig der Fall war. Die Navistar-Studie bemerkt zu solchen Zielkonflikten: »Der Preisfindungsprozeß war instabil, weil keine formale Autorität dafür verantwortlich war, die Zielkonflikte zu lösen.«[3] Diese Feststellung trifft auf viele Unternehmen zu, in denen wir die Preisbildung untersucht haben.

Diese Fälle belegen, daß es in den meisten Unternehmen ein großes Potential für die Verbesserung der Information, Organisation und Umsetzung des Pricing gibt.

In diesem Kapitel behandeln wir die folgenden Fragen:

1. Wie sollte der Preisfindungsprozeß organisiert werden? Welche Informationen sollten aufbereitet werden – und wie?
2. Wer sollte Entscheidungskompetenz zur Preisfestsetzung haben, und wie sollten die verschiedenen Funktionen im Rahmen der Preisfindung zusammenarbeiten?

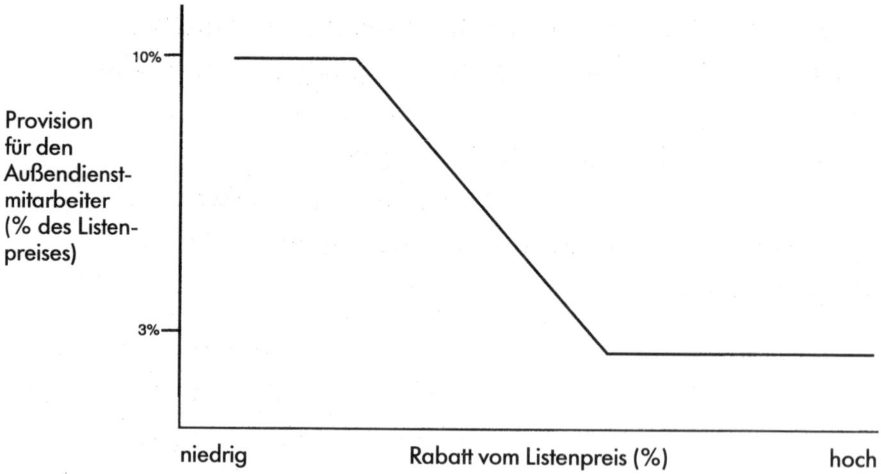

Abbildung 12.1: Außendienstprovision in Abhängigkeit vom gewährten Rabatt

3. Wie sollten Preisänderungen umgesetzt werden – besonders im Hinblick auf Vorbereitung, Kommunikation und Verhandlung?

Die Beantwortung dieser Fragen wird dazu beitragen, daß Sie:

- den Prozeß zur Aufbereitung der benötigten Informationen besser verstehen und gestalten können;
- erreichen, daß die verschiedenen Funktionen konstruktiv zusammenarbeiten;
- die Kompetenz zur Preisfestsetzung richtig zuordnen;
- Preisveränderungen durch konzertierte Maßnahmen mit anderen Marketinginstrumenten unterstützen, um gewinnmaximierende Preise erfolgreich durchsetzen zu können.

Für diese Fragen gibt es keine allgemeingültigen Empfehlungen. Vielmehr ist die spezifische Situation des Unternehmens entscheidend. Daher stellen wir in diesem Kapitel die Strukturierung des Denkens der Manager in den Mittelpunkt. Patentlösungen, die auf jede Situation passen, bieten wir nicht.

Organisation der Preisinformationen und des Preisfindungsprozesses

Die allgemeinen Informationsanforderungen für »Power Pricing« haben wir in den vorhergehenden Kapiteln beschrieben. Doch es wurde auch klar, daß Preissituationen eine erstaunliche Vielfalt aufweisen. Dementsprechend müssen die zu beschaffenden Informationen und der Prozeß der Analyse und Entscheidungsfindung auf die spezifische Situation abgestimmt werden. Ein Produkt mit einem Umsatzpotential von mehreren Milliarden DM rechtfertigt eher eine umfassende Analyse als eines mit einem Umsatzpotential von nur einer Million DM. Zeit ist ein anderer wichtiger Aspekt im Rahmen der Preisfindung. Die Preisfindung für eine größere Innovation kann jahrelange Analysen erforderlich machen mit wiederholten Untersuchungen der Kosten- und Nachfrageaspekte. Wenn jedoch eine schnelle Reaktion auf einen Schachzug des Wettbewerbs notwendig ist, kommt eine zeitraubende Analyse nicht in Frage. Größere Preisanpassungen rechtfertigen eingehendere Analysen als kleinere Preismaßnahmen im Verlauf des Produktlebenszyklus.

Der Einsatz des vollen Arsenals der Methoden und Informationsmöglichkeiten des »Power Pricing«, wie in diesem Buch beschrieben, ist besonders unter den folgenden Bedingungen zu empfehlen:

- für Produkte mit großem Umsatz- und Gewinnpotential;
- für neue Produkte;
- für größere Preisänderungen bzw. Preisrepositionierungen;
- wenn die Möglichkeiten zur Preisanpassung selten sind;
- wenn ein großer Spielraum bei der Preisfestlegung besteht;
- wenn die Unsicherheit über die Preisreaktion der Nachfrage oder die Wettbewerbsreaktion hoch ist.

Im wesentlichen stehen diese Aspekte mit zwei Dimensionen im Zusammenhang: Gewinnpotential und Unsicherheit. Doch selbst in Fällen, in denen die Anwendung des ganzen Arsenals zu kostenaufwendig oder zu zeitraubend erscheint, ist gründliches Nachdenken erforderlich. Einfache Methoden – wie Expertenbefragungen, charakterisiert durch die systematische Beteiligung der verschiedenen Funktionen, explizite Berücksichtigung sowohl der Kosten- als auch der Nachfrageseite und Konzentration auf wichtige Aspekte des Problems – können die Preisfindung stets verbessern. In Anbetracht der großen Wirkung des Preises auf den Gewinn werden die Analysekosten von den

Mehrerlösen meist um ein Vielfaches übertroffen. Nutzen und Kosten des »Power-Pricing« stehen fast immer in einem sehr günstigen Verhältnis zueinander.

Preisfindungsprozeß für neue Produkte

In Anbetracht der Gewinnbedeutung und der Unsicherheit kommt die umfassendste Datenaufbereitung und Analyse zur Preisfindung vor allem bei großen neuen Produkten zum Zuge.

Wir beschreiben den Analyseprozeß für ein neues Produkt beispielhaft an einem Fall aus dem Bereich der privaten Telekommunikation. Erste Überlegungen über Zielpreise begannen mit dem F&E-Prozeß ungefähr fünf Jahre vor der Markteinführung. Das tatsächliche Projekt zur Preisfindung, das aus sechs Phasen bestand und acht Monate dauerte, begann eineinhalb Jahre vor dem geplanten Einführungstermin (siehe Abbildung 12.2).

Ein Start-Workshop wurde abgehalten, um das Problem zu definieren und den Prozeß zur Bearbeitung des Problems formal zu beginnen. Es wurden zwei Teams gebildet: das Projektteam und der Lenkungsausschuß. Letzterer bestand aus zwei Vorstandsmitgliedern und einem externen Berater und war dafür verantwortlich, daß der Prozeß reibungslos ablaufen konnte. Die Phasen 2 und 3 begannen gleichzeitig. In einem Workshop machte sich das Projektteam mit den Analysemethoden vertraut. Phase 2 war eine zweimonatige Analyse der Wettbewerber, insbesondere ihrer Preispolitik und Marktstellung mit dem Ziel, wahrscheinliche Wettbewerbsreaktionen in Bezug auf Markteintritt und Preise frühzeitig abzuschätzen. In Phase 3 wurden 800 potentielle Kunden in fünf Ländern nach der Methode des Conjoint Measurement, die wir in Kapitel 3 beschrieben haben, befragt. Die erhobenen Daten wurden in Phase 4 analysiert. In Phase 5 wurde ein Entscheidungsmodell zur Simulation alternativer Preise und Marketingszenarien für das Unternehmen unter Berücksichtigung des Wettbewerbsverhaltens entwickelt und angewendet. Dann erarbeitete das Team in einem Zeitraum von zwei Monaten den Durchführungsplan (Phase 6), der der Unternehmensleitung sieben Monate vor der Produkteinführung präsentiert wurde. Die Diskussion und der Entscheidungsprozeß der Unternehmensleitung dauerten einen Monat. Somit lag sechs Monate vor dem Einführungstermin ein ausgereifter Plan vor. Damit war genug Zeit vorhanden, die Details der Umsetzung vorzubereiten. Dies ist ein gutes Beispiel dafür, wie der Preisfindungsprozeß für ein Produkt mit einem Umsatzpotential von

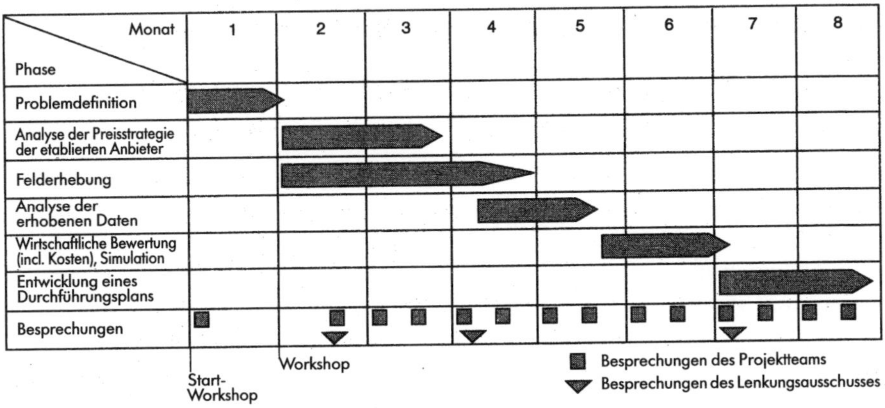

Abbildung 12.2: Prozeßablauf für ein größeres Preisfindungsprojekt

mehreren Milliarden DM gestaltet werden sollte. Dieser Prozeß beinhaltete die breite Beteiligung verschiedener Unternehmensfunktionen, die formale Definition des Ablaufs und Zeitplans am Anfang, eine auführliche Beschreibung der Untersuchungsmethoden für das Management vor ihrer Anwendung, eine gründliche Wettbewerbsanalyse, eine getrennte detaillierte Berücksichtigung der Umsetzungsaspekte und einen Starttermin, der früh genug lag, um den Entscheidungsprozeß wirksam beeinflussen zu können.

In einem zweiten Fall, bei dem es um die Reaktion auf den Markteintritt eines neuen Wettbewerbers geht, wurde bei einem führenden Hersteller von optischen Produkten ein begrenzteres Vorgehen gewählt. Jahrelang folgte der Hauptkonkurrent der Preisführerschaft dieses Unternehmens. Dann trat ein koreanisches Unternehmen in den Markt ein und begann, den Marktpreis zu unterbieten – anfangs mit geringem Erfolg. Was sollte der etablierte Marktführer tun? Da es nur um wenige Kunden ging, hielt man eine repräsentative Befragung nicht für das geeignete Instrument. Stattdessen wurde eine interne Analyse durchgeführt, wobei man sich auf die wichtigsten Kunden konzentrierte. Ein Projektteam entwickelte verschiedene Wettbewerbsszenarios, die dann in zwei Workshops mit allen beteiligten Funktionen diskutiert wurden. Zusätzlich wurden mit vier besonders vertrauenswürdigen Kunden Interviews durchgeführt. Diese erwiesen sich bei der Einschätzung der Kundenreaktionen und der Informationsaufbereitung über den neuen Konkurrenten als sehr hilfreich. Gestützt auf diese qualitativen Informationen empfahl das Projektteam, den Preis nicht generell zu senken, sondern sich statt dessen auf kundenspezifische Maßnahmen zu konzentrieren. Die Unternehmensleitung akzeptierte diesen

Vorschlag und er wurde sofort umgesetzt. Der ganze Prozeß dauerte vom Start bis zur Umsetzung nur sieben Wochen.

In einem dritten Fall war die Zeit noch knapper. Eine Fluggesellschaft mußte schnellstmöglich auf eine unerwartete Preissenkung eines Hauptkonkurrenten reagieren. Innerhalb einer Woche entwickelte ein Projektteam eine Gegenstrategie, in der selektiv eigene Stärken sowie Schwächepositionen des Gegners genutzt wurden. Dabei wurden mehrere alternative Szenarien auf der Basis von Expertenschätzungen durchgerechnet, um die Auswirkungen auf die eigene und die gegnerische Profitabilität abschätzen zu können. Es wurde nicht die Antwort gewählt, die den eigenen Gewinn maximierte, sondern diejenige, die dem Gegner den stärksten Schaden zufügte. Die Reaktion war dabei teilweise zeitlich beschränkt und wurde ausdrücklich als solche angekündigt, um dem Wettbewerber eindeutige Signale zu senden.

Diese drei Fälle veranschaulichen, daß die Methodik und Komplexität von Analysen zur Preisfindung auf die zeitlichen Zwänge, den möglichen Nutzen und die Kosten einer bestimmten Situation abgestimmt werden müssen. Ein wichtiger Aspekt ist in diesem Zusammenhang, die Methode auf das Potential der Situation abzustimmen – und nicht generell die übliche Praxis der Branche zu akzeptieren. Man sollte sich mit der besten Praxis vergleichen, nicht nur mit der Praxis des besten Konkurrenten.

Wir haben festgestellt, daß es große Branchenunterschiede gibt. Im Mietwagengeschäft »liegen sogar die anspruchsvollsten Unternehmen weit hinter den Fluggesellschaften zurück. Hertz benötigt 24 Stunden, um eine Preiserhöhung in die wichtigsten Reservierungssysteme der Reisebüros einzugeben – etwas, das Fluggesellschaften in Minuten machen können. Der Autovermieter Budget hatte keine Vorstellung, was seine Wettbewerber taten. Wenn ein Konkurrent seine Preise änderte, bemerkte es Budget manchmal einige Tage gar nicht – eine Ursache für die großen Verluste des Unternehmens.«[4] Viele Firmen haben bezüglich relevanter Daten für die Preisfindung ernste Probleme. Mohan und Holstein stellen zum Beispiel fest: »Im Gegensatz zu Konsumgüterherstellern verfügen Hersteller von Industriegütern normalerweise nicht über viele Daten, oder genauer, nicht über viele Marketingdaten.«[5] Die Gründe dafür sind: (a) Daten, die für die Preisfindung benötigt werden, wurden nicht erhoben (zum Beispiel Daten über die Preisreaktion der Nachfrage); (b) falls nützliche Daten existierten (wie zum Beispiel durch den Außendienst in Besuchsberichten), wurden sie nicht elektronisch erfaßt; (c) oder die Daten waren schlecht organisiert bzw. veraltet.

Das Gewinnpotential, das durch Preisdifferenzierung realisiert werden kann, wenn man über die richtigen Daten verfügt, haben wir beschrieben.

Heutzutage gibt es dank der modernen Informationstechnologien überall Möglichkeiten für eine leistungsfähige Aufbereitung von Daten und für eingehende Analysen. Bei Konsumgütern können Scannerdaten eingesetzt werden, um die Preisentscheidungen zu verbessern. Viele Branchen, in denen die Preisreaktion der Kunden direkt meßbar ist, wie Direktmarketing oder Telekommunikation, nutzen ihre Meßmöglichkeiten nicht aus, um diese entscheidenden Informationen zu erhalten.

Analyse zur Preisfindung: Unternehmensinterne Durchführung oder Fremdvergabe?

Die anspruchsvollen Methoden zur Preisbildung, die wir in diesem Buch beschreiben, erfordern besondere Fachkenntnisse und Spezialisierung. Sollte ein Unternehmen seine eigenen Spezialisten zur Preisfindung beschäftigen oder Berater beauftragen?

Unternehmensinterne Spezialisten oder Spezialabteilungen sind eine Lösung für Großunternehmen mit einem umfassenden Sortiment und häufigen wichtigen Preisentscheidungen. Der Vorteil ist, daß diese Mitarbeiter eine eingehende Kenntnis des Marktes und des Unternehmens mit der Beherrschung des vollen Spektrums von Analysemethoden verbinden können. Die Herausforderungen für eine interne Abteilung zur Preisfindung sind: (a) Akzeptanz ihrer Arbeit durch die Linienmanager[6], die gegenüber diesen Methoden häufig mißtrauisch sind und die Empfehlungen vielleicht nur ungern annehmen; (b) ständige Aktualisierung des internen Know-hows. Neue Forschungs- bzw. Analysemethoden werden schnell entwickelt und eine ständige Aktualisierung des Fachwissens ist erforderlich.

Viele Unternehmen sind besser beraten, Preisspezialisten nicht ständig zu beschäftigen, sondern sie bei Bedarf mit den Untersuchungen zu beauftragen. Strategische Preisentscheidungen, die großangelegte Studien rechtfertigen (wie in Abbildung 12.2 dargestellt) sind in den meisten Unternehmen relativ selten. Sie sind eher mit Strategieprojekten, die in der Regel von externen Beratern durchgeführt werden, als mit Routine-Marktforschungsstudien vergleichbar. Entsprechend dieser Beobachtung werden externe Berater in zunehmendem Maße zu Preisentscheidungen herangezogen. Die Ursachen für diesen Trend liegen in den anspruchsvolleren Untersuchungsmethoden und der Erkenntnis, daß die Preispolitik ein großes Potential zur Gewinnverbesserung bietet.

Organisationsstrukturen für »Power Pricing«

Kompetenz zur Preisfestsetzung

Wie bereits erwähnt, ist es in vielen Unternehmen nicht ganz klar, wer über den Preis entscheidet oder wer einbezogen wird und bis zu welchem Grad. Meistens sind Finanz- und Rechnungswesen/Controlling und Marketing/Vertrieb an der Preisentscheidung beteiligt. Häufig hat die Unternehmensleitung das letzte Wort. Die Befunde in der Literatur zu diesem Thema sind dürftig und wenig präzise. In Tabelle 12.1 sind die Ergebnisse von zwei Studien über die Zuordnung der Preiskompetenz in verschiedenen Branchen dargestellt.[7] Die Studie von Atkin und Skinner fragte nach der »letzten Entscheidungskompetenz«, die andere Studie, deren Ergebnisse in der Zeitschrift *Absatzwirtschaft* veröffentlicht wurden, fragte nach »Beteiligung«. Die Unternehmensleitung und Vertriebsleitung/Marketing-Management haben einen besonders starken Einfluß, doch die Rolle des Finanz- und Rechnungswesens/Controlling sollte nicht unterschätzt werden. Nach unseren Erfahrungen ist das Gewicht der Finanzleute normalerweise stärker, als es in der Tabelle zum Ausdruck kommt, insbesondere im Hinblick auf ein Vetorecht.

Vor allem die Atkin-Skinner-Studie weist darauf hin, daß in ungefähr einem Fünftel der Unternehmen nicht klar ist, wer bei Preisentscheidungen das letzte Wort hat – eine Feststellung, die mit unseren eigenen Erfahrungen übereinstimmt.

Tabelle 12.1: Zuordnung der Preiskompetenz in zwei Studien

	Studie von Atkin und Skinner »Letzte Entscheidungskompetenz«		*asw-Studie*
Funktion	*Listenpreise*	*Verhandlungspreise*	*»Immer beteiligt«*
Unternehmensleitung	38 %	35 %	65 %
Vertriebsleiter } Marketingleiter	31 %	31 %	76 %
Marketingleiter			54 %
Leiter Finanz- und Rechnungswesen/ Controlling	5 %	5 %	28 %
Key Account Manager			40 %
Marktforschungsleiter			11 %
Unbekannt	21 %	24 %	

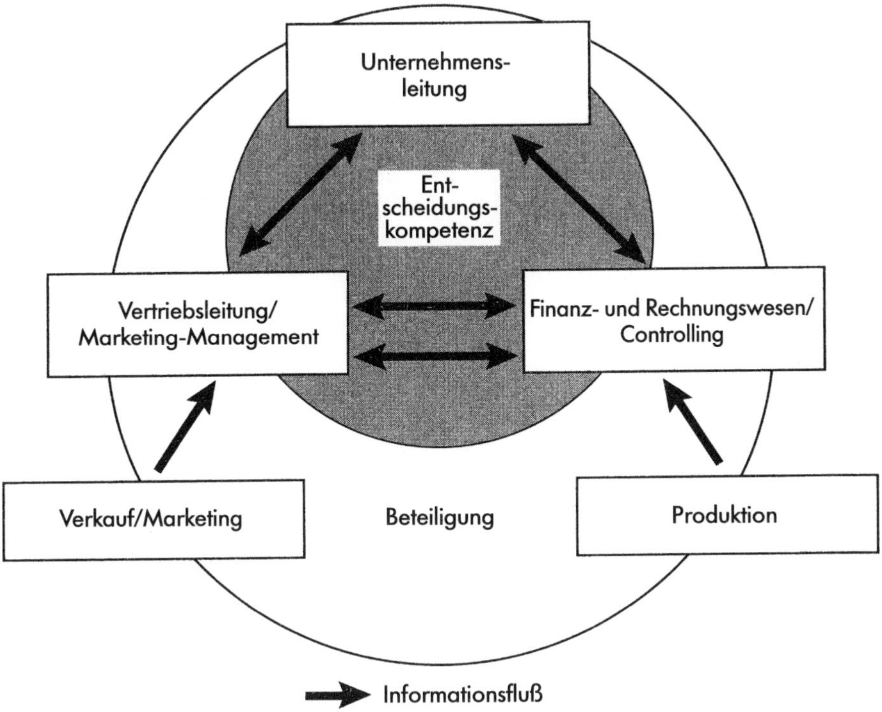

Abbildung 12.3: Entscheidungskompetenz und Beteiligung an der Preisfindung

Richtige Preisbildung erfordert Informationen sowohl von der Marketing/ Vertriebsseite als auch von der Seite des Controlling/Finanz- und Rechnungswesens. Der empfohlene Informationsfluß ist in Abbildung 12.3 dargestellt.

Wo die beiden Seiten in der Hierarchie genau zusammenfließen und die endgültige Entscheidung getroffen wird, hängt von der spezifischen Situation ab. Die Entscheidungskompetenz sollte umso höher in der Führungshierarchie angesiedelt werden:

- je wichtiger ein bestimmtes Produkt für das Unternehmen ist;
- je besser die oberen Führungskräfte über Produkte und Märkte informiert sind;
- je homogener und weniger dynamisch die Märkte sind;
- je entscheidender die Übereinstimmung der Preise in den verschiedenen Segmenten ist;
- je weniger die Kultur und das Verhalten der unteren Organisationseinheiten auf umfassende Unternehmensziele und -strategien ausgerichtet sind;
- je wichtiger eindeutige und konsistente Signale an die Wettbewerber sind.

Die Schnittstelle Marketing – Finanz- und Rechnungswesen

Die Notwendigkeit einer Kooperation zwischen Marketing/Vertrieb und Finanz- und Rechnungswesen/Controlling im Rahmen der Preisfindung ist offensichtlich. Wie diese beiden Funktionen zusammenarbeiten, kann einen starken Einfluß auf die Qualität der Preispolitik haben. Die Finanzseite geht das Problem tendenziell von der Cost-plus- und Deckungsbeitrags-Perspektive an. Die Marketing-/Vertriebsleute sind mehr durch Aspekte wie Nutzen für den Kunden, Preisreaktionen und konkurrenzfähige Preise beeinflußt. Im Ergebnis bevorzugen die Finanzleute normalerweise einen höheren Preis als die Marktexperten. Doch selbst innerhalb der Marketing-/Vertriebsgruppe gibt es in der Regel Unterschiede: Die Vertriebsleute präferieren normalerweise einen niedrigeren Preis als die Marketing-Manager.[8]

Konflikte sind unvermeidlich, wenn mehrere Funktionen mit möglicherweise unterschiedlichen Zielen beteiligt sind. In der Praxis werden verschiedene Methoden eingesetzt, um diese Konflikte zu lösen:

- In der Automobilindustrie wird bei der Preisfindung überwiegend das »Vier-Augen-Prinzip« angewendet: Zwei Leute, einer von der Finanzseite und der andere von der Verkaufsseite, müssen über den Preis eine übereinstimmende Empfehlung erzielen, die sie dann dem Vorstand vortragen. Wenn die beiden Seiten einen rationalen Standpunkt einnehmen und auf Machtkämpfe verzichten, scheint dieses Vorgehen vernünftig zu sein. Wir haben Fälle kennengelernt, wo es sehr gut funktionierte – aber auch Situationen, in denen die beiden Funktionen nicht konstruktiv zusammenarbeiteten.
- In der Konsumgüterindustrie werden im Rahmen der Preisfindung häufig multifunktionale Teams gebildet. Im Gegensatz zur ersten Methode, bei der die beiden Seiten normalerweise mit ihren eigenen Vorschlägen in die Verhandlung gehen, die sie dann diskutieren und »abstimmen«, beginnt das multifunktionale Team früher und entwickelt einen Preisvorschlag. Die Teammitglieder sind über ihre Anliegen gegenseitig besser informiert, doch die Preisinformationen können vielleicht auch oberflächlicher sein als bei der ersten Methode. Und der Entscheidungsprozeß kann mehr Zeit beanspruchen.
- Eine dritte Methode ist, einen Preismanager zu benennen, der die Informationen von beiden Seiten zusammenträgt und seine eigene Empfehlung erarbeitet. Wir beobachten diese Funktion in zunehmendem Maße in Branchen wie Fluggesellschaften, Telekommunikation, Dienstleistungen, Pharmazeu-

tika oder Industriegütern. Da unsere Erfahrungen bisher noch begrenzt sind, sehen wir davon ab, für dieses Modell eine abschließende Empfehlung auszusprechen, doch es scheint eine interessante und vielversprechende Alternative zu sein. Im Idealfall hat der Preismanager während seiner Karriere auf beiden Seiten gearbeitet und ist in der Lage, die Finanz- und die Marketingbetrachtung zu verbinden. Es ist entscheidend, daß der Preismanager genügend Macht hat, da er seine Position gegen zwei in der Regel mächtige Manager verteidigen muß, den Leiter des Finanz- und Rechnungswesens und den Vertriebsleiter.

Delegation der Preiskompetenz an den Außendienst

In vielen Märkten akzeptiert der Käufer nicht einfach die Listenpreise, die der Anbieter ansetzt, sondern die beiden Parteien verhandeln über den Preis. In diesen Fällen muß man festlegen, ob und wieviel Preisentscheidungskompetenz an den Außendienst delegiert werden soll.

In der Praxis gibt es die folgenden Formen:

- Die Außendienstmitarbeiter haben weitreichende (in Extremfällen volle) Preiskompetenz.
- Die Außendienstmitarbeiter haben begrenzte Preiskompetenz, d.h. sie können über Preise oder Rabatte bis zu einer gewissen Grenze verhandeln. Manchmal werden diese Kompetenzgrenzen nach hierarchischen Stufen differenziert (zum Beispiel Außendienstmitarbeiter 10 Prozent, Gruppenleiter 20 Prozent, Verkaufsdirektor 30 Prozent).
- Die Außendienstmitarbeiter haben keine Preiskompetenz, und jede Abweichung vom Listenpreis muß durch eine zentrale Organisationseinheit genehmigt werden.

Die Delegation der Preiskompetenz an den Außendienst ähnelt strukturell dem Problem einer Delegation der Preiskompetenz an ausländische Niederlassungen, das wir in Kapitel 6 behandelt haben. Und diese Frage beinhaltet auch emotionale Aspekte. Ein Autor kommentiert: »Zuzulassen, daß der Außendienst die Preise festlegt, ist ungefähr das gleiche wie einen Fuchs zu beauftragen, den Hühnerstall zu bewachen.«[9] Diese Auffassung ist ein wenig naiv, da es in bestimmten Situationen gute Gründe für eine solche Delegation geben kann.

Derartige Gründe für die Delegation der Preiskompetenz an den Außendienst sind:

- Die Rolle des Außendienstmitarbeiters wird aufgewertet und dadurch wird er besser motiviert;
- der Verkaufsmitarbeiter ist oft am besten in der Lage, die Zahlungsbereitschaft eines Kunden einzuschätzen und daher deren Ausschöpfung zu erreichen;
- die Preisfestlegung ist sehr flexibel, und Verzögerungen werden vermieden, wenn der Verkaufsmitarbeiter sofort entscheiden kann, ob er einen Preis akzeptiert oder nicht;
- der Verkaufsmitarbeiter kann sehr schnell auf sich verändernde Markt- und Wettbewerbsbedingungen reagieren;
- Verhandlungen beinhalten häufig komplexe Wechselwirkungen zwischen der genauen Produktspezifikation und dem Preis; der Prozeß kann sehr lästig werden, wenn der Außendienst immer wieder die Zentrale um Rat bzw. Genehmigung fragen muß;
- die Anreize müssen jedoch richtig festgelegt werden, das heißt, der Verkaufsmitarbeiter muß nach erzieltem Deckungsbeitrag und nicht nach Umsatz bezahlt werden. Die Ziele des Unternehmens und des Verkaufsmitarbeiters sind dann identisch. Wegen seiner besseren Kundenkenntnis kann der Verkaufsmitarbeiter dann ein hohes Maß an Kompetenz erhalten.

Doch es gibt auch Aspekte, die gegen eine Delegation der Preiskompetenz an den Außendienst sprechen:

- Der Verkaufsmitarbeiter ist in der Verhandlungssituation oft zu nachgiebig. Es herrscht ein starker Druck, das Geschäft abzuschließen. Nimer drückt es so aus: »Es gibt stets die Versuchung, auf Nummer sicher zu gehen, um den Auftrag zu erhalten.«[10]
- Die Zentralisierung der Preiskompetenz entlastet den Verkaufsmitarbeiter psychologisch. Nach Auffassung vieler Praktiker haben die meisten Verkaufsmitarbeiter Angst vor Preisverhandlungen. Und der Einkäufer übt vielleicht weniger Druck auf den Verkaufsmitarbeiter aus, wenn dieser keine Preiskompetenz hat. Ein alter Einkaufsgrundsatz lautet: ›Finde heraus, ob der Verkaufsmitarbeiter den Preis reduzieren kann. Falls ja, bestehe darauf, daß er es auch tut‹.[11]
- Bei Zentralisierung der Preiskompetenz gelingt es leichter, die Preise bei verschiedenen Kunden, Segmenten oder Ländern konsistent zu halten.
- In einigen Fällen erfordert die Preisentscheidung eine komplexe Analyse der Kosten, Kapazitätsnutzung usw., die dezentral oder vor Ort nicht durchgeführt werden kann.

Diese Vor- und Nachteile deuten darauf hin, daß es keine einfache Lösung für das Problem gibt. Es existieren nur wenige empirische Belege zur Vorteilhaftigkeit der Delegation von Preiskompetenz an den Außendienst. Stephenson, Cron und Frazier analysierten bei 108 Krankenhauslieferanten den Zusammenhang zwischen Preiskompetenz und Gewinn.[12] Sie stellten eine negative Korrelation zwischen Gewinn und dem Grad der Delegation der Preiskompetenz an den Außendienst fest. Wiltinger fand heraus, daß die besondere Kundenkenntnis des Außendienstmitarbeiters, die Bedeutung des einzelnen Kunden, die Erwartung der Kunden bezüglich sofortiger Nennung eines Preises und die Orientierung des Außendienstes an den Unternehmenszielen einen großen Einfluß auf die Wirkung einer Delegation der Preiskompetenz an den Außendienst haben.[13] Diese Feststellungen stimmen großenteils mit den oben aufgelisteten qualitativen Aussagen überein.

Zusammenfassend können wir festhalten, daß die Zweckmäßigkeit der Delegation von Preiskompetenz an den Außendienst sehr von der spezifischen Situation abhängt. Aufgrund unserer eigenen Erfahrungen empfehlen wir, mit einer übertriebenen Delegation vorsichtig zu sein. Es scheint besser zu sein, sich restriktiv zu verhalten, das heißt, lieber weniger Preiskompetenz delegieren als zuviel. In jedem Fall muß das Anreizsystem des Außendienstes mit den Unternehmenszielen übereinstimmen, wenn die Preiskompetenz in einem beträchtlichen Umfang delegiert wird.

Durchsetzung von Preisänderungen

Wenn ein Preis einmal als Listenpreis festgelegt wurde, muß er immer noch im Markt durchgesetzt werden. Dies kann ein sehr kritischer Schritt sein, dessen Bedeutung und Schwierigkeit häufig unterschätzt wird. Ein Anbieter kann keinem Kunden einen Preis aufzwingen. Der Kunde hat das Geld; nur er trifft die Entscheidung, ob er kauft. Der Verkäufer muß den Kunden motivieren, den Preis zu akzeptieren. Das gilt sowohl für feste Listenpreise als auch für Verhandlungspreise. Um dies zu erreichen, können Geschick, raffinierte Taktiken, wirksame Kommunikation und Verhandlungsfähigkeiten erforderlich sein. Die Anforderungen der Umsetzung hängen stark von der jeweiligen Situation ab. Sie sind für neue Produkte anders als für etablierte Produkte und für Preissenkungen anders als für Preiserhöhungen. Unter gewissen Umständen sollten die Preise nur auf Anfrage mitgeteilt werden; unter anderen Bedingungen kann es ratsam sein, die neuen Preise öffentlich anzukündigen.

Preisdurchsetzung für neue Produkte

Es ist normalerweise leichter, Preisakzeptanz für neue Produkte zu erzielen, als Akzeptanz für eine Preiserhöhung bei einem bestehenden Produkt zu erreichen. Dies gilt insbesondere, wenn das neue Produkt mit existierenden nicht direkt vergleichbar ist. Wenn das neue Produkt mit bestehenden direkt vergleichbar ist, muß man den bestehenden Zusammenhang zwischen Preis und Wertschätzung des Kunden kennen und berücksichtigen. Selbst Neuheiten mit einem viel besseren Preis-Leistungs-Verhältnis treffen auf Akzeptanzprobleme, da ein niedriger Preis die Verbraucher bezüglich der Qualität mißtrauisch machen oder die Begeisterung des Handels wegen geringer Spannen dämpfen kann. Als Timex zum Beispiel seine preiswerten Uhren Mitte der sechziger Jahre in Deutschland einführte, weigerten sich Uhren-Facheinzelhändler, diese in ihr Sortiment aufzunehmen, weil die Handelsspanne zu niedrig war und die Reparaturumsätze geringer sein würden als bei konventionellen Uhren. Timex mußte für seine Uhren völlig neue Absatzwege wie Tankstellen und Zeitungskioske erschließen. In einem anderen Fall scheiterte die Einführung einer neuen Chemikalie mit höherer Ergiebigkeit. Sie wurde durch die Einzelhändler boykottiert, die einen Mengen- und Umsatzrückgang befürchteten und sich weigerten, das Produkt aktiv zu fördern. In diesem Fall wäre es besser gewesen, das Produkt mit einem höheren Preis einzuführen (in Übereinstimmung mit dem nachgewiesenen Preis-Leistungs-Verhältnis) und den Preis später zu senken.

Die Festlegung des Einführungspreises ist eine einmalige Gelegenheit, da er den Bezugspunkt für alle zukünftigen Preise setzt, wie wir in den Kapiteln 10 und 11 ausgeführt haben. Dieser Bezugspreis muß bewußt und gezielt gesetzt werden. Es kann besser sein, ein neues Produkt zu einem offiziellen Preis von 100 DM einzuführen und einen Einführungsrabatt von 30 Prozent zu gewähren, als den Anfangslistenpreis mit 70 DM festzulegen und ihn später auf 100 DM zu erhöhen. Der tatsächliche Transaktionspreis ist identisch, doch die Wirkung auf die Preisakzeptanz kann ganz unterschiedlich ausfallen.

Ein anderer Aspekt der Preisfindung für neue Produkte betrifft die Zeitplanung für die Preisankündigung. Diese sollte in dem breiteren Zusammenhang von Prämarketing[14] gesehen werden. Eine frühe Preisankündigung kann, obwohl sie die Konkurrenten informiert, nützlich sein, um die Preisakzeptanz potentieller Kunden lange vor der tatsächlichen Produkteinführung zu testen und so Zeit für eine Preisanpassung zu lassen. Der Hersteller eines neuen Sportwagens kündigte zum Beispiel zwei Jahre vor der Einführung einen vorläufigen Preis an. Dieser Preis wurde von der Öffentlichkeit und der Presse als sehr niedrig beurteilt. Das führte zu einem weitgehend akzeptierten tatsächlichen Einführungspreis, der 10 Prozent höher lag als die ursprüngliche Ankündigung. In einigen Fällen haben Unternehmen angekündigte Preiserhöhungen aufgrund von Reaktionen der Wettbewerber oder Kunden modifiziert, bevor sie in Kraft traten.

Durchsetzung von Preissenkungen

Obgleich Preissenkungen offensichtlich leichter durchzusetzen sind als Preiserhöhungen, gibt es dennoch einige Fallstricke, die man beachten sollte. Händler begrüßen Preissenkungen nicht immer. Niedrigere Preise können für sie niedrigere Handelsspannen bedeuten; wenn die Absatzmenge nicht entsprechend steigt, können sie schlechter gestellt sein. Eine Preisreduzierung bedeutet normalerweise, daß die Bestände der Händler abgewertet werden, da sie das Produkt jetzt zu einem niedrigeren Preis kaufen können. Häufig verlangen die Händler einen Ausgleich für diese Abwertung ihrer Bestände.

Im Februar 1996 senkte Gruner & Jahr den Preis von *TV Today* in Deutschland von 2,30 DM auf 1,00 DM und erhöhte den Preis (nachdem dies durch ein Gericht untersagt wurde) anschließend auf 1,80 DM. Doch trotz der sehr unterschiedlichen Endverbraucherpreise ließ das Unternehmen die absolute Handelsspanne unverändert. Die Preissenkung für den Verbraucher war kombiniert mit einer konstanten Handelsspanne für den Händler, um die negative Wirkung einer niedrigeren Handelsspanne zu vermeiden.[15] Dies war allerdings ein kostspieliger Weg, da der Deckungsbeitrag von Gruner & Jahr unverhältnismäßig stark zurückging.

Preisreduzierungen können auch die Endverbraucher verärgern, wie wir in den Kapiteln 10 und 11 ausgeführt haben. Die Kunden, die das Produkt kurz vor der Preissenkung gekauft haben, fühlen sich eventuell benachteiligt und beschweren sich. Eine frühe Ankündigung der beabsichtigten Preisreduzierung kann dieses Problem abmildern. Gleichzeitig bringt eine Ankündigung eine andere möglicherweise nicht erwünschte Wirkung mit sich – die Verschiebung der Käufe in die Zukunft und damit einhergehend eine Verlagerung von höheren zu niedrigeren Deckungsbeiträgen. Solche Zeitverschiebungen können auch vorübergehende Probleme der Kapazitätsauslastung verursachen.

Eine Preissenkung kann verschleiert werden. Anstatt den Preis zu reduzieren, kann die Reduzierung eines bestimmten Preises in der Form einer größeren Packungsgröße erfolgen. In diesem Fall bleibt der Nominalpreis unverändert, doch der spezifische Preis (pro Kilogramm) wird reduziert. Zum Zwecke der Verkaufsförderung wird diese Form häufig eingesetzt. Für das Unternehmen hat es den Vorteil, daß kein monetärer Wert verschenkt wird. Der Verbraucher erhält mehr Produkt zum gleichen Preis und ist damit oft zufrieden.

Durchsetzung von Preiserhöhungen

Die erfolgreiche Durchsetzung von Preiserhöhungen im Sinne der Erzielung einer Preisakzeptanz ist eine der großen Herausforderungen in der Preispolitik. Kunden leisten häufig gegenüber allen Versuchen, den Preis zu erhöhen, starken Widerstand. Das gilt insbesondere für große Einzelhandelsunternehmen oder Industriekunden. Für den Außendienst und selbst für Topmanager sind Kundenbesuche zur Ankündigung von Preiserhöhungen meist mit unangenehmen Erfahrungen verbunden. Ein Topmanager eines Stahlherstellers erzählte uns, daß er vor seinen Preiserhöhungsbesuchen bei Kunden in der Automobilindustrie die größte Angst habe.

Die folgenden Taktiken haben sich als nützlich erwiesen, um Preiserhöhungen erfolgreich durchzusetzen:

- *Langfristige Vorbereitung und Ankündigung:* Es ist entscheidend, den Markt auf die Preiserhöhung vorzubereiten. Die Notwendigkeit, den Preis zu erhöhen, sollte lange vor dem geplanten Termin wiederholt mitgeteilt werden. Der Verkaufsdirektor einer Brauerei erklärte: »Es ist eine Illusion, die Preise aus heiterem Himmel zu erhöhen. Sie müssen Ihre Kunden lange Zeit ›weichkochen‹, ehe Sie es wagen können, eine Preiserhöhung zu verlangen. Nur wenn die Kunden glauben, daß die Erhöhung unvermeidlich ist, werden sie sie akzeptieren«.
- *Wahl des Zeitpunktes:* Es ist vorteilhaft, einen Zeitpunkt zu wählen, der die Erklärung der Gründe für die Preiserhöhung erleichtert. Eine Preiserhöhung sofort nach einer Lohnerhöhung wird eher akzeptiert. Wie in Kapitel 11 diskutiert, gilt das gleiche, wenn sich die Preise für Rohstoffe erhöht oder die Wechselkurse sich geändert haben. Zusätzlich zu der besseren Akzeptanz durch die Kunden ist es wahrscheinlicher, daß die Konkurrenten unter solchen Umständen mitziehen, da sie von den gleichen Kostenfaktoren betroffen sind.
- *Gleichzeitige Produktmodifizierung:* Falls möglich, kann es sinnvoll sein, die Preiserhöhung mit einer Produktmodifizierung zu kombinieren. Selbst eine kleine Verbesserung des Produktes kann von der Preiserhöhung ablenken und ihre negative Wirkung auf den Absatz mildern.

- *Anzahl von Schritten:* Wenn eine große Preiserhöhung nötig ist, sollte man überlegen, ob man die Anpassung in einem großen oder in mehreren kleinen Schritten durchführt. Letzteres ist eventuell weniger riskant für den Absatz, es dauert jedoch länger, bis man die gewünschte Preishöhe erreicht.
- *Verringerung der Packungsgröße:* Anstatt den Nominalpreis zu erhöhen, kann die Packungsgröße reduziert werden. Natürlich kann man diese Maßnahme nicht beliebig oft wiederholen. Wenn die Verbraucher mit einer bestimmten Packungsgröße vertraut sind, kann eine Änderung der Pakkungsgröße gefährlich sein. In den achtziger Jahren führte Tchibo an Stelle der üblichen 500 g-Packung eine 400 g-Packung ein, um eine Preiserhöhung zu vermeiden. Die Verbraucher waren entrüstet, weil sie sich hintergangen fühlten, und Tchibo mußte die kleinere Packungsgröße zurückziehen.
- *Unbundling/Entbündelung:* Diese Technik, die wir in Kapitel 9 eingehend behandelt haben, kann dazu beitragen, den Betrag zu reduzieren, der für eine bestimmte Transaktion gezahlt werden muß, während gleichzeitig die Summe der Einzelpreise erhöht wird. In den siebziger Jahren setzten Computerhersteller Unbundling als Ersatz für Preiserhöhungen ein. Das Beispiel SPSS, das in Tabelle 9.6 dargestellt ist, kombiniert Preiserhöhungen mit Unbundling.

Diese Taktiken sind in Konsumgütermärkten stärker verbreitet als im reinen Firmengeschäft. Wenn eine der oben genannten Taktiken angewendet wird, muß sowohl die emotionale als auch die wirtschaftliche Reaktion der Kunden berücksichtigt werden. Es ist gefährlich, wenn die Kunden das Gefühl haben, benachteiligt oder hintergangen zu werden.

Kommunikation von Preisänderungen

Um das Verhalten der Kunden beeinflussen zu können, müssen sie über die Preisänderungen informiert werden. Ihre Wahrnehmung ist nicht auf den Preis als solchen beschränkt, sondern beinhaltet normalerweise auch die Wertschätzung für das Produkt. Um die gewünschte Wirkung einer Preisänderung zu erzielen, kann es zweckmäßig sein, deren Durchsetzung mit Kommunikationsmaßnahmen zu unterstützen.

Der Sachverhalt stellt sich für Preisreduzierungen anders dar als für Preiserhöhungen. Das beste Vorgehen im Falle einer Preissenkung ist, hervorzuheben, daß das Produkt jetzt preiswerter ist. Im Fall einer Preiserhöhung sollten die Qualität und das hervorragende Image oder der Service für das Produkt betont werden, um dadurch die Kundenwertschätzung für das Produkt zu ver-

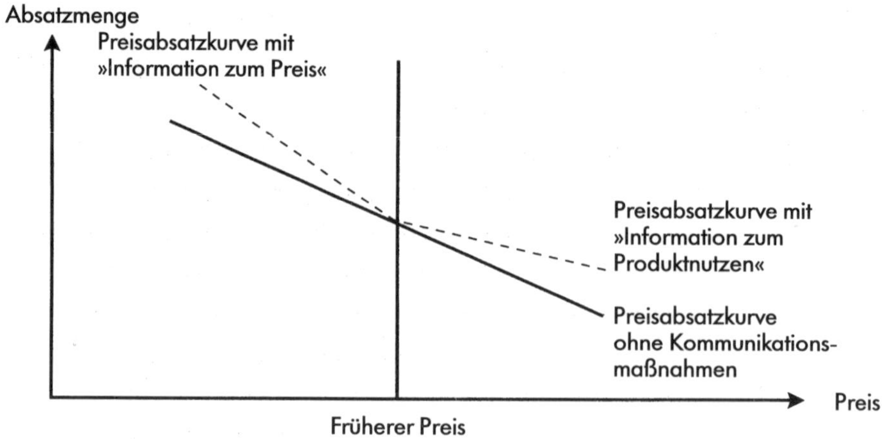

Abbildung 12.4: Die Wirkung von »Preiskommunikation« und »Nutzenkommunikation«

bessern. Zeitungen und Zeitschriften unterstützen ihre regelmäßig wiederkehrenden Preiserhöhungen durch Hervorhebung ihrer verbesserten Qualität, des professionellen Journalismus usw.

Die beiden gegensätzlichen Kommunikationswirkungen sind in Abbildung 12.4 dargestellt. Wenn der neue Preis den »früheren Preis« übersteigt, kann die Information zum Produktnutzen die Preisabsatzkurve verflachen; wenn er unter dem »früheren Preis« liegt, kann eine Information zum Preis die Preisabsatzkurve steiler machen. Wir haben – wie andere Autoren auch – festgestellt, daß dieser Zusammenhang für verschiedene Produkte zutrifft.[16] Es erscheint daher ratsam, Preisänderungen mit kommunikativen Maßnahmen zu unterstützen: im Fall einer Preissenkung durch »Information zum Preis«, im Fall einer Preiserhöhung durch »Information zum Produktnutzen bzw. Image«.

Durchsetzung von differenzierten Preisen

Im zweiten Teil dieses Buches haben wir gezeigt, daß Preisdifferenzierung eine sehr wirkungsvolle Möglichkeit zur Verbesserung des Gewinns ist. Doch Preisdifferenzierung kann sowohl intern als auch bei den Kunden Umsetzungsprobleme verursachen.

Ein Kunde ist wahrscheinlich verärgert, wenn er erfährt, daß er für das gleiche Produkt oder die gleiche Dienstleistung einen höheren Preis zahlt als ein anderer Kunde. In dieser Hinsicht gilt: Je homogener das Angebot, je größer die Preistransparenz und je größer die Preisunterschiede sind, desto gefährlicher wird die Preisdifferenzierung. Diese Aspekte müssen im Rahmen der Umsetzung beachtet werden. Es kann daher vorteilhaft sein, die Preise vertraulich zu behandeln, das heißt nur den einzelnen Kunden gezielt zu informieren. Vertraulichkeit der Preise kann auch die Gefahr einer Wettbewerbsreaktion mindern. Eine andere Taktik ist, die Homogenität des Angebots durch Design-, Packungs- oder Produktvariation zu reduzieren, um die Preistransparenz zu verringern.

Ein weiteres Problem der Preisdifferenzierung besteht darin, daß Kunden verwirrt werden können. Auf dem deutschen Mobiltelefonmarkt gibt es mehr als 200 verschiedene Tarife, und die Kunden beklagen sich darüber, daß es unmöglich ist, das beste Angebot herauszufinden. Die Deutsche Telekom führte 1996 ein neues Preissystem mit sechs Zeitperioden und vier regionalen Zonen ein, die zusammen 24 Preispunkte ergeben. Die Verwirrung der Kunden löste eine Protestwelle aus. Über die Diskrepanz zwischen dem Nutzen der Preisdifferenzierung für das Unternehmen und der Schwierigkeit, deren Verständnis dem Kunden durch Kommunikationsmaßnahmen zu erleichtern, sollte sehr sorgfältig nachgedacht werden.

Eine übertriebene Preisdifferenzierung kann ein internes Preischaos verursachen. Zu viele verschiedene Preise können die Verkaufsorganisation überfordern. In Testanfragen bei einem Transportunternehmen erhielten wir für die gleiche Leistung verschiedene Preisangebote. Die Verkäufer waren nicht in der Lage, mit der Komplexität des Preissystems fertig zu werden. Sie verstanden es nicht und konnten das System in seiner Kompliziertheit oder selbst in seinen Hauptaspekten nicht begründen. Die Zeit, die erforderlich ist, um den Kunden ein Preissystem zu erklären, wächst mit seiner Komplexität überproportional. Komplexe Rabattsysteme verleiten zum Mißbrauch durch den Außendienst und erfordern zusätzliche Kontrolle.

Preisverhandlungen

Obwohl es hierzu keine schlüssigen empirischen Belege gibt, scheint die Mehrheit der Preise bis zu einem gewissen Grade ausgehandelt zu werden. In einer deutschen Befragung von Lieferanten in verschiedenen Branchen sagten 55 Prozent der Befragten, daß ihre Preise ausgehandelt werden, und nur 24 Prozent berichteten, daß sie ihre Preise festlegen und diese Preise von ihren Kunden akzeptiert werden.[17]

Preisverhandlungen beinhalten im wesentlichen drei Aspekte: (a) das rationale Argument bezüglich der wirtschaftlichen Konsequenzen, (b) die psychologische Interaktion zwischen Verkäufer und Einkäufer und (c) organisatorische Faktoren. Eine besondere Sparte der Literatur, die stark durch die Spieltheorie beeinflußt ist, beschäftigt sich mit den rationalen Aspekten und den wirtschaftlichen Konsequenzen von Verhandlungen (siehe die Arbeit von Raiffa[18]). Eine ganz andere Art von Literatur, die besonders bei Verkäufern beliebt ist, behandelt die Psychologie von Preisverhandlungen.[19]

Hier wollen wir uns auf ausgewählte organisatorische Aspekte beschränken. Die spezifische Situation ist wiederum von größter Bedeutung, und allgemeine Empfehlungen sind nur beschränkt aussagefähig. Im Idealfall sollte die Wertschätzung der Kunden für das Produkt stärker im Mittelpunkt der Verhandlungen stehen als der Preis. Die Kundenwertschätzung bestimmt deren Zahlungsbereitschaft. Eine wirkungsvollere Kommunikation des Kundennutzens führt wahrscheinlich zu einem höheren Transaktionspreis oder zu einer besseren Akzeptanz eines gegebenen Preises. Daher sollte die Verkaufsorganisation trainiert und vorbereitet werden, die Nutzenkommunikation und Wertschätzung der Kunden für das Produkt in den Mittelpunkt des Verkaufsgesprächs zu stellen. Es ist besonders wichtig, dem Kunden so viel Informationen wie möglich über den Produktnutzen zu geben, bevor die eigentliche Preisverhandlung beginnt. In vielen Fällen ist die Preisverhandlung schließlich unvermeidbar, doch sie sollte im Prozeß eher spät beginnen.

Der gegenwärtige Trend zur Zentralisierung des Einkaufs beeinflußt die Nutzenwahrnehmung und die Preisverhandlungen. Wir wollen in diesem Zusammenhang den Fall eines Chemieunternehmens, hier INTERCHEM genannt, betrachten, das Kunststoffteile an einen großen Autohersteller, den wir hier GLOBALAUTO nennen, liefert. Traditionell hatten die Werke von GLOBALAUTO ihre eigenen dezentralisierten Einkaufsabteilungen. INTERCHEM bot einen hervorragenden Service, die Lieferpolitik war ausgezeichnet, und der technische Rat des Unternehmens wurde geschätzt. Dies alles wurde von den Einkäufern in den GLOBALAUTO-Werken wahrgenommen und in den Preisverhandlungen anerkannt. 1994 führte GLOBALAUTO den weltweiten Einkauf (global sourcing) ein. Forthin mußte der Verkaufsdirektor von INTERCHEM mit dem zentralen Einkaufsdirektor verhandeln, der von den Werken weit entfernt war und nur wenig über den Nutzen wußte, den INTERCHEM für seine direkten Kunden in den Werken erbrachte.

Der Verkaufsdirektor von INTERCHEM berichtet:

Dies ist eine völlig neue Situation. Traditionell war unsere Leistung anerkannt und wurde von meinen Verhandlungspartnern geschätzt. Jetzt habe ich es mit einer Person zu tun, die wenig darüber weiß, was wir den Werken wirklich leisten. Jetzt steht nicht mehr die Lieferung von Kundennutzen im Mittelpunkt, sondern der Preis und ich werde eine sehr schwere Zeit haben. Die einzigen Nutzen-Argumente, die akzeptiert werden, sind harte wirtschaftliche Einsparungen, wie zum Beispiel durch bessere Just-in-time-Belieferung. Wir müssen unsere Strategie überdenken. Wenn es uns nicht gelingt, unseren höheren Kundennutzen in Kostenvorteile zu übersetzen und mit harten Zahlen zu belegen, müssen wir wahrscheinlich den Service reduzieren, um im Preis konkurrenzfähiger zu werden.

Dieser Fall veranschaulicht die zentrale Rolle von organisatorischen Aspekten bei Preisverhandlungen. Es ist nicht möglich, nützliche allgemeine Empfehlungen für diese Situationen zu geben, doch diesen Problemen sollte große Aufmerksamkeit geschenkt werden. Der endgültige Erfolg in der Preispolitik hängt von der Nutzenkommunikation sowie dem Verhandlungsgeschick eines Unternehmens und seiner einzelnen Mitarbeiter ab.

Zusammenfassung

Die Entwicklung der geeigneten Organisationsstrukturen für die Anwendung des »Power Pricing« entzieht sich allgemeingültigen Empfehlungen. Wir beobachten, daß viele Unternehmen in der Preisfindung im Hinblick auf Informationen, Abläufe, Strukturen und das Vorgehen bei der Umsetzung nicht professionell organisiert sind. Die folgenden Aspekte sollten beachtet werden:

- Der Umfang der Analysen zur Preisfindung sollte dem erwarteten Nutzen entsprechen. Eingehende großangelegte Studien kommen vor allem für neue Produkte und Projekte zur Repositionierung der Preise mit einem großen Gewinnverbesserungspotential in Betracht.
- An der Preisfindung müssen sowohl die Funktionen Marketing/Vertrieb als auch Finanz- und Rechnungswesen/Controlling beteiligt werden. Es ist entscheidend, daß diese beiden Funktionen konstruktiv zusammenarbeiten.
- Da die endgültige Entscheidung über den Preis Aspekte beider Seiten berücksichtigen muß, wird sie häufig als Aufgabe der Unternehmensleitung bzw. des General Managements angesehen.
- Nur Großunternehmen mit häufigen größeren Preisentscheidungen sollten interne Kapazitäten für anspruchsvolle Preisanalysen vorhalten; Unternehmen mit weniger häufigen Preisproblemen sind besser beraten, spezialisierte Berater zu beauftragen.
- Die Delegation von Preiskompetenz an den Außendienst sollte vorsichtig

gehandhabt werden; wir empfehlen, eher zu wenig als zu viel Preiskompetenz an Außendienstmitarbeiter zu delegieren.
- Bei der Durchsetzung von Preismaßnahmen sollten unterschiedliche Taktiken eingesetzt und schrittweise vorgegangen werden; derartige Taktiken können insbesondere für die erfolgreiche Durchsetzung von Preiserhöhungen entscheidend sein.
- Preisveränderungen sollten durch kommunikative Maßnahmen unterstützt werden.

Eine intelligente Analyse ist nur der erste Schritt zum »Power Pricing«. Der endgültige Erfolg hängt von der Fähigkeit eines Unternehmens ab, die richtigen Preise auch durchzusetzen. Obgleich es kaum allgemeine Regeln für die erfolgreiche Durchsetzung des Preises gibt, verdienen organisatorische Prozesse und Strukturen im Rahmen der Preisfindung die höchste Aufmerksamkeit des Managements.

Anmerkungen

1 Siehe Hyde, S.: »Navistar International«, Kapitel 10 in Seymour, D. T.: *The Pricing Decision*, Chicago 1989, S. 225–240, hier S. 233.
2 Siehe Atkin, B. und Skinner, R.: *How British Industry Prices*, Old Woking 1976.
3 Hyde: *a.a.O.*, S. 233.
4 Miller, L. und Stern, G.: »U.S. Car-Rental Firms Neglect Core Business, Often Skid Into Losses«, *The Wall Street Journal Europe*, 19. Februar 1996, S. 1 und 5, hier S. 5.
5 Mohan, L. und Holstein, W.: »Marketing Decision Support Systems in Transition«, in Blattberg, R., Glazer, R. und Little, J.: *The* Marketing *Information Revolution*, Boston 1994, S. 230–252.
6 Moorman, C., Zaltman, G. und Deshpande, R.: »Relationships Between Providers and Users of Market Research: The Dynamics of Trust Within and Between Organizations«, *Journal of Marketing Research*, 29:3 (August 1992), S. 314–328, berichten, daß das Vertrauen zwischen Linienmanagern und Marktforschern für die Akzeptanz und die Anwendung der Marktforschungsergebnisse äußerst wichtig ist.
7 Siehe Atkin, B. und Skinner, R.: a.a.O., S. 236; sowie »Welche Rolle spielt der Preis?« in *asw – Absatzwirtschaft – Zeitschrift für Marketing*, Juli 1994, S. 22.
8 Siehe auch Cespedes, F.: »Coordinating Sales and Marketing in Consumer Goods Firms«, *Journal of Consumer Marketing*, 10/2/1993, S. 37–55 und Nimer, D. N.: »Nimer on Pricing«, *Industrial Marketing*, März 1971, S. 48–55, hier S. 48.
9 Kern, R.: »Letting Your Salespeople Set Prices (Sort of)«, *Sales and Marketing Management*, 14. August 1989, S. 44–49, hier S. 44.
10 Nimer, D.: »Nimer on Pricing«, *a.a.O.*, S. 48–55, hier S. 48.
11 Stephenson, P., Cron, W. und Frazier, G.: »Delegating Pricing Authority to the Sales Force: The Effects on Sales and Profit Performance«, *Journal of Marketing*, 43 (Frühling 1979), S. 21–28.

12 Ibid.
13 Wiltinger, K.: »An Exploratory Investigation of Task Environmental Characteristics Influencing the Delegation of Pricing Authority to the Sales Force«, in Bergadaà, M. (Hrsg.): *Proceedings of the 24th European Marketing Academy Conference*, Cergy-Pontoise 1995, S. 2125–2133.
14 Für eine detaillierte Analyse von Prämarketing siehe Möhrle, M.: *Prämarketing*, Wiesbaden 1995.
15 Bejenke, I.: »Bellicose TV Guides Compete in Germany«, *The Wall Street Journal Europe*, 6. März 1996, S. 4.
16 Simon, H.: *Price Management*, Amsterdam 1989.
17 Simon, H.: a.a.O., S. 664; siehe auch Abraham, M. M. und Lodish, L. M.: »Getting the Most Out of Advertising and Promotion«, *Harvard Business Review*, Mai-Juni 1990, S. 50–60.
18 Siehe besonders Raiffa, H.: *The Art and Science of Negotiation*, Cambridge, MA 1982.
19 Siehe zum Beispiel Nirenberg, J.: *How to Sell Your Ideas*, New York 1984; Detroy, E. N.: *Sich Durchsetzen in Preisgesprächen und -verhandlungen*, Zürich 1990.

Kapitel 13

Einführung des »Power Pricing«

Prüfen Sie Ihre Preisfindungsintelligenz

In Kapitel 1 haben wir wichtige Eigenschaften des »Power Pricing« beschrieben. In den folgenden Kapiteln gingen wir näher darauf ein, indem wir erfolgreiche Beispiele aus der Praxis vorstellten. Einige der wichtigsten Punkte waren, daß »Power Pricing«:

- sich auf harte Fakten stützt und die Nachfragesituation gründlich analysiert (Kapitel 2 und 3);
- Wettbewerbsreaktionen berücksichtigt und überlegt, wie man sie beeinflussen kann (Kapitel 4);
- das Ziel der Preisdifferenzierung verfolgt (Kapitel 5 für die Zielsetzung und Kapitel 6–10 für spezifische Methoden der Preisdifferenzierung) und
- die langfristigen Wirkungen des Preises steuert (Kapitel 11).

Wir hoffen, daß jeder Leser dieses Buches zumindest einige Anregungen für eine wesentliche Gewinnverbesserung findet. Angesichts der zahlreichen Beispiele und der vielfältigen Möglichkeiten zur Steigerung des Nettoerlöses geben wir zu, daß der Leser vielleicht unsicher ist, wie gut oder schlecht die Preisfindung in seinem Unternehmen organisiert ist und was bei seinen Verbesserungsbemühungen die höchste Priorität haben sollte. Aufbauend auf den vorhergehenden Kapiteln stellen wir in diesem letzten Kapitel einen strukturierten Prozeß vor, mit dem man das »Preisfindungs-Know-how« seines Unternehmens prüfen und die wichtigsten Maßnahmen identifizieren kann, die unternommen werden müssen, um »Power Pricing« besser anwenden zu können. Wir präsentieren hier kein neues konzeptionelles Material, sondern beschreiben ein System zur Bewertung des Preisfindungs-Know-hows. Es beinhaltet einen konkreten Ansatz, den Zustand Ihrer Preisfindung und preispolitischen Maßnahmen im Rahmen einer Selbstbeurteilung zu prüfen.

In diesem Kapitel behandeln wir die folgenden Fragen:

1. Wissen Sie, wie gut Ihre Verfahren der Preisfindung sind?
2. Wie identifizieren Sie die wichtigsten Verbesserungsmöglichkeiten?

Die Beantwortung dieser Fragen wird dazu beitragen, daß Sie:

- die Bemühungen zur Verbesserung der Preisdurchsetzung mit den richtigen Prioritäten versehen;
- mit Ihrem Verbesserungsprogramm den maximalen Erfolg erzielen.

Elemente des Know-hows für die Preisfindung

In Abbildung 13.1 sind die drei Bereiche des Know-hows für die Preisfindung dargestellt.

Bereich A, die Einstellung zur Preisfindung, bezieht sich auf die Art, in der das Unternehmen den Prozeß der Preisfindung angeht. Glaubt man, den Preis beeinflussen zu können, oder wird der Preis als etwas angesehen, das größtenteils durch externe Faktoren bestimmt wird? Ist die Preisfindung abgestimmt auf die Unternehmensstrategie und die Marketingstrategien? Ist die

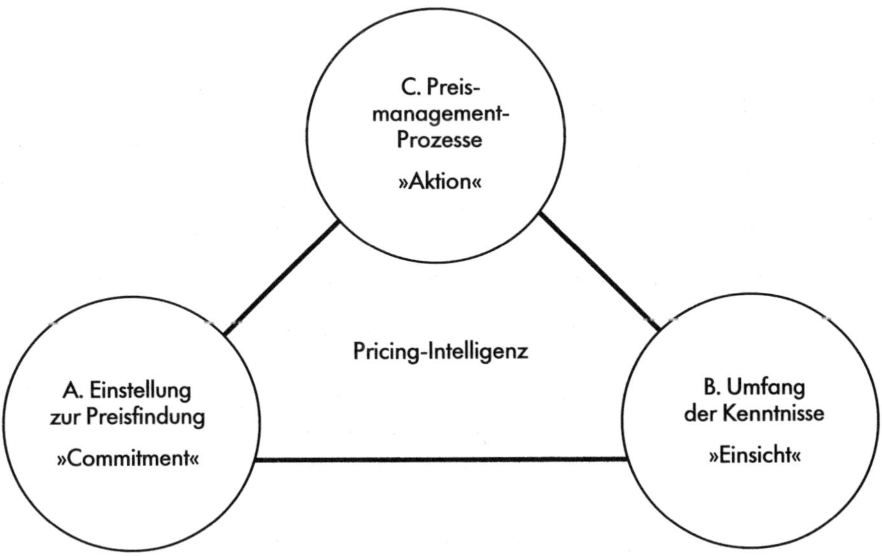

Abbildung 13.1: Drei Bereiche der Pricing-Intelligenz

Unternehmensleitung beteiligt, oder wird die Preisermittlung nachgeordneten Managementebenen überlassen? Welche Daten und Instrumente unterstützen Preisentscheidungen? Kurz gesagt: hat das Unternehmen das notwendige »Commitment«, den Preis zu managen? Bereich B betrifft den Umfang der Kenntnisse oder im wahrsten Sinne des Wortes die »Einsicht«, die das Unternehmen in Preiszusammenhänge besitzt. Versteht man externe Faktoren wie Kunden und Wettbewerber und ihre Interdependenz mit den internen Aspekten Produktdesign und Kosten? Bereich C betrifft die Preismanagement-Prozesse oder »Aktions«-Aspekte. Dies sind die wichtigsten Prozesse, um die Preisfindung optimal durchzuführen.

Diese Bereiche stehen in engem Zusammenhang. Die richtige Einstellung zur Preisfindung ist eine grundlegende Voraussetzung. Wenn Sie nicht davon überzeugt sind, daß der Preis beeinflußbar ist, daß gründliche Überlegungen die Preispolitik verbessern können und daß Intelligenz und harte Arbeit in der Preispolitik sich in höheren Gewinnen auszahlen, spielt der Rest keine große Rolle. Die Einstellung zur Preisfindung bedeutet eine Verpflichtung, zu analysieren, nachzudenken und zu handeln. Bereich B bezieht sich darauf, ein hinreichend breites, aber auch tiefes Verständnis des Marktes zu erreichen, sowohl zum Produkt-Markt-Zusammenhang als auch zum Produkt-Unternehmens-Zusammenhang. Erstreckt sich das Verständnis auch auf die Konkurrenten, weiß man, wie »dumm« oder »clever« sie sind und wie man ihr Verhalten beeinflussen kann? Bereich C betrifft die Existenz von Preismanagement-Prozessen, die sicherstellen, daß im Rahmen der Preisentscheidungen konsequent die richtigen Dinge in den Mittelpunkt gestellt werden.

Für jeden Bereich nennen wir spezifische Kriterien, mit denen Sie Ihre Praxis bewerten können. In Tabelle 13.1, der Bewertungskarte für die Pricing-Intelligenz, sind unsere zehn Beurteilungskriterien für alle drei Bereiche aufgeführt. Die Bedeutung der Leistung bezüglich eines bestimmten Kriteriums unterscheidet sich je nach Situation, daher verlangt die Bewertungskarte, eine Beurteilung des Kriteriums im Hinblick auf die jeweilige Situation vorzunehmen. Darüber hinaus kann es zusätzliche wichtige Überlegungen für jedes Unternehmen geben und diese können zu den Kriterien auf der Bewertungskarte hinzugefügt werden. Im Rahmen unserer Beobachtung der Preisfindungspraktiken und unserer Recherchen, was funktioniert und was nicht, haben wir jedoch festgestellt, daß diese Bewertungskarte mit drei Bereichen und zehn Kriterien einen zuverlässigen Indikator für die Gesamtqualität der Preisfindungspraxis darstellt.

Tabelle 13.1: System zur Bewertung der Pricing-Intelligenz

	Bedeutung	**Leistung**				
	Bewertung von 1 = gering bis 5 = hoch	*schlecht*				*sehr gut*
		1	2	3	4	5
Bereich A: Einstellung zur Preisfindung						
Ausmaß, in dem unser Pricing						
1. (a) auf die Marketingstrategie des Unternehmens ausgerichtet ist						
(b) von den Mitarbeitern des Unternehmens verstanden wird						
(c) sinnvolle Handlungsanleitung bietet						
2. auf Daten basiert, die						
(a) relevant						
(b) genau						
(c) angemessen disaggregiert						
(d) zeitgenau verfügbar sind						
Bereich B: Umfang der Kenntnisse						
Ausmaß, in dem Verständnis vorhanden ist, für						
1. (a) die Wertschätzung, die Kunden unserem Produkt beimessen						
(b) Unterschiede in der Wertschätzung durch verschiedene Kunden						
2. wahrscheinliche Wettbewerbsreaktionen und Mittel zu deren Beeinflussung						
3. die Rolle des Produktes im Portfolio des Unternehmens						
Bereich C: Pricing-Prozeß						
Ausmaß, in dem folgende Aspekte erfaßt werden						
1. Differenzierungsstrategien						
2. Transaktionspreise und kundenspezifische Kosten						
3. Einfluß heutiger Preise auf zukünftige Absatzchancen						
4. Kommunikation/Durchsetzung der Preise im Markt						
5. rechtliche Beschränkungen						

Bereich A: Einstellung zur Preisfindung

Die Einstellung zur Preisfindung spiegelt wider, wie ein Unternehmen die relevanten Fragen im Rahmen der Preisermittlung angeht. Der Anhänger des »Power Pricing« besteht zwei Tests bezüglich dieser Einstellung. Der erste ist die Existenz einer »tatsächlichen« Preisstrategie, damit meinen wir ein Vorgehen, das

- konsistent ist mit der Unternehmensstrategie und den Marketingstrategien und diese unterstützt;
- von jedem Mitarbeiter des Unternehmens verstanden wird;
- eine sinnvolle Handlungsanleitung bietet.

Eine Unternehmensstrategie ist »die Art, wie ein Unternehmen durch die Gestaltung und Koordination seiner Aktivitäten in verschiedenen Märkten Werte schafft«.[1] »Wert« bezieht sich in diesem Zusammenhang auf Wertschöpfung für Aktionäre und andere »Stakeholder« des Unternehmens. Die Marketingstrategie ist ein Teil des Prozesses zur Schaffung dieser Unternehmenswerte. Ein Unternehmen generiert für seine Anteilseigner nur einen Wert, wenn es in der Lage ist, verschiedene Inputs zu beschaffen und einzusetzen, um damit Nutzen für seine ausgewählten Kunden zu erzeugen. Der *wertschaffende* Teil der Marketingstrategie eines Unternehmens sind die Entwicklung, die Produktion und die Kommunikation seiner Produkte und/oder Dienstleistungen für seine ausgewählten Kunden. Die Preisstrategie ist der *»wertabschöpfende«* Teil der Marketingstrategie, durch den ein Teil des Nutzens, der für den Kunden geschaffen wurde, vom Unternehmen zurückgeholt wird.

Der Anhänger des »Power Pricing« hat eine klar formulierte Preispolitik, die auf die Unternehmensstrategie ausgerichtet ist. Er muß zum Beispiel wissen, ob das Unternehmen ein Mengen- oder ein Nischenanbieter sein will, wenn er das Produkt-Mix und die damit zusammenhängenden Kosten bestimmt und diese Strategie in Preise umsetzt. Ein gutes Beispiel einer solchen Strategie ist die Saturn-Division von General Motors. Der Marketing-Leiter von GM beschrieb die Strategie von Saturn als Konzentration auf »eine Gesamterfahrung des Kaufes und des Besitzes«, die für »Zuverlässigkeit, Intelligenz, Freundlichkeit« steht.[2] (Dies unterscheidet sich markant von seiner Beschreibung der Positionierung der Pontiac-Division als »ins Auge springendes Styling«.) Folglich konnte die besondere Art der neuen Autos von Saturn die Marketingstrategie von GM sinnvoll ergänzen.

Das wichtigste »Kaufmotiv« eines amerikanischen Kleinwagen-Käufers ist der »Preis«.[3] Bei vielen Händlern zeigt sich die Bedeutung des Preises sowohl für den Kunden als auch den Händler in den Preisverhandlungen, die kaum als Aufbau einer Kundenbeziehung, sondern eher als »Pferdehandel« charakterisiert werden müssen. Mit dem Werbeslogan »Ein anderes Unternehmen, ein anderes Auto« definierte Saturn größere Verkaufsbezirke für seine Händler (ein Händler sollte sich keine Sorgen machen über Kunden, die sich in anderen Saturn-Geschäften informieren) und eine einfache Preispolitik: Jedes Modell von Saturn hatte einen Preis, der auf die Preiselastizität der Kunden in der Zielgruppe abgestimmt war. Doch ein wichtiger zweiter Bestandteil der Preisstrategie ist, daß über diesen Preis beim Händler nicht verhandelt werden kann. Diese Preispolitik »ohne Feilschen« paßt perfekt in die Gesamtstrategie von Saturn, einen besonderen Kundennutzen durch die Erfahrung »Preise vergleichen, Kaufen, Besitzen« zu liefern. Die Zeitschrift *Advertising Age* beschrieb

Saturn als »einen Lehrbuchfall, wie man eine Marke zielstrebig aufbaut, indem man die Kunden an das Produkt und das dahinter stehende Unternehmen bindet ... die Preispolitik des Unternehmens ist genial ...«[4]

Andere Erfolgsbeispiele für die Ausrichtung der Preispolitik auf die Unternehmensstrategie sind die Intuit-Software als Beispiel für »niedrige» Preise oder Hähnchen von Perdue als Beispiel für »hohe« Preise. Wie bereits beschrieben, legte Intuit den Preis für sein Finanzprogramm auf 35–45 Dollar fest, obwohl einige Kunden behaupteten, daß der Wert dieses Programms viel höher sei. Dies veranlaßte einen Analysten zu der Äußerung, daß Intuit ohne weiteres den Preis verdoppeln könnte, ohne eine Umsatzeinbuße befürchten zu müssen.[5] Wenn dies zutreffend wäre, dann erschienen die Preise als zu gering. Sieht man die Preisstrategie jedoch aus Sicht der umfassenden Marketingstrategie, nämlich starke Mundpropaganda durch die Programmanwender als Hauptmotor für die Umsatzentwicklung zu schaffen, dann wird klar, daß die Preisstrategie die Marketingstrategie wirksam unterstützt. Als Frank Perdue andererseits Pionierarbeit für Hähnchen als Markenartikel leistete und zum Marktführer aufstieg, erreichte er das, obwohl sein Einzelhandelspreis 15 Prozent über den Preisen markenloser Ware lag. Diese Premiumpreis-Strategie war für seine Gesamtstrategie einer Differenzierung über die Produktqualität entscheidend und verfolgte drei Ziele: (a) Verstärkung der Positionierung von Perdue-Hähnchen als Markenartikel durch Qualitätsdifferenzierung gegenüber markenloser Ware; (b) die Mittel für die Werbekampagne bereitzustellen, die Perdue brauchte, um die Verbraucher zu informieren sowie seine Marke zu stärken; (c) dem Handel eine bessere Handelsspanne zu geben und so Angebotsdruck zu erzeugen.

Ähnlich hatte Fielmann, heute der zweitgrößte Brilleneinzelhändler auf der Welt, seit seinem Beginn 1973 eine sehr klare Preisstrategie. Die Branche stellte traditionell die optisch-technische Ausstattung der Brille in den Mittelpunkt. Im Gegensatz dazu legte Fielmann Wert auf Schönheit und gut aussehende Brillen zu erschwinglichen Preisen. 35 DM war der durchschnittliche Erstattungsbetrag, den Brillenkäufer von ihrer Krankenversicherung erhielten. Während andere Brillengestelle für 35 DM selten eine modische Form hatten, bot Fielmann zahlreiche gutaussehende Brillengestelle zu diesem Preis an. Sein Motto »ohne Zuzahlung« erwies sich als äußerst erfolgreich.

Aldi, der führende Discount-Einzelhändler in Deutschland, der gegenwärtig auch in Europa stark expandiert, hat eine Strategie, deren Stärke infolge der Übereinstimmung zwischen niedrigen Kosten und Preisen einmalig ist. Ein sehr begrenztes Sortiment von ungefähr 600 Artikeln in Kombination mit wenigen Preisen erlauben eine unglaubliche Kassiergeschwindigkeit. Weil sie die Preise auswendig kennen, kassieren die Verkäuferinnen einen Einkaufswagen mit einem Wert von 200 DM in 40 Sekunden, viel schneller als eine Scannerkasse dies kann. Die Annahme und Plazierung einer Lieferung dauert ungefähr 15 Minuten. In Aldi-Läden gibt es nicht einmal ein Telefon. Alle diese Kostenvorteile werden konsequent in Dauerniedrigpreise umgesetzt. Es gibt kaum Sonderangebote; die Qualität – obwohl nicht hoch – ist akzeptabel und im Zeitablauf absolut gleichbleibend. Bei Aldi gibt es weder Qualitäts- noch Preisüberraschungen.

Bitburger, eine Premium-Biermarke in Deutschland, ging den entgegengesetzten Weg. »Bit«, dessen Entwicklung Anfang der siebziger Jahre als kleine lokale Marke begann, widerstand stets der Versuchung, Preisaktionen für sein Produkt durchzuführen, selbst in den achtziger Jahren, als Bier im Einzelhandel ein beliebter Aktionsartikel war. Bit kämpfte gegen Versuche der Einzelhändler, »Bit« zu niedrigen Preisen zu verkaufen, und hat über die Jahre ein sehr starkes Image von hoher Qualität, Kontinuität und Konsequenz aufgebaut. Die Grundlage für diese Strategie, die jahrzehntelang verfolgt wurde, war die Vision des Managements, das nie dem kurzfristigen Preisdruck nachgab. Im Verlauf dieser Entwicklung wurde Bit die zweitgrößte Premium-Biermarke auf dem deutschen Markt.

Jedes dieser Unternehmen hatte eine Preisstrategie, die mit der Unternehmensstrategie konsistent war, und jeder Mitarbeiter berücksichtigte dies in seiner Arbeit. Im Gegensatz dazu wollen wir jetzt ein Unternehmen, das einem starken Wettbewerb ausgesetzt ist, betrachten. Es geht um die Festlegung der Preise. Vier Vorstandsmitglieder sind anwesend: der Vorstandsvorsitzende, der Controller, das Vorstandsmitglied für Marketing und das Vorstandsmitglied für Vertrieb. Der erste Tagesordnungspunkt war die Beschreibung der Preisstrategie des Unternehmens. Als die Frage das erste Mal gestellt wurde, breitete sich für einige Augenblicke Schweigen aus. Schließlich ergriff der Vorstand für Vertrieb das Wort.

Nun, sie ist schwer zu beschreiben, weil jeder von uns seine eigene Preisstrategie hat. Ich bin für den Vertrieb verantwortlich und möchte Abschlüsse tätigen. Ich spreche also mit den Kunden und dann komme ich zurück und kämpfe um die Rabatte, die ich benötige, um das Geschäft abschließen zu können.

Der Controller pflichtete ihm bei:

Ja – und ich muß jeden Rabatt genehmigen, der seine Preiskompetenzen übersteigt, und ich stelle sicher, daß wir bei diesen Geschäften kein Geld verlieren. Ich betrachte unsere Kosten für die betreffenden Produkte und die Kapazitätsauslastung und verweigere manchmal meine Zustimmung, indem ich die Verkäufer frage: »Können wir keinen höheren Preis erzielen?« Doch solange wir an dem Geschäft verdienen, sind wir mit

Rabatten besser beraten als ohne. Darum werden wir die Rabatte gewähren, die jeweils erforderlich sind.

Das Vorstandsmitglied für Marketing führte aus:

Ich kümmere mich kaum um die Rabatte. Ich möchte, daß unser Listenpreis das gewünschte Image vermittelt. Die Kunden wissen nicht allzuviel darüber, wer welchen Rabatt erhält, daher sind für mich die Listenpreise der Kernpunkt der Preisstrategie. Sie positionieren uns in der Vorstellung der Kunden unter die führenden Anbieter.

Der Vorstandsvorsitzende sagte:

Ich will einfach Gewinn machen, so daß wir die Zahlen erreichen, die wir in unserer Planung haben.

Der Vertriebsvorstand hatte recht, als er zu erkennen gab, daß jeder seine eigenen Probleme hat. Doch er hatte unrecht, als er sagte: »Jeder von uns hat seine eigene Preisstrategie.« Wenn jeder seine eigene Preisstrategie hat, dann hat das Unternehmen nichts, was den Namen »Strategie« verdient. Dies ist ein absolut entscheidender Punkt und ein Problem, das häufig auftritt. Ein vielleicht gutgemeintes, doch unkoordiniertes Aktionsprogramm, das nicht auf gemeinsame Ziele abgestimmt ist, führt zu falschen Preisen.

Die Strategie des »Power Pricing« muß im ganzen Unternehmen erläutert und verstanden werden. Diejenigen, die für die Umsetzung der Strategie verantwortlich sind, dürfen keinen persönlichen Anreiz haben, sie zu umgehen. Die »tatsächliche« Preisstrategie ist kein Phantasieprodukt aus Hoffnungen und Träumen, sondern bietet eine realistische Anleitung zu Kompromissen zwischen den konkurrierenden Zielen Preis, Absatzmenge und Gewinn, wie wir in der Preisziel-Matrix in den Abbildungen 2.9 und 2.10 aufgezeigt haben. Unrealistische Ziele der Preispolitik, wie »Gewinnsteigerung, Ausweitung des Marktes und Erhöhung des Marktanteils« bieten keine Hilfe für die Entscheidungen, die in der Praxis getroffen werden müssen. Sie können allenfalls langfristige Ziele für die Entwicklung neuer Produkte sein, doch mit Preismaßnahmen allein lassen sich diese Ziele in der Regel nicht alle gleichzeitig erreichen.

Der zweite Test der Einstellung zur Preisfindung betrifft die Methodik des Vorgehens und die Orientierung an Fakten. Wie wir in Kapitel 1 erwähnt haben, verfügen die Anhänger des »Power Pricing« über mehr relevante, aktuelle und disaggregierte Daten als allgemein üblich. Häufig sind die Daten, die man für die Preisermittlung benötigt, nicht verfügbar – zumindest nicht in zeitnaher Form. Im Rahmen einer Erhebung forderten wir Manager eines Großunternehmens auf, die Bedeutung von Informationen für die Ermittlung und Kontrolle des Preises auf einer 5er-Punktskala zu bewerten, wobei die Bedeutung von »1 = überhaupt nicht wichtig« bis »5 = sehr wichtig« reichte.

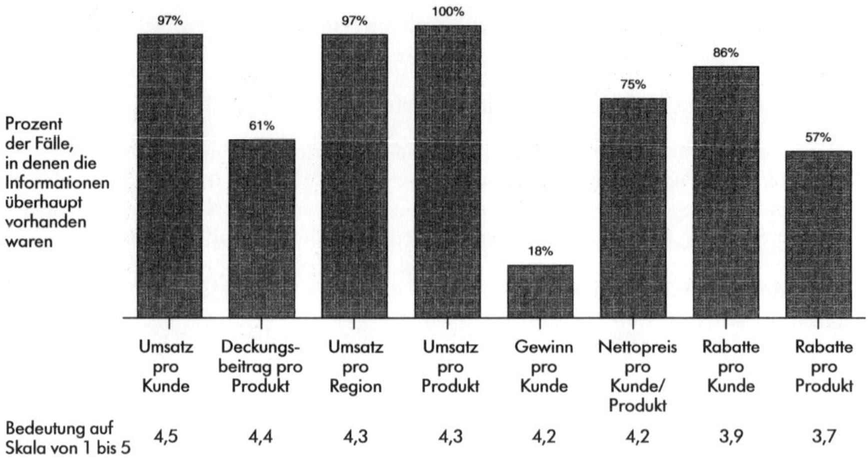

Abbildung 13.2: Bedeutung und Verfügbarkeit von Informationen

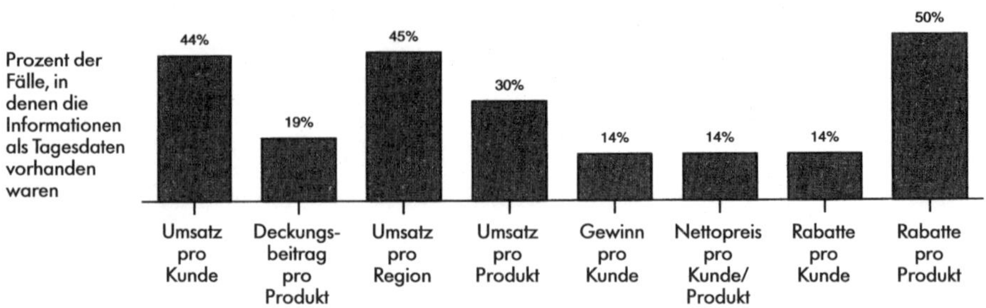

Abbildung 13.3: Verfügbarkeit von Informationen auf Tagesbasis

Die Bewertungen reichten von 4,5 für »Umsatz pro Kunde« bis 3,7 für »Rabatt pro Kunde/Produkt«. Dann baten wir die Manager, anzugeben, ob diese Informationen verfügbar seien. Die Ergebnisse dieser Befragung sind in den Abbildungen 13.2 und 13.3 dargestellt.

Die Abbildung 13.2 zeigt, daß Informationen, die im Rahmen von Fakturierung und finanziellem Berichtswesen anfallen, im Regelfall vorhanden sind – doch einige Daten, die Manager für die Preisermittlung für wichtig halten – insbesondere der Gewinn pro Kunde –, selten direkt zugänglich sind. Das Bild ändert sich sogar dramatisch, wenn die Frage gestellt wird: »Welche Informationen sind auf Tagesbasis verfügbar?« Diese Ergebnisse sind in Abbildung 13.3 dargestellt.

Daraus folgt, daß die Verfügbarkeit von aktuellen Daten im Rahmen der

Preisermittlung typischerweise begrenzt ist. Die Anhänger des »Power Pricing« spüren die richtigen Marktdaten auf und fassen sie zusammen, um sie für die Entscheidungsfindung im Marketing zur Verfügung zu stellen – nicht nur, um sie in die monatlichen Berichte einzugeben. Zusätzlich zu den Marktübersichtsdaten betreiben die Anhänger des »Power Pricing« unter Verwendung geeigneter Erhebungstechniken Marktforschung – einschließlich der Verwendung solch leistungsfähiger Verfahren wie Conjoint Measurement oder anderer Methoden, die wir in Kapitel 3 behandelt haben –, um die benötigte Datenbasis zu vervollständigen. Die Anhänger des »Power Pricing« beschaffen sich eine Datenbasis, die für Marketingentscheidungen relevant und die hinreichend detailliert ist (was häufig die Disaggregation nach Kunden einschließt), aussagefähig verdichtet wird und rechtzeitig genug vorliegt, um die Entscheidungsfindung tatsächlich zu beeinflussen.

Diese beiden Tests zur Einstellung zur Preisfindung spiegeln den Grad wider, in dem das Unternehmen glaubt, die Preisermittlung zu beherrschen, und es bereit ist, in die benötigten Daten und Analysen zu investieren. Wir haben bereits früher die Vorstellung von der Preispolitik als einer dritten Front für die Gewinnsteuerung verwendet, das heißt:

$$\text{Gewinn} = \text{Preis} \times \text{Absatzmenge} - \text{Kosten}.$$

Für viele Firmen stehen dabei Absatzmenge und Kosten im Vordergrund; der Preis spielt hingegen eine untergeordnete Rolle. Die Anhänger des »Power Pricing« rücken den Preis nach vorne, indem sie ihn als steuerbare Größe und als Hauptfaktor für den Gewinn betrachten. Das Topmanagement ist bei der Verfolgung des Gewinnziels mit Preismaßnahmen genauso aktiv und hartnäckig wie bei den anderen beiden Faktoren.

Bereich B: Umfang der Kenntnisse

Mit der richtigen Einstellung zur Preisfindung entwickeln die Anhänger des »Power Pricing« das richtige Verständnis bzw. die »Einsicht«. Die drei Überprüfungen in diesem Bereich beziehen sich auf Kenntnisse über Kundennutzen, Wettbewerber und die Unternehmenssituation.

Das erste Kriterium des Bereiches B bezieht sich auf die zentrale Bedeutung des Kundennutzens im Rahmen der Preisermittlung. Die Anhänger des »Power Pricing« messen den Nutzen ihrer Produkte und/oder Dienstleistungen sehr gründlich, analysieren, wie sich dieser Nutzen nach Kunden unterscheidet und kennen die Einflußfaktoren der Nutzenunterschiede. Im Industriegeschäft bedeutet das, die Kostenstruktur des potentiellen Kunden zu ermitteln und zu wissen, wie die Produkte und Dienstleistungen des Anbieters diese Kostenstruktur beeinflussen. Diese Kenntnisse waren zum Beispiel eine wichtige Ursache für den Erfolg, den Northern Telecom (jetzt Nortel) mit seinem Telefonsystem für kleine Unternehmen hatte. Die direkten Kunden von Nortel waren Wiederverkäufer, wie zum Beispiel eine der regionalen Telefongesellschaften oder GTE. Auf der Grundlage gründlicher Felderhebungen war Nortel in der Lage, die Kostenstruktur seiner Kunden genau zu ermitteln (siehe Abbildung 13.4).[6]

Die Kenntnis dieser Kostenstruktur und der maßgeblichen Einflußfaktoren für jede Kostenposition war die Grundlage, um nicht nur den Nutzen zu verstehen, den ein Produkt-Service-Leistungsverbund dem Kunden geben würde, sondern auch, wie man diesen Wert dem Kunden kommunizieren konnte.

Das zweite Schlüsselelement des Kundennutzens besteht darin, zu verstehen, wie und warum er sich nach Kunden unterscheidet. Dies ermöglicht einen Einblick in die Zusammenhänge zwischen Preis und Absatzmenge und die Bedeutung von Strategien zur Preisdifferenzierung, die wir in Kapitel 5 behandelt haben. Monsanto verfolgte mit seinem Unkrautbekämpfungsmittel Roundup eine Politik aggressiver Preissenkungen selbst in Märkten ohne Wettbewerb, weil man das Potential erkannt hatte, neue Märkte überall auf der Welt zu erschließen, wenn der Preis verringert wurde. Der Absatz hat sich von 1990 bis 1994 verdoppelt, der Rohgewinn konnte dank Kostensenkung bei 40 Prozent gehalten werden und der Deckungsbeitrag erhöhte sich auf über 300 Millionen Dollar.[7] Die Kenntnisse der Anhänger des »Power Pricing« schließen solche Aspekte des Kundennutzens ein und stellen sie in den Mittelpunkt der Preisermittlung. Der Kundennutzen wird mit geeigneten Techniken – wie Studien über die Kostenstruktur, Erhebungen und Managerbefragungen – gemessen (siehe Kapitel 3).

Das zweite Kriterium von Bereich B bezieht sich auf die Kenntnis der Wettbewerber. Wie in Kapitel 4 dargelegt wurde, sollte das Wissen gegenwärtige und potentielle Wettbewerber einschließen. Es ist entscheidend, ihre Unternehmensstrategie und ihre Kompetenzen zu verstehen. Dabei sollte man auch Informationen über die wichtigsten Entscheidungsträger in den Konkurrenzfirmen sammeln. Häufig werden Preisreaktionen stärker durch emotionales Verhalten einer Person als durch die wirtschaftliche Logik ausgelöst. Dieses Wissen ist Voraussetzung, um erstens vorhersagen zu können, wie der Wettbewerb reagieren wird, und zweitens die Wettbewerbsreaktionen wirkungsvoll durch Marketingmaßnahmen und dazugehörige Signale zu beeinflussen. Die Anhänger des »Power Pricing« wissen genug, um in der Lage zu sein, den gan-

6. Overhead-Kosten
5. Verkaufskosten
4. Training der Kunden
3. Bestandshaltung und Materialverwaltung
2. Installation und Reparatur
1. Einkauf des Produktes

Abbildung 13.4: Kostenstruktur eines Kunden von Nortel

zen Ablauf der Marketingreaktionen zu durchdenken. Sie beziehen den Preis oder eine andere Variable des Marketing-Mix im gleichen Markt oder in anderen Märkten ein.

Das dritte Kriterium von Bereich B ist ein internes. Genau wie die Preispolitik für ein Produkt einen Einfluß auf Wettbewerber hat, der verstanden werden muß, so gibt es in der Regel einen internen Einfluß auf andere Produktangebote des Unternehmens. Wie wir in Kapitel 8 dargestellt haben, existieren verschiedene mögliche Zusammenhänge zwischen Produkten, die von einem Produkt, das als Frequenzbringer für andere Produkte des Unternehmens dient, bis zu Komplementär- oder Substitutionsverhältnissen reichen. Die Anhänger des »Power Pricing« definieren genau die Rolle, die ein Produkt in der Gesamtstrategie spielen soll.

Bereich C: Pricing-Prozesse

Bereich C betrifft die Aktionen, das heißt die formalen Abläufe als Teil des Preisfindungsprogramms. Mit der richtigen Einstellung zur Preisfindung und einem angemessenen Wissensstand hängt die Güte der Preisermittlung von fünf wichtigen Teilprozessen ab. Dabei handelt es sich um:

1. Entwicklung von Strategien zur Preisdifferenzierung – Aufbau »wirksamer Zäune« zwischen den Segmenten;

2. Managen der Netto-Transaktionspreise und der kundenspezifischen Kosten;
3. Verknüpfung der heutigen Preispolitik mit zukünftigen Absatzchancen;
4. Kommunikation und Durchsetzung der Preise im Markt;
5. Beachtung der rechtlichen Vorschriften.

Das erste Kriterium in diesem Bereich bezieht sich auf ein Hauptthema dieses Buches: die Vorteile der Preisdifferenzierung. Wir haben viele Beispiele von Situationen vorgestellt, wo »Welchen Preis soll ich nehmen?« die falsche Frage war. Selbst wenn diese Frage ganz korrekt beantwortet worden wäre, hätte das die Firma viel Geld gekostet. In den Kapiteln 5–11 wurden die verschiedenen Verfahren zur Preisdifferenzierung beschrieben. Kapitel 5 zeigte die Nachteile eines »Einheitspreissystems« auf. Folglich haben wir »Power Pricing« als ein Vorgehen beschrieben, bei dem Kosten und Nutzen von Möglichkeiten zur Preisdifferenzierung voll berücksichtigt werden. Wir haben die Chancen und Vorteile einer kreativen Entwicklung von »Preiszäunen« demonstriert, um Kunden zu trennen und Preisdifferenzierung durchzusetzen. Der Anhänger des »Power Pricing« verfügt über einen Prozeß, um die Chancen der Preisdifferenzierung gezielt zu verfolgen. Er versteht, daß es für die Preisdifferenzierung genauso wichtig ist, wirksame Zäune aufzubauen, wie die richtige Preishöhe festzulegen.

Prüfung 2 dieses Prozeßbereichs bezieht sich auf das Managen von Preisen und Rabatten, das heißt, der Anhänger des »Power Pricing« betrachtet die tatsächlich erzielten Netto-Transaktionspreise – und überwacht den Deckungsbeitrag pro Kunde, während er gleichzeitig die kundenspezifischen Kosten im Auge behält.

Marn und Rosiello[8] machen einen wichtigen Unterschied zwischen »Listenpreisen« und »Transaktionspreisen«, d. h. den tatsächlich erzielten Nettopreisen. In einem ihrer Beispiele verwandelte sich der Listenpreis für Händler von 6,00 Dollar nach Mengen- und Wettbewerbsrabatten in einen Rechnungspreis von 5,78 Dollar – der wiederum nach Skonto und jährlichem Umsatzbonus, Skonto, Werbekostenzuschuß und Frachtkosten zu einem »Netto-Netto-Preis« von 4,47 Dollar wurde – ein Transaktionspreis, der 22,7 Prozent unter dem Listenpreis lag. Marn und Rosiello bezeichnen diesen Stufeneffekt als »Preiswasserfall«.

In Abbildung 13.5 wird ein anonymisiertes Beispiel aus einem unserer Projekte vorgestellt. Ein Hersteller bot drei Marken an, die – obwohl unterschiedlich positioniert – bis zu einem gewissen Grade miteinander konkurrierten. Produkt A wurde als Artikel mit hohen Deckungsbeitrag angesehen, da seine

		Produkt	
	A	*B*	*C*
Listenpreis	100	100	100
Händlerprovision	21	15	7
Skonto	5	1	1
Frachtkosten	3	2	2
Naturalrabatte	8		
Werbekostenzuschuß	2		
Umsatzbonus	2		
Rabatte (gesamt)	41	18	10
Nettopreis	59	82	90
Variable Kosten	34	42	47
Deckungsbeitrag I	25	40	43

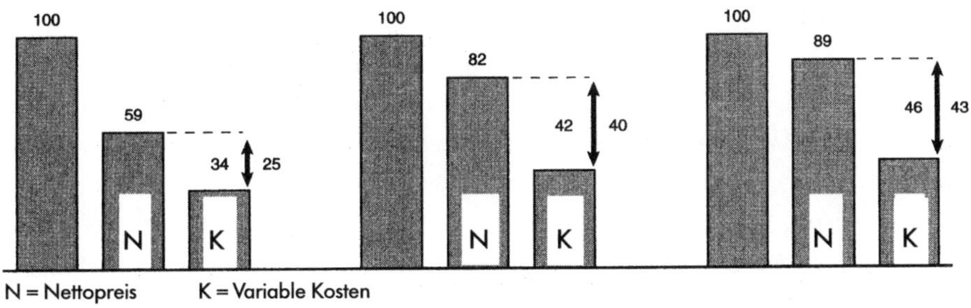

Abbildung 13.5: Listenpreise, Nettopreise und tatsächliche Deckungsbeiträge

variablen Kosten mit 34 Prozent des Listenpreises wesentlich geringer waren als die Kostenanteile von 42 Prozent für B und 47 Prozent für C. Aus verschiedenen Gründen war jedoch Produkt A in einem Rabattdschungel gefangen, in dem die 21 Prozent Händlerprovision aus Abbildung 13.5 verschlimmert wurden durch einen prozentualen Umsatzverlust von fast gleicher Größe aus fünf weiteren Rabatten. Für die Produkte B und C wurden hingegen kaum Rabatte gewährt. Nachdem die Wirkungen dieser Rabatte vollständig bekannt waren, stellte sich der Gewinn ganz anders dar: Produkt A erzielte nur einen »wahren« Deckungsbeitrag von 25 Prozent im Vergleich zu 40 Prozent bei B und 43 Prozent bei C.

Es ist nicht nur wichtig, die Unterschiede in den »Netto-Netto-Preis«-Prozentsätzen zwischen den Produkten zu kennen, sondern man muß auch verstehen, mit welcher Einkaufsmacht, List und Verhandlungsgeschick Kunden Erlösschmälerungen durchsetzen. Die Untersuchung von Marn und Rosiello

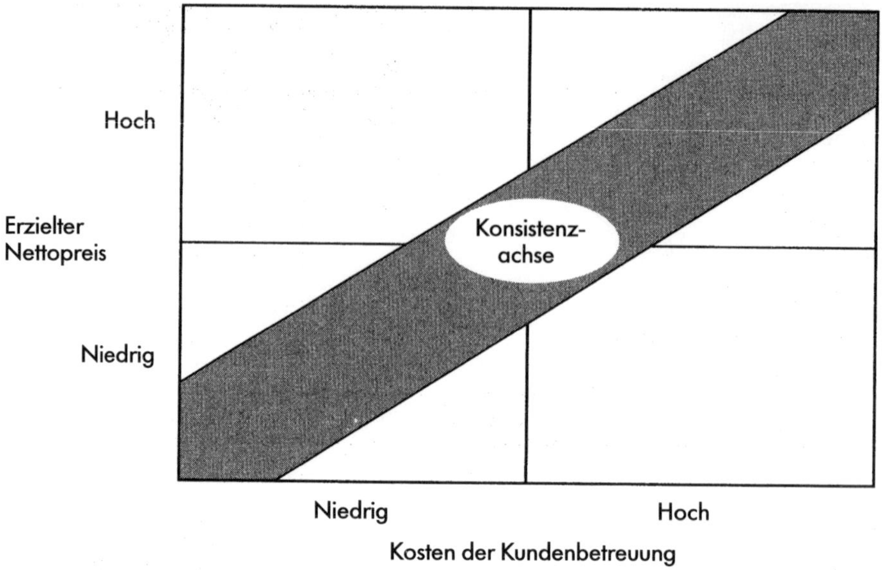

Abbildung 13.6: Kundenraster und Konsistenzachse

zeigt einen Unterschied zwischen dem höchsten und niedrigsten Netto-Netto-Preis von 220 Prozent für ein Chemieunternehmen und 500 Prozent für einen Lieferanten von Baubeschlägen!

Die Kunden mit den höchsten Netto-Netto-Preisen sind vielleicht Ihre attraktivsten Kunden. Zur Ermittlung des Netto-Netto-Preises nehmen Marn und Rosiello einen Preisabzug für Werbekostenzuschuß vor. Obgleich dies in gewisser Hinsicht den Umsatz schmälert, bedeutet es in der Regel, daß der Kunde sich daran gewöhnt hat, Geld für Werbung zu erhalten, und die Werbung kann vielleicht so viel Nachfrage schaffen, daß er in einer attraktiveren Situation ist als jene Kunden, die den Werbekostenzuschuß nicht bekommen. Der Kunde mit dem niedrigeren Netto-Netto-Preis ist vielleicht attraktiver, weil er mehr Aufgaben im Marketingsystem übernimmt. Zweitens gilt die Feststellung: Eine zuverlässige Beurteilung der Attraktivität eines Kunden kann nur aus der Beurteilung seines Netto-Netto-Preises und der Kosten der Kundenbetreuung abgeleitet werden. Shapiro, Rangan, Moriarty und Ross[9] schlugen ein »Kunden-Raster« als ein Verfahren zur Kundenbeurteilung vor. Wie in Abbildung 13.6 dargestellt, stellt dieses Raster die Kunden mit ihrem Netto-Netto-Preis und den Kosten für Kundenbetreuung dar. Hier werden also Kosten für nicht gesondert berechnete technische Unterstützung, Betreuung

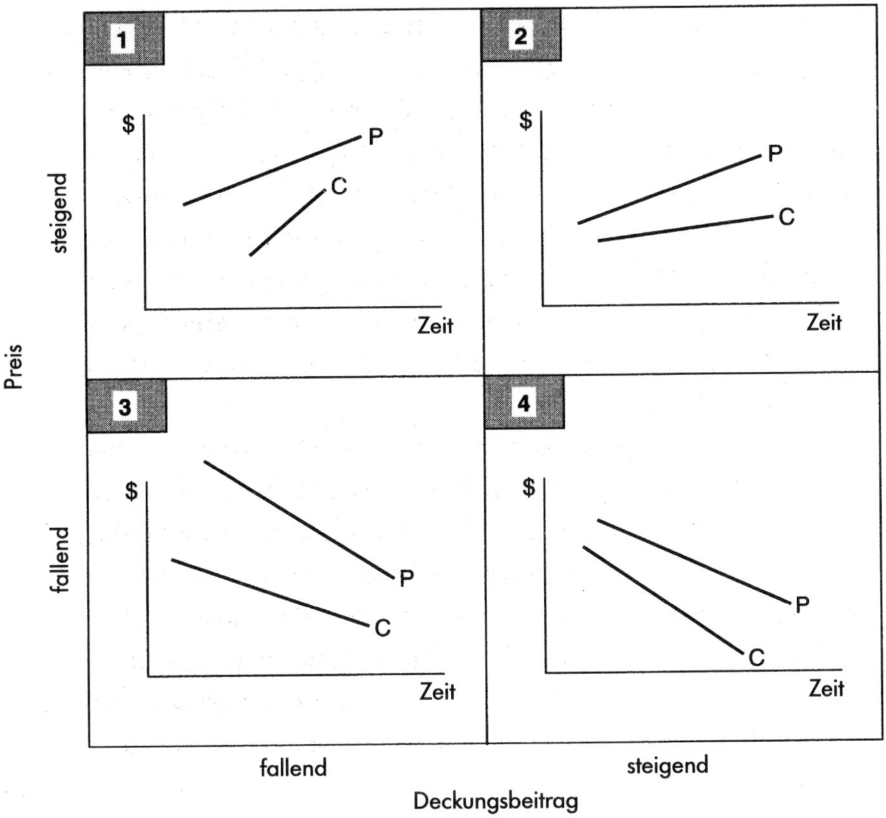

Abbildung 13.7: Vier Arten der Marktentwicklung

durch den Außendienst und sonstige Serviceleistungen wie kundenspezifisches Design oder speziellen Versand berücksichtigt. Die Untersuchung von Shapiro und anderen zeigt, daß es keineswegs die Regel ist, daß die Kunden sich entlang der »Konsistenzachse« aus Abbildung 13.6, die eine hohe Korrelation zwischen Netto-Netto-Preis und Kundenbetreuungskosten zeigt, aufreihen. Sie berichten von einem Fall, in dem Kunden fast gleichmäßig über das Raster verstreut sind. Der untere rechte Quadrant mit niedrigem Preis und hohen Kundenbetreuungskosten kann durch Großkunden, die berühmten »strategischen Kunden«, besetzt sein – ohne die das Unternehmen faktisch besser dran wäre.

Der Anhänger des »Power Pricing« versteht die volle Auswirkung seiner Rabattstruktur und anderer »Gewinnvernichter« und hat einen Prozeß, um den Netto-Netto-Preis zu überwachen und zu managen. Dieser Nettopreis beschreibt, welche Aufgaben der Käufer für das Marketingsystem des Lieferanten erfüllt, zum Beispiel die Werbung eines Wiederverkäufers, der einen Werbekostenzuschuß erhält. Das Kundenraster kann verwendet werden, um gezielt zu beurteilen, bei welchen Kunden Preiserhöhungen durchgesetzt werden müssen oder welche Kunden besser dem Wettbewerb überlassen werden sollten. Es identifiziert im oberen linken Quadranten auch die Kunden, auf die sich höchstwahrscheinlich das Interesse der Konkurrenten konzentrieren wird.

Das dritte Kriterium im Bereich C bezieht sich auf die Tatsache, daß der Anhänger des »Power Pricing« versteht, in welche Richtung sich sein Markt entwickelt; das heißt, er weiß, wohin sich seine Preise und Deckungsbeiträge bewegen und was er tun muß, um diesen Trend zu beeinflussen. Abbildung 13.7 zeigt auf der Grundlage von Preis- und Deckungsbeitragstrends vier Typen von Märkten.

Abbildungsteil 1 zeigt steigende Preise – doch steigen diese nicht so stark, daß sie den Kostenanstieg ausgleichen könnten; daher sinkt der Deckungsbeitrag. Teil 2 zeigt einen Fall, wo der Preis schneller steigt als die Kosten; damit verbessert sich der Deckungsbeitrag – wie im Falle des Toyota Lexus in den USA, dessen Preisentwicklung wir in Kapitel 11 beschrieben haben. Mobiltelefone sind typisch für Fall 3, die Kosten sinken – es besteht jedoch ein Druck auf den Deckungsbeitrag infolge Wettbewerbsdrucks und noch schneller sinkenden Preisen. Schließlich zeigt Teil 4 eine Situation fallender Preise, aber sich verbessernder Deckungsbeiträge infolge schnellerer Kostensenkung; einige Elektronikfirmen realisieren diese Situation.

Der Anhänger des »Power Pricing« stellt zunächst fest, in welcher Richtung sich der Markt entwickelt. Er versteht die Faktoren, die wir in Kapitel 11 beschrieben haben. Er weiß also, wie und warum gegenwärtige Preismaßnahmen die zukünftige Entwicklung des Marktes beeinflussen.

Das vierte Kriterium des Bereichs C bezieht sich auf die Durchsetzung des Preises im Markt: Gibt es ein Verfahren, wie man eine Preisänderung am besten kommuniziert? Wird der Kunde den verlangten Preis akzeptieren? Lassen Sie uns dieses Szenario an einem Beispiel für Büromöbel des Hochpreissegments betrachten. Ein potentieller Käufer, der einen Schreibtischstuhl für sein Büro zu Hause sucht, sieht ein ansprechendes Produkt, allerdings zu einem Preis von 3 000 DM. Der Verkäufer erklärt jedoch schnell, daß dies der Listenpreis sei und er einen Rabatt von 65 Prozent des Listenpreises anbieten könne, so daß der tatsächliche Preis 1 050 DM betrage. Wie reagiert der Käufer? Man könnte vermuten, daß er durch den großen Rabatt angezogen und eher geneigt sei zu kaufen als wenn der Preis von Anfang an 1 050 DM betragen und der Verkäufer keinen Rabatt angeboten hätte. Wenn der Käufer jedoch ein Neuling auf diesem Gebiet ist, könnte seine Reaktion auch gegenteilig ausfallen. Der schnell gewährte Rabatt läßt darauf schließen, daß geschickte Verhandlungspartner vielleicht sogar noch höhere Rabatte durchsetzen können. Als Neuling ist er sicher, daß er einen geringeren Rabatt erhält, als ihm zusteht. Da er keinen Fehler machen will, verläßt er das Geschäft, obwohl er bereit war, 1050 DM für den Stuhl zu bezahlen. Aber er ist mißtrauisch geworden. Die Art, wie der Preis angeboten wurde, hatte einen stärkeren Einfluß auf die Kaufentscheidung als die Höhe des Preises.

Der Anhänger des »Power Pricing« denkt systematisch die zahlreichen Möglichkeiten zur Darstellung des Preises durch und beurteilt sie aus der Sicht des Kunden. Ein kritischer Punkt in diesem Zusammenhang ist, daß verschiedene Kunden ganz unterschiedlich reagieren können. Einem potentiell großen Kunden, der nach eigener Einschätzung »Einkaufsmacht« besitzt, muß eine Preiserhöhung anders verkauft werden als einem durchschnittlichen Käufer, für den bei der Transaktion andere Aspekte entscheidend sein können. Wie wir in Kapitel 12 beschrieben haben, führt das Denken des Anhängers von »Power Pricing« über die Preisdurchsetzung zu der Überlegung, wie die Zusammensetzung des Sortiments bzw. der Produktgruppe dazu beitragen kann, einen guten Preis zu erreichen. Wie in dem Beispiel des Taurus G, das wir vorgestellt haben, kann ein Phantomprodukt (d.h. ein Produkt, von dem das Unternehmen annimmt, daß es sich wirklich nicht in einer nennenswerten Menge verkaufen läßt) am unteren oder oberen Ende der Produktgruppe bzw. des Sortiments dazu beitragen, den gewünschten Preis durchzusetzen.

Hier sind natürlich verschiedene mögliche Wirkungen zu berücksichtigen. Viel wurde zum Beispiel darüber geschrieben, wie man sich bei einer Preisverhandlung verhalten sollte. Abhängig vom Grad der Produktdifferenzierung, der Art des Preises, der Branchentradition, dem Typ des Einkäufers und von anderen Faktoren, unterscheiden sich die besten Vorgehensweisen. Im Rahmen seiner Preisdurchsetzung betrachtet der Anhänger des »Power Pricing« solche Fragen systematisch. Anstatt sie einfach den Mitarbeitern des Außendienstes zu überlassen, sollte die Umsetzung Teil eines systematischen Vorgehens sein. Kürzlich haben wir einen Fall kennengelernt, wo ein Fehler in der Umsetzung eine Preisbewegung auslöste. Ein Hersteller von Baumaterial analysierte sorgfältig seine Kunden und kam zu dem Ergebnis, daß eine Preiserhöhung von 4 Prozent angezeigt sei. Der Außendienst wurde jedoch auf diese Preiserhöhung nicht vorbereitet, die Maßnahme wurde nicht durch eine Kommunikationskampagne unterstützt und es fehlten Signale, die die Kunden oder den Wettbewerb vorbereiteten. Die versuchte Preiserhöhung schlug nicht nur fehl und endete als verpaßte Gelegenheit, den Preis zu verbessern, sondern schädigte auch das Image des Unternehmens.

Das letzte Kriterium in diesem Bereich ist eine vorausschauende Haltung zu rechtlichen Aspekten, weil eine gründliche Überprüfung der rechtlichen Zulässigkeit der geplanten Preismaßnahmen stets angezeigt ist. Produkte werden weltweit angeboten und die Preispolitik wird durch die Situation in verschiedenen Ländern beeinflußt; die Preispraktiken sind komplexer geworden, da Lieferbedingungen und Konditionen sich schnell verändern; und – wie in diesem Buch mehrfach empfohlen – die Möglichkeiten zur Preisdifferenzierung weltweit genutzt werden. Damit haben sich die Risiken rechtlicher Verwicklungen beträchtlich erhöht. Kürzliche Schlagzeilen wie die folgenden bestätigen dies:

»Importeure von Druckmaschinen wegen unlauterer Preise angeklagt«[10]

»Arzneimittelhersteller bereit, 600 Millionen Dollar zu zahlen, um Klagen von Apotheken beizulegen«[11]

Fluggesellschaften haben zur Beilegung von Klagen wegen Preisabsprachen Zahlungen an Verbraucher geleistet. Viele Unternehmen sind gegenwärtig in Prozesse wegen Preisdiskriminierung verwickelt. In Europa wurden wegen Preisabsprachen Bußgelder von Hunderten von Millionen DM verhängt. Für Preismanager ist es äußerst ratsam, sich mit den rechtlichen Bestimmungen vertraut zu machen. Dies ist nach unserer Auffassung ein Gebiet, auf dem ein unvollständiges Wissen in Anbetracht der Mehrdeutigkeit und Spitzfindigkeiten vieler Vorschriften gefährlich sein kann – wie in Teil II dieses Buches behandelt. Wenn neue Praktiken der Preispolitik vorgeschlagen werden, sollte es – als Teil eines überzeugend geregelten Preismanagement-Prozesses – selbstverständlich sein, eine Rechtsauskunft von Fachleuten einzuholen.

Bewertung der Pricing-Intelligenz

Das Bewertungssystem aus Tabelle 13.1 wird Ihnen eine gute Einschätzung der Pricing-Intelligenz in Ihrem Unternehmen ermöglichen. Es ist wichtig, sich noch einmal an die hierarchische Struktur des Preisfindungsprozesses zu erinnern, d.h., die Entscheidung im Rahmen des Preismanagements (Bereich C) gründet sich auf die Einstellung (Bereich A) und das Wissen (Bereich B) zum Pricing. Eine »gute« Leistung im Bereich C bedeutet nicht viel, wenn die Bereiche A und B nicht Spitzenklasse sind. Zusätzlich zu den Elementen, die in Tabelle 13.1 aufgelistet sind, sollte man individuell weitere Ele-

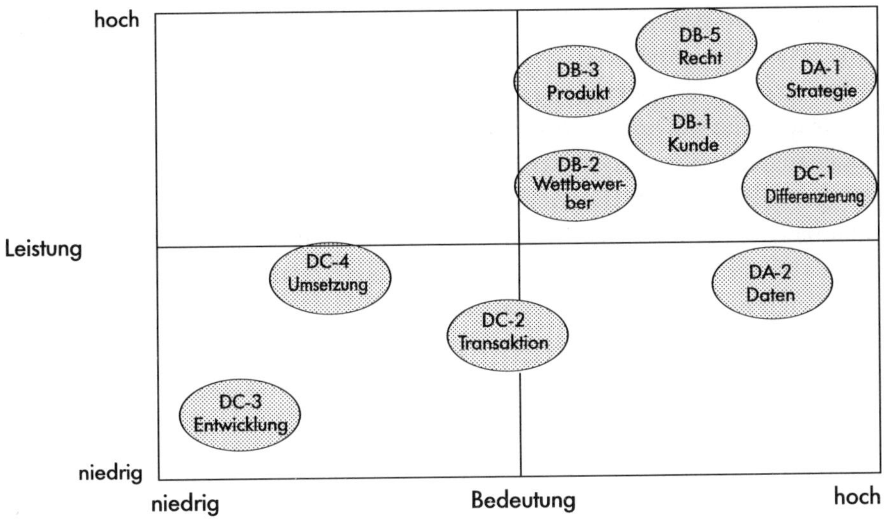

Abbildung 13.8: Bewertung eines gut positionierten Geschäftsbereichs
(D*i*-*j* heißt Thema *i* im Bereich *j*)

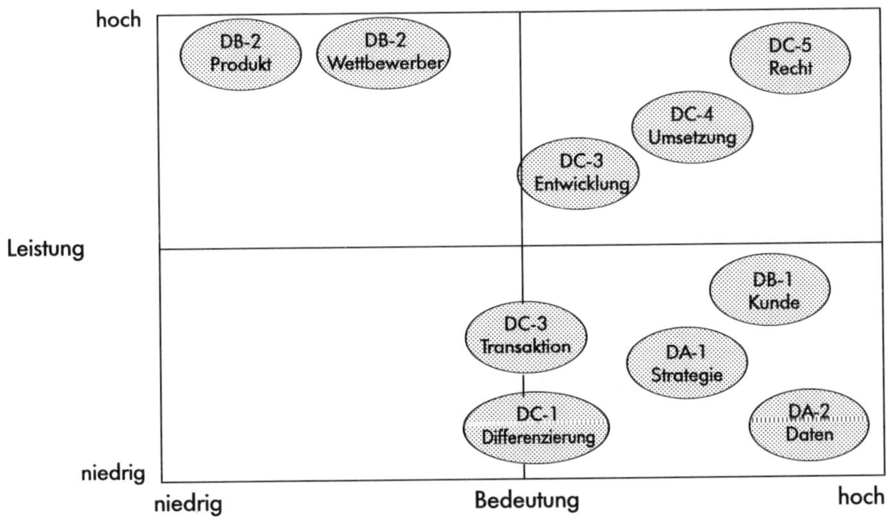

Abbildung 13.9: Bewertung eines schlecht positionierten Geschäftsbereichs
(D*i*-*j* heißt Thema *i* im Bereich *j*)

mente hinzufügen, die im Einzelfall wichtig erscheinen, um eine fruchtbare Diskussion auszulösen.

In der Praxis haben wir festgestellt, daß es zweckmäßig ist, diese Beurteilung als Gruppenübung mit vier bis acht Managern, die an der Preisfindung für eine Geschäftseinheit beteiligt sind, durchzuführen. Es ist wichtig, darauf hinzuweisen, daß die Bewertungen für den Bereich A für verschiedene Produkte innerhalb der Geschäftseinheiten in der Regel ähnlich sind, während Bewertungen für die Bereiche B und C für verschiedene Produkte oft unterschiedlich ausfallen und separat betrachtet werden sollten.

Abbildung 13.8 zeigt die Bewertungen einer ausgewählten Geschäftseinheit, die der Auffassung war, daß sie auf dem richtigen Weg sei. Die horizontale Achse beschreibt die Bedeutung des Kriteriums und die vertikale die Leistung der Geschäftseinheit auf diesem Kriterium. Für diese Gruppe gab es eine ziemlich gute Übereinstimmung zwischen Bedeutung und Leistung und insbesondere der Einstellungsbereich wurde hoch bewertet. Die Hauptansatzpunkte für Verbesserungen waren:

- die Beschaffung besserer Daten zur Unterstützung der Entscheidungsfindung (DA-2);
- stärkere Konzentration auf »Transaktionspreise« (DC-2), um ein besseres Verständnis der Wirkung der Rabattstruktur auf den Gewinn pro Kunde zu erreichen.

Im Gegensatz dazu zeigt Abbildung 13.9 die Bewertungen für eine Geschäftseinheit, die mit ihrem Pricing frustrierende Erfahrungen gemacht hat. Die Ursachen für die Frustration und die Ansatzpunkte für Verbesserungen wurden schnell klar, als die Bewertungsmatrix erstellt war. Die Strategie (DA-1) und Daten (DA-2), beides Kriterien des Bereichs A, lagen im unteren rechten Quadranten und schufen eine Situation, die höchst unbefriedigend war. Das mittlere Management war der Auffassung, daß das Topmanagement hauptsächlich Lippenbekenntnisse zur Preispolitik abgab, aber keine klare Strategie hatte.

Zusammenfassung

In diesem Kapitel haben wir eine einfache Bewertungskarte (Tabelle 13.1) zur Beurteilung des Know-hows für die Preisfindung vorgeschlagen, damit Sie die Möglichkeit erhalten, die Qualität Ihrer Preisfindung im Rahmen einer Selbsteinschätzung zu beurteilen. Bei der Verwendung der Bewertungskarte ist es wichtig,

- verschiedene Mitarbeiter mit unterschiedlichen Betrachtungsweisen, die am Preisfindungsprozeß mitwirken, zu beteiligen;
- sich an die Notwendigkeit zu erinnern, daß die richtige »Einstellung zur Preisfindung« eine unverzichtbare Voraussetzung für ein gutes Endergebnis darstellt;
- sich auf die Verbesserung der Kriterien zu konzentrieren, die unterhalb der Diagonalen liegen, bei denen also die Bewertung der Leistung im Verhältnis zur Bedeutung zu niedrig ausfällt.

Diese Überprüfung sollte dazu beitragen, Sie auf dem Weg zum »Power Pricing« entscheidend voranzubringen.

Anmerkungen

1 Collis, D. und Montgomery, C.: *Corporate Strategy. Resources and Scope of the Firm*, Homewood,IL 1997.
2 Stern, G.: »GM's New Marketing Chief Seeks Clarity Amid Muddle of Overlapping Car Lines«, *Wall Street Journal*, 1. Mai 1995, S. A3ff.
3 Keller, G. und McGahan, A.: »Saturn: A Different Kind of Car Company«, Harvard Business School Case 9–795010.
4 Serafin, R.: »The Saturn Story«, *Advertising Age*, 16. November 1992, S. 1ff.
5 Case, J.: »Customer Service: The Last Word«, *INC.Magazine*, 1. April 1991.
6 Dolan, R.: »Northern Telecom (B): The Norstar Launch«, Harvard Business School Case 593104.
7 Fitsch, P.: »Monsanto Herbicide Won't Die on Vine«, *Wall Street Journal Europe*, 1. Februar 1996.
8 Marn, M. und Rosiello, R.: »Managing Price, Gaining Profit«, *Harvard Business Review*, September-Oktober 1991, S. 84–94.
9 Shapiro, B., Rangan, K., Moriarty, R. und Ross, E.: »Manage Customers for Profit (Not Just Sales)«, *Harvard Business Review*, September-Oktober 1987, S. 101–108.
10 »Printing Press Importers Accused of Unfair Pricing«, *Wall Street Journal*, 27. Februar 1996, S. A14.
11 Cohen, L. und Tanouge, E.: »Drug Makers Set to Pay $600 Million to Settle Lawsuit by Pharmacies«, *Wall Street Journal*, 18. Januar 1996, S. A1ff.

Personen- und Sachwortregister